Copyright   © 1994   Data Becker GmbH
                         Merowingerstraße 30
                         40223 Düsseldorf

                © 1994   Micro Application

Auteurs   ULRICH MATTHEY / UTE MEISER

Traducteur SERGE SPRINGINSFELD

ISBN : 2-7429-0266-X

Réf. DB : 441511

Sommaire

1. Présentation d'Access

Dans ce chapitre d'introduction, nous nous intéresserons tout d'abord aux fonctionnalités et aux particularités d'Access. Nous présenterons ensuite aux utilisateurs habitués à une précédente version, les nouveautés de la version 2.0. Pour terminer, vous trouverez une vue d'ensemble des points techniques qui diffèrent d'une version à l'autre.

En vertu de la règle qui dit qu'il est inutile de tout apprendre par coeur, pourvu que l'on sache où trouver les informations dont on a besoin, ce chapitre se termine fort logiquement par la récapitulation des différents moyens d'accès à de l'aide, ou à des informations pratiques au cours de votre travail avec Access.

1.1. Les particularités de Microsoft Access

Au cours de cette section, vous allez faire connaissance avec les possibilités du logiciel Access. Nous nous contenterons pour l'instant simplement de vous en présenter les grandes lignes. Les différents concepts abordés feront ultérieurement l'objet d'explications plus détaillées.

Les conseillers

Les conseillers vous accueillent dès le lancement d'Access, ou du moins, au premier lancement. Il s'agit de petits programmes d'apprentissage, qui vous proposent différents thèmes auxquels vous pouvez vous initier progressivement. Ces conseillers restent également à votre disposition par la suite.

Si vous n'êtes pas le premier utilisateur à lancer le programme après son installation, il se peut que ces conseillers aient été désactivés.

Les base de données

Une base de données Access est constituée principalement de quatre types d'objets, à savoir les tables, les formulaires, les requêtes et les états. Les macros et les modules sont également des objets ; leur rôle est de coordonner les autres objets.

Glisser & déplacer (Drag & Drop)

La fonction *Glisser & Déplacer* permet de réaliser des opérations telles que la copie et le déplacement sans avoir à passer par les commandes habituelles. On peut ainsi, à l'aide de la souris, déplacer très simplement des fichiers dans un autre répertoire ; Windows identifie alors automatiquement le type d'action dont il s'agit.

Access offre bien d'autres possibilités de mise en oeuvre du Glisser & Déplacer qui facilitent largement la tâche de l'utilisateur. Lors de l'élaboration d'une base de données et de tout ce qui s'y rattache, les occasions d'utiliser les avantages du *Glisser & Déplacer* sont nombreuses. Lors de la création d'une table, vous pouvez par exemple déplacer les champs à loisir lorsque vous souhaitez modifier leur ordre ; lors de la définition de requêtes, rien de plus simple que de sélectionner les champs des différentes tables avec la fonction *Glisser & Déplacer*.

Les assistants

La création de tables, de formulaires, d'états et de certains types spéciaux de requêtes est simplifiée grâce aux Assistants. Vous communiquez vos voeux à Access et vous arrivez ainsi progressivement au résultat souhaité. Avec un simple clic de souris, vous pouvez demander à Access de créer des formulaires simples pour la saisie des données.

Il existe en outre quelques autres assistants susceptibles de vous venir en aide, par exemple pour la création de graphiques, l'élaboration d'expressions, ou la définition des propriétés des contrôles.

Mise en relation d'ensembles de données

Il n'existe pas de structures relationnelles prédéfinies dans un système de base de données relationnel. Access enregistre les données dans des tables qui sont indépendantes les unes des autres dans un premier temps. En cas de besoin, on joint les tables et du même coup leurs données, afin d'établir les relations nécessaires pour obtenir les informations souhaitées. Pour gagner du temps, vous pouvez définir dans une base de données Access des relations qui donneront une structure élémentaire à la base de données. Ces relations peuvent être modifiées à tout moment, elles n'ont donc aucune influence sur la souplesse du système.

Du fait que dans une base de données relationnelle les données sont saisies indépendamment les unes des autres, il peut arriver que les différentes tables contiennent des données incompatibles entre elles. Si vous le souhaitez, Access peut faire en sorte que de telles saisies soient évitées. On dit alors qu'Access impose *l'intégrité référentielle*. Ceci ne fonctionne cependant que si les tables concernées sont liées par une relation standard.

1.2. Les nouveautés d'Access 2.0

Les nouveautés sont nombreuses : de l'interface du programme jusqu'à l'importation et l'exportation de données, tous les objets et toutes les fonctions ont subi des modifications ou des extensions plus ou moins importantes. Dans la plupart des cas, il en résulte un plus grand confort et une plus grande simplicité d'utilisation.

Les nouveautés sont présentées dans les sections suivantes, regroupées par thèmes. Le chapitre dans lequel le sujet correspondant est traité plus en détail est toujours indiqué.

Les nouveautés dans l'interface

Les programmeurs d'Access, à en croire Microsoft, se sont fixés comme objectif de rendre l'interface encore plus conviviale que dans les anciennes versions. Access est avant tout un programme conçu pour être piloté à l'aide de la souris. Il n'est donc pas étonnant que les nouveautés les plus remarquables soient justement celles qui facilitent le travail avec la souris.

Des barres d'outils personnalisées

La nouveauté que les anciens utilisateurs d'Access remarqueront du premier coup d'oeil, mais qu'ils ne ressentiront pas forcément comme la plus réussie est la *barre d'outils étendue* qui s'affiche au démarrage d'Access. Les précédentes versions disposaient bien d'une, deux ou trois barres d'outils pour chaque objet, cependant le nombre de boutons était encore raisonnable. A présent, lorsque vous ouvrez un objet, vous voyez apparaître un nombre beaucoup plus important de boutons et ces barres d'outils peuvent être configurées librement par l'utilisateur.

Des menus contextuels

La nouvelle version propose aussi, comme certaines autres applications Windows, la possibilité d'ouvrir un menu contextuel par un simple clic du bouton droit de la souris. Le menu s'affiche alors à l'endroit où vous cliquez. Les commandes proposées dans ce menu ne correspondent en général à aucun menu en particulier. Il s'agit simplement des commandes les plus couramment utilisées par rapport à l'objet sur lequel vous avez cliqué.

Eviter les erreurs dans la saisie des expressions

Si vous voulez utiliser une expression dans une table, une requête, un formulaire, un état, une macro ou un module, vous pouvez à présent recourir à un nouvel outil. Il s'agit de *l'Editeur d'expression* avec lequel vous pouvez composer vos expressions, en utilisant presque exclusivement la souris. Vous éviterez ainsi les erreurs de syntaxe car l'éditeur se charge de cet aspect du problème. Quelques expressions souvent utilisées sont en outre proposées, prêtes à l'emploi, dans une liste.

Saisie optimale des données grâce aux masques de saisie

Dans les champs de formulaires et dans les feuilles de données, vous pouvez simplifier la saisie avec certains types de données en utilisant des masques de saisie. Un tel format n'a aucune influence sur la forme des données. Il n'agit que sur la manière dont ces données sont saisies, dans la mesure où il permet d'économiser, pour vous ou d'autres utilisateurs, une partie du travail de frappe au clavier.

Sélection rapide de champs dans les feuilles de données

Vous pouvez enfin sélectionner des données dans des feuilles de données en faisant **glisser le pointeur de la souris** par dessus les cellules correspondantes. Les données ainsi sélectionnées peuvent être copiées ou coupées et insérées dans une autre feuille de données ou dans un formulaire.

Un bouton pour trier

Dans les tables, les requêtes et les formulaires, un clic sur un des boutons de tri permet d'obtenir un tri croissant ou décroissant des enregistrements.

Un double-clic pour ajuster la largeur de la colonne

Une colonne d'une feuille de données peut être ajustée automatiquement en largeur par rapport à la longueur de l'entrée la plus longue contenue dans cette colonne. Il suffit pour cela d'effectuer un double-clic sur le bord droit du sélecteur de colonne.

Imprimer des informations relatives à un objet ou à la base de données entière

Une nouvelle commande du menu **Fichier** permet d'imprimer, sous forme de rapport, des informations détaillées relatives à différents objets, ou à la base de données dans son ensemble.

Les nouveautés dans les tables et les relations

Dans les anciennes versions, les tables demandaient beaucoup de travail lors de leur création car il n'existait aucune aide dans ce domaine. En outre on ne pouvait obtenir une vue d'ensemble des relations qu'en faisant un détour par une fenêtre de requête.

Des tables semi-automatiques

Vous n'êtes même plus obligé de créer vous-même vos tables, l'Assistant s'en charge à votre place. Comme les autres Assistants, il vous propose aussi des modèles de tables et un nombre important d'exemples de champs.

Règles de validation - à la demande

Les règles de validation que vous définissez dans une table peuvent à présent être appliquées en permanence si vous le souhaitez : lors de la modification de données dans un formulaire ou dans une feuille de données, à l'occasion d'une importation de données, ou d'une modification de données existantes au moyen d'une requête action, d'une macro ou d'un code Access Basic. Vous pouvez en outre forcer la saisie dans un champ déterminé d'une table.

Définir des relations

Grâce à la nouvelle fenêtre **Relations**, vous pouvez connaître graphiquement la structure complète de la base de données. Dans cette fenêtre, vous pouvez à présent définir et contrôler les relations.

Modifier et supprimer des données dans plusieurs tables

Access 2.0, vous pouvez de modifier, ou supprimer des données dans une table et faire en sorte que les champs correspondants des tables apparentées, soient également modifiés ou supprimés. Vous trouverez également cette option dans la fenêtre **Relations**.

Utilisation de filtres dans les tables

Vous pouvez à présent utiliser des filtres dans les tables, comme dans les formulaires, pour n'afficher que les enregistrements dont vous avez besoin dans la situation présente.

Des index plus clairs

Avec le nouvel **éditeur d'index**, vous pouvez afficher et modifier tous les index d'une table.

Les nouveautés dans les requêtes

En ce qui concerne les requêtes, quelques détails fastidieux ont été éliminés et de nouveaux types de requêtes ont été ajoutés. Les personnes habituées à d'autres systèmes de base de données apprécieront particulièrement les nouvelles possibilités **SQL**.

Assistant Requête

Sachant qu'il existe un Assistant pour vous aider à créer les tables, pourquoi n'en existerait-il pas un également pour les requêtes ? Avec **l'Assistant Requête**, vous pouvez créer des requêtes complexes pour des tableaux croisés, des comparaisons d'enregistrements, ou des combinaisons de tables.

Relations automatiques

Même si vous n'avez établi aucune relation permanente entre deux tables, Access génère automatiquement les liaisons nécessaires pour la création d'une requête en utilisant les champs appropriés.

Possibilités de modification améliorées

Quelques restrictions relatives aux possibilités de modification de requêtes ont été gommées. Dans le cas d'une requête dans deux tables liées, il est à présent possible d'effectuer des modifications des deux côtés de la relation.

Sélection d'un palmarès

En entrant une valeur dans les (nouvelles) propriétés d'une requête, vous pouvez limiter le nombre d'enregistrements sélectionnés. Cela vous permettra par exemple d'obtenir la liste des 10 (ou 20 ou 100) livres qui se sont le mieux vendus. Jusqu'à présent, cette recherche n'était possible que pour les livres dont un certain nombre d'exemplaires avait été vendu.

Enregistrer la disposition et la configuration

C'en est enfin terminé des interminables réglages de largeur de colonne à chaque ouverture d'une requête. Le format, la grille de saisie et la disposition peuvent être enregistrés et sont ainsi immédiatement disponibles à la prochaine ouverture.

De nouveaux types de requêtes spécifiques à SQL

Avec la commande **Spécifique SQL**, vous pouvez créer des requêtes pour la définition des données. Avec une telle requête, vous pouvez créer, modifier ou supprimer des tables et des index dans une base de données Access. Les requêtes **Union** et **SQL direct** sont également des requêtes spécifiques de SQL. Avec une requête Union, vous créez une nouvelle table à partir des enregistrements de deux tables existantes. Avec une requête SQL direct, vous pouvez communiquer directement avec un serveur de base de données. Vous pouvez ainsi travailler avec les tables directement sur le serveur, plutôt que de les importer.

Des sous-requêtes

Dans la ligne de critères d'une requête, vous pouvez à présent utiliser des instructions **SQL Select** en guise de sous-requêtes.

Fonctionnalités SQL améliorées

Avec le nouvel **éditeur SQL**, vous pouvez entrer toutes les instruction SQL, y compris celles qui ne sont pas acceptées par **QBE** (Query By Example). Pendant que vous travaillez avec la fenêtre SQL, vous pouvez aussi accéder à d'autres commandes et fenêtres Access.

Des requêtes accélérées

Grâce à l'algorithme **Rushmore** repris dans FoxPro, la plupart des requêtes et tris standards sont effectués à une vitesse nettement accrue.

Les nouveautés dans les formulaires et les états

Vous vous réjouirez sans doute d'apprendre que quelques améliorations significatives ont été apportées dans le domaine de l'élaboration des formulaires et des états.

Formulaires et états instantanés

Un clic sur le bouton approprié permet de créer en une seule opération un formulaire ou un état.

Un meilleur contrôle avec de nouvelles propriétés

De nouvelles propriétés et possibilités de paramétrage offrent un meilleur contrôle de l'apparence et du comportement du formulaire ou de l'état. Vous pouvez demander par exemple que le formulaire soit automatiquement disposé au centre de l'écran et qu'il ne comporte pas de case du menu **Système** dans sa barre de titre. Vous pouvez en outre aussi éviter qu'un enregistrement vide soit automatiquement ajouté après le dernier enregistrement.

Modifier en même temps les propriétés de plusieurs contrôles

Lorsque plusieurs contrôles sont sélectionnés, vous pouvez à présent modifier les propriétés de tous ces contrôles en même temps.

Une feuille des propriétés plus claire

De nouvelles propriétés s'étant ajoutées, les fonctionnalités de la feuille des propriétés ont été quelque peu étendues, afin de permettre à l'utilisateur de mieux s'y retrouver : vous pouvez afficher toutes les propriétés en même temps ou seulement une catégorie d'entre elles, par exemple les propriétés de présentation, ou les propriétés de données.

De nouvelles aides pour la définition des propriétés

De nombreuses propriétés de la feuille des propriétés d'un formulaire ou d'un état comportent un bouton sur lequel il vous suffit de cliquer pour appeler un éditeur. Celui-ci vous aide à élaborer des expressions, à créer des requêtes ou à définir les caractéristiques de présentation.

Les Assistants contrôle

De nouveaux *Assistants contrôle* vous aident pour la création de boutons de commande, de groupes d'options, de zones de liste et de zones de liste modifiables. L'Assistant vous guide lors de tout le processus de création des contrôles.

Possibilités améliorées de dimensionnement et d'espacement

Vous pouvez à présent ajuster la dimension d'un groupe sélectionné de contrôles en fonction du plus grand, du plus court, du plus large ou du plus étroit. Vous pouvez en outre répartir uniformément les espacements entre les contrôles, ou déplacer ceux-ci d'un point sur la grille de positionnement.

Sélection rapide de plusieurs contrôles

Avec les règles horizontale et verticale, vous pouvez sélectionner rapidement et facilement tous les contrôles situés à un emplacement horizontal ou vertical déterminé.

Imprimer le nombre total de pages

Vous pouvez utiliser la nouvelle propriété *Pages* pour obtenir, à l'impression d'un état, une combinaison du numéro de page actuel avec le nombre total de pages. Exemple : Page 4 de 38.

Imprimer un groupe sur une même page

Lors de l'impression d'un état, vous pouvez à présent empêcher qu'un saut de page ait lieu en plein milieu d'un groupe. Lorsque c'est possible, le groupe est imprimé sur une nouvelle page s'il n'est pas possible de le faire tenir en entier sur la page en cours.

Modifier les styles des Assistants

Si vous appréciez les avantages des Assistants Formulaire et Etat et si vous voulez tout de même personnaliser vos formulaires et états, modifiez simplement, à l'aide du *Gestionnaire de compléments*, les styles utilisés par les Assistants.

Les nouveautés au niveau du fonctionnement avec d'autres applications

Access s'est ouvert davantage encore vis à vis des autres applications. On notera, entre autres, de nouvelles possibilités d'exportation et des fonctions de *publipostage* améliorées.

Exportation aisée de fichiers Excel, RTF ou TXT

Une nouvelle commande de menu permet de générer un fichier dans un de ces trois formats à partir de feuilles de données, de formulaires, d'états ou de modules.

Fusion de publipostage automatique avec Word pour Windows 6.0

Le nouvel *Assistant Publipostage* permet de transférer des données d'une base de données dans un document Word pour Windows existant ou à créer.

Microsoft Mail

Le contenu d'une feuille de données, d'un formulaire, d'un état ou d'un module peut être envoyé sous forme de message Microsoft Mail ou Windows for Workgroups.

Exportation de requêtes

Avec la nouvelle version d'Access, vous pouvez à présent exporter les résultats des requêtes dans les mêmes formats de fichier que les tables.

Transferts de données avec mises en forme

Si vous copiez des données mises en forme d'une feuille de données ou d'un formulaire Access 2.0 vers un document Word pour Windows ou Excel, les mises en forme telles que la police et la couleur sont conservées.

Modification d'objets OLE (OLE 2.0)

Les objets OLE, par exemple un document Word pour Windows 6.0, peuvent à présent être modifiés dans la fenêtre Access. Un double-clic sur l'objet ne vous fait donc plus basculer dans *l'application serveur OLE*.

Collage spécial pour les objets OLE

En plus de la commande *Coller* normale, vous trouvez aussi la commande *Collage spécial* dans le menu *Edition* lorsque vous avez copié ou coupé un objet OLE. Cette commande ouvre une boîte de dialogue contenant des options supplémentaires pour le collage de l'objet en question dans un autre objet de base de données.

Des mécanismes de verrouillage améliorés en environnement multi-utilisateurs

Il existe à présent plusieurs possibilités de gérer l'accès simultané aux données d'une base de données. Vous pouvez libérer tous les enregistrements, les verrouiller tous ou uniquement l'enregistrement actuel. Il est naturellement possible d'ouvrir une base de données en *mode exclusif* ou *partagé*.

Les nouveautés pour les développeurs d'applications Access

Pour tous ceux qui développent des applications avec *Access Basic*, la nouvelle version offre des possibilités nettement améliorées de gestion des erreurs et d'accès aux objets de base de données.

Accès amélioré aux macros et aux codes

Sans quitter un formulaire ou un état, vous pouvez maintenant travailler sur une macro ou une procédure, directement depuis l'objet dans lequel vous vous trouvez.

Modèle d'événement plus étoffé

Un modèle d'événement semblable à celui qui est utilisé dans *Visual Basic* vous permet de faire en sorte que votre application réponde à un nombre important d'événements : frappe de touches, déplacements de la souris, erreurs d'exécution ou écoulement du temps.

Procédures événementielles dans les modules de formulaire et d'état

Comme dans Visual Basic, vous pouvez à présent écrire des procédures événementielles dans Access Basic pour réagir à des événements qui se produisent dans des formulaires et des états. Les procédures événementielles sont enregistrées dans des modules de formulaire ou d'état attachés à l'objet en question. Votre code devient ainsi une partie de la structure du formulaire ou de l'état. Vous pouvez également appeler une fonction *Access Basic* à partir d'une propriété de type *événement*.

Davantage de propriétés définissables à l'exécution

Avec une macro ou une procédure événementielle vous pouvez à présent définir la plupart des propriétés d'un formulaire ou d'un état à l'exécution, en réaction aux événements qui se produisent.

Un générateur de menus et intégration de sous-menu

Le nouveau générateur de menus est une interface avec laquelle vous pouvez définir des barres de menus personnalisées. Vous pouvez en outre incorporer des sous-menus dans vos barres de menus.

Définition de données Access Basic

Avec Access Basic, vous pouvez définir et gérer un nombre important d'objets : tables, requêtes, champs, index, relations, formulaires, états et contrôles.

Amélioration de la gestion des erreurs

Pour la recherche d'erreurs dans un code, vous n'êtes plus limité à l'exécution en mode pas à pas ou à la définition de points d'arrêt. Vous pouvez afficher une *liste de tous les appels de procédures actifs*, ce qui est très utile lorsque des procédures sont imbriquées les unes dans les autres.

En plus, vous pouvez aussi utiliser des procédures événementielles *Erreur* pour intercepter des erreurs d'exécution et prendre les mesures nécessaires.

Amélioration de l'interface de sécurité

L'amélioration des commandes et des boîtes de dialogue destinées à la sécurité facilite l'attribution des autorisations d'accès aux différents objets de base de données ainsi que la modification de la propriété d'un objet.

Prise en charge de l'automatisation OLE

OLE 2.0 permet de manipuler des objets d'autres applications exactement comme les objets Access, en appelant des méthodes et en définissant des propriétés.

Créer et installer des compléments

Avec Access Basic, vous pouvez créer des compléments tels que des *Assistants* ou des *éditeurs personnalisés*. Le nouveau gestionnaire de compléments permet à chaque utilisateur Access d'installer facilement de tels compléments.

Nouvelles actions de macro

Les cinq nouvelles actions de macro *SupprimerObjet*, *EnvoyerObjet*, *AfficherBarreOutils*, *OuvrirModule* et *CopierVers* permettent d'améliorer la manipulation des objets et d'exporter des données vers d'autres applications.

Nouvelles méthodes

Un certain nombre de nouvelles méthodes Access Basic facilitent l'écriture, la lecture et la maintenance du code avec lequel vous manipulez les objets.

Différences entre les versions

Abstraction faite des nouveautés et extensions énumérées à la section précédente, il y a bien entendu également des différences techniques entre les versions successives d'Access. L'aperçu ci-après vous informe sur les évolutions des données techniques au fil des versions d'Access (Access 1.0, 1.1 et 2.0).

Access 2.0 propose naturellement toutes les fonctions qui étaient déjà contenues dans les versions 1.0 et 1.1. Cette version 2.0 bénéficie d'autre part de quelques améliorations techniques et des fonctionnalités supplémentaires ont été ajoutées au programme. Les modifications et extensions les plus importantes sont énumérées ici :

- Dans Access 1.0, la taille maximale d'une base de données et, par conséquent, des différents objets base de données était limitée à 128 Mo. Depuis la version 1.1, les bases de données peuvent avoir jusqu'à 1 Go.

Access 2.0 possède, par rapport à la version 1.1 (de même Access 1.1 par rapport à la version 1.0) des possibilités supplémentaires d'échange de données avec d'autres applications :

- Dans la version 1.1, on avait ajouté les filtres d'importation et d'exportation pour les fichiers FoxPro 2.0 et 2.5, Access 2.0 comporte à présent des filtres pour *FoxPro 2.6*.

- avec Access 1.1, on pouvait importer et exporter des données de la fonction base de données d'Excel 2.0 à 4.0.

- Access 2.0 propose en plus les filtres pour *Excel 5.0*.

- les fonctions *ODBC* ont une nouvelle fois été étendues.

- il existe des fonctions d'exportation spéciales pour la fusion de publipostage avec *Word pour Windows 6.0* (l'ancien Assistant Publipostage fonctionnait avec Word pour Windows 2.0), dans Access 1.1, les fonctions de tri ont été étendues pour les langues scandinaves.

- Access 2.0 propose également des fonctions de tri pour les langues suivantes : tchèque, hongrois, polonais, russe, turc, arabe, hébreu et grec.

En ce qui concerne la mise en oeuvre du programme, il y avait très peu de différences entre Access 1.0 et Access 1.1. La plupart des modifications apportées à la deuxième version ne se répercutaient pas directement sur les manipulations demandées à l'utilisateur. Elles oeuvraient plutôt à l'arrière-plan du fait qu'il s'agissait essentiellement d'améliorations techniques.

Même si la mise en oeuvre d'Access 2.0 est restée la même dans son principe, les nombreux nouveaux éléments et les améliorations apportées à la fonction *Glisser & Déplacer* contribuent fortement à simplifier l'utilisation du programme par rapport aux précédentes versions.

Le Kit de développement Access

Le kit de développement Access est apparu sur le marché avec la version 1.1 d'Access. Ce kit de développement Access permet de manière très simple de créer des bases de données indépendantes d'Access et capables de s'exécuter comme programme autonome. Ainsi, vous avez la possibilité, par exemple, de développer des bases de données pour vos clients et de les vendre comme programmes autonomes. Le kit de développement Access vous permet d'élaborer des programmes permettant notamment à l'utilisateur de procéder à une installation confortable des programmes concernés, à l'instar des applications Windows classiques de Microsoft. Chaque jeu de disquettes peut contenir un numéro de série propre.

Mais les possibilités du kit de développement Access vont encore plus loin :

Au-delà de la base de données proprement dite, vous avez la possibilité de développer vos propres *systèmes d'aide* et même des assistants et d'intégrer dans vos applications une *version Runtime* de MS-Graph.

Le kit de développement Access est distribué comme produit à part entière par Microsoft. En achetant le kit de développement Access, vous avez la possibilité de distribuer de manière illimitée des licences pour les applications que vous avez développées. Cette offre ne manquera pas d'intéresser les développeurs professionnels de bases de données habitués à reverser à l'éditeur du système de développement une taxe correspondant à chacun de ses développements.

2. L'installation d'Access

Dans ce chapitre, vous apprendrez quels sont les préparatifs à effectuer afin de permettre à Access de fonctionner sur votre micro-ordinateur. Lors de l'installation d'une application Windows telle qu'Access, il n'est en règle générale pas nécessaire d'installer de pilote supplémentaire ; en outre vous avez le choix entre différentes *variantes d'installation*.

A la suite des informations relatives à l'installation d'Access sur un seul poste de travail, une section spécifique de cet ouvrage vous indiquera les points dont il convient de tenir compte en cas d'installation d'Access en réseau.

Configuration requise pour l'installation d'Access

Pour pouvoir installer Access avec succès, l'éditeur Microsoft préconise les configurations systèmes suivantes :

- Un PC équipé d'un processeur 80386SX/DX ou supérieur
- En cas d'installation de l'ensemble des composants d'Access, vous devez disposer d'au moins 23 Mo d'espace disponible sur le disque dur. En revanche, si vous vous limitez aux fonctions indispensables, 6 Mo suffiront. Cela signifiera cependant que vous devrez renoncer à *l'aide* ainsi qu'aux services des *Assistants* et *Conseillers*.
- Vous devez disposer d'un périphérique de pointage de type souris compatible Microsoft. Il pourra, le cas échéant, s'agir d'un trackball.
- Une carte graphique et un moniteur EGA ou VGA au minimum.
- Au moins 6 Mo de mémoire vive.

- Un système d'exploitation compatible avec la version 3.1 de MS-DOS ou supérieure.

- Windows à partir de la version 3.1.

Si vous disposez des éléments de base précédemment cités, vous pouvez procéder à l'installation d'Access. Nous ne vous cacherons toutefois pas que vous disposerez d'une vitesse d'exécution plus convenable avec Access, sur les micro-ordinateurs à partir de la génération des 80386, équipés d'au moins 8 Mo de mémoire vive et cadencés à une fréquence d'horloge d'au moins 33 MHz.

Copie de sécurité des disquettes de programme

Les copies de sécurité de vos disquettes peuvent être effectuées soit à partir du DOS, soit sous Windows. A partir de la version 6.2 de DOS, cette opération est à nouveau plus confortable que sous Windows, surtout si vous voulez réaliser plusieurs copies en une seule opération.

Avant de commencer la copie, vérifiez que la protection en écriture des disquettes originales est activée.

Copie des disquettes programme sous MS-DOS

Pour réaliser des copies à partir de MS-DOS, tapez la ligne de commande suivante derrière l'invite :

```
DISKCOPY A: A: /V
```

Cette ligne de commande ne fonctionne naturellement que si le lecteur A: permet d'accueillir des disquettes au format correspondant à celui des disquettes programme d'Access. Si tel n'est pas le cas, modifiez l'initiale du lecteur dans la ligne de commande conformément aux lecteurs que vous possédez. Le paramètre /V invite MS-DOS à vérifier que les données ont été correctement inscrites sur la disquette cible.

Si vous travaillez avec la version 6.2 de DOS ou avec une version supérieure, vous n'avez plus besoin de jongler constamment avec les disquettes. Ce problème se posait avec les versions précédentes du fait que la commande DISKCOPY n'utilisait qu'une petite partie de la mémoire pour le stockage du contenu des disquettes. En outre, après la première copie, le programme vous demande si vous souhaitez d'autres exemplaires de la même disquette. Naturellement DOS vous demande aussi, contrairement à Windows, si vous voulez copier d'autres disquettes. C'est la raison pour laquelle nous vous conseillons à tout ceux qui possèdent DOS 6.2 ou supérieur de ne pas utiliser le Gestionnaire de fichiers de Windows pour la copie de disquettes. Pour ceux qui ne possèdent que DOS 6.0 ou une version antérieure, le Gestionnaire de fichiers de Windows représente par contre une solution plus avantageuse.

Copie des disquettes programme sous Windows

Lancez le Gestionnaire de fichiers de Windows. Choisissez dans le menu *Disque*, la commande *Copier une disquette*. Si vous disposez de plusieurs lecteurs de disquettes, Windows vous invite à spécifier le lecteur cible et le lecteur source et à valider la commande de copie. Lorsque toutes les données provenant de la disquette source ont été lues, vous devez insérer la disquette cible. Il vous suffit ensuite d'attendre que l'ensemble des données soit copié sur cette disquette.

Copier des disquettes avec le Gestionnaire de fichiers de Windows

Installation d'Access

Après avoir vérifié que votre configuration matérielle est suffisante pour l'installation d'Access et après avoir effectué les copies de sécurité des disquettes programme, vous pouvez commencer l'installation proprement dite.

Cette section est exclusivement consacrée à l'installation d'Access en configuration monoposte. Si vous souhaitez installer Access en réseau, reportez-vous à la section suivante intitulée : ***Installation en réseau***.

Access étant une application Windows, elle doit être installée à partir de Windows. Commencez donc par lancer Windows puis insérez la première disquette d'installation. Choisissez ensuite dans le menu ***Fichier***, la commande ***Exécuter***, dans la barre de menus du Gestionnaire de programmes. Une boîte de dialogue apparaît à l'écran. Si la disquette se trouve dans le lecteur A:, tapez :

```
A:INSTALL
```

puis validez avec la touche «Entrée» ou cliquez sur *OK*.

Lancer l'installation par le Gestionnaire de programmes

Si la disquette Programme d'Access se trouve dans un autre lecteur, vous devez bien évidemment modifier en conséquence l'initiale du lecteur.

L'installation commence et le programme apparaît alors à l'écran après une courte attente. *INSTALL* vous invite tout au long de l'installation à insérer les disquettes programme requises. En outre, vous serez amené à indiquer les informations et à effectuer des choix.

Dans un premier temps, le programme vous invite à indiquer votre nom et celui de votre société. Après avoir saisi ces deux informations et validé avec *Continuer*, Access enregistre ces informations sur votre disque dur, ainsi que sur la première disquette d'installation. Si cette disquette est utilisée par la suite pour une nouvelle installation, une mention apparaît à l'écran pour indiquer que ce jeu de disquettes a déjà été utilisé et enregistré.

Ensuite, le programme d'installation vous propose d'installer le programme sur le disque C: dans le répertoire *ACCESS*. Si nécessaire, vous pouvez indiquer un autre disque ainsi qu'un autre répertoire ou bien valider les paramètres proposés par défaut avec en cliquant sur *OK* ou bien en pressant la touche «Entrée». Le répertoire défini est alors automatiquement créé.

Si le répertoire *C:\ACCESS* contient une ancienne version d'Access que vous souhaitez continuer à l'utiliser, vous devez dans tous les cas spécifier un autre répertoire ou un autre lecteur.

Indication du répertoire d'installation pour Access

Vous devez ensuite désigner les composants d'Access qui seront installés. Cette décision détermine bien évidemment le nombre de fonctions qui seront disponibles une fois l'installation effectuée. Si vous constatez par la suite que vous avez installé certaines options dont vous ne vous servez jamais ou à l'inverse, que certaines parties de programmes devenues indispensables n'ont pas été installées, vous pouvez à tout moment effectuer les modifications nécessaires en lançant

    INSTALL

à partir du répertoire ACCESS. Il ne sera pas nécessaire de relancer l'ensemble du programme d'installation.

Sélection du type d'installation

Il est toutefois recommandé de réfléchir préalablement au type d'installation le plus approprié à vos besoins :

Installation par défaut

L'installation standard est conçue de façon à donner satisfaction à la majorité des utilisateurs. Les parties du programme qui sont le plus souvent utilisées sont installées. On renonce dans ce cas à certains composants très spéciaux, comme par exemple les *pilotes ODBC*.

Installation complète/personnalisée

Installation complète :

Si vous choisissez cette procédure d'installation, l'ensemble des options contenues dans Access seront installées. Il est clair que cette variante requiert l'espace disque le plus important (environ 23 Mo). Si vous disposez d'une telle capacité de stockage sur votre disque dur, choisissez cette procédure. L'installation une fois effectuée, vous disposerez alors de l'ensemble des fonctions d'Access que vous pourrez tester en toute tranquillité. Et s'il s'avère que certaines parties du programme vous sont absolument inutiles, vous pourrez les désinstaller rapidement à l'aide du programme d'installation.

Installation personnalisée

Cette option vous permet en outre de sélectionner certains éléments d'Access. Cette procédure concerne ceux qui ont déjà une certaine expérience des bases de données et qui savent donc exactement quelles sont les fonctions qu'ils souhaitent utiliser.

Installation complète/personnalisée d'Access

A droite de chaque option est indiqué l'espace disque nécessaire pour l'installation de chaque module. En bas de la boîte de dialogue est indiqué l'espace total nécessaire pour l'installation de tous les modules actuellement sélectionnés ainsi que l'espace actuellement disponible.

Lors de la première installation, vous devez bien sûr activer l'option *MS Access* (option cochée). Pour modifier l'un des paramètres proposés, il vous suffit de cliquer sur la ligne correspondante.

La fonction d'aide et les conseillers exigent à eux seuls plus de 6 Mo de place sur le disque dur. Vous ne renoncerez cependant à leur installation que dans les cas extrêmes.

La même chose vaut pour les Assistants. Ne pas les installer équivaut à renoncer à une aide appréciable. Ce sont en effet ces Assistants qui rendent Access si agréable à utiliser.

Les pilotes proposés sur la ligne *Pilotes ISAM* ne vous seront d'une quelconque utilité que si vous envisagez de traiter ou de créer des données sous Access à partir des programmes d'application FoxPro, dBase, Paradox et Btrieve. Lorsque vous cliquez sur le bouton *Sélectionner* alors que l'option Pilote est activée, une boîte de dialogue s'ouvre pour vous permettre de choisir les gestionnaires souhaités.

Si vous envisagez d'utiliser les fonctions ODBC et SQL, vous devez activer l'option *Support ODBC*.

Quand à *Microsoft Graph*, il s'agit d'un programme de dessin intégré à Access permettant la création de graphiques. Access 2.0 est livré avec la nouvelle version 5.0 de Graph. Si Graph est déjà présent sur votre ordinateur, vérifiez la version dont il s'agit afin de la remplacer le cas échéant par la nouvelle. Ce programme vous permet, par exemple, de mettre en valeur certaines données de votre base de données, par des représentations graphiques appropriées.

Les fichiers d'exemples sont des fichiers d'application livrés par Microsoft qui vous permettent de vous familiariser avec les fonctions complexes d'Access, sans devoir effectuer au préalable un travail de saisie fastidieux. Les exemples de ce livre peuvent être illustrés par les données de la base de données Comptoir, livrée comme exemple.

Si vous activez l'option *Outils*, le programme d'installation sera copié dans un sous-répertoire du répertoire d'Access et une icône Installation sera ajoutée dans le groupe de programmes Access. Vous pouvez ainsi modifier par la suite la configuration d'Access sans devoir recourir aux disquettes d'installation. Un texte d'informations relatives à Access est également installé.

Un clic sur le bouton *Continuer* commande l'installation proprement dite des éléments sélectionnés.

Ordinateur portatif (minimum)

Si vous choisissez cette option, vous procédez à une l'installation minimale, seul Access sera installé. Le cas échéant, votre disque dur devra disposer d'au moins 6 Mo d'espace disponible.

Modification du fichier AUTOEXEC.BAT

Cette section ne vous concerne que si le programme SHARE.EXE est déclaré dans votre fichier AUTOEXEC.BAT. Dans ce cas, Access ne pourra être exécuté que si le paramètre de SHARE est au moins égal à 500. Mais n'ayez aucune crainte : le programme d'installation détecte automatiquement la présence de SHARE et le cas échéant, vous propose automatiquement la modification devant être effectuée.

Dans le cas où SHARE est installé, une boîte de dialogue apparaît à l'écran vous permettant de sélectionner la procédure de modification. La solution la plus simple est la première des trois proposées. Dans ce cas, le programme d'installation modifie automatiquement le fichier AUTOEXEC.BAT et sauvegarde l'ancienne version de ce fichier sous le nom de AUTOEXEC.BAK. Après avoir opté pour l'une des trois variantes, cliquez sur *Continuer*.

Pour que la modification soit effective, vous devez réamorcer votre micro-ordinateur. A cet effet, une boîte de dialogue s'affiche. Mais prudence ! Avant de réamorcer votre machine, vous devez vérifier si d'autres applications sous Windows ne sont pas actuellement ouvertes. Dans ce cas, vous pourriez perdre des données. En cas de doute, affichez la liste des tâches actuellement en cours à l'aide de la combinaison de touches «Ctrl» + «Echap». Si nécessaire, quittez toutes les applications ouvertes par la procédure de fermeture normale, puis basculez à nouveau sur le programme d'installation de Microsoft Access. Vous pouvez alors exécuter le réamorçage de votre machine.

Quitter l'installation

Tout au long de la procédure d'installation, *Install* vous invite à insérer les disquettes programme nécessaires. Le moment voulu, vous devez indiquer, pour finir, si vous souhaitez que le programme SHARE.EXE soit déclaré dans votre fichier AUTOEXEC.BAT. Le programme SHARE présente pour vous un intérêt si vous souhaitez pouvoir accéder à des données provenant d'autres systèmes de base de données, ou si vous souhaitez travailler en réseau.

Si vous laissez Access effectuer les modifications, vous devez ensuite réamorcer votre système afin que ces modifications soient prises en compte. Ici également, on veillera à enregistrer préalablement les données de toutes les autres applications.

Ces différentes étapes étant réalisées, Access est maintenant installé sur votre ordinateur et opérationnel. Plus rien ne s'oppose donc à vos premiers pas avec ce programme. Toutefois, si Access n'a pas été installé en monoposte mais en réseau, vous devez tenir compte de quelques autres éléments. A cet effet, reportez-vous à la section qui suit.

Modifier ultérieurement la configuration d'Access

Pour modifier ultérieurement la configuration d'Access, ouvrez le groupe de programmes créé pour Access et double-cliquez sur l'icône *Access Installation*. Dans ce programme, vous pouvez effectuer les mêmes choix que lors de l'installation initiale.

Installation en réseau

L'utilisation d'une base de données dans un environnement réseau est une opération fréquente. Dans ce cas, des groupes d'utilisateurs d'une base de données peuvent accéder par l'intermédiaire du réseau à des données communes en sachant toutefois qu'Access permet de définir les **droits d'accès individuellement** pour chaque utilisateur. L'administrateur du réseau peut donc décider qui aura accès à quelles données. Ainsi, les données confidentielles d'une société peuvent être stockées dans une base de données distincte. De cette manière, en définissant des droits d'accès limités, les vendeurs, par exemple, ne pourront accéder qu'aux données clients sans aller jeter un oeil sur les salaires octroyés aux autres employés ou aux directeurs.

Pour pouvoir bénéficier de toutes les possibilités réseau offertes par Access, vous devez préalablement installer Access en réseau. Concernant l'installation en réseau, vous disposez de deux possibilités :

* La première variante permet un travail particulièrement rapide et efficace. Dans ce cas, Access est installé sur chaque station de travail. Le cas échéant, il occupera sur chacune de ces stations environ 28 Mo sur le disque dur.

* La seconde possibilité consiste à n'installer Access que sur le serveur de réseau. Dans ce cas, seul 1 Mo d'espace de stockage sera requis sur les disques durs des stations de travail.

Si vous ne souhaitez procéder à l'installation complète d'Access que sur le disque dur du serveur, vous devez commencer par l'installation sur le serveur du réseau. En revanche si vous optez pour l'installation complète sur les différentes stations de travail, vous pouvez commencer l'installation sur les stations de travail puis passer ensuite à l'installation sur le serveur.

Commencer par l'installation sur le serveur

Il est plus rationnel - car plus rapide et plus confortable - de commencer par l'installation sur le serveur dans le cas d'une installation en réseau. Les fichiers programme dont vous avez besoin seront alors déjà disponibles sur le disque dur du serveur lorsque vous effectuerez l'installation sur les stations de travail. Vous ne souffrirez donc plus de la lenteur des disquettes.

Installer Access sur le serveur de réseau

Lors de l'installation sur le disque dur du serveur, vous devez dans un premier temps vérifier que le réseau est opérationnel et les stations disponibles. En outre, vous devez disposer des droits d'accès en écriture et en lecture sur le répertoire dans lequel Access doit être installé. Si, en plus de toutes ces conditions, vous disposez également d'environ 28 Mo d'espace libre sur ce lecteur, vous pouvez commencer l'installation. Insérez la première disquette programme ou le CD-ROM dans le lecteur de disquette d'une des stations de travail ou du serveur.

Lancez le Gestionnaire de programmes de Windows puis choisissez dans le menu *Fichier*, la commande *Exécuter*. Si la disquette se trouve dans le lecteur A:, lancez l'installation en réseau avec :

```
A:\INSTALL  /A
```

Le paramètre /A représente l'administrateur. INSTALL détecte qu'il s'agit d'une installation sur le serveur réseau.

Installer Access sur un serveur réseau

Avant le début de l'installation proprement dite, vous devez passer par diverses boîtes de dialogue, notamment pour prendre connaissance des conditions de licence. Vous devez cependant aussi décider où doivent être enregistrés les fichiers utilisés en commun par les différentes stations de travail :

• Avec l'option *sur le serveur*, vous économisez au maximum l'espace disque disponible sur les disques durs des stations de travail.

• Avec l'option *sur le disque dur local*, les fichiers du programme seront par la suite enregistrés sur toutes les stations de travail. C'est la situation dans laquelle Access bénéficie de la vitesse d'exécution la plus élevée possible sur les stations de travail, mais c'est aussi celle où il est le plus gourmand en matière d'espace disque.

- Avec l'option *laisser au choix de l'utilisateur*, vous laissez aux utilisateurs le choix de décider individuellement, au moment de l'installation sur les stations de travail, de l'endroit où les fichiers communs doivent être enregistrés.

Une fois que toutes ces décisions sont prises, il ne vous reste plus qu'à introduire les différentes disquettes au fur et à mesure que le programme d'installation vous les demande, à moins que vous ne réalisiez cette opération à partir d'un CD-ROM. L'installation se termine par le message habituel annonçant le succès de l'opération.

L'installation sur un serveur de réseau se distingue de l'installation en monoposte par le fait que les différents programmes d'Access ne sont pas intégrés au Gestionnaire de programmes de Windows. Il vous faut donc effectuer ensuite l'installation sur les stations de travail, après celle que vous venez de réaliser sur le serveur. Ceci doit être fait, même si le serveur et la station de travail se résument en un seul et même appareil. La marche à suivre est expliquée dans la prochaine section.

Installation d'Access sur une station de travail

L'une des possibilités permettant l'installation complète d'Access sur une station de travail consiste à procéder de la même manière que pour une installation monoposte, puis à se relier ensuite à un groupe de travail existant. La méthode la plus pratique consiste néanmoins à procéder à partir du serveur :

❶ Etablissez la liaison avec le réseau et lancez Windows sur la station de travail.

❷ Dans le Gestionnaire de programmes de Windows, choisissez dans le menu *Fichier*, le commande *Exécuter*.

➌ Tapez le chemin d'accès du répertoire du disque dur du serveur de réseau dans lequel Access est installé suivi de INSTALL, soit, par exemple,

```
F:\ACCESS\INSTALL\INSTALL
```

puis validez avec **OK**, ou la touche «Entrée».

Exécuter

Répertoire actuel: X:\
Ligne de commande:

```
X:\ACCESS\INSTALL\INSTALL
```

☐ Réduire à l'utilisation

[OK] [Annuler] [Aide]

Lancer l'installation sur une station de travail

Dans la boîte de dialogue de sélection du type d'installation, vous pouvez alors sélectionner la variante **Station de travail**.

Si vous vous êtes effectivement décidé pour l'option **Station de travail**, une nouvelle boîte de dialogue s'ouvre après un clic sur cette option. Vous devez y décider si la station utilise les fichiers du serveur ou si ces fichiers doivent être copiés sur le disque dur local. La première solution économise l'espace disque sur la station de travail, mais vous ne pouvez alors utiliser Access que si vous êtes connecté au serveur. Par rapport à une installation locale, le programme peut en outre être quelque peu ralenti dans son exécution en fonction du degré de saturation du réseau. Si vous optez pour **sur le disque dur local**, assurez-vous auparavant que l'espace disque disponible est suffisant.

Une fois que vous avez sélectionné une variante et fermé la boîte de dialogue avec **OK**, les étapes suivantes de l'installation correspondent pour l'essentiel, à l'installation normale en monoposte telle que nous l'avons décrite dans la section précédente.

Access est alors intégré dans le Gestionnaire de programmes de Windows, d'où il peut être lancé comme n'importe quelle autre application par un double-clic sur son icône.

Connexion à un groupe de travail existant

Si vous utilisez Access sur une station de travail et que vous souhaitez pouvoir accéder à une base de données du serveur réseau, vous devez préalablement vous connecter à un groupe de travail. L'Administrateur du réseau peut attribuer des droits d'accès individuels à chaque membre d'un groupe de travail. Pour pouvoir se connecter à un groupe de travail existant, vous devez savoir dans quel répertoire du serveur de réseau se trouve le fichier SYS-TEM.MDA correspondant au groupe de travail concerné. Ce fichier contient notamment les informations relatives aux droits d'accès des membres.

Si les indications de disque et de chemin d'accès du fichier SYSTEM.MDA vous sont connues, lancez le programme à partir du groupe de programmes Microsoft Access en cliquant sur l'icône *Administrateur de groupe MS Access*. Avec un clic sur le bouton *Joindre*, vous pouvez vous connecter à un groupe de travail existant. Les informations relatives à un groupe de travail sont enregistrées dans un fichier nommé SYSTEM.MDA. A la demande du programme, vous devez ensuite saisir les indications de disque, de chemin d'accès, ainsi que le nom du fichier SYSTEM.MDA correspondant au groupe de travail souhaité.

Se connecter à un groupe de travail existant

Installation d'un nouveau groupe de travail

Chaque groupe de travail doit disposer de son propre fichier SYSTEM.MDA sur le serveur de réseau. Pour installer un nouveau groupe de travail, cliquez sur le bouton *Créer* dans la boîte de dialogue *Administrateur du groupe de travail*. Dans la boîte de dialogue *Information du propriétaire du groupe de travail*, indiquez ensuite votre nom, celui de votre société ainsi qu'éventuellement un code de groupe de travail. Le code permet d'identifier le groupe de travail. Il peut contenir jusqu'à 20 caractères, chiffres et lettres confondus. Vous pouvez ensuite connecter chaque membre du nouveau groupe de travail tel que nous l'avons décrit précédemment.

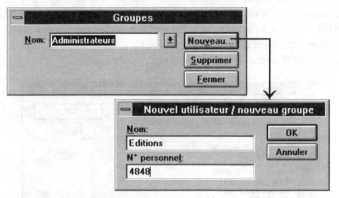

La boîte de dialogue pour la création d'un nouveau groupe de travail

Préparer Access pour l'accès aux données d'un serveur SQL

La technologie ODBC vous permet d'utiliser Access pour accéder aux données d'un serveur Microsoft SQL à partir de la version 1.1. ODBC est l'abréviation de *Open Database Connectivity*. Deux conditions doivent être remplies pour l'accès aux données SQL :

*   Le serveur doit contenir un fichier avec les informations de catalogue que vous trouverez sur la disquette ODBC qui fait partie d'Access.

43

- Le pilote ODBC doit être installé sur la station de travail ou sur le serveur Access ; il est livré avec Access. Si le pilote n'est pas installé, vous pouvez réaliser cette opération ultérieurement à l'aide du programme d'installation en sélectionnant l'option ***Complète/Personnalisée***. Contrairement aux précédentes versions d'Access, l'installation des pilotes ODBC a cette fois été intégrée dans le programme d'installation normal d'Access 2.0.

Concernant les informations relatives à l'installation du fichier de catalogue sur le serveur SQL, reportez-vous à la documentation SQL.

Utilisez le Panneau de configuration de Windows pour aménager une station de travail en vue d'un accès à un serveur SQL. Si vous avez installé les pilotes ODBC, vous y trouverez en effet une nouvelle icône nommée ***ODBC***. Démarrez ce programme de configuration par un double-clic sur cette icône. La boîte de dialogue ***Source de données*** s'ouvre alors.

Le programme de configuration ODBC

Pour installer le pilote ODBC pour des bases de données SQL, cliquez sur le bouton ***Ajouter***. Dans la boîte de dialogue ***Ajouter une source de données***, sélectionnez l'option ***SQL Server*** et cliquez sur ***OK***. Une autre boîte de dialogue nommée ***Installation ODBC*** pour SQL Server s'ouvre alors.

Installation d'un pilote ODBC

Les indications à porter dans cette boîte de dialogue dépendent de la manière dont le SQL Server est configuré sur votre réseau. Si vous n'avez pas toutes les informations nécessaires à ce sujet, renseignez-vous auprès de votre administrateur de réseau.

3. Les bases du travail avec Access

Vous avez déjà appris beaucoup de choses à propos d'Access et vous avez aussi installé le programme entre-temps. Sans doute avez-vous déjà essayé l'une ou l'autre des fonctions. Si c'est la première fois que vous travaillez avec Access, ce chapitre vous permettra de vous familiariser quelque peu avec l'interface du programme. Les utilisateurs expérimentés y trouveront aussi les informations concernant les modifications apportées à l'environnement de travail.

3.1. Premier contact

Pour pouvoir se faire une idée de cette interface, il faut d'abord lancer le programme. On utilisera, pour ce faire, le processus habituel sous Windows.

Lancer le programme

Access étant une application Windows tout à fait normale, elle se lance par conséquent avec une série de doubles-clics ou par une combinaison de touches réservée. Si vous êtes familiarisé avec ces notions, vous pouvez vous permettre de sauter les différentes sections de ce chapitre.

Microsoft Access

Pour commencer, ouvrez le groupe de programme Access avec un double-clic. Double-cliquez ensuite sur l'icône de programme d'Access.

Après une attente plus ou moins longue apparaît l'écran d'accueil d'Access. La fiche conseil propose différentes façons de se familiariser avec Access.

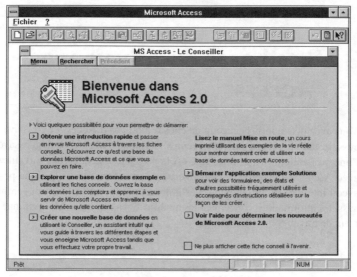

L'écran d'accueil d'Access

Si cet écran n'apparaît pas sur votre ordinateur, c'est sans doute parce que lors d'un précédent lancement vous avez coché l'option *Ne plus afficher cette fiche conseil à l'avenir*. Si la fiche est bien présente mais que les options qu'elle propose ne vous intéressent pas, vous pouvez en effet cocher cette case. Lors du prochain lancement d'Access, vous aboutirez alors directement dans l'environnement de travail d'Access.

Pour refermer cette fiche, double-cliquez sur la case du menu *Système*, dans le coin supérieur gauche de sa fenêtre.

Vous avez alors devant vous la fenêtre d'Access qui correspond à la zone de travail d'Access. Elle est encore vide pour le moment.

La fenêtre Access après le lancement

Dans les précédentes versions d'Access, l'écran initial avait une allure plutôt spartiate avec ses deux menus et son bouton unique dans la barre d'outils. Comme vous pouvez le constater, cet écran a subi quelques modifications, car la barre d'outils est à présent relativement garnie.

La façon d'utiliser les différents éléments de la fenêtre est expliquée dans les sections suivantes. Pour les utilisateurs chevronnés d'Access, il existe une nouveauté intéressante qui est décrite dans la section 3.2 *Glisser & Déplacer pour construire une base de données*, après le sous-titre *Composer des barres d'outils personnalisées*.

Les éléments de la fenêtre Access

Vous l'avez sans doute compris, Access fonctionne dans sa propre fenêtre, comme toutes les autres applications Windows. Chaque fenêtre Windows comporte des éléments standard avec des fonctions spéciales que nous allons vous présenter rapidement :

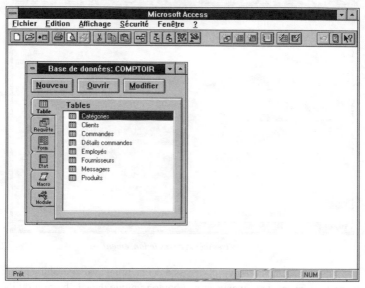

Les éléments de commande d'une fenêtre d'application

Les éléments standard sont les suivants :

- La barre de titre
- La barre de menus
- La barre d'outils
- Le menu Système
- Les boutons pour la modification de la taille de la fenêtre

Le nombre d'éléments de commande disponibles dans une fenêtre varie selon que cette fenêtre apparaît réellement comme une fenêtre ou qu'elle occupe la totalité de l'écran. Dans le cas d'une véritable fenêtre, on trouve, en plus des éléments précités, des barres de défilement horizontale et verticale permettant de faire défiler le contenu de la fenêtre. Toutefois, ces barres de défilement n'apparaissent que si l'ensemble des éléments de la fenêtre ne peut être affiché simultanément. Dans le cas de véritables fenêtres, vous pouvez également déterminer librement leur taille.

La barre de titre vous indique le nom du programme qui s'exécute dans la fenêtre ouverte. En outre, elle sert de poignée pour le déplacement. Cliquez sur la barre de titre et maintenez le bouton gauche de la souris enfoncé ; vous pouvez alors déplacer la fenêtre librement dans l'écran.

A gauche de la barre d'écran, vous trouvez la case du menu *Système*.

Le menu Système d'Access

Une application qui s'exécute dans une fenêtre ou en mode plein écran peut être réduite à la taille d'une icône à l'aide de la commande *Réduction*. L'ensemble des applications Windows et DOS configurées de manière appropriée continue à s'exécuter à l'arrière-plan. Toutefois, la priorité qui leur est accordée est réduite en conséquence. La commande *Restauration* permet de restaurer l'état précédent de la fenêtre.

A droite de la barre de titre se trouvent deux petites cases représentant des flèches. En mode plein écran, le bouton de droite affiche une flèche double orientée à la fois vers le bas et vers le haut. Si vous cliquez avec la souris sur ce bouton, la fenêtre contenant l'application est réduite, vous pouvez voir l'arrière-plan de l'interface Windows. La double flèche est alors transformée en flèche simple orientée vers le haut. Si vous cliquez une nouvelle fois sur ce bouton, l'application réapparaît en mode plein écran.

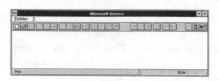

Les boutons fléchés pour le réglage de la taille de la fenêtre

Le bouton de gauche a la même fonction que la commande *Réduction* du menu *Système*. Un clic sur ce bouton réduit la fenêtre d'application à la taille d'une icône. Pour ouvrir à nouveau la fenêtre concernée, il suffit de double-cliquer sur l'icône. Un simple clic sur l'icône ouvre le menu *Système*, la commande *Restauration* rétablit la fenêtre dans ses dimensions précédentes.

La barre des menus contient les noms des menus disponibles. Pour commencer, seuls les menus *Fichier* et *Aide* sont proposés. Dès que vous ouvrez ou créez une base de données, ce choix s'élargit. La barre de menus change également lorsque vous passez d'un objet à un autre à l'intérieur d'une base de données.

Tout à gauche de la barre des menus, vous trouverez toujours le menu *Fichier*. Toutes les commandes de ce menu se rapportent aux opérations fichier comme, par exemple, l'ouverture, l'enregistrement ou l'impression.

Le menu Fichier d'Access

La nouvelle barre d'outils d'Access 2.0

Bien que dans la nouvelle version d'Access tous les boutons soient immédiatement affichés dès le lancement du programme, seuls quatre d'entre eux sont directement utilisables :

Nouvelle base de données

 Ce bouton correspond à la commande *Nouvelle base de données*. Il donne accès à la boîte de dialogue de même nom.

Ouvrir une base de données

 Avec le deuxième bouton de la barre d'outils, vous pouvez ouvrir une base de données existante, par exemple la base de données exemple COMPTOIR.MDB.

Les boutons suivants apparaissent estompés à l'affichage. Cela signifie qu'ils ne sont pas disponibles actuellement. Les deux qui sont situés à l'extrême droite, par contre, sont affichés normalement :

Le Conseiller

 Un clic sur ce bouton ouvre le *Conseiller*. Celui-ci ne se limite donc pas à la seule fiche que vous avez vue au lancement du programme. Vous pouvez l'activer à tout moment.

Aide

Le dernier bouton de la barre représente *l'aide contextuelle*. Après un clic sur ce bouton, le pointeur de la souris se transforme en un point d'interrogation avec lequel vous pouvez cliquer sur n'importe quel objet afin d'obtenir des informations relatives à cet objet ou à cette commande.

Même si la plupart des boutons ne vous sont pas d'une grande utilité à ce stade du programme, vous pouvez néanmoins vous informer sur les commandes auxquelles ils correspondent.

Les barres d'outils sont à présent conçues de telle façon qu'il suffit de laisser le pointeur de la souris deux ou trois secondes sur un bouton pour voir apparaître une brève information relative à ce bouton. Cette astuce est très pratique : on se demande en effet souvent si le bouton que l'on va choisir est bien celui dont on a besoin et voilà que la réponse apparaît alors qu'on n'a même pas encore fini de se poser la question.

Créer une nouvelle base de données

Pour pouvoir se faire une idée des autres possibilités de l'interface d'Access, il faut soit créer une nouvelle base de données soit en ouvrir une qui existe déjà. Comme il serait bon que vous soyez d'ores et déjà familiarisé avec ce qu'est une base de données, nous vous invitons à en créer une nouvelle.

❶ Cliquez sur le bouton situé à l'extrême gauche de la barre d'outils ou choisissez la commande *Nouvelle base de données* du menu *Fichier*. Certaines commandes importantes sont doublées d'une combinaison de touches servant de raccourci clavier. Dans ce cas précis, le raccourci clavier est **Ctrl + N**.

Indication d'un répertoire et d'un nom pour une nouvelle base de données

❷ Dans la zone de liste Répertoires, sélectionnez le répertoire dans lequel vous voulez enregistrer la nouvelle base de données.

❸ Indiquez un nom dans la zone de texte ***Nom de fichier***. Ce nom doit respecter les conventions en vigueur sous DOS en ce qui concerne les noms de fichiers. Vous pouvez tout simplement accepter le nom BASE1.MDB qui est proposé par défaut. Access numérote en continu toutes les bases de données et tous les objets que vous enregistrez si vous ne spécifiez pas d'autre nom.

❹ Appuyez sur la touche «Entrée». Une nouvelle base de données est ainsi créée.

Conventions syntaxiques en vigueur pour les noms

Les noms des bases de données sont soumises aux conventions du DOS. Cela signifie qu'un nom de fichier ne peut avoir plus de huit caractères et qu'il ne doit contenir aucun des caractères suivants :

. " / \ | < > + : = , ,

Sont également proscrits l'espace et les caractères dont le code ASCII est compris entre 00 et 31.

Les noms des objets de base de données ne sont par contre pas soumis à ces contraintes du DOS. En effet, tous les objets d'une base de données sont enregistrés à l'intérieur du fichier de base de données. Un nom d'objet peut compter jusqu'à 64 caractères et il peut aussi contenir des espaces. Vous pouvez donc parfaitement enregistrer une table sous le nom : ***Premier essai de table***.

Les éléments d'une base de données

L'apparence de la fenêtre Access s'est modifiée après la création de la base
de données :

Une nouvelle base de données a été créée

- Quelques menus supplémentaires se sont ajoutés dans la barre de menus.
  Les nouveaux menus sont au nombre de quatre et ils s'appellent *Edition*,
  Affichage, *Sécurité* et *Fenêtre*.

- Le nombre des boutons n'a pas changé dans la barre d'outils mais ils
  sont tous disponibles à présent, à l'exception de *Imprimer*, *Aperçu
  avant impression*, *Afficher le code*, ainsi que *Fusionner dans MS
  Word*, *Exporter vers MS Excel* et *Annuler*.

- Dans la fenêtre Access, vous voyez à présent la fenêtre Base de données.

La fenêtre Base de données d'une nouvelle base de données

Le nom de la base de données est inscrit dans la barre de titre de la fenêtre **Base de données**. En dessous se trouve un groupe de trois boutons : **Nouveau**, **Ouvrir** et **Modifier**. Vous ferez connaissance avec la fonction de ces trois boutons lorsque vous insérerez de nouveaux objets dans une base de données.

Les six types d'objets **Table**, **Requête**, **Formulaire**, **Etat**, **Macro** et **Module** sont représentés chacun par un onglet dans la fenêtre **Base de données**. Il existe différentes façons d'afficher ces objets. Un formulaire, par exemple, peut être affiché en mode **Création**, en mode **Formulaire**, en mode **Feuille de données** et en mode **Aperçu avant impression**. Dans chacun de ces modes, vous pouvez aussi procéder à des modifications de l'objet en question.

Pratiquement chaque mode se différencie des autres par les menus et les boutons qui y sont disponibles. Sachant que vous pouvez également créer vos propres barres d'outils, il ne saurait en aucun cas être question d'une interface uniforme dans toutes les situations.

Avant de nous intéresser à ces différences, faisons d'abord connaissance avec une fonction qui prend de plus en plus d'importance dans l'interface d'Access, voir dans le monde Windows tout entier. Il s'agit de la fonction **Glisser & Déplacer**. Nous en profiterons pour vous montrer comment créer et mettre en oeuvre une barre d'outils personnalisée.

Quitter le programme

Comme toujours dans Windows et les applications Windows, il y a plusieurs façons de quitter le programme une fois que le travail est terminé :

• Par un double-clic sur la case du menu *Système*.

• Avec la commande *Quitter* du menu *Fichier*.

Etant donné que les données que vous entrez dans une table ou dans un formulaire sont immédiatement enregistrées, Access se termine en principe immédiatement. Par contre, si vous avez modifié la structure d'une table ou d'un autre objet, Access vous demande si ces modifications doivent être enregistrées. A la fin d'une longue session, vous risquez de ne plus savoir de quelle modification il est question. Pour éviter ces situations gênantes, il est préférable d'enregistrer le plus tôt possible les modifications apportées aux objets de la base de données.

Glisser & Déplacer pour construire une base de données

 Si vous êtes un habitué de Windows, vous connaissez probablement la fonction *Glisser & Déplacer* pour l'avoir employée maintes fois dans le Gestionnaire de fichiers, où l'on peut copier ou déplacer un fichier d'un répertoire dans un autre en le faisant glisser avec la souris. Cette fonction *Glisser & Déplacer* peut aussi être employée en de nombreuses occasions dans Access.

Nous allons d'abord vous donner un aperçu de toutes les situations dans lesquelles vous pouvez mettre en oeuvre la technique du *Glisser & Déplacer*. Nous mettrons ensuite cette technique en application pour composer une barre d'outils personnalisée.

Glisser & Déplacer - apprentissage de la technique

Si vous n'avez jamais utilisé cette fonction, apprenez à vous en servir dans le Gestionnaire de fichiers :

❶ Ouvrez le ***Groupe principal*** dans le Gestionnaire de programmes de Windows, puis lancez le Gestionnaire de fichiers par un double-clic sur son icône.

❷ Créez un nouveau répertoire que vous nommerez EXEMPLE. S'il existe déjà un répertoire de ce nom sur le lecteur actuel, choisissez un autre nom ou un autre lecteur.

❸ Affichez ensuite le contenu du répertoire Access. Double-cliquez pour ce faire sur le nom du répertoire.

❹ Ce répertoire ACCESS contient quelques sous-répertoires. Avec un nouveau double-clic sur le nom correspondant, ouvrez le sous-répertoire EXEMPLES. Il contient tous les exemples de bases de données qui sont fournis avec Access 2.0.

❺ Sélectionnez le fichier COMPTOIR.MDB avec un simple clic. Maintenez le bouton gauche de la souris enfoncé à l'issue du clic.

Tant que vous gardez le bouton de la souris enfoncé, vous pouvez alors faire glisser le fichier où bon vous semble dans le Gestionnaire de fichiers. Le pointeur de la souris se transforme à cette occasion en une icône représentant un document.

❻ Amenez le fichier sur le répertoire EXEMPLE que vous avez créé auparavant. Relâchez le bouton de la souris lorsqu'un cadre apparaît autour du nom de répertoire.

❼ Validez au moyen de la touche «Entrée» à la question de Windows vous demandant si vous voulez effectivement déplacer le fichier dans le répertoire indiqué.

Le fichier COMPTOIR.MDB est ainsi déplacé du répertoire C:\ACCESS\EXEMPLES vers le répertoire EXEMPLE. Il serait néanmoins préférable que l'on dispose d'une copie de la base de données COMPTOIR dans son répertoire d'origine. Ce problème aussi peut être résolu facilement avec la technique du ***Glisser & Déplacer***.

❶ Sélectionnez le nom de fichier COMPTOIR.MDB dans le nouveau répertoire.

❷ Appuyez sur la touche «Ctrl» et maintenez-la enfoncée pendant que vous faites glisser le fichier vers son répertoire d'origine avec la souris. Vous voyez cette fois apparaître un signe + sur le pointeur de la souris en forme de document. La présence de ce signe indique que le fichier sera copié et non pas déplacé.

Si le programme vous demande si vous voulez effectivement copier le fichier dans le répertoire indiqué, c'est que vous avez tout fait comme il faut. Si, par contre, la boîte de dialogue vous demande si vous voulez déplacer le fichier, vous devez recommencer depuis le début. Vous avez alors probablement appuyé trop tard sur la touche «Ctrl», à moins que vous ne l'ayez relâchée trop tôt.

Après avoir remis une copie du fichier COMPTOIR.MDB dans son répertoire d'origine \ACCESS\EXEMPLES, vous pouvez modifier comme bon vous semble celle qui se trouve dans le nouveau répertoire. Même si vous supprimez la base de données par accident, vous pouvez à tout moment recourir au fichier original.

3.2. Glisser & Déplacer lors du travail avec Access

Au cours de votre travail avec Access, vous pouvez ouvrir autant de fenêtres d'objets que vous le souhaitez et les disposer les unes à côté des autres. La technique du *Glisser & Déplacer* peut ainsi être utilisée avec le maximum de confort.

Lorsque vous utilisez le *Glisser & Déplacer*, vous pouvez vous repérer d'après l'apparence du pointeur de la souris. Celui-ci peut en effet prendre différentes formes, chacune ayant une signification bien précise.

Pointeur signe d'interdiction

 Si vous faites glisser un objet, par exemple une table, de la fenêtre *Base de données* vers la fenêtre d'Access ou dans un formulaire, le pointeur de la souris se transforme en un cercle barré d'un trait en diagonale. Il s'agit d'un *signal d'interdiction*. Il ne se passe absolument rien, dans ce cas, si vous relâchez le bouton de la souris.

Pointeur Feuille de données

 Si vous faites glisser une table d'une fenêtre Base de données dans le mode création d'une requête, le pointeur de la souris se transforme en une icône représentant *une feuille de données*. Si vous relâchez alors le bouton de la souris, la table est insérée dans la requête.

Pointeur formulaire

 Avec *Glisser & Déplacer*, vous pouvez par exemple insérer un formulaire dans un état. Le pointeur de la souris prend alors la forme d'une icône représentant *un formulaire*.

Pointeur macro

Des macros peuvent être insérées dans des formulaires et dans des états. Dans les deux cas, vous pouvez relâcher le bouton de la souris lorsque le pointeur a l'apparence de *l'icône Macro*.

Inutile cependant de retenir tout ceci dès maintenant. Nous vous indiquerons toujours, lorsque ce sera nécessaire, que vous avez la possibilité d'utiliser le *Glisser & Déplacer* et la meilleure manière d'arriver au résultat souhaité. Nous allons toutefois vous proposer une première application de cette technique en vous faisant composer une barre d'outils personnalisée. D'une part vous vous familiariserez davantage avec cette nouvelle fonction d'Access 2.0 et d'autre part vous saurez immédiatement comment constituer des barres d'outils adaptées à vos besoins.

Composer des barres d'outils personnalisées

Passons directement à l'action

Choisissez dans le menu *Affichage*, la commande *Barres d'outils*. La boîte de dialogue *Barres d'outils* s'ouvre à l'écran.

Barres d'outils

Barres d'outils:
- √ Base de données
- Relations
- Création table
- Table feuille de données
- Création requête
- Requête feuille de données
- Création formulaire
- Formulaire
- Filtrer/trier
- Création état

[Fermer] [Masquer] [Rétablir] [Nouvelle...] [Renommer...] [Personnaliser...]

☒ Boutons en couleurs ☐ Boutons grand format ☒ Afficher Info-bulles

La boîte de dialogue Barres d'outils

Dans la partie gauche de cette boîte de dialogue se trouve la liste de toutes les barres d'outils disponibles. Pour toutes les visualiser, vous devez actionner la barre de défilement dont est équipée cette liste. Vous n'allez pas tarder à connaître la fonction des boutons de la partie droite de la boîte de dialogue.

Au bas de la boîte de dialogue se trouvent trois cases à cocher :

- Un clic sur la première active ou désactive l'affichage en couleur des boutons.

- Un clic sur celle du milieu permet d'afficher les boutons en taille normale ou agrandie.

N'activez pas les boutons agrandis si vous travaillez avec la résolution standard qui est de 640 x 480. Vous perdriez en effet trop de place à l'écran. Les boutons agrandis sont par contre intéressants avec des résolutions plus élevées, par exemple 1280 x 1024, car dans ce cas il devient difficile de reconnaître ce que représentent les boutons.

● Un clic sur la case à cocher de droite détermine si les bulles d'info doivent s'afficher lorsque le pointeur de la souris reste quelques instants sur un bouton.

Voici à présent la marche à suivre pour composer une barre d'outils personnalisée :

❶ Cliquez sur le bouton *Nouvelle*. Il vous est demandé d'indiquer un nom pour la nouvelle barre d'outils. Comme toujours, vous pouvez accepter la proposition par défaut qui vous est faite par Access. Dans la pratique, il est bien entendu recommandé d'utiliser un nom suffisamment significatif pour donner une indication quant à la fonction de la barre d'outils.

❷ Validez le nom par un clic sur *OK* ou en appuyant sur la touche «Entrée».

Dans la fenêtre Access, en dehors de la boîte de dialogue, apparaît alors une petite fenêtre vide dont le seul et unique élément est pour le moment la case du menu *Système*.

❸ Cliquez sur *Personnaliser* pour ouvrir la boîte de dialogue ci-après :

Personnaliser les barres d'outils		
Catégories:	**Boutons**	**Fermer**

Catégories:
Fichier
Edition
Mode
Feuille de données
Enregistrements
Ecran & Aide
Création table
Création requête
Création formulaire
Création état

Sélectionnez une catégorie, puis positionnez le curseur au-dessus d'un bouton pour voir sa description. Faites glisser le bouton vers une barre d'outils.

Description

Ouvrir une base de données existante

Création d'une barre d'outils personnalisée

Dans la partie gauche de la liste sont énumérées les différentes catégories selon lesquelles les boutons ont été regroupés. Dans la partie droite s'affichent les boutons de la catégorie actuellement sélectionnée.

❹ Etant donné qu'il s'agit ici uniquement de comprendre le processus, vous pouvez faire glisser n'importe quels boutons depuis la boîte de dialogue vers la fenêtre de la nouvelle barre d'outils. Celle-ci s'agrandit au fur et à mesure que les boutons s'y ajoutent.

Conseil

Lorsque vous cliquez sur un bouton, une information plus détaillée apparaît dans la zone *Description de la boîte de dialogue*.

❺ Si vous voulez utiliser des boutons de plusieurs catégories, cliquez simplement sur un autre nom de catégorie dans la partie gauche de la fenêtre. Les boutons correspondants s'affichent alors dans la partie droite de la boîte de dialogue et vous pouvez prendre ceux dont vous avez besoin pour garnir votre barre d'outils.

⑥ Lorsque votre barre d'outils contient tous les boutons dont vous avez besoin, cliquez sur **Fermer**. La boîte de dialogue disparaît alors de l'écran.

La nouvelle barre d'outils est sans doute un peu placée n'importe où dans l'environnement de travail. Il y a plusieurs moyens de mieux la positionner :

- Vous pouvez la placer à n'importe quel endroit de la fenêtre Access de manière à l'avoir en permanence à portée de main là où vous en avez besoin. Pour déplacer une barre d'outils, saisissez-la par sa barre de titre.

- La forme de la fenêtre de barre d'outils peut aussi être modifiée à votre guise. Saisissez une des bordures et faites-la glisser dans la direction souhaitée.

- Si vous êtes d'avis qu'une barre d'outils doit être placée sous la barre de menus, faites glisser la fenêtre sur la barre d'outils existante. Celle-ci est alors décalée d'une ligne vers le bas et la nouvelle barre prend sa place. A cette occasion, celle-ci perd sa barre de titre et sa bordure. Pour la déplacer à un autre endroit, vous devez alors la saisir en cliquant sur le fond gris, entre deux boutons.

La barre d'outils d'origine et la nouvelle barre d'outils

- Autre possibilité : faites glisser la fenêtre de la nouvelle barre d'outils contre le bord droit, gauche ou inférieur de la fenêtre Access jusqu'à ce que le pointeur prenne la forme d'un long rectangle vertical ou horizontal. Si vous relâchez alors le bouton de la souris, la barre d'outils est ancrée contre le bord correspondant de la fenêtre.

Notez au passage que vous pouvez agir de même avec les barres d'outils standard. Vous pouvez les déplacer à n'importe quel endroit de l'écran ou modifier leur forme. Pour saisir une barre d'outils ancrée contre un bord de fenêtre ou sous la barre de menus, vous devez cliquer sur le fond gris, à côté des boutons. En maintenant le bouton de la souris enfoncé, vous pouvez alors la faire glisser où vous voulez.

Vous pouvez également renoncer totalement aux barres d'outils, ou bien en afficher trois, quatre, cinq, ou toutes à la fois. Ouvrez à cet effet la boîte de dialogue ***Barres d'outils***.

Dans la zone de liste ***Barres d'outils***, un double-clic sur un nom affiche ou masque la barre d'outils correspondante en fonction de son état initial. Vous pouvez aussi sélectionner simplement le nom en question puis cliquer sur ***Afficher*** ou ***Masquer***. Toutes les barres d'outils actuellement affichées sont marquées d'une coche dans la liste. N'oubliez pas, cependant, que si vous affichez trop de barres d'outils il ne vous restera plus guère d'espace pour les objets de votre base de données. Les barres d'outils ont en effet la propriété - gênante parfois - de toujours rester au premier plan. Elles masquent donc souvent certaines parties des fenêtres d'objets.

Microsoft Access
Fichier   Edition   Affichage   Disposition   Enregistrements   Fenêtre   ?

0 Camarvon Tigers	1 carton (10 kg)	312,50 F
3 Teatime Chocolate Biscuits	10 boîtes x 12 pièces	46,00 F
3 Sir Rodney's Marmalade	30 boîtes	405,00 F
3 Sir Rodney's Scones	24 boîtes x 4 pièces	50,00 F
5 Gustaf's Knäckebröd	24 cartons (500 g)	105,00 F
5 Tunnbröd	12 cartons (250 g)	45,00 F
1 Guaraná Fantástica	12 canettes (355 ml)	22,50 F
7 NuNuCa Nuß-Nougat-Creme	20 verres (450 g)	70,00 F
3 Gumbär Gummibärchen	100 sacs (250 g)	156,15 F
3 Schoggi Schokolade	100 pièces (100 g)	219,50 F
7 Rössle Sauerkraut	25 boîtes - 825 g	228,00 F
6 Thüringer Rostbratwurst	50 sacs x 30 saucisses	618,95 F
8 Nord-Ost Matjeshering	10 verres (200 g)	129,45 F
4 Gorgonzola Telino	12 cartons (100 g)	62,50 F

Enr: 1   sur 77

Base de
données:
COMPTOIR

Numéro automatiquement assigné aux nouveaux produits.   NUM

Une table ouverte, partiellement masquée par des barres d'outils

Toutes les barres d'outils affichées peuvent en outre être modifiées à partir
de la boîte de dialogue ***Barres d'outils***. Cliquez à cet effet sur le bouton
Personnaliser. Vous pouvez alors retirer des boutons de n'importe quelle
barre d'outils en les faisant glisser dans la boîte de dialogue, ou ajouter de
nouveaux boutons dans une barre d'outils existante.

Si, après avoir fermé la boîte de dialogue, vous vous rendez compte que les
modifications ne vous conviennent pas, ouvrez à nouveau la boîte de dialogue ***Barres d'outils***, sélectionnez la barre d'outils en question et cliquez sur
Rétablir.

Access vous demande de confirmer si vous voulez effectivement annuler ces
modifications. Répondez par «Entrée» ou un clic sur ***OK***.

3.3. De l'aide pour l'utilisateur

Une base de données représente un programme complexe ; c'est au fil du temps que l'utilisateur apprendra à en connaître les moindres détails. Afin de vous permettre de résoudre à tout instant les problèmes susceptibles de survenir, vous disposez de six aides différentes :

- les manuels de référence
- la fonction d'aide en ligne
- le Conseiller
- les Assistants que nous avons déjà mentionnés
- les générateurs
- et cet ouvrage

L'aide en ligne est conçue pour vous aider à résoudre les problèmes concrets qui se posent au cours de votre travail. Vous pouvez résoudre de cette manière un nombre important de problèmes, par exemple si vous ne savez plus comment modifier des types de données dans une table. Par contre, lorsqu'il s'agit de concevoir une base de données, il vaut mieux se servir d'un livre. Sans doute êtes-vous du même avis puisque vous êtes justement en train de lire celui que vous avez entre les mains. Une bonne conception est déterminante quant à la fonctionnalité et au confort d'utilisation d'une base de données. Il est donc recommandé de tirer le meilleur parti de toutes les informations qui vous sont communiquées à ce sujet.

Des aides spéciales

Si vous débutez avec Access, la combinaison des manuels et de l'aide en ligne sera sans doute la meilleure solution pour vous. Le *Conseiller* saura sans doute vous apprendre rapidement comment on ouvre une base de données ou comment modifier une requête, mais vous ne trouverez pas beaucoup d'explications dans l'aide en ligne. En outre, le Conseiller traite toujours d'une tâche bien précise qui doit être effectuée pas à pas. A éviter donc pour tous ceux qui sont pressés.

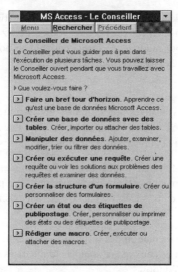

La liste des rubriques du Conseiller

 L'aide contextuelle est, par contre, plus rapide et plus précise. Cliquez dans la barre d'outils sur le bouton représentant un point d'interrogation. La fonction d'aide tente alors de déterminer la page du texte d'aide qui correspond à la situation actuelle. Vous ne pouvez cependant pas utiliser cette fonction lorsqu'une boîte de dialogue est affichée. Dans ce cas, appuyez sur la touche «F1» pour obtenir une aide relative à cette boîte de dialogue. Dans la fenêtre des *Propriétés*, par exemple, pour obtenir une information concernant une propriété, placez le curseur dans la ligne correspondante et appuyez sur «F1». De nombreuses boîtes de dialogue comportent un bouton *Aide*, sur lequel vous pouvez cliquer pour afficher le texte d'aide correspondant à la boîte de dialogue.

 Il existe une autre possibilité pour s'informer sur un élément déterminé de l'écran. Avec «Maj»+«F1», ou un clic sur le bouton représentant un point d'interrogation, le pointeur de la souris se transforme en une flèche doublée d'un point d'interrogation. En cliquant avec ce pointeur sur un élément de l'écran, vous affichez la rubrique d'aide correspondante. Pour redonner sa forme normale au pointeur sans afficher aucun texte d'aide, appuyez sur la touche «Echap».

Le menu Aide

Par le menu *Aide*, vous avez accès à toutes les rubriques d'aide existantes. Grâce aux référence croisées, vous pouvez passer d'une rubrique à une autre et approfondir ainsi la connaissance du problème.

La fonction d'aide fait partie intégrante de l'environnement Windows. Access fournit uniquement les textes d'aide spécifiques au programme. La mise en oeuvre de l'aide dans Access est par conséquent exactement la même que dans Windows.

Voici une rapide présentation des différentes possibilités de cette fonction d'aide, à l'intention de ceux qui ne sont pas familiarisés avec l'utilisation du système d'aide de Windows.

Le menu *Aide* contient les commandes *Index*, *Rechercher*, *Le Conseiller*, *Support technique* et *A propos...*. Les deux dernières commandes ne font pas partie de l'aide à proprement parler, mais elles sont néanmoins susceptibles de vous fournir des informations utiles.

La commande *Support technique* donne accès à un texte court dans lequel il vous est conseillé de consulter d'abord vos manuels avant de recourir à l'assistance téléphonique d'Access. On pourrait imaginer mieux comme aide ! Toutefois, à la fin de ce texte se trouve une référence à un autre texte, intitulé *Réponses aux questions les plus courantes sur Microsoft Access*. Un clic sur cette référence croisée écrite en vert dans la fenêtre *d'aide* vous permet d'accéder à ce texte. Pour connaître la réponse à l'une de ces questions, cliquez simplement sur le mot *Réponse* correspondant.

La commande *A propos...* affiche non seulement le numéro de la version avec laquelle vous êtes en train de travailler, mais également des informations relatives au système sur lequel Access est en train de s'exécuter.

Un clic sur le bouton *Informations système* ouvre une boîte de dialogue contenant une zone de liste déroulante, dans laquelle vous pouvez sélectionner la catégorie du sujet pour laquelle vous souhaitez obtenir des informations.

- **Système :**
  version du système d'exploitation, mémoire totale et libre, espace disponible sur les disques, etc.

- **Impression :**
  liste des imprimantes installées et des ports correspondants.

- **Fichiers DLL du système :**
  quels sont les fichiers DLL disponibles et lesquels sont actuellement chargés en mémoire ?

- **Polices :**
  table de substitution des polices du fichier WIN.INI. Le cas échéant, un message indique également qu'Adobe Type Manager est installé.

- **Vérification :**
  indique quels fichiers dictionnaires sont utilisés pour la vérification orthographique.

- **Filtres graphiques :**
  liste des filtres graphiques installés et informations sur les différents fichiers.

- **Utilitaires de conversion de texte :**
  liste identique à la précédente mais contenant les différents formats de texte pouvant être convertis.

- **Affichage :**
  information sur la carte graphique installée sur le système et la résolution

actuellement employée. Les données des différents pilotes sont également indiquées.

- **Applications en cours d'exécution :**
  liste des applications Windows actuellement en cours d'exécution, au premier plan ou à l'arrière-plan.

- **Inscription OLE :**
  liste des serveurs OLE présents sur le système.

Un aperçu du contenu du système d'aide :

Pour accéder au système d'aide et à toutes les rubriques, vous devez choisir la commande *Index*. La table des matières s'affiche alors. Vous pouvez sélectionner un des cinq thèmes généraux, caractérisés par leur couleur verte, ou bien l'icône qui lui est associée (placée à sa gauche) en cliquant dessus. Vous obtenez ainsi le texte correspondant

La fenêtre d'aide dans Access

Se déplacer dans les textes d'aide

Conseil

Lorsque la fenêtre d'aide est ouverte, vous pouvez utiliser les boutons situés sous la barre de menus pour passer d'une rubrique à une autre, ou pour rechercher la rubrique correspondant à un sujet donné. Un clic sur le bouton *Historique* permet d'afficher la liste des rubriques déjà consultées. Le *glossaire*, quant à lui, contient la liste alphabétique des termes dont la définition est contenue dans l'aide.

Avec la commande ou le bouton *Rechercher*, vous ouvrez la boîte de dialogue *Rechercher* du système d'aide d'Access.

Rechercher

Tapez un mot ou sélectionnez-en un dans la liste, puis choisissez l'option Afficher les rubriques.

Annuler

Afficher les rubriques

```
# Tapez "symboles :" pour l'Aide sur les caractères génériques
#Erreur, #Nom?, #Nombre!, #Div/0, #Supprimé
/, opérateur
? (Aide)
1, 2, 3, 4, commande
1, 2, 3,...9
```

Sélectionnez une rubrique, puis choisissez l'option Atteindre.

Atteindre

---

*La fenêtre **Rechercher** de l'aide Access*

Dans cette fenêtre, vous pouvez saisir un *mot-clé* dans la première zone de texte. Vous pouvez également en sélectionner un dans la liste qui est combinée avec cette zone de texte. Lorsque vous cliquez sur *Afficher les rubriques*, tous les titres des textes qui ont un rapport avec ce mot-clé s'affichent dans la deuxième zone de liste. Si la rubrique que vous recherchez fait partie de la liste, sélectionnez-la puis cliquez sur *Atteindre*. Le texte en question s'affiche alors. De cette manière, on peut obtenir rapidement de l'aide sur un sujet précis, à condition qu'il existe un texte d'aide relatif à ce thème.

4. Concevoir et élaborer une base de données

Comme le dit si bien le titre de ce chapitre, il s'agit à présent de voir comment concevoir rationnellement une base de données et comment passer du stade du projet à la réalisation concrète. Si vous n'avez aucune expérience des bases de données, vous ne pouvez en aucun cas vous permettre de sauter ce chapitre, même si vous le trouvez un peu trop théorique à votre goût.

4.1. Qu'est-ce qu'une base de données relationnelle ?

Une base de données englobe des objets destinés à réaliser une tâche précise. De manière générale, cette tâche consiste à gérer et à enregistrer des données. Les données doivent être disponibles à tout moment afin que l'utilisateur puisse être informé sans délai des mouvements de la base de données. En principe, une base de données permet de gérer n'importe quel type d'informations.

En dehors des systèmes de base de données relationnelles, il existe des systèmes de gestion de base de données de type dit *hiérarchique* et *réseau*. La structure de ces deux types de base de données ne permet que des accès prédéfinis, une procédure qui augmente certes la vitesse de travail mais qui, d'un autre côté, limite l'exploitation des données aux possibilités préalablement définies.

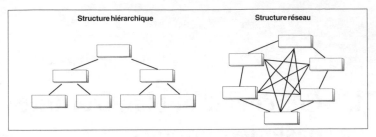

La structure d'une base de données de type hiérarchique et réseau

Dans le cas d'une base de données relationnelle, aucun chemin d'accès aux informations stockées n'est préalablement défini. Seule la structure des enregistrements est définie. Ce n'est qu'à partir du moment où une information est requise, que l'utilisateur définit une procédure permettant d'accéder à cette information.

Dans un système de base de données relationnelle, les matériaux de construction sont remplacés par des *objets* qu'il s'agit de combiner. Par exemple, une *table* contenant des adresses sera associée à une autre table qui contient les noms des journaux devant être livrés à chacune des adresses. Une *requête* vous permettra d'établir quels sont les foyers abonnés à aucun journal ou seulement à quelques numéros et de cibler alors une campagne publicitaire à leur intention. Le résultat de la requête est ensuite utilisé comme base pour la réalisation d'un *état*, à l'aide duquel vous pourrez imprimer directement les adresses sur des étiquettes.

Une base de données relationnelle se caractérise essentiellement par les liaisons temporaires et les relations permanentes qui sont mises en place entre les tables. Une liberté totale de combinaison des données ne peut être obtenue que par des liaisons très souples.

Cette procédure permet de réaliser ultérieurement des tâches encore impensables au moment de la conception de la base des données. Bien évidemment, il existe des limites, c'est pourquoi la conception d'une base de données relationnelle représente en fait une étape essentielle du travail. De la même manière, un chef de chantier doit déterminer, avant le début des travaux, le nombre de poutres et de briques dont il aura besoin.

Comparées aux bases de données avec chemins d'accès prédéfinis, les bases de données relationnelles présentent l'avantage que chaque utilisateur peut, en principe, modifier les données de toutes les zones de la base de données. C'est pourquoi il importe de prendre des mesures de contrôle et de sécurité lorsque plusieurs personnes accèdent à une même base de données.

Aperçu des caractéristiques essentielles d'une base de données relationnelle :

- Les données sont organisées en *tables*. Les colonnes des tables correspondent aux *champs*, les lignes aux *enregistrements*.
- Des *relations permanentes* peuvent être établies entre les tables.
- En cas de besoin, les tables peuvent aussi être liées *temporairement* entre elles, par exemple à l'occasion d'une requête, pour autant qu'une telle liaison soit utile.
- On peut accéder aux données à l'aide d'*expressions de recherche* qui décrivent les données dont on a besoin.
- Les données ne doivent pas être enregistrées plusieurs fois. Leur volume est ainsi limité au strict minimum.

Conception rationnelle de bases de données

Si vous avez déjà quelque expérience avec les bases de données, vous savez certainement que la complexité d'une base de données relationnelle ne provient pas de la quantité de données enregistrées, mais du nombre de tables et autres objets existants ainsi que des relations qui existent entre les différentes parties de la base de données.

La *conception préalable* constitue donc une étape importante : l'ensemble des tâches destinées à être ultérieurement réalisées à l'aide de la base de données doit être pris en compte lors de la conception de la structure. Cette exigence peut trouver sa solution d'une autre manière. Plus une base de données est structurée, plus le nombre de combinaisons de données différentes sera élevé. Au cours de ce chapitre, vous allez découvrir comment concevoir une structure aussi souple et aussi rationnelle que possible.

Les notions que vous devez connaître :

Certaines notions que vous rencontrerez lors de votre travail avec Access sont nées avec l'introduction des bases de données relationnelles. Avec l'introduction du concept de base de données, sont apparus les termes de *fichiers de données*, *enregistrement* et *champ*. Les fichiers de données d'une base de données relationnelle se présentent sous forme de tables, un enregistrement représente une ligne de la table et un champ de données correspond à une colonne. Une table se présente à l'écran sous la forme d'un tableau ; toutefois, il importe de toujours garder à l'esprit que la table n'est pas uniquement le tableau que l'on peut voir à l'écran mais également l'objet à l'intérieur duquel les données sont enregistrées.

Une table sous Access ne constitue pas un fichier autonome

 Afin d'éviter tout malentendu : sous Access, une *table n'est pas un fichier de données* que vous pouvez retrouver sur le disque dur de votre ordinateur. Cette précision s'impose dans la mesure où de nombreux systèmes de base de données stockent les tables sous forme de fichiers.

Par objets d'une base de données, on entend tous les composants de la base de données. Sous Access, hormis les tables, il s'agira des Requêtes, Formulaires, Etats, Macros, Modules, Graphiques et Dessins.

Afin de vous familiariser avec les notions les plus courantes, nous vous proposons un petit récapitulatif :

- **Relation 1:1**
  Dans le cas d'une relation 1:1, chaque enregistrement d'une table peut être associé à un autre enregistrement de l'autre table à laquelle elle est reliée. Ce type de relation reste cependant relativement rare, car il

conduit immanquablement à la nécessité d'enregistrer plusieurs fois les même données dans la base de données. Cela signifie que dans le cas d'une relation 1:1, toutes les données pourraient être regroupées dans une même table. Une relation de type 1:1 s'avérera intéressante, par exemple, lorsque des données confidentielles contenues dans une table ne doivent pas être accessibles par tous les utilisateurs. Si l'on crée alors deux tables, il est possible de limiter les accès à l'une d'entre elles.

- **Relation 1:N**

  Dans le cas d'une relation de type 1:N, deux tables sont reliées par l'intermédiaire d'une *clé primaire* (dans la table source) et d'une *clé externe* (dans la table destination). 1:N signifie qu'à chaque enregistrement de la table source peuvent correspondre plusieurs enregistrements de la table associée. Toutefois, à l'inverse, à chaque enregistrement de la table associée ne peut correspondre qu'un enregistrement de la table primaire.

- **Requête**

  Une requête vous permet de rechercher des enregistrements répondant à certains critères et d'en établir la liste. Ce faisant, vous avez la possibilité d'examiner plusieurs tables simultanément et d'obtenir ainsi de nouvelles combinaisons de données. Pour la plupart des types de requêtes, les données de la requête sont dynamiques. Ainsi, losqu'une requête a été enregistrée et que vous décidez de l'appeler trois semaines après sa création, les données issues de cette requête seront automatiquement mises à jour. C'est la raison pour laquelle on appelle *feuilles de réponses dynamiques* (Dynaset) les résultats d'une telle requête.

- **Etats**

  Les états vous permettent d'envoyer une sélection de données sur l'imprimante. Un état est toujours basé sur une requête ou une table. Vous pouvez ajouter des champs supplémentaires dans un état ou calculer de nouvelles valeurs à partir des données existantes. Access met à votre disposition une multitude de possibilités de mise en forme des états. Vous pouvez aussi employer les états tout simplement pour créer des bordereaux de livraison ou des factures.

- **Base de données**

  Il s'agit de l'ensemble des informations enregistrées dans les tables, les formulaires, les requêtes, les états, les macros et les modules. Access enregistre tous les objets d'une base de données dans un fichier qui porte l'extension MDB (Microsoft DataBase).

- **Table destination**

  Il s'agit, dans une relation de type 1:N, de la table qui est subordonnée à la table source. La table destination possède une colonne identique à la clé primaire de la table source laquelle a la fonction de clé externe dans la table destination. Il est possible d'associer à chaque ligne de la table source plusieurs lignes de la table destination.

- **Dynaset**

  Egalement appelé *Feuille de réponses dynamique*, il s'agit d'un groupe dynamique d'enregistrements résultant de l'exécution d'une requête. Chaque fois que la requête est exécutée, les données présentes dans la feuille de réponse dynamique sont mises à jour. A l'inverse, les modifications effectuées à l'intérieur de cette feuille se répercutent dans la table d'origine (sous certaines conditions).

- **Formulaires**

  Un formulaire est un masque d'écran qui vous permet de saisir de manière à la fois rapide et simple certaines données. Les données saisies ne sont pas limitées à une seule table sachant que plusieurs tables peuvent être associées à un même formulaire.

- **Clé externe**

  Une clé externe est une colonne d'une table identique à la clé primaire d'une autre table. Par l'intermédiaire de la clé externe, la table correspondante peut être reliée à celle qui contient la clé primaire par une relation de type 1:N. Lorsque deux tables contiennent des clés primaires identiques, seule une relation de type 1:1 est possible.

- **Macro**

  Il s'agit d'une suite d'actions exécutées automatiquement par Access, lors de l'appel de la macro. Une macro permettra par exemple d'automatiser et de coordonner la création et l'impression de bons de livraison et de factures.

- **Table source**

  La table source est l'une de deux ou de plusieurs tables reliées. Dans le cas d'une relation 1:N, la table destination lui est subordonnée. Il est possible d'associer à chaque ligne de la table source, plusieurs lignes de la table destination.

- **Module**

  Un module est un objet que vous pouvez programmer avec Access Basic. Les procédures qui y sont enregistrées sont capables d'exécuter des opérations plus complexes que ne le fait une macro.

- **Objet**

  Sous Access, tous les éléments pouvant être sélectionnés comme entité sont considérés comme des objets. En dehors des tables, requêtes, états et formulaires, on trouve également les macros, les modules, les graphiques, les dessins et les boîtes de dialogue.

- **Clé primaire**

  Une colonne d'une table peut être définie en tant que clé primaire. Les valeurs contenues dans cette colonne doivent permettre d'identifier de manière univoque l'enregistrement correspondant ; des valeurs identiques ne sont pas autorisées dans cette colonne. Afin de permettre l'établissement des liaisons entre tables, une table destination subordonnée doit contenir une colonne identique à celle de la clé primaire dans la table source.

- **Intégrité référentielle**

  En principe, les tables peuvent être modifiées à tout moment. Lorsqu'il existe une relation entre deux tables, il faut vérifier que les données contenues dans ces deux tables concordent. Si on le souhaite, cette intégrité référentielle peut être contrôlée par le système de base de données ; en cas de modification dans l'une des tables reliées, l'utilisateur est averti lorsque les données modifiées ne coïncident plus avec celles de l'autre table.

- **Relations**
  Il s'agit des liens existant entre différentes tables et qui sont réalisés à partir de champs de données communs (clé primaire et champ externe).

- **Colonne**
  Les colonnes d'une table correspondent aux champs de données d'une base de données.

- **Table**
  Une table correspond à un fichier de données avec les enregistrements correspondants. La table constitue l'ossature des données destinées à être enregistrées. Dans un même temps, la table peut être utilisée comme moyen de saisie pour les données et, à cet effet, représentée à l'écran sous forme de tableau.

- **Ligne**
  Chaque ligne d'une table correspond à un enregistrement.

4.2. Conception d'une base de données

Avant de créer une base de données, vous devez, tant que faire ce peut, déterminer les tâches qui lui incomberont. Si vous utilisez Access en réseau, vous devez déterminer quels utilisateurs auront accès à quelles données et quelles sont les données nécessaires.

Afin que la conception s'effectue de manière claire, vous devez préalablement préciser vos propres besoins. A vous donc de déterminer quelles seront les tâches incombant à la base de données.

Concevoir et élaborer une base de données

Une base de données de votre bibliothèque informatique

Imaginons que vous ayez réuni un nombre assez conséquent de livres ayant trait à l'informatique et que vous sentiez que vous commencez à ne plus trouver aussi rapidement que vous le souhaiteriez les informations dont vous avez besoin. Une nouvelle base de données permettra dans un premier temps de rassembler tous les livres ainsi que les articles intéressants des périodiques spécialisés. Par la suite, un système de recherche pourra être développé pour permettre de retrouver un livre ou un article simplement en entrant un ou plusieurs mots-clés.

Le principe de départ est que la base de données doit nous permettre de répondre le plus rapidement possible aux questions suivantes :

- Combien de livres concernant une version de programme donnée est-ce que je possède ?

- Combien existe-t-il dans ma bibliothèque de livres traitant des traitements de texte (ou des bases de données, des programmes de dessin, etc.) ?

- Qui a écrit quel livre ?

- Quand un livre a-t-il été édité ?

- Quels sont les articles relatifs à un sujet déterminé dont je dispose ?

- Dans quel périodique (nom et numéro) un article a-t-il paru ?

Sans doute pourrez-vous ajouter quelques questions supplémentaires à cette liste. Il suffit de réfléchir un peu aux informations qui peuvent avoir de l'importance pour votre travail. A partir de ces questions, vous pouvez déduire quels sont les champs dont vous aurez besoin dans votre base de données. Pour notre exemple, ce sont les champs suivants :

- Titre du livre

- Auteur (livre)

- Nom du programme

- Version

- Catégorie du programme (traitement de texte, dessin, base de données, etc.)
- Date de parution du livre
- Mots-clés
- Périodique
- Titre de l'article
- Auteur (article)
- Numéro du périodique
- Sujet/Mots-clés

Etant donné qu'il s'agit de deux choses distinctes et indépendantes l'une de l'autre, il est plus rationnel de répartir les données dans deux tables : l'une pour les livres et l'autre pour les articles de périodiques.

La structure de la base de données se présenterait donc comme dans l'illustration suivante dans un premier temps :

Titre du livre	Titre de l'article
Auteur (livre)	Auteur (article)
Date de Copyright	Périodique
Mots-Clés	Date de parution
Nom du programme	Mots-Clés
Version	Nom du programme
Catégorie programme	Version
	Catégorie programme

La répartition des champs sur deux tables

Toutefois, avec une telle base de données, si vous voulez rechercher aussi bien les livres que les articles de magazines relatifs à un sujet donné, vous êtes obligé d'exécuter deux requêtes. Dans leur état actuel, il n'existe en effet aucune possibilité de lier les deux tables.

Il est donc préférable de distribuer les données sur trois tables et de lier celles-ci comme le montre l'illustration suivante :

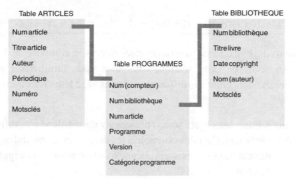

Comment lier les données

Tester le projet de base de données

L'utilisation quotidienne d'une base de données est le meilleur test possible. Toutefois, si vous y avez amassé une quantité importante de données, il est parfois difficile de corriger après coup d'éventuelles erreurs de conception. Une première possibilité de test consiste par conséquent à créer d'abord la structure (les tables) nécessaire et à y entrer quelques enregistrements, afin d'essayer toutes les opérations que l'on envisage d'effectuer par la suite avec la base de données.

Vous pouvez cependant aussi déceler déjà au stade du projet certaines erreurs de conception qui occasionneront, par la suite, du travail inutile lors de la saisie. Comparez les lignes et colonnes des différentes tables afin de rechercher si des données doivent être entrées en double. Des entrées doubles devraient être systématiquement évitées, surtout lorsqu'il s'agit de données susceptibles de subir des modifications. Les seules entrées doubles qui soient nécessaires sont celles dont on a besoin comme clés primaires et externes pour les liaisons.

Parmi les données susceptibles de subir de fréquentes modifications figurent les adresses, les numéros de téléphone ou les codes postaux par exemple.

4.3. La technique de base de données d'Access

Nous avons déjà vu qu'une base de données Access se compose de différents objets. Au cours de cette section, vous allez vous familiariser avec les différences existant entre ces différents objets et avec leurs fonctions respectives.

Les relations entre les objets sont représentées de manière simplifiée dans l'illustration suivante. Certains objets, tels les macros et les modules, ne sont pas représentés car ils ne remplissent aucune fonction affectant l'organisation d'une base de données Access.

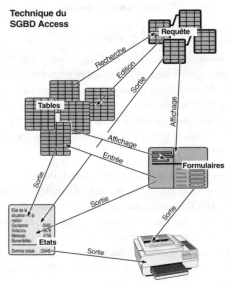

Fonctions et interactions des objets de bases de données d'Access

Les tables constituent toujours le coeur des bases de données Access. Les requêtes, les formulaires et les états peuvent se rapporter à des tables et ont pour objet de traiter, de compléter, d'afficher ou d'imprimer les données enregistrées.

Les requêtes se basent sur des tables ou sur d'autres requêtes. Les données extraites des requêtes sont mises à jour lors de chaque nouvelle exécution de la requête. Inversement, une table source sera modifiée lorsque des données sont modifiées ou complétées dans la feuille de réponses de la requête. C'est notamment le cas lorsqu'une requête repose sur une autre requête. "Les requêtes Action" sont utilisées pour modifier des données.

Un formulaire dépend des données d'une ou plusieurs requêtes ou tables. Normalement, on utilise les formulaires pour saisir des données dans une table. Ils peuvent toutefois être envoyés vers une imprimante. Les formulaires offrent plusieurs possibilités de mise en forme. Les formulaires standards utilisés par Access ont le souci de votre confort visuel puisqu'ils comportent le fond gris relativement répandu et très peu de zones blanches. Il est possible d'intégrer des éléments de décoration dans un formulaire au même titre que dans un état. L'association de macros dans un formulaire permet d'automatiser certaines actions récurrentes et d'accélérer ainsi la procédure.

Les états ne servent pas au traitement des données mais à leur représentation. Un état se rapporte toujours à une seule table ou une seule requête. Les données enregistrées dans un état ne seront pas mises à jour. Il est impossible de modifier les données d'un état.

Tables	Chapitre 5
Requêtes	Chapitre 6
Formulaires	Chapitre 7
Etats	Chapitre 8
Macros	Chapitre 9

4.4. Construction rapide d'une base de données

Au cours des pages précédentes, nous avons vu comment concevoir une base de données et nous avons pu nous faire une idée de la technique des bases de données sous Access. Dans cette section, nous allons aborder un aspect plus concret du travail avec Access. Nous évoquerons donc ici les étapes fondamentales avant de passer aux détails dans les chapitres suivants.

Avec l'aide des ***Assistants***, vous allez créer cinq objets différents dans une base de données, de manière à convertir dans la réalité le projet qui a été élaboré dans la section précédente.

Structure des données dans une table

Sous Access, tous les objets appartenant à une même base de données sont enregistrés dans un fichier commun. Pour créer une table, vous devez donc soit ***créer une nouvelle base de données***, soit ***ouvrir une base de données existante***. Dans notre cas, nous allons choisir dans le menu ***Fichier***, la commande ***Nouvelle base de données***.

Sélectionnez le répertoire dans lequel vous souhaitez enregistrer la base de données et indiquez un nom de fichier, par exemple BIB_INFO.MDB. Validez avec ***OK*** ou appuyez sur la touche «Entrée». Une fenêtre ***Base de données*** vide s'affiche alors dans l'espace de travail.

Vous connaissez déjà cette interface avec la fenêtre ***Base de données*** et sa barre d'outils. Vous pouvez donc vous mettre directement au travail.

Créer une table

Pratique

Lorsqu'une nouvelle base de données est créée, Access propose automatiquement la table comme premier objet. Les tables constituent en effet la base de chaque base de données et elles sont également le point de départ pour la création d'autres objets. Cela n'a donc aucun sens, pour le moment, de sélectionner un autre objet.

---

❶ Cliquez sur le bouton *Nouveau* dans la fenêtre *Base de données*. La boîte de dialogue *Nouvelle table* s'affiche.

Créer une nouvelle table

Les utilisateurs des précédentes versions connaissent ce type de boîte de dialogue pour les formulaires et les états. On vous y donne le choix entre une création manuelle ou aidée par un Assistant. Comme promis, nous allons d'abord travailler avec l'Assistant. Nous apprendrons plus tard comment créer une table pas à pas, manuellement, sans l'aide de l'Assistant.

❷ Cliquez sur le bouton *Assistants*.

Sélectionner des tables et des champs exemple

Dans la première boîte de dialogue de l'Assistant, il s'agit de sélectionner une table exemple et les champs que vous souhaitez utiliser.

③ Sous la liste des tables exemple, cliquez sur l'option *Privé*. Les noms des tables qui s'affichent alors dans la liste ont un caractère plus domestique.

④ Etant donné que notre but est de gérer un ensemble de livres, l'exemple de table nommé *Bibliothèque* semble tout indiqué. Sélectionnez donc cette table. Dans la zone de liste *Champs exemple* s'affichent alors les champs que vous pouvez sélectionner pour cette table.

Pour intégrer un champ à la table, sélectionnez-le puis cliquez sur le bouton >. Le nom de champ est alors copié dans la zone de liste *Champs dans nouvelle table*. Un clic sur le bouton >> permet d'ajouter tous les champs.

⑤ Sélectionnez de cette façon les noms de champs *N°Bibliothèque* et *DateCopyright*.

Si vous avez par mégarde intégré dans la table un champ dont vous n'avez pas besoin, sélectionnez-le à nouveau dans la zone de liste *Champs dans nouvelle table* et cliquez sur le bouton <. Pour retirer tous les champs de la table, cliquez sur <<.

Conseil

Vous n'êtes bien entendu pas obligé de conserver le nom de champ que vous avez sélectionné dans la liste. Vous pouvez sans problème changer par la suite un ou plusieurs noms. L'avantage du choix des champs dans la liste, réside dans le fait que le type de données approprié est immédiatement spécifié. Cela vous évite donc de le faire vous-même. On ne peut toutefois pas se fier totalement aux formats prédéfinis. Dans certains cas, comme vous aurez l'occasion de vous en apercevoir, les programmeurs ont en effet affecté des formats qui n'ont que peu d'intérêt.

⑥ Sélectionnez ensuite la table *Auteurs* dans la liste des tables exemple.

❼ Dans la liste des ***Champs exemple***, sélectionnez le champ ***Nom*** et intégrez-le dans la table.

Vous savez à présent que l'on peut aussi intégrer dans une table des champs d'autres tables exemple. Malheureusement, tous les champs dont nous avons besoin ne sont pas disponibles. Vous devrez donc par la suite ajouter manuellement ceux qui manquent encore. Pour le moment, nous pouvons néanmoins passer à la boîte de dialogue suivante.

Un certain nombre de boutons se trouve au bas de la boîte de dialogue. Un clic sur ***Aide*** affiche un petit texte contenant des indications d'ordre général sur l'utilisation de ***l'Assistant Table***. Vous apprenez par exemple que vous pouvez ajouter jusqu'à 255 champs. Pour refermer la boîte de dialogue de l'Assistant sans créer de nouvelle table, cliquez sur ***Annuler***.

Avec le bouton ***Précédent***, vous pouvez revenir à la boîte de dialogue précédente. Pour le moment, ce bouton est inaccessible puisque vous vous trouvez dans la première boîte de dialogue. Pour passer à la boîte de dialogue suivante, cliquez sur ***Suivant***.

Si vous pensez que l'Assistant ne peut plus vous être utile, vous pouvez le quitter avec un clic sur ***Terminer***. La nouvelle table est alors créée avec les paramètres définis auparavant. Ce bouton ne devient accessible qu'à partir du moment où vous avez ajouté au moins un champ.

❽ Cliquez sur le bouton ***Suivant*** pour accéder à la boîte de dialogue suivante.

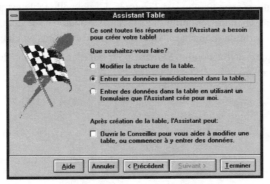

Nommer la nouvelle table

Dans cette boîte de dialogue, vous devez donner un nom à la table et décider si Access doit définir une clé primaire ou non.

⑨ Tapez *Bibliothèque* en guise de nom. Vous pouvez naturellement aussi accepter tel quel le nom proposé par Access ou en indiquer un autre de votre choix. L'option *Laisser Microsoft Access définir une clé primaire à ma place* est activée pour l'instant. Laissez-la dans cet état.

⑩ Cliquez une nouvelle fois sur le bouton *Suivant*.

Quelle est la suite des opérations ?

Concevoir et élaborer une base de données

Dans la dernière boîte de dialogue de *l'Assistant Table*, vous devez décider de ce qui va se passer ensuite : vous pouvez soit modifier la structure de la table dans le mode *Création*, soit entrer immédiatement des données dans la table, soit demander qu'un formulaire soit créé pour la saisie des données.

Si, au lieu de cela, Access propose de créer des relations, c'est sans doute parce que vous n'avez pas créé de nouvelle base de données : il existe vraisemblablement déjà d'autres tables. Dans ce cas, vous pouvez établir une relation avec une autre table en sélectionnant l'option correspondante et en cliquant sur le bouton *Modifier*.

Activez l'option *Modifier la structure de la table* puis cliquez sur le bouton *Terminer*.

Modifier la table dans le mode Création

Modifier la table dans le mode *Création*

Vous apercevez à présent la vue en mode Création de la nouvelle table. Dans les précédentes versions d'Access, qui ne comportaient pas d'Assistant Table, vous auriez dû entrer manuellement tout ce qui y est déjà inscrit. Non seulement l'Assistant Table a inscrit les noms de champs à votre place, il a également défini le type de données approprié.

Seule la colonne *Description* n'a pas été remplie par l'Assistant mais ceci peut être facilement corrigé. Cliquez dans cette colonne et indiquez, en quelques mots, en quoi consistent les données entrées dans ce champ. Ce texte s'inscrira dans la barre d'état des formulaires lorsque le champ correspondant sera sélectionné.

Lorsque vous cliquez sur une cellule de la colonne *Type de données*, vous voyez apparaître, à droite de cette cellule, un bouton représentant une flèche orientée vers le bas. Chaque cellule de cette colonne est en fait une liste déroulante dans laquelle vous sont proposés les différents types de données possibles.

❶ Placez le curseur sur la deuxième ligne et choisissez la commande *Insérer ligne* du menu *Edition*. La même commande est également contenue dans le *menu contextuel* que vous obtenez en cliquant avec le bouton droit de la souris. Dans cette nouvelle ligne, entrez le nom de champ *Titre (livre)* dans la colonne *Nom du champ*.

❷ Dans cette même ligne, cliquez ensuite dans la colonne Type de données.

❸ Cliquez sur le bouton fléché de manière à dérouler la liste des *types de données*. En plus des types *Compteur*, *Texte* et *Date/Heure* qui sont déjà utilisés cette table, il existe aussi les types *Monnaie*, *Numérique*, *Liaison OLE*, *Mémo* et *Oui/Non*.

❹ Cliquez sur n'importe quelle cellule vide de manière à refermer cette liste sans rien modifier au type de données actuel. Cliquez ensuite une nouvelle fois sur la cellule *Titre (livre)/Type de données*.

Dans le chapitre 5, vous trouverez plus d'informations sur les différents types de données.

Dans la partie inférieure de la boîte de dialogue, vous pouvez voir la *liste des propriétés de champs*, à condition toutefois que dans la partie supérieure le curseur se trouve positionné sur une ligne non vide. Les propriétés qui sont énumérées dans cette liste dépendent du type de données du champ sélectionné.

Dans le cinquième chapitre, vous trouverez également des informations sur les propriétés de champs.

Dans la ligne *Taille du champ*, vous pouvez entrer une valeur entre 1 et 255. La taille du champ a une influence sur la place qu'occupera au total la base de données sur son support de stockage. Il est donc recommandé d'utiliser la plus petite valeur possible. La valeur 50 proposée par défaut pour le titre du livre devrait convenir.

⑤ Un champ de type *Date/Heure* exige que la date entière soit entrée, c'est à dire le jour, le mois et l'année. Toutefois, en ce qui concerne la date de parution d'un livre, seule l'année est en général intéressante. Vous allez donc modifier le type de données du champ *DateCopyright*. Affectez-lui le type *Texte* et une taille de champ de 4 caractères.

⑥ Dans la colonne *Nom du champ*, ajoutez encore le champ *MotsClés* qui manque encore et affectez-lui le type de données *Mémo*.

Un champ Mémo, contrairement à un champ Texte, n'est pas limité à 255 caractères. Il peut contenir jusqu'à 32 000 octets de texte. Vous aurez donc suffisamment de place pour entrer toute la table des matières d'un livre.

La table est à présent achevée. Avant de commencer la saisie des données en mode *Feuille de données*, nous allons cependant encore créer les autres tables dont nous avons besoin.

❼ Fermez la table *Bibliothèque* par un double-clic sur la case du menu *Système*, ou avec la commande *Fermer* du menu *Fichier*.

❽ Vous répondrez naturellement par *Oui* à la question vous demandant si la table doit être enregistrée.

Si la table n'avait pas encore reçu de nom, vous seriez en outre invité à en indiquer un. En outre, lors de la fermeture d'une table qui ne possède pas de clé primaire, Access demande aussi si une clé primaire doit être définie. Si vous répondez par Oui, Access utilise un champ *Compteur* existant comme clé primaire, ou ajoute ce champ s'il n'en existe pas déjà un dans la table.

Les champs dont nous avons besoin dans les deux tables manquantes ne sont pas disponibles dans *l'Assistant Table*. Nous renoncerons donc à utiliser l'Assistant dans ce cas.

❶ Cliquez dans la fenêtre *Base de données* sur le bouton *Nouveau* et choisissez le bouton *Table vierge* dans la boîte de dialogue. Une table vide nommée provisoirement *Table 1* est alors ouverte en mode Création.

❷ Dans la colonne *Nom du champ*, ajoutez les champs *N°Article*, *Titre(Article)*, *Auteur*, *Numéro* et *Motsclés*.

Pour vous déplacer dans la table, vous pouvez utiliser *les touches de direction*, *Tab* ou *Entrée*, ainsi que la souris, bien entendu. *Entrée* et *Tab* permettent d'atteindre la colonne suivante sur la même ligne : de la colonne *Nom du champ* à *Type de données* puis à *Description* et ensuite de nouveau à *Nom du champ*, mais sur la ligne suivante cette fois. Avec les touches de direction, vous déplacez toujours le curseur dans le sens de la flèche, par exemple vers le bas si vous voulez d'abord entrer tous les noms de champs. Notez que dans ce cas chaque champ reçoit par défaut le type de données *Texte*. Pour ouvrir une zone de liste déroulante à l'aide du clavier, déplacez le curseur dans la zone en question et appuyez sur «Alt» + «↓».

❸ Modifiez les types de données des champs suivants : *N°Article* devient un champ *Compteur* et *MotsClés* un champ *Mémo*.

④ Pour les champs *Titre(Article)*, *Auteur* et *Périodique*, vous pouvez limiter la taille du champ à *30*.

⑤ Le champ *Numéro* aura la taille *10*.

⑥ Avec un clic sur la case grise (on l'appelle un sélecteur) située juste devant le nom de champ *N°Article*, sélectionnez la ligne correspondante. Ce champ doit devenir *la clé primaire*.

⑦ La ligne en question étant sélectionnée, cliquez simplement sur le bouton représentant une clé dans la barre d'outils affichée (Création table). Une clé se dessine alors sur le sélecteur de la ligne sélectionnée afin de signaler le rôle particulier de ce champ.

⑧ Choisissez ensuite *Fichier/Enregistrer* ou *Fichier/Enregistrer sous*. Dans les deux cas, vous obtenez une boîte de dialogue dans laquelle vous devez indiquer un nom pour la table.

⑨ Tapez *Articles* et appuyez sur la touche «Entrée». Fermez ensuite cette table avant de créer la troisième et dernière.

▬	**Enregistrer sous**	
Nom de la table:		**OK**
Articles		**Annuler**

Donner un nom à la table

Comme vous savez à présent comment procéder, vous n'aurez aucun mal pour créer une table nommée *Programmes* avec les champs et les types de données suivants : N°Bibliothèque (Numérique), N°Article (Numérique), Programme (Texte), Version (Texte) et CatégorieProgramme (Texte). La taille 30 devrait être suffisante pour les champs Programme et CatégorieProgramme alors que le champ Version aura une taille de 5 caractères.

La chose est tout autre avec les champs N°Bibliothèque et N°Article : ces deux champs sont des clés externes qui servent à lier la table ***Programmes*** avec la table ***Bibliothèque*** ou ***Articles***. Normalement, les clés primaires et externes doivent avoir le même type de données. Ceci est cependant impossible dans le cas où la clé primaire est un compteur, à moins que l'on veuille se contenter d'une relation de type 1:1. Il a donc été décidé qu'une clé externe liée avec un champ Compteur devait avoir le type de données Numérique avec le format Entier long. Ce format peut être sélectionné dans la zone de liste déroulante Taille du champ du volet Propriétés du champ. Modifiez cette taille de champ en conséquence pour les deux champs.

 Pour éviter qu'Access ne vous demande une clé primaire chaque fois que vous travaillerez sur cette table, ajoutez simplement un champ Compteur ou faites-le ajouter par le programme au moment où vous fermez la table ou basculez en mode Feuille de données.

Structurer la base de données au moyen des tables

Le moment est venu de passer à la saisie. Toutefois, comme dans l'état actuel des choses vous devriez ouvrir deux tables pour chaque livre ou article, il est plus simple de créer d'abord une requête pour combiner les champs dont on a besoin et pour pouvoir entrer ensuite les données dans un formulaire.

Créer et exécuter une requête

Une requête permet d'obtenir des informations provenant d'une ou plusieurs tables. Par exemple, vous pouvez rechercher à l'intérieur d'une table d'adresses volumineuse toutes les personnes qui s'appellent Daniel ou toutes celles qui habitent Paris. A l'inverse des tables et des autres objets, les requêtes sont enregistrées sous un nom qui leur est propre. Les données proprement dites ne sont pas enregistrées dans la requête mais mises à jour lors de chaque appel de cette dernière. Si vous souhaitez conserver les données d'une session de travail particulière, vous devez créer un état.

On distingue deux types de requête : ***les requêtes Sélection*** et ***les requêtes action***. Dans cet exemple, nous allons créer une requête Sélection qui est la variante standard. Chaque fois qu'il sera question de requêtes sans précision supplémentaire, c'est d'une requête Sélection qu'il s'agira.

Les requêtes dites ***requêtes Action*** permettent de modifier des tables en définissant certains critères, par exemple pour effectuer une suppression de données. Nous aborderons ce point plus en détail ultérieurement. De même, les expressions vous permettant de définir les critères d'une requête feront l'objet d'explications détaillées dans le chapitre 6 de ce manuel.

Des requêtes pour accéder aux données   **Chapitre 6**

Ainsi que nous vous l'avons annoncé, vous allez à présent créer deux requêtes comme base pour deux formulaires qui vous faciliteront la saisie des données dans les tables. Vous ne verrez cependant aucun résultat concret de ces requêtes puisque les tables ne contiennent pas encore de données. L'exécution d'une requête se commande par un clic. Contentez-vous donc, pour le moment, d'apprendre comment on crée une requête. Le résultat aura plus d'importance par la suite, lorsque vous commencerez à créer des requêtes avec des critères.

Lorsqu'on crée une requête action, par exemple, on a tout intérêt à contrôler au préalable, à l'aide d'une requête Sélection, si les critères employés filtrent bien les enregistrements souhaités.

Nouvelle requête

❶ Dans la fenêtre ***Base de données***, sélectionnez la table ***Bibliothèque*** puis cliquez dans la barre d'outils sur le bouton ***Nouvelle requête***.

L'Assistant Requête vous propose son aide pour des requêtes spéciales. Les requêtes Sélection simples comme celle dont nous avons besoin doivent être créées manuellement.

❷ Cliquez sur le bouton *Requête vierge*. La fenêtre de la requête s'ouvre en mode Création. La table *Bibliothèque*, qui était sélectionnée, est insérée dans la requête sous forme d'une fenêtre contenant les noms de champs.

La table sélectionnée a été automatiquement insérée
dans la partie supérieure de la fenêtre Requête

Le but de notre requête est de combiner deux tables afin de faciliter la saisie des données. Vous devez donc ajouter une deuxième table.

❸ Ouvrez le menu *Requête* et choisissez la commande *Ajouter* une table.

Ajouter une table

Ajouter une table

Dans la version 2.0, cette boîte de dialogue comporte le groupe d'options **Afficher** pour vous permettre de choisir si vous voulez afficher seulement les tables, les requêtes ou les deux. Jusqu'à présent, on n'avait que les noms de fichiers comme moyen pour distinguer les objets entre eux et ce n'était guère facile lorsque la base de données comptait 10 tables et 30 requêtes.

❹ Sélectionnez la table **Programmes** et cliquez sur **Ajouter** puis sur **Fermer**. La boîte de dialogue se referme.

La deuxième a été automatiquement liée à la première

Dans le mode Création, la fenêtre ***Requête*** est divisée en deux volets : dans celui du haut s'affichent les tables dans lesquelles s'effectuera la recherche et dans celui du bas vous déterminez les champs de ces tables qui doivent être intégrés dans la requête. On appelle ce volet inférieur la ***grille d'interrogation*** ou ***volet QBE***. QBE signifie Query By Example ce qui peut se traduire en français par requête par l'exemple. Vous y définissez en effet les requêtes au moyen d'exemples et non pas à l'aide d'instructions comme c'est le cas avec SQL (Structured Query Language) par exemple.

Lorsque vous ajoutez la deuxième table, une relation devrait automatiquement être établie entre les deux champs ***N°Bibliothèque***, comme sur l'illustration. Si ce n'est pas le cas, faites glisser le champ en question de la table de gauche sur le champ de même nom dans celle de droite ou inversement afin de créer cette liaison.

Sélectionnez ensuite les champs pour la requête en faisant glisser les noms de champs depuis les listes de champs vers la grille d'interrogation.

⑤ Effectuez un double-clic sur la barre de titre de la liste de champs ***N°Bibliothèque***. Tous les champs de cette table sont ainsi sélectionnés.

⑥ Faites glisser tous les champs en une seule fois dans la grille d'interrogation. Pour ce faire, cliquez sur la sélection, maintenez le bouton de la souris enfoncé et tirez les champs vers le bas. Ils sont répartis dans l'ordre initial dans les différentes colonnes de la grille. La case à cocher Afficher est automatiquement activée dans chaque colonne.

⑦ Ajoutez individuellement les champs ***N°Bibliothèque***, ***Programme***, ***Version*** et ***CatégorieProgramme*** dans la requête. Nous n'avons pas besoin du champ ***N°Article*** dans cette requête puisque ce champ se rapporte à la table ***Articles***.

Il est indispensable que les deux champs *N°Bibliothèque* figurent dans la requête si l'on veut qu'Access puisse affecter les données correctement, en cas de saisie dans un formulaire. Si ces champs ne figurent pas tous les deux dans la requête, les données ne pourront être entrées que dans une table, à savoir *Bibliothèque*, puisque c'est celle-ci qui possède la *clé primaire*.

Etant donné que les tables ne contiennent pas encore de données, cela n'a aucun sens de définir un ordre de tri ou des critères pour la sélection d'enregistrements. Autrement dit : la requête est achevée.

⑧ Choisissez *Fichier/Enregistrer sous* et donnez le nom *Saisie livres* à cette requête.

⑨ Fermez la requête, par un double-clic sur la case du menu *Système* de sa fenêtre, ou bien avec *Fichier/Fermer*.

⑩ Créez une deuxième requête que vous nommerez *Saisie articles* et pour laquelle vous utiliserez les tables *Articles* et *Programmes*.

⑪ Ajoutez tous les champs de la table *Articles* dans la *grille d'interrogation*.

⑫ En ce qui concerne la table *Programmes*, ajoutez uniquement les champs *N°Article*, *Programme*, *Version* et *CatégorieProgramme*.

⑬ Enregistrez cette requête sous le nom *Saisie articles*.

Requêtes   **Chapitre 6**

Pour que vous puissiez enfin entrer vos données, nous allons à présent créer un formulaire sur la base de ces requêtes.

Développer des formulaires

En tout premier lieu, un formulaire est un masque permettant de saisir confortablement des données. Les données entrées dans un formulaire sont automatiquement insérées dans les tables et requêtes associés à ce formulaire. Un formulaire représente donc une aide particulièrement appréciable lorsque les données saisies doivent être réparties dans plusieurs tables.

Vous pouvez également utiliser un formulaire pour envoyer des données, soit à l'écran, soit sur l'imprimante. En revanche, un formulaire ne permet pas de regrouper automatiquement des données en fonction de critères communs. Pour ce faire, il faut utiliser un *état*.

Il existe plusieurs assistants pour les formulaires, mais vous pouvez vous passer complètement de leurs services et décider de créer vous-même vos formulaires. Il existe aussi un bouton nommé ***Formulaire instantané***.

Le bouton pour la création automatique d'un formulaire

Ce bouton et la fonction correspondante sont nouveaux dans Access 2.0. Lorsqu'une table ou une requête est sélectionnée dans la fenêtre Base de données et que vous cliquez sur ce bouton, Access crée un ***formulaire standard***, sur une colonne, avec tous les noms de champs de la requête ou de la table. Le nom de la table ou de la requête est dans ce cas utilisé comme titre du formulaire.

Ce type de formulaire est particulièrement bien adapté pour la saisie de données : il suffit en effet, dans ce cas, que tous les champs soient présents et qu'ils soient disposés de la manière la plus pratique possible, par exemple en colonne les uns sous les autres. Votre premier formulaire sera par conséquent très vite créé et vous pourrez bientôt vous consacrer à la saisie des données.

❶ Cliquez dans la fenêtre ***Base de données*** sur l'onglet ***Requête*** puis sélectionnez la requête ***Saisie livres***.

❷ Cliquez sur le bouton ***Formulaire instantané***.

Après quelques secondes d'attente, le formulaire s'affiche à l'écran.

Le formulaire instantané en mode Formulaire

③ Pour commencer, enregistrez ce formulaire. Vous pouvez utiliser son titre - *Saisie livres* - en guise de nom.

Une fois que le formulaire est enregistré, vous pouvez commencer la saisie des données. Si en dehors de ce livre vous ne possédez aucun ouvrage spécialisé en informatique ni aucune revue de ce type, vous pouvez naturellement entrer des titres fictifs.

Dans le formulaire, utilisez les touches *Entrée* ou *Tab* pour vous déplacer d'un champ à un autre. L'ordre dans lequel les champs sont activés est celui de leur création. Dans le cas d'un formulaire instantané, il n'y a aucun problème puisque les champs sont traités dans l'ordre de haut en bas. Vous verrez par la suite comment on peut modifier l'ordre de la saisie en fonction des besoins, indépendamment de l'ordre dans lequel les champs ont été intégrés dans le formulaire. Lorsque vous appuyez sur "Entrée" alors que le dernier champ est activé, vous passez à un nouvel enregistrement. Vous pouvez aussi passer d'un enregistrement au précédent ou au suivant avec les touches **Page haut** ou **Page bas**.

Pour que vous puissiez aussi saisir les articles de vos magazines, demandez à Access de créer également un formulaire instantané à partir de la requête **Saisie articles**. Enregistrez ce formulaire et entrez quelques données à titre d'exemple, comme dans l'illustration ci-après :

 Des formulaires pour faciliter la saisie de données   **Chapitre 7**

Maintenant que notre base de données contient enfin des données, nous allons pouvoir éditer celles-ci à l'aide d'un état.

Présenter des données avec un état

Un état est un objet Access conçu pour l'édition de données sur l'imprimante. Bien évidemment, vous pouvez tout aussi bien imprimer le résultat d'une requête, d'une table ou d'un formulaire. Toutefois, l'état met à votre disposition un choix plus riche de possibilités de mise en forme. Lorsque vous imprimez une table, vous obtenez l'impression de l'ensemble des enregistrements de cette table ainsi que de toutes les colonnes. Dans le cas d'une requête, vous avez certes la possibilité de n'imprimer que certains enregistrements ou certaines colonnes ; toutefois, les données apparaissent également sous forme de tableau comme dans la table d'origine. Un formulaire offre également certaines possibilités de mise en forme et peut également être imprimé ; cet objet est cependant davantage conçu pour la saisie et la modification des données.

Un état vous permet d'imprimer de manière claire des enregistrements complets ou de les afficher à l'écran. Les données peuvent être regroupées et triées par catégorie, une possibilité qui n'existe avec aucun autre objet

Access. En outre, un état peut contenir des calculs intermédiaires, des totaux ou des moyennes, etc.

Un état est toujours basé sur une table ou sur une requête. Il ne sert donc pas à traiter des données mais à les représenter de manière claire ; on peut ainsi conserver certaines données pour effectuer ultérieurement des comparaisons.

La manière la plus simple et la plus rapide pour créer un état est de passer par l'Assistant qui fonctionne de manière analogue à l'Assistant Formulaire avec lequel nous avons déjà fait connaissance. Vous pouvez bien sûr créer manuellement des états ou modifier ceux que vous avez créés à l'aide de l'Assistant.

Nous allons à présent utiliser les services de l'Assistant Etat pour créer une liste des ouvrages traitant d'informatique que nous possédons et dont nous avons saisi les coordonnées dans notre base de données.

❶   Dans la fenêtre Base de données, sélectionnez la table ***Bibliothèque***.

❷   Cliquez sur le bouton ***Nouvel état***.

❸   Dans la boîte de dialogue qui s'affiche alors, choisissez le bouton ***Assistants***. Après quelques instants, Access vous demande quel Assistant vous souhaitez utiliser.

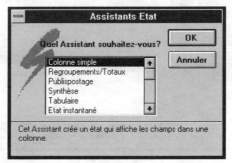

Avec quel Assistant souhaitez-vous travailler ?

④ Sélectionnez l'option *Tabulaire* puis cliquez sur *OK* ou appuyez sur la touche «Entrée».

Sélection des champs pour un état

⑤ Vous savez déjà comment on sélectionne les champs. Sélectionnez-les tous à l'exception de *N°Bibliothèque* puis cliquez sur le bouton *Suivant*.

⑥ Il s'agit à présent de désigner le ou les champs d'après lesquels l'état doit être trié. Sélectionnez le champ *DateCopyright* puis cliquez sur *Suivant*.

Définir un tri

Dans cette nouvelle boîte de dialogue, vous pouvez définir quelques caractéristiques de l'apparence de l'état.

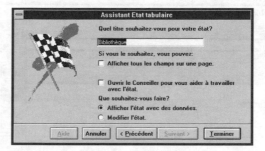

Comment l'état doit-il se présenter ?

⑦ Sélectionnez les options ***Présentation*** et ***Paysage***. Dans la zone de liste déroulante ***Interligne***, sélectionnez l'option ***0,4 cm*** ou entrez cette valeur dans la zone. Cliquez ensuite sur le bouton ***Suivant***.

⑧ Indiquez ici un titre pour l'état, à moins que celui qui est proposé par défaut par Access ne vous donne satisfaction. Vous pouvez également décider de la suite des opérations. Etant donné que vous êtes sans doute impatient de voir à quoi ressemble votre état, conservez l'option active qui est proposée par défaut (Afficher l'état avec des données).

Quel doit être le titre de l'état ?

⑨ Pour terminer, cliquez sur le bouton ***Terminer*** pour ouvrir l'état.

L'état mis au point avec l'aide de l'Assistant

Comme vous pouvez le constater, on ne fera pas l'économie, avec cet état, de quelques modifications. Cliquez donc sur le bouton isolé à l'extrême gauche de la barre d'outils afin de passer dans le mode ***Création de l'état***.

L'état nouvellement créé affiché en mode Création

Ne vous laissez pas dérouter par ce que vous voyez. Un état peut être subdivisé en différentes sections, dont chacune a une fonction précise :

- ● *L'en-tête d'état* et le *pied d'état* apparaissent uniquement au début et à la fin de l'état. L'en-tête d'état contient dans ce cas le titre ainsi que la date du jour. Le pied d'état est vide.

- ● *L'en-tête de page* et le *pied de page* apparaissent en haut et en bas de chaque page. L'en-tête de page contient les noms de champs en guise de titres de colonnes, le pied de page affiche le numéro de page à l'aide de la fonction *=Page*.

- ● La section *Détail* contient les données proprement dites.

Dans le cas d'états groupés, il existe en plus les sections *En-tête de groupe* et *Pied de groupe*. Nous en reparlerons plus tard.

Pour que la taille du champ *Titre(livre)* puisse être ajustée en fonction de la longueur des contenus, il nous faut décaler vers la droite tous les champs suivants. Procédez de la façon suivante :

❶ Si les règles ne sont pas affichées, choisissez *Affichage/Règle*. Commencez par élargir l'état dans son ensemble en faisant glisser le bord droit de la zone blanche jusqu'à la position *18 cm*. Il se peut que vous soyez obligé de faire défiler le contenu de la fenêtre à l'aide de la barre de défilement pour accéder à cette position.

Elargir le rapport

② Avec un clic sur le mot correspondant, sélectionnez ensuite le champ *MotsClés* dans la section *En-tête de page*. Appuyez sur *Maj* et sélectionnez en plus le champ *Motsclés* dans la section *Détail*. Vous pouvez ensuite relâcher la touche «Maj».

③ Déplacez le pointeur de la souris sur un des champs sélectionnés, jusqu'à ce qu'il prenne la forme d'une *main ouverte*. Faites glisser les deux champs sélectionnés vers la droite jusqu'à ce que leur bord gauche soit à la hauteur de la ligne des *13 cm*. Relâchez ensuite la souris.

④ Déplacez de même les bords gauches des deux champs *Nom(Auteur)* sur la ligne des 10 cm et les champs *DateCopyright* sur la ligne des 6 cm.

⑤ Sélectionnez ensuite le champ *Titre(livre)* dans la section *Détail*.

⑥ Amenez le pointeur de la souris sur le coin supérieur ou inférieur droit où il se transforme en une double flèche en diagonale. Vous pouvez alors saisir le cadre du champ par ce coin et l'étirer vers la droite jusqu'à un demi centimètre du champ *DateCopyright*. Vous pouvez en même temps étendre le champ vers le bas, jusqu'à la marque 1,5 cm. La section *Détail* ajuste automatiquement sa hauteur en fonction de cette modification.

Etirer le champ Titre_livre en largeur et en hauteur

⑦ Sélectionnez ensuite le champ *MotsClés* dans la section *Détail* et faites glisser la limite inférieure du rectangle jusqu'à la ligne des 1,5 cm..

⑧ Le champ *MotsClés* étant encore sélectionné, appuyez sur «Maj» et sélectionnez en plus le champ correspondant au numéro de page dans le pied de page.

⑨ Choisissez *Disposition/Aligner/Droite*. Les bords droits des champs sélectionnés sont alors alignés par rapport à celui d'entre eux qui est situé le plus à droite.

⑩ Sélectionnez ensuite tous les champs dans la section *En-tête* de page puis cliquez sur le bouton *Propriétés*.

⑪ Faites défiler le contenu de la fenêtre des propriétés jusqu'à ce que la fonction *Souligné* soit visible.

⑫ Ouvrez la zone de liste déroulante correspondante et sélectionnez l'option *Non*. L'en-tête de page est de toute manière encadrée de toutes parts, il est donc inutile de souligner en plus les titres de colonnes. Vous pouvez à présent refermer la fenêtre des propriétés par un nouveau clic sur le même bouton.

(15) Vous devez encore prolonger les lignes jusqu'au bord de la zone blanche. Sélectionnez les différentes lignes, saisissez-les par leur extrémité droite (le pointeur de la souris prend la forme d'une double flèche en diagonale) et faites glisser ce point jusqu'au bord droit de la zone blanche. Attention, si vous allez trop loin vous élargissez aussi l'état.

(16) L'état est à présent achevé et vous pouvez vous faire une idée du résultat dans le mode *Aperçu avant impression*. Cliquez sur le bouton correspondant de la barre d'outils.

L'état peut être envoyé à l'imprimante depuis l'aperçu.

Imprimer l'état

La barre d'outils comporte un bouton représentant une imprimante. Un clic sur ce bouton ouvre la boîte de dialogue Imprimer.

La boîte de dialogue Imprimer

Dans cette boîte, vous pouvez définir la zone ou les pages de votre état que vous souhaitez imprimer. Par défaut, la demande d'impression est envoyée sur l'imprimante définie dans le *Panneau de configuration* de Windows.

Vous pouvez également envoyer l'impression vers *un fichier*, par exemple dans le cas où votre ordinateur n'est pas connecté à une imprimante. Il vous suffit ensuite de copier ce fichier sur une disquette puis, à partir d'un autre ordinateur, de l'envoyer sur une imprimante.

Configuration de l'imprimante

 Le bouton *Configuration* permet de modifier les options d'impression. La fenêtre de configuration de l'imprimante peut être ouverte avant la fenêtre d'impression en cliquant tout simplement sur le bouton *Configuration de l'imprimante* de la barre d'outils.

La fenêtre Configuration de l'imprimante

Si vous avez installé d'autres imprimantes par l'intermédiaire du Panneau de configuration de Windows, vous pouvez sélectionner l'une d'entre elles dans la zone de liste déroulante *Imprimante spécifique*. La demande d'impression est alors envoyée à cette imprimante et non pas à l'imprimante par défaut.

Vous disposez bien sûr d'autres options relatives à la demande d'impression. Leur nombre dépend de l'imprimante qui est installée. Dans le champ *Orientation*, vous indiquez si vous souhaitez que l'état soit imprimé en mode *Portrait* ou en mode *Paysage*. Le format Paysage s'impose lorsque le nombre de champs devant être imprimés est élevé. Vous pouvez ensuite définir la taille du papier dans la mesure où votre imprimante est capable de traiter différents formats.

Si vous cochez l'option **Données seulement**, l'impression ne tiendra pas compte des cadres, quadrillages et dessins. Cette option peut être utilisée lorsqu'on souhaite imprimer des formulaires prédéfinis.

Concernant les marges, définissez-les selon vos besoins en tapant les valeurs souhaitées dans les champs correspondants.

Le bouton **Options** permet d'accéder à d'autres boîtes de dialogue qui dépendent de l'imprimante connectée. Si vous disposez d'une imprimante couleur, vous pouvez, par exemple, opter pour une impression en noir et blanc ou une impression couleur.

Le bouton **Autres** prolonge la fenêtre de configuration de l'imprimante vers le bas, vous proposant alors des options supplémentaires. Vous pouvez modifier le nombre de colonnes, l'espacement entre les lignes et l'espacement de colonne et déterminer la taille des éléments ainsi que la zone d'impression. Cochez l'option **Comme section détail** pour imprimer l'état dans sa totalité. La zone **Disposition** affecte la mise en page standard de l'état. Cette option n'est toutefois pas toujours disponible c'est-à-dire qu'elle apparaît en grisé, ce qui signifie qu'elle ne peut pas être sélectionnée.

Les options souhaitées étant sélectionnées, refermez les différentes fenêtres en cliquant sur **OK**. Si vous n'avez effectué aucune modification, vous pouvez également cliquer sur **Annuler**. Une fois revenu à la fenêtre d'impression, vous devez en tout cas cliquer sur "Ok" afin d'envoyer l'impression.

Présenter des données à l'aide d'états **Chapitre 8**

À l'aide d'une macro, l'état peut aussi être imprimé directement à partir d'un formulaire pendant la saisie des données. Vous verrez dans la dernière section de ce chapitre comment cela fonctionne.

Rationaliser le travail à l'aide d'une macro

Une macro est un enregistrement d'opérations fréquemment effectuées. Toutes les actions enregistrées dans une macro sont ensuite exécutées successivement lorsque cette macro est lancée.

Même si, au cours des exercices que nous avons réalisés, vous n'avez pas été amené à répéter fréquemment certaines opérations, vous pouvez certainement vous imaginer que l'utilisation des macros facilite et accélère le travail avec Access. Même les débutants qui ne disposent pas de grandes notions en matière de programmation de base de données peuvent très facilement créer et utiliser des macros. Nous allons donc maintenant vous présenter les caractéristiques fondamentales relatives à la création d'une macro.

Exercice

Vous allez créer une macro qui permet d'imprimer l'état **Liste de livres** à partir du formulaire **Saisie livres**.

❶ Pour créer une macro, cliquez, dans la fenêtre **Base de données**, sur l'onglet **Macro**.

❷ Cliquez ensuite sur le bouton **Nouveau** afin d'ouvrir une fenêtre macro vide.

Vous obtenez un tableau de deux colonnes, semblable à celui qui apparaît lors de la création d'une table.

La fenêtre macro

Dans chaque champ de la colonne de gauche de la table, vous trouvez une liste contenant un certain nombre d'actions prédéfinies pouvant être utilisées à l'intérieur d'une macro. La plupart des actions nécessite certains arguments permettant de préciser les options d'exécution de la macro correspondante. Une macro doit contenir au moins une action exécutable.

L'action "OuvrirEtat" a été sélectionnée

Sous le tableau apparaît la liste arguments de l'action.

③ Sur la première ligne de la colonne *Action*, selectionnez l'action *Ouvrir Etat*. Puis dans la fenêtre *Arguments de l'action*, selectionnez *Liste de livres* dans la ligne *Nom Etat*. Les autres arguments n'ont aucun intérêt pour cette macro. Ils servent si l'on veut imprimer des enregistrements déterminés ou des pages précises d'un état. Si ces arguments ne sont pas spécifiés, c'est l'état entier qui est imprimé.

④ Dans la deuxième ligne de la colonne *Action*, sélectionnez *Imprimer*.

⑤ Vous n'avez rien à modifier dans les paramètres par défaut de la liste d'arguments de l'action *Imprimer*. Cette action s'applique automatiquement à l'objet actuel. Etant donné que l'état est ouvert par la première action, il est automatiquement l'objet actuel.

⑥ Dans la troisième ligne de la colonne *Action*, sélectionnez *Fermer* afin que l'état soit à nouveau fermé après son impression.

⑦ Dans les arguments, sélectionnez *Etat* dans la ligne *Type objet* et *Liste de livres* dans la ligne *Nom objet*.

⑧ Enregistrez la macro sous le nom *Imprimer liste de livres*. Utilisez pour ce faire la commande *Fichier/Enregistrer sous*.

⑨ Fermez la macro avec un double-clic sur la case du menu *Système*.

Une macro ne peut être exécutée qu'à partir du moment où elle a été enregistrée et refermée. Pour l'appeler, vous pouvez effectuer un double-clic sur son nom dans la fenêtre *Base de données* ou choisir *Fichier/Exécuter une macro*.

Plutôt que d'exécuter la macro directement, nous allons l'intégrer dans le formulaire *Saisie livres* sous forme d'un bouton.

❶ Sélectionnez le formulaire *Saisie livres* dans la fenêtre Base de données puis cliquez sur le bouton *Modifier* afin d'ouvrir ce formulaire en mode Création.

② Saisissez la limite du *pied de formulaire* et faites-la glisser vers le bas de manière à ménager de la place pour le bouton, comme dans l'illustration ci-dessous.

③ Ouvrez le menu *Fenêtre* et choisissez la commande *Mosaïque* afin que la fenêtre *Base de données* et le *Formulaire* soient visibles en même temps à l'écran.

④ Sélectionnez la macro *Imprimer liste de livres* dans la fenêtre Base de données et faites-la glisser dans le pied de formulaire à l'aide de la souris.

Intégrer une macro dans un formulaire sous forme d'un bouton

⑤ Agrandissez, le cas échéant, le bouton ainsi inséré dans le formulaire de manière à ce que le texte qui y est inscrit soit bien lisible. Vous pouvez aussi le déplacer à n'importe quel endroit dans le formulaire.

Dans un formulaire, les macros, respectivement les boutons, sont insérés dans l'en-tête ou dans le pied du formulaire. Un bouton qui se trouverait dans la section *Détail* serait répété pour chaque enregistrement. Tant qu'un seul enregistrement est visible dans le formulaire cela ne pose pas de problème, mais il existe aussi des formulaires en continu dans lesquels on peut voir autant d'enregistrements qu'il peut en tenir à l'écran, comme dans un état.

➏ Avec un clic sur le bouton correspondant, passez en mode Formulaire.

➐ Vérifiez que l'état *Liste de livres* est fermé et allumez votre imprimante si ce n'est pas déjà fait.

➑ Cliquez sur le bouton pour imprimer l'état.

Vous pouvez à tout moment appeler la macro pendant que vous travaillez dans le formulaire. Le clic sur le bouton ne fonctionne bien entendu que si vous vous trouvez en mode Formulaire. En mode Création, il n'a pour seul effet de sélectionner le bouton.

5.   Structurer la base de données à l'aide de tables

Dans le chapitre précédent, vous avez pu vous faire une idée de la manière dont on travaille avec Access. Dans ce chapitre, vous allez apprendre quelles sont les options qui vous permettront de créer et de modifier des tables sans l'aide de l'Assistant. Nous nous intéresserons naturellement aussi d'un peu plus près aux Assistants : vous devez être en mesure de créer vos bases de données avec le plus de facilités possible.

Les exemples illustrant les procédures décrites dans ce chapitre se réfèrent tous à la base de données *Comptoir*, sauf indication contraire. Pour vous éviter d'avoir à réinstaller complètement la base de données exemple en cas de difficulté, il est préférable de copier au préalable dans un autre répertoire ou sous un autre nom les tables dont vous avez besoin.

5.1.   Concrétiser la conception - Créer des tables

Les tables sont les pièces centrales d'une base de données car ce sont elles qui contiennent toutes les informations nécessaires pour les requêtes, les formulaires et les états. Vous avez déjà vu, lors de la conception d'une base de données, dans quelle mesure les tables déterminent la structure de la base de données.

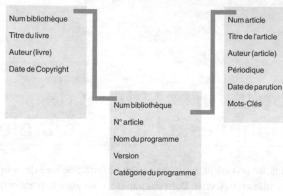

Num bibliothèque
Titre du livre
Auteur (livre)
Date de Copyright

Num article
Titre de l'article
Auteur (article)
Périodique
Date de parution
Mots-Clés

Num bibliothèque
N° article
Nom du programme
Version
Catégorie du programme

Le projet de base de données sous forme d'un croquis

Dans la première partie de ce livre, vous avez eu l'occasion de créer des tables avec l'aide de *l'Assistant Table*. Avant de nous intéresser davantage aux possibilités de cet Assistant, voyons d'abord, étape par étape, comment on crée une table manuellement.

Pour mémoire, voici les différentes étapes nécessaires pour créer une nouvelle base de données ou pour ouvrir une base de données existante.

- Après le lancement du programme, choisissez *Fichier/Nouvelle base de données* ou *Fichier/Ouvrir une base de données* selon que vous voulez créer une base de données ou en ouvrir une qui existe déjà.

- Dans le cas d'une création d'une nouvelle base de données, indiquez un nom dans la boîte de dialogue qui s'affiche. L'extension *.MDB* est ajoutée automatiquement.

Nouvelle base de données

Vous pouvez aussi utiliser les deux *boutons Nouvelle base de données* ou *Ouvrir une base de données* à la place des deux commandes citées ci-dessus.

Ouvrir une base de données

 Access enregistre automatiquement une nouvelle base de données dans le répertoire Access. Si cela ne vous convient pas, vous devez indiquer un autre répertoire. Sélectionnez le répertoire dans la fenêtre de l'arborescence des répertoires. Un double-clic sur le répertoire parent vous fera accéder au niveau directement supérieur, probablement à la racine. Avec un ou plusieurs doubles-clics supplémentaires, vous pouvez ensuite accéder au répertoire ou au sous-répertoire de votre choix. Le répertoire courant est indiqué au-dessus de la zone de liste des répertoires.

Nouvelle base de données		
Nom de fichier:	**Répertoires:**	**OK**
base1.mdb	c:\access\exemples	**Annuler**
commande.mdb	📁 c:\	
comptoir.mdb	📁 access	
solution.mdb	📂 exemples	
		☒ Mode exclusif
Types de fichiers:	**Lecteurs:**	
B. de données (*.mdb)	💾 c: ms-dos 6	

Créer une nouvelle base de données

Déjà lors de la création d'une nouvelle base de données, vous avez la possibilité d'activer la case à cocher **Mode exclusif**. Dans ce cas, la base de données ne pourra pas être ouverte par plusieurs utilisateurs simultanément. Il est évident que cette option n'a pas un grand intérêt sur une configuration monoposte.

Le mode **Table** est automatiquement proposé par défaut dans la fenêtre **Base de données**.

La fenêtre Base de données en mode Table

- Pour créer une nouvelle table, cliquez sur le bouton *Nouveau* dans la fenêtre *Base de données*.

- Vous pouvez cependant aussi choisir la commande *Fichier/Nouveau/Table*.

Quelle que soit la méthode que vous aurez finalement retenue, vous obtenez une petite boîte de dialogue dans laquelle l'Assistant table vous propose ses services.

Création libre ou avec l'aide de l'Assistant ?

Nous reviendrons un peu plus tard sur l'Assistant. Cliquez donc sur le bouton *Table vierge* dans un premier temps. Une nouvelle table, vide, s'ouvre en mode Création.

Une nouvelle table en mode Création

Dans le mode Création, on dispose de trois colonnes pour définir une table. Dans la première, on indique le *Nom du champ*, dans la deuxième le *Type de données* et dans la troisième on peut entrer une courte *Description du champ*. Sous cette zone divisée en trois colonnes se trouve une autre zone, grise, intitulée *Propriétés du champ*. Dans la partie droite de ce champ vous pouvez lire une brève information au sujet de la colonne ou de la ligne dans laquelle se trouve le curseur. Tout de suite après l'ouverture de cette fenêtre, vous y apprenez par exemple qu'un nom de champ peut compter jusqu'à 64 caractères, y compris les espaces. La partie gauche de ce volet de la fenêtre est encore vide. Elle est réservée pour la liste des propriétés du champ. La barre d'outils de la fenêtre Table en mode Création contient tous les boutons qui peuvent être utiles à ceux qui aiment travailler avec ces outils.

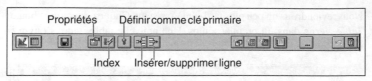

La barre d'outils de la fenêtre Table en mode Création

Dans le mode Création, vous entrez les noms de champs les uns sous les autres dans la première colonne. Par la suite, dans le mode *Feuille de données*, ces noms de champs constitueront les titres de colonnes. Avec le Type de données, vous pouvez définir des contraintes pour les entrées de données qui seront faites dans ce champ en mode Feuille de données. Si vous définissez par exemple que des montants en Francs doivent être entrés dans cette colonne et affectez par conséquent le type de données *Monétaire*, Access n'acceptera que les entrées qui correspondent à ce format. La description que vous pouvez rédiger dans la troisième colonne apparaît dans la barre d'état de la Feuille de données. Si quelqu'un d'autre que vous est appelé par la suite à entrer les données, une petite explication à l'intention de celui ou celle qui se trouvera au clavier sera peut-être bien accueillie. C'est d'autant plus vrai si vous avez défini certaines contraintes, par exemple si certaines valeurs sont refusées.

Noms de champs et types de données

Les noms de champs sont entièrement définis par vos soins. Ils sont entrés dans la colonne de gauche de la fenêtre Table en mode Création. Dans cette fenêtre, vous pouvez vous déplacer de cellule en cellule à l'aide des touches *Tab* et *Entrée*, ou avec les touches de direction. A chaque frappe de *Tab* ou *Entrée*, le curseur se déplace d'une colonne vers la droite. Lorsqu'il est dans la troisième colonne, une nouvelle frappe d'une de ces touches l'envoie dans la première colonne de la ligne suivante. Si vous souhaitez entrer d'abord tous les noms de champs, vous pouvez utiliser la touche *Flèche bas* pour passer d'une ligne à la suivante tout en restant dans la même colonne.

Un clic à n'importe quel endroit avec le bouton droit de la souris ouvre un menu contextuel contenant les commandes utiles en cas de modification. Nous signalerons la possibilité d'utiliser ce menu contextuel chaque fois qu'elle existera.

Tous les noms de champs que vous définissez peuvent contenir jusqu'à 64 caractères, les espaces étant également comptés. Les caractères suivants sont interdits : / \ [ ] : l < > + . = ; *, ainsi que les caractères ASCII 00 à 31. Soyez vigilant, on a vite fait de taper un point dans un nom de champ, par exemple lorsqu'on utilise des abréviations. Dans ce cas, Access vous signale que le nom de champ n'est pas valide.

Sachant que le nom de champ que vous indiquez ici se transformera en titre de colonne dans la Feuille de données, vous comprendrez qu'il vaut mieux utiliser des noms courts ou des abréviations (sans point) facilement compréhensibles. Sinon la largeur normale de la colonne ne suffira plus pour afficher le titre. Si vous définissez beaucoup de champs dans une table, il n'est plus possible d'afficher toutes les colonnes en même temps à l'écran dans le mode Feuille de données.

Dans la colonne ***Type de données***, vous disposez d'une zone de liste déroulante contenant huit types de données.

129

la liste déroulante dans la colonne Type de données

L'aperçu ci-après vous aidera à définir le type de données correspondant à chaque champ. Le type par défaut proposé par Access est toujours ***Texte***. Le fait qu'un champ doit être trié ou indexé aura une importance dans le choix du type de données. Chaque type de données comprend une liste de propriétés de champ permettant d'apporter des précisions complémentaires. Vous trouverez une explication des différentes propriétés de champ dans la section suivante.

Texte	un champ de type texte peut contenir au maximum 255 caractères. Il peut s'agir aussi bien de chiffres que de lettres. Pour économiser de l'espace de stockage, vous devez définir dans les propriétés de champ une taille de champ ajustée. Access propose par défaut une taille standard de cinquante caractères. Les champs de type texte peuvent également accueillir des chiffres qui ne seront pas intégrés à des calculs tels, par exemple, les numéros de téléphone ou les codes postaux.

Mémo

Un champ de type mémo peut recevoir du texte d'une longueur de 32 000 octets ce qui, peu ou non, correspondre au même nombre de caractères. Les champs Mémo peuvent par exemple intervenir dans le cas d'une base de données de clients pour accueillir des informations relatives aux conversations téléphoniques.

Numérique

Un champ de type numérique dispose de nombreuses possibilités de paramétrage dans différents formats. Le type de données mumérique doit toujours être choisi lorsque le contenu du champ concerné est destiné à être intégré dans des calculs. La taille du champ dépend du paramétrage choisi ; le choix fait ici a une répercussion sur le travail avec les décimaux et sur la taille maximale ainsi que la précision.

Date/Heure

Ce champ met à votre disposition différents formats d'affichage de la date et de l'heure. Lors de la saisie de données dans une feuille de données ou dans un formulaire, les valeurs saisies seront automatiquement converties au format sélectionné.

Monétaire

Le type de données monétaire fonctionne sur un principe analogue au type Date/Heure. Il permet également d'effectuer des calculs.

Compteur

Un compteur est généré par Access et s'incrémente à chaque enregistrement. Plusieurs formats de compteur vous sont proposés. Lorsqu'Access attribue une clé primaire, il insère par défaut un champ de type compteur. Notez qu'une table ne peut contenir qu'un seul compteur.

Oui/Non

Un champ de type oui/non permet de saisir des valeurs booléennes. Cela signifie que l'on ne peut choisir qu'entre les deux possibilités proposées. Hormis oui/non, on dispose également des formats *Vrai/Faux* et *Activer/Désactiver*. Un champ de ce type ne peut être indexé.

Liaison OLE	Ce champ peut accueillir un objet de type OLE. La taille maximale est de 128 Mo, selon la capacité de votre disque dur. Dans le cas d'objets OLE, il peut s'agir de dessins, de textes ou de sons numérisés. Les objets de type OLE ne peuvent être ni indexés, ni triés.

Propriétés de champ

Les propriétés que nous allons à présent récapituler n'apparaissent pas nécessairement toutes ensemble pour chaque type de données. Il est évident qu'un champ *Texte* n'a que faire d'un nombre de décimales de même que cela n'a pas de sens de définir une valeur par défaut pour un champ *Compteur*.

Taille du champ	Cette propriété vous permet de limiter la taille d'un champ de type texte ou numérique afin de ne pas consommer inutilement de l'espace de stockage. Lorsque les données ont déjà été saisies, la réduction de la taille des champs peut poser des problèmes. Access vous rend d'ailleurs attentif à ce problème en vous informant que des données risquent d'être perdues au cours de cette opération.
Format	La propriété format permet de définir certains formats valables pour certains types de données. Par exemple, vous pouvez prédéfinir un format d'affichage de la date ou de l'heure. Lorsque des valeurs sont saisies sous une autre forme, elles sont automatiquement converties au format prédéfini ou refusées si elles ne peuvent être converties.
Légende	Cette propriété apparaît pour tous les types de données. Elle permet de définir le texte qui apparaîtra dans les états ou dans les formulaires, à la place du nom du champ. Par exemple, vous pourriez taper Qui ? dans un champ *Nom*. Lors de la saisie des données dans un formulaire, le mot Nom sera alors remplacé par Qui ?.

Valeur par défaut	Lorsqu'une valeur contenue dans un champ apparaît fréquemment, vous pouvez la saisir dans la ligne ***Valeur par défaut***. Le travail s'en trouve accéléré du fait qu'une saisie ne doit être effectuée dans ce champ, que si la valeur à entrer diffère de la valeur par défaut. Bien évidemment, les champs contenant une valeur par défaut ne peuvent pas faire fonction de champ de clé primaire. La valeur par défaut peut être définie à l'aide du ***Générateur d'expression***.
Valide si	Cette propriété permet, lors de la saisie, de limiter les données saisies à celles correspondantes aux valeurs définies sous valide si. Par exemple, il est possible de n'autoriser que les valeurs numériques comprises entre 50 et 1000. Avec l'aide du ***Générateur d'expression*** vous pouvez définir facilement et rapidement la règle de validation.
Message si erreur	Tapez ici un message qui apparaîtra à l'écran lors de la saisie d'une valeur non conforme à la définition de ***Valide si***. Il est judicieux d'indiquer dans ce message le type de données autorisées.
Nul interdit	Si vous sélectionnez l'option ***Oui*** dans cette ligne, Access exigera une valeur dans ce champ pour chaque enregistrement. Si aucune valeur n'est entrée dans le champ en question, la fiche ne peut pas être enregistrée. Cette propriété est nouvelle dans Access 2.0. Vous pouvez cependant aussi rendre la saisie obligatoire dans un champ et par la suite dans un formulaire.
Chaîne vide autorisée	Détermine si un champ ***Mémo*** ou ***Texte*** peut recevoir une chaîne vide.

Indexé	La recherche et l'examen de champ indexé est plus rapide. Une table peut contenir plusieurs champs indexés. Il est notamment recommandé d'utiliser la propriété *Indexée* lorsque les données du champ sont fréquemment requises. Vous pouvez en outre indiquer si les doublons seront autorisés ou non dans un champ indexé. Dans les champs de clé primaire, toujours indexés, les doublons ne sont pas autorisés.
Décimales	Cette propriété apparaît dans le cas de champs de type *Numérique* et *Monétaire*. Elle permet de définir le nombre de décimales apparaissant après la virgule. Dans une liste déroulante, Access vous propose des valeurs comprises entre 0 et 15 ainsi que l'option *Auto*.

 Les propriétés de certains types de données doivent être étudiées avec attention car les différentes options proposées peuvent avoir une répercussion sur l'espace mémoire ou de stockage nécessaire pour la table.

La propriété Taille du champ d'un champ de type Numérique

Dans le cas du type de données numérique, vous trouverez sous **Taille du champ** les propriétés suivantes :

Taille du champ	Plage de nombres	Espace requis
Octet	0 à 255 (sans décimale)	1 octet
Entier	-32 768 à 32 767 (sans décimale)	1 octet
Entier long	-2 147 483 648 à 2 147 483 647 (sans décimale)	4 octets
Réel simple	-3,4 E+38 à 3,4 E+38 (7 décimales)	4 octets
Réel double	-1,797 E+308 à 1,797 E+308 (15 décimales)	8 octets

Comme vous pouvez le constater, le choix de la taille du champ affecte la plage de nombres autorisée ainsi que l'espace de stockage requis. Vous devez donc évaluer le plus précisément possible si vous aurez besoin de décimales, ou si vous serez amené à taper des valeurs numériques très longues. Le paramètre par défaut d'Access est **Réel double**, une valeur excessive si vous ne travaillez qu'avec des nombres entiers correspondant, par exemple, au nombre de machines d'une entreprise de construction. Dans un tel cas, optez pour la taille de champ **Octet**. Ce faisant, vous économisez non seulement de l'espace de stockage mais Access fonctionnera plus rapidement qu'avec la taille **Réel double**.

Liaison de tables

Conseil

Profitons de ce que nous abordons la question des tailles de champ pour faire une remarque sur la manière de relier des tailles par l'intermédiaire de clés primaires et de clés externes. Normalement, les champs faisant office de clé doivent être absolument identiques du point de vue de la taille et du type de données. Toutefois, lorsque deux tables sont reliées par un champ de type **Compteur**, seule la clé primaire de la table source peut être un compteur. Dans la plupart des cas, à plusieurs entrées de la table destination correspond un enregistrement de la table source. Dans ce cas, il faut affecter à la colonne de la table source contenant la clé externe le type de données **Numérique** et la taille de champ **Entier long**.

La propriété de champ Format

La propriété de champ **Format** requiert également quelques explications dans le cas des types de données **Numérique**, **Compteur** et **Monétaire**. Vous y trouverez les paramètres suivants :

Format	Exemple 2212294	Exemple -13,12
Nombre général	2212294	-13,12
Monétaire	2 212 294,00 F	(13,12 F)

Format	Exemple 2212294	Exemple -13,12
Fixe	2212294,00	-13,12
Standard	2 212 294,00	-13,12
Pourcentage	221229400,00%	-1312,00%
Scientifique	2,21E+06	-1,31E+01

Les séparateurs des milliers ne sont affichés que pour le format *Standard* et *Monétaire*. Concernant le format Monétaire, les valeurs négatives sont placées entre parenthèses. Lors de la saisie des données dans la feuille de données, les valeurs saisies sont converties au format indiqué dès que vous placez le pointeur de la souris sur le champ suivant.

La propriété *Décimales* vous permet de définir le nombre de chiffres placés après la virgule pour les données de type numérique et monétaire. Vous pouvez sélectionner dans la liste l'option *Auto* ou une valeur comprise entre 1 et 15. Access n'accepte pas d'autres valeurs.

Format	Décimales	Auto une décimale
Nombre général	22945,456 333	22945,456 333
Standard	22 945 333,00,46	22 945,5 333,0
Fixe	22945,46 333,00	22945,5 333,0

A l'exception du format *Nombre général*, les nombres décimaux saisis sont arrondis vers le haut ou vers le bas pour arriver au nombre de décimales souhaité.

Pour le type de données *Date/Heure* vous disposez sur la ligne *Format* de différentes possibilités de paramétrage de la date et de l'heure.

Les paramètres par défaut se réfèrent toujours aux paramètres de Windows ; de ce fait, les paramètres standard de l'illustration ne coïncident pas nécessairement avec ceux de votre machine.

Le type de données *Oui/Non* offre également quelques paramétrages particuliers. Vous disposez des formats *Oui/Non*, *Vrai/Faux* ou *Activer/Désactiver*. Le format par défaut proposé par Access est oui/non. Vous pouvez utiliser indifféremment l'une ou l'autre de ces valeurs. Indépendamment du paramètre par défaut, vous pouvez taper *Oui*, *Vrai* ou *Activer*. Dès que le pointeur de la souris quitte le champ concerné, l'élément saisi est converti au format défini. La première lettre du terme choisi est mise en majuscule. Vous pouvez supprimer à l'intérieur de la liste des propriétés de champ le format de la ligne *Format* en sélectionnant le texte concerné puis en activant la touche *Suppr*. Dans ce cas, les éléments saisis sont représentés sous la forme 0 et -1. -1 représente ici oui, vrai ou activer et 0 correspond à non, faux ou désactiver.

La propriété de champ Masque de saisie

L'utilisation des formats est encore davantage simplifiée grâce aux nouveaux masques de saisie. Vous pouvez ainsi définir un masque pour les types de données texte, numérique, date/heure et monétaire. L'Assistant *Masque de saisie* ne peut cependant vous venir en aide que pour les types de données *Texte* et *Date/Heure*.

Un de ces types de données étant sélectionné, procédez de la façon suivante si vous voulez créer un masque de saisie :

Bouton Propriété Masque de saisie

❶   Cliquez d'abord avec la souris dans la liste des propriétés du champ, sur la ligne *Masque de saisie*. Un bouton représentant trois points apparaît à droite de cette ligne.

❷   Un clic sur ce bouton active l'Assistant masque de saisie. Il faut que la table soit préalablement enregistrée. Si elle n'a pas encore de nom, vous êtes invité à en indiquer un. De même, si vous n'avez pas encore défini de champ primaire, Access vous demande s'il doit en créer un.

La première boîte de dialogue de l'Assistant Masque de saisie

Dans la première boîte de dialogue, vous pouvez d'abord sélectionner un masque de saisie. Vous avez le choix entre numéro de téléphone, SIN et code postal, ainsi que quelques formats de date et d'heure. Le choix proposé sera bien entendu différent selon que vous aurez sélectionné auparavant un champ *Date/Heure* ou un champ *Texte* et selon que vous aurez ou non déjà effectué une sélection pour la propriété *Format*. Dans la ligne qui se trouve sous la zone de liste, vous pouvez tester directement le masque sélectionné. Si vous avez par exemple sélectionné le masque *Date abrégé* et si vous entrez 100494 dans cette ligne, cette valeur est affichée sous la forme 10/04/94. Vous n'êtes donc pas obligé de saisir les barres obliques.

Peut-être vous demandez-vous à présent quelle est la différence entre un format et un masque de saisie ? Avec la sélection effectuée dans la ligne *Format*, vous déterminez de quelle façon les données doivent être affichées. Le masque de saisie, par contre, définit la manière dont les données doivent être entrées. Vous pouvez donc parfaitement choisir l'option *Date complet* dans la ligne *Format* et *Date abrégé* comme masque de saisie. Jusqu'à présent, dans un champ au format *Date complet*, vous pouviez entrer 3/4/94 dans la feuille de données et vous obteniez comme résultat dimanche 3 avril 1994. Avec le masque de saisie *Date abrégé*, les barres obliques peuvent être omises, mais vous devez entrer chaque partie de la date avec deux chiffres : 030494.

❸ Après avoir sélectionné un masque de saisie, cliquez sur le bouton *Suivant* afin d'accéder à la boîte de dialogue suivante. Dans ce champ, vous pouvez personnaliser le masque de saisie à votre guise et définir des caractères d'espace réservés pour la saisie.

Modifier le masque de saisie

Nous parlerons plus en détail des masques de saisie personnalisés dans la prochaine section intitulée *Formats personnalisés*. Plutôt que d'utiliser l'Assistant masque de saisie, vous pouvez aussi indiquer un masque dans la ligne *Masque de saisie*.

Les caractères d'espace réservés que vous pouvez utiliser sont les suivants : " , _, #, @, !, $, %, et * . Ces codes sont présentés en détail dans la section suivante, à propos des masques de saisie définis par l'utilisateur.

④ Si vous conservez les paramètres par défaut de l'Assistant, le plus simple est de cliquer directement sur le bouton *Suivant* pour passer à la boîte de dialogue suivante. Son contenu dépend du masque de saisie que vous avez sélectionné.

Soit il s'agit de celle qui est reproduite sur cette illustration, soit c'est la dernière boîte de dialogue de l'Assistant qui est reproduite un peu plus loin.

Comment les données doivent-elles être enregistrées ?

Si vous avez sélectionné un masque de saisie comportant des caractères complémentaires, Access vous demande si les données entrées doivent être stockées avec ou sans ces caractères complémentaires dans le masque. Cette décision peut avoir de l'importance dans le cas d'une recherche : vous pouvez en effet effectuer la recherche d'après le format affiché ou d'après le format enregistré. Vous devez toutefois définir le critère de recherche en conséquence et il vaut donc mieux savoir sous quelle forme les données ont été stockées.

La boîte de dialogue en question n'apparaît pas si vous aviez sélectionné un format de date ou d'heure. Dans ce cas, vous aboutissez directement dans la dernière boîte de dialogue de l'Assistant.

Dans cette dernière boîte de dialogue, vous avez le choix entre quitter l'Assistant, retourner dans le mode Création de la table, ou ouvrir le Conseiller. Celui-ci vous donnera des informations si vous voulez encore modifier le masque de saisie.

⑤ Cliquez sur le bouton ***Terminer*** pour quitter l'Assistant.

Si vous avez décidé de demander l'aide du Conseiller, suivez ses consignes.

Si vous n'avez pas fait appel au Conseiller, vous pouvez continuer à travailler normalement dans le mode Création de la table après avoir fermé l'Assistant masque de saisie.

Vous rencontrerez aussi les masques de saisie à d'autres occasions. Dans un formulaire, par exemple, vous pouvez modifier des masques de saisie existants ou en créer de nouveaux.

La propriété Valide si

La propriété ***Valide si*** vous permet, par l'intermédiaire d'un format de date particulier, de déterminer le type de données pouvant être saisi. Les règles de validation sont indiquées à l'aide d'expressions. Celles-ci représentent une condition que la valeur saisie doit impérativement remplir. Par exemple, vous pouvez déterminer que seules pourront être saisies des dates de l'année 1994. L'expression se présente alors comme suit :

```
>=#01/01/1994# Et <#01/01/1995#
```

Lorsqu'une valeur ne satisfaisant pas la condition définie est saisie, le message d'erreur correspondant est affiché. Il vous appartient de le rédiger dans un souci d'information et de concision. Dans le cas de notre exemple, ce message pourrait être :

```
Date non valide. Saisissez une date de l'année 1994.
```

Les valeurs provenant d'autres colonnes ne peuvent plus être utilisées pour la définition de la règle de validation. Par contre, dans la fenêtre des propriétés de la table vous pouvez définir, pour la table entière, une condition de validation qui peut se référer à plusieurs noms de champs. Vous en apprendrez plus à ce sujet dans quelques pages, lorsque vous arriverez à la section ***Définir les propriétés de la table***.

Jusqu'à présent, les conditions de validation étaient ignorées par certaines techniques de saisie de données : lorsque des données étaient modifiées ou ajoutées par une macro, par une requête action ou par un module Access Basic, il n'était pas tenu compte des conditions de validation. Avec Access 2.0, vous pouvez être sûr que les règles définies dans les tables seront observées également dans ces cas précis. Cela vaut d'ailleurs aussi pour l'importation de données dans une table. Par contre, les données qui étaient déjà saisies dans la table avant que la règle de validation ne soit définie ne sont pas vérifiées.

Le tableau ci-dessous donne quelques exemples d'expressions pouvant être utilisées comme règles de validation.

Valide si	Message si erreur
<>0	Vous devez taper une valeur différente de 0.
0 Ou >100	La valeur saisie doit soit être égale à 0 ou supérieure à 100.
Comme *A????*	Le mot doit comprendre cinq caractères et commencer par un A.
>=Date()	La date saisie ne doit pas être antérieure à la date système en cours.
<#01/01/1888#	Vous devez taper une date antérieure à 1888.
>=#01/01/1993# Et <#01/01/1994#	La date saisie doit se situer dans l'année 1993.

Entrer les expressions avec et sans le Générateur

Dans les anciennes versions d'Access, toutes les expressions étaient écrites directement dans la ligne prévue à cet effet ou dans la boîte de dialogue *Zoom*. C'est toujours possible mais un nouvel outil s'est ajouté pour vous aider lors de la définition d'expressions. Il s'agit d'un objet à mi-chemin entre une boîte de dialogue habituelle et un Assistant. Cet outil s'appelle le *Générateur d'expression*.

Lorsque vous cliquez dans la ligne *Valide si* pour entrer une condition de validation, vous voyez apparaître, à droite de cette ligne, un bouton que vous connaissez déjà. C'est en effet avec ce même bouton que vous avez appelé l'Assistant masque de saisie à partir de la ligne *Masque de saisie*.

Le bouton servant à appeler le Générateur d'expression

On rencontre le Générateur d'expression non seulement dans des tables mais aussi dans des requêtes, des formulaires, des états et dans des macros, autrement dit partout où l'on doit souvent entrer des expressions dans des champs. Dans le cas de champs de type *Texte* ou *Date/Heure*, on rencontre deux fois ce Générateur d'expression : d'abord dans la ligne *Valeur par défaut* puis dans la ligne *Valide si*.

Procédez de la façon suivante si vous voulez entrer une expression du type >=Date() (La date saisie doit être supérieure à la date système en cours) :

❶ Créez un champ de type *Date/Heure* puis cliquez dans la ligne *Valide si*.

❷   Cliquez ensuite sur le bouton pour ouvrir le Générateur.

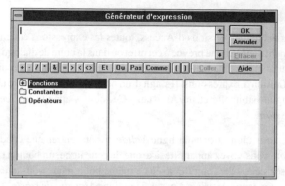

Le Générateur après son lancement

C'est dans la partie supérieure de la boîte de dialogue que vous allez éditer l'expression. Les opérations les plus courantes sont proposées sous forme de boutons sous la zone d'édition. Un clic sur un de ces boutons insère dans l'expression l'opérateur qu'il représente. De plus, dans la partie inférieure de la boîte de dialogue, vous pouvez afficher et naturellement sélectionner d'autres opérateurs ou des fonctions, ou encore des constantes.

Utilisez le groupe *Fonctions*, *Constantes*, *Opérateurs* de la même manière que le Gestionnaire de fichiers de Windows : un double-clic sur *Fonctions* ouvre les sous-répertoires. Dans ce cas, il n'en existe qu'un seul, avec les fonctions intégrées d'Access. Si vous ouvrez ce *sous-répertoire* par un clic sur l'icône correspondante, vous voyez s'afficher les différentes catégories de fonctions dans la zone de liste du milieu. Dans la zone de liste de droite s'affichent les fonctions appartenant à la catégorie actuellement sélectionnée. Un clic sur *Constantes* ou *Opérateurs* permet même de consulter les catégories et le détail de ces deux groupes.

⊛ L'opérateur >= n'est pas proposé sous forme de bouton. Cliquez donc dans la zone de liste de gauche, dans la partie inférieure de la boîte de dialogue, sur *Opérateurs* puis sélectionnez dans la zone de liste de droite l'opérateur >=.

④ Cliquez ensuite sur le bouton *Coller* afin que l'opérateur soit ajouté dans la zone d'édition.

⑤ Sélectionnez ensuite le groupe *Fonctions intégrées* et la catégorie *Date/Heure*.

⑥ Dans la liste de droite, sélectionnez la fonction *Date* et cliquez une nouvelle fois sur *Coller*.

⑦ Pour terminer, fermez le Générateur d'expression avec un clic sur *Ok*. L'expression que vous venez de créer est automatiquement inscrite dans la ligne *Valide si*.

La propriété Indexé

Tous les champs peuvent être indexés à l'exception des champs de type *Mémo*, *Oui/Non* et *Objet OLE*. Lors de la recherche d'un enregistrement, les champs indexés sont scrutés en priorité et leur examen est plus rapide. Il est donc pertinent d'indexer les champs qui contiennent des données importantes ou ceux sur lesquels on définit fréquemment des critères de recherche. Comme toujours cependant, le mieux est l'ennemi du bien : un nombre trop élevé d'index ralentit le traitement lorsqu'il s'agit de modifier les données.

Les types de données qui conviennent bien pour les index sont *Texte*, *Numérique*, *Monétaire* et *Date/Heure*. Ne créez cependant un index que si vous recherchez souvent certaines valeurs ou plages de valeurs, ou si vous souhaitez trier les données d'après ce champ. Lorsqu'un champ contient souvent des valeurs identiques, la définition d'un index n'est pas intéressante car d'une part vous n'en retirez aucun avantage lors des tris et des recherches et d'autre part vous êtes pénalisé lorsqu'il s'agit de modifier les données.

Dans le cas d'une base de données contenant des informations personnelles, par exemples, vous pourriez indexer les dates de naissance, ou les noms de vos amis et connaissances. En admettant qu'il y ait un nombre important de données diverses, on pourrait aussi envisager un index sur le champ Code postal.

Lorsque vous décidez d'indexer un champ, vous devez chaque fois indiquer si les doublons sont autorisés ou non dans ce champ. Dans les exemples ci-dessus, cela n'aurait aucun sens d'exclure les doublons. Un index dans lequel les doublons sont exclus fonctionne de la même manière qu'une clé primaire : étant donné qu'aucune entrée ne peut être identique à une autre dans ce champ, le contenu de ce dernier permet d'identifier chaque enregistrement de façon univoque.

Le bouton Index

Avec la nouvelle fenêtre *Index*, vous pouvez aisément définir des *index multichamps*. Dans les précédentes versions d'Access, on utilisait pour cela la boîte de dialogue *Propriétés de la table*. On ouvre cette fenêtre Index en cliquant sur le bouton *Index* dans la barre d'outils en mode Création de la table.

La fenêtre Index

Dans la colonne *Nom d'index*, entrez le nom de l'index multichamps que vous voulez créer. Ce nom doit respecter les conventions en vigueur sous Access. Chaque ligne de la colonne *Nom de champ* est une zone de liste déroulante dans laquelle vous pouvez sélectionner un champ parmi ceux de la table. Dans la colonne de droite, vous pouvez spécifier si le tri doit être croissant ou décroissant.

Un index multichamps peut comporter jusqu'à dix champs. Dès qu'une nouvelle entrée est faite dans la colonne **Nom d'index**, les noms de champs à droite de cette entrée sont automatiquement associés au nouvel index. Un champ peut naturellement appartenir à plusieurs index multiples à la fois.

Formats et masques de saisie personnalisés

En plus des paramètres prédéfinis des propriétés de champ, vous avez aussi la possibilité de définir vos propres formats à l'aide de codes de formatage. Un masque de saisie que vous aurez vous-même défini vous permettra par exemple de faire en sorte que le format défini pour la saisie soit automatiquement converti.

Formats personnalisés

Les formats personnalisés peuvent être utiles lorsque les informations internes à une société doivent être présentées sous une forme particulière. Il arrive en effet que certaines sociétés aient coutume, dans certaines situations, d'utiliser un format de date spécifique ne comportant, par exemple, que le mois et l'année. Le champ correspondant se verrait donc attribuer le type de données **Date/Heure**. Concernant les propriétés de ce champ, il faudrait alors taper sur la ligne **Format** mmmm.aaaa. Lorsque vous tapez ensuite 5/7/93, la date apparaîtra alors sous la forme Juillet 1993. Si vous définissez le masque de saisie approprié, vous pourrez même vous permettre de ne taper que 793, la saisie des données étant alors simplifiée et accélérée davantage encore.

En outre, dans le cas d'un format personnalisé, la distinction peut être faite entre valeur positive, négative ou aucune valeur et la valeur 0. Pour ce faire, vous devez indiquer un format composé de quatre parties séparées respectivement par un point-virgule. Le premier élément représente les valeurs positives, le second les valeurs négatives. Lorsque la valeur saisie est égale à 0, c'est le troisième élément qui est utilisé et lorsque rien n'est saisi, le quatrième. Ce formatage est possible pour les champs de type *Texte*, *Numérique* et *Oui/Non*.

Les deux paragraphes suivants vous donneront peut-être une indication sur la manière d'employer un tel format :

- Dans le cas du type de données *Texte*, vous pouvez définir que la mention Inconnu apparaît automatiquement lorsque le champ ne contient aucune valeur. Avec ce type de données, la distinction entre valeurs positives et négatives n'a pas lieu. La ligne *Format* pourrait donc se présenter comme suit :

- @;*Inconnu*.

Dans ce cas, les éléments saisis seront affichés normalement et lorsqu'aucune saisie n'a lieu, le mot *Inconnu* apparaît.

Dans le cas du type de données numérique, le format pourrait se présenter comme suit :

- +###,00;-###,00;*Zéro*;*Rien*.

Les valeurs positives et négatives sont affichées avec deux décimales après la virgule, lorsqu'on saisit un 0 le mot *Zéro* apparaît dans la table et lorsque rien n'est saisi le mot *Rien* est affiché.

Vous trouverez dans le tableau suivant quelques exemples de formats personnalisés.

Formatage	Saisie	Résultat
mmm.aaaa	12/10/93	Oct. 1993
aaaa, jj. mmm.	12/10/93	1993, 10. Oct.
ee. *Semaine*	12.10.93	42. Semaine
hh:mm*heures*	2:00	2:00 heures
hh:mm:ss	5:36	5:36:00

Formatage	Saisie	Résultat
Vide		Vide
>	jamais	JAMAIS
00 00 00*N° Tél*	225826	22 58 26 N° Tél
$ #,##	33,5	$ 33,50

Vous trouverez la signification des différents symboles de formatage utilisés dans le récapitulatif suivant.

Pour tous les types de données

texte	Les caractères placés entre guillemets sont considérés par Access comme du texte devant être affiché.
\	Le caractère placé après le signe \ apparaîtra dans le champ de données ; il correspond en fait à un seul caractère placé entre guillemets.
[Couleur]	Si vous tapez ici une couleur, le texte qui se trouve dans le champ de texte concerné apparaîtra en couleur. Couleurs possibles : Noir, Bleu, Vert, Cyan, Rouge, Magenta, Jaune et Blanc.
Espace	Si vous tapez un espace, celui-ci apparaîtra dans la feuille de données.
*	Pour les types de données Texte et Mémo
<	Tous les caractères placés à la suite du signe < apparaîtront en minuscule.
>	Tous les caractères placés à la suite de ce signe apparaîtront en majuscule.
@@	Ce caractère représente du texte saisi.

Pour les types de données Numérique et Monétaire

0	A cet endroit apparaîtra un chiffre. Lorsqu'aucun chiffre n'est tapé, le 0 apparaît.
#	Un chiffre ne sera affiché à cet endroit que s'il a été tapé.
,	La virgule détermine l'endroit à partir duquel apparaîtront les décimales.
%	Une valeur numérique saisie sera affichée comme pourcentage, le caractère de pourcentage apparaît à la suite de cette valeur.
E- ou *e-*	Ce symbole ne peut être utilisé qu'en association avec Zéro, #, Virgule et Point. Le nombre tapé est utilisé comme exposant négatif accompagné d'un signe moins.
E+ ou *e+*	De même, ces deux symboles ne peuvent être utilisés qu'en association avec le 0, #, la virgule et le point. Dans le cas d'exposant positif, un signe plus est affiché et dans le cas de valeur négative, un signe moins.

Pour le type de données Date/Heure

a	Quantième du jour dans une année (1 à 366).
aa	Les deux derniers chiffres de l'année.
aaaa	Année écrite entièrement.
c	Correspond au format de date standard.
e	Jour de la semaine en chiffre, le dimanche est le 1.
ee	Numéro de semaine de l'année (1 à 52).
h	Heure ; selon les besoins, un ou deux chiffres apparaîtront.
hh	L'affichage de l'heure se fera toujours avec deux chiffres.
j	Jour du mois, au choix avec un ou deux chiffres.
jj	Jour du mois toujours affiché avec deux chiffres.
jjj	Affiche les trois premiers caractères du jour de la semaine.
jjjj	Nom du jour écrit entièrement.
jjjjj	Date prédéfinie, abrégée.
jjjjjj	Date prédéfinie, complète.

Pour le type de données Date/Heure

m	Mois, l'affichage se fera, en cas de nécessité, avec deux chiffres.
mm	Mois , toujours affiché avec deux chiffres.
mmm	Les trois premiers caractères du nom du mois (Jan, Jun, Jul, Déc).
mmmm	Le nom du mois apparaît entièrement.
n	Minute avec un ou deux chiffres.
nn	Minute représentée par deux chiffres.
s	Seconde, apparaît si nécessaire avec deux chiffres.
ss	Seconde, apparaît toujours avec deux chiffres.
t	Numéro du trimestre de l'année.
e	Affichage du jour de la semaine sous la forme d'un nombre (1 pour Dimanche à 7 pour Samedi.)
ee	Affichage de la semaine de l'année sous la forme d'un nombre (1-54).

Masques de saisie personnalisés

Nous avons déjà fait allusion précédemment au fait que les masques de saisie personnalisés facilitent davantage encore la saisie que les formats définis par l'utilisateur. Un format détermine la manière dont les données seront affichées. Toutefois, ce que vous devez saisir au clavier dépendra toujours du type de données du champ. Si vous devez par exemple saisir une date, quel que soit le format dans lequel elle sera affichée, vous devrez toujours entrer le jour, le mois et l'année en séparant chaque partie par une barre oblique. Si vous avez une quantité importante de données à saisir, cela peut devenir très pénible à la longue, bien qu'on puisse travailler assez efficacement avec le pavé numérique. C'est donc une très bonne chose que l'on puisse également aménager la saisie des données d'après les besoins de chacun.

Vous pouvez entrer directement un masque de saisie dans la ligne *Masque de saisie* du volet *Propriétés du champ*, ou modifier un masque existant dans la deuxième boîte de dialogue de l'Assistant masque de saisie. Comme un format personnalisé, le masque de saisie peut se composer de trois parties, séparées entre elles par un point-virgule (99.99.00;0;).

* La première partie définit le masque lui même, par exemple 99.99.00.

* La partie centrale définit la manière dont Access stocke les données saisies. Si vous spécifiez 0, tous les éléments du masque de saisie, y compris par exemple les parenthèses ou les barres obliques, sont stockés avec les données. Si vous spécifiez 1, seules les données sont stockées.

* Dans la partie centrale, vous pouvez indiquer quel caractère doit être affiché à la place des espaces dans le masque de saisie. Si vous souhaitez des espaces, indiquez un espace entre guillemets ( ).

Lorsque vous définissez un masque de saisie, les caractères que vous spécifiez sont interprétés de la manière suivante :

Caractère	Description
0	Chiffre entre 0 et 9, entrée obligatoire, signes plus et moins non acceptés.
#	Chiffre ou espace, entrée facultative, positions vierges converties en espaces, signes plus et moins acceptés.
9	Chiffre ou espace, entrée facultative, signes plus et moins non acceptés.
L	Lettre A à Z, entrée obligatoire.
?	Lettre A à Z, entrée facultative.
A	Lettre ou chiffre, entrée obligatoire.
a	Lettre ou chiffre, entrée facultative.
&	Caractère quelconque ou espace, entrée obligatoire.
C	Caractère quelconque ou espace, entrée facultative.
, . : ; - /	Séparateur de décimales, de milliers, et de date et d'heure. Le caractère effectivement utilisé dépend du paramétrage de l'option *International*, du Panneau de configuration Microsoft Windows.

Caractère	Description
<	Convertit tous les caractères qui suivent en minuscules.
>	Convertit tous les caractères qui suivent en majuscules.
!	Permet un remplissage du masque de saisie à partir de la droite et non de gauche à droite, lorsque les caractères situés à gauche sont facultatifs. Le point d'exclamation peut être placé n'importe où dans le masque.
\	Affiche le caractère qui suit sous sa forme ASCII littérale. Par exemple, \A s'affiche sous la forme A.

Définir les types de données

Vous disposez à présent d'une vue d'ensemble des types de données et des propriétés pouvant être paramétrées. Vous disposez déjà en partie des informations vous permettant de savoir quel type de données choisir avec quelles propriétés. Au cours de cette section, nous allons vous présenter quelques noms de champ courants avec les types de données et les propriétés correspondantes.

Tous les champs qui peuvent recevoir des caractères alphanumériques doivent avoir le type *Texte* ou *Mémo*. Cela concerne les champs classiques tels nom, rue, etc., ainsi que les numéros de téléphone et les codes postaux. La colonne des numéros de téléphone ainsi que celle des codes postaux ne sont pas utilisées pour des calculs, c'est pourquoi il n'est pas nécessaire de les définir comme champs numériques. Vous sélectionnerez donc le type de champ *Texte*. Concernant le choix du type de données texte, il importe de savoir qu'Access n'accepte pas un zéro au début d'un champ de type numérique. Dans le cas des numéros de téléphone ou des codes postaux, cela pourrait causer certains problèmes. Dans un champ de type texte, une chaîne de valeurs numériques ne sera pas traitée comme nombre mais simplement comme une suite de caractères. Certes, vous pouvez théoriquement remplacer le type de champ *Texte* par le type *Mémo* mais cela n'est pas recommandé. En effet, il n'est pas possible de définir la taille des champs de type mémo ; les procédures de recherche s'en trouvent sensiblement alourdies. De même, ils ne peuvent pas être indexés, un autre facteur qui ralentit de manière sensible la vitesse d'exécution de l'ordinateur.

Par ailleurs, l'un des champs doit être défini comme clé primaire. Cette clé primaire garantit que les enregistrements seront clairement identifiés et que deux tables pourront être reliées l'une à l'autre sans ambiguïté. Vous pouvez par exemple opter pour un numéro personnel. Le type de données *Compteur* vous permet d'attribuer un numéro de ce type très rapidement. Un compteur compte tous les enregistrements, vous pouvez vous-même en définir le format.

Vous connaissez certainement cette situation : vous avez emprunté des livres à la bibliothèque et vous devez payer une taxe pour retard. Il est probable que cette taxe sera automatiquement calculée par la base de données et qu'elle apparaîtra lors du retour des livres. On peut d'ores et déjà énoncer les points suivants :

- On peut déjà en conclure qu'il s'agira d'un type de données Numérique ou Monétaire.

- Peu importe que vous vous décidiez tout de suite pour le type de données monétaire ou que vous optiez au départ pour le type numérique pour, ultérieurement, sélectionner le paramètre *Monétaire* sous la propriété de champ *Format*.

- Théoriquement, vous pouvez limiter la taille du champ pour le type de données numérique mais sachant que le format monétaire comporte deux décimales par défaut, vous ne pouvez choisir qu'entre *Simple* et *Double*. Si vous optez pour un autre format, vous ne pourrez pas saisir de valeur acceptable.

Autre exemple pour le choix du type de données : une table de gestion du personnel permettant de savoir si un employé est membre du Conseil d'Administration ou non. Au lieu de taper pour chaque enregistrement le texte correspondant, opération qui peut vite devenir fastidieuse, il vous suffit de créer une colonne qui s'appellera *Conseil d'administration*. Comme type de données, sélectionnez *Oui/Non*. Sachant que seuls quelques employés seront membres du Conseil d'Administration, vous pouvez proposer par défaut la valeur *Non*. Lors de la saisie des enregistrements, il suffira alors de modifier cette valeur par défaut dans la colonne concernée.

Si vous êtes souvent confronté à des problèmes de vente et d'achat, vous êtes certainement amené à gérer des stocks. Dans une table Stock, on trouve fréquemment une colonne intitulée *Quantité* ou similaire. Sachant que les valeurs de cette colonne doivent pouvoir faire l'objet de calculs, le type de données devra être nécessairement de type *Numérique*. Nous avons vu que la propriété *Taille du champ* affecte l'espace de stockage requis pour les données. La taille de champ *Octet* représente le paramètre le plus judicieux, mais elle implique que les valeurs ne seront pas supérieures à 255. Par exemple, si vous vendez des machines et que pour chaque modèle la quantité en stock ne dépasse pas les 255 unités, vous pouvez sélectionner l'option *Octet*. En revanche, si votre activité de vente concerne des pièces détachées, des vis ou des aiguilles, vous devrez alors opter pour le paramètre *Entier* ou *Entier long*. Les autres paramètres disponibles sont également exclus tant qu'il s'agit d'un nombre d'unités. A moins évidemment que vous ne vendiez des moitiés ou des quarts de vis...

Afin de ne pas perdre de vue tous les types de vis existants, vous pouvez insérer dans la table une illustration représentant chaque type de vis. Condition à cela : vous devez créer une colonne avec le type de données *Objet OLE*, disposer d'une capacité de disque dur suffisante ainsi que d'illustrations dans un format compatible, par exemple provenant de l'utilitaire *Paintbrush*.

155

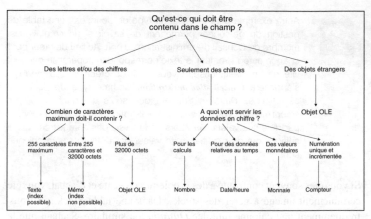

Choisir le type de données approprié

Définir une clé

Si vous avez lu le chapitre 4 de ce livre, vous avez déjà défini une clé primaire ou vous l'avez fait définir par Access. Nous avons aussi évoqué à plusieurs reprises la fonction d'une clé primaire. Dans cette section, vous trouverez des informations complémentaires qui vous aideront dans certains cas à prendre la décision la plus judicieuse lorsqu'il s'agira de choisir une clé primaire.

Renvoi	**Construire rapidement une base de données**	Chapitre 4

Les clés remplissent une fonction précise à l'intérieur d'une table et lors de la liaison de plusieurs tables entre elles. Les valeurs contenues dans un champ de type clé ou, plus exactement, dans un champ de clé primaire, servent à l'identification de chaque enregistrement de la table. Dès que vous avez défini une clé primaire, la colonne correspondante est aussitôt indexée et elle ne peut alors plus recevoir de doublons, c'est-à-dire de valeurs identiques.

Comme nous l'avons vu dans la section consacrée à la conception d'une base de données, il peut être judicieux de répartir des données différentes dans plusieurs tables lorsqu'elles se rapportent les unes aux autres. A titre d'exemple, citons une table avec des commandes. Chaque commande provient bien évidemment d'un commanditaire précis. Toutefois, il peut arriver que l'un de ces commanditaires ait envoyé plusieurs commandes pour plusieurs articles. Maintenant, si dans la table Commande, le commanditaire apparaît pour chaque commande avec son nom, son adresse et son numéro de téléphone, d'une part cela occupe inutilement de l'espace de stockage et d'autre part, cela représente un travail inutile. Toutefois, il importe que chaque commande puisse être mise en relation avec le commanditaire correspondant.

A l'aide d'une clé primaire, la solution est simple : on enregistre dans une table les informations correspondant au commanditaire, puis on définit une clé primaire sous la forme d'un code à base de chiffres ou de lettres. Une seconde table accueillera les commandes. On réservera dans cette seconde table une colonne pour le code. La clé primaire de la table ***Commanditaire*** devient donc une ***clé externe*** dans la table ***Commande***. On peut alors, à l'aide d'une requête, associer à chaque commanditaire un enregistrement provenant de la table contenant la clé externe.

L'expérience nous a montré que certains champs ou colonnes sont plus appropriés pour une mise en relation par l'intermédiaire d'une clé primaire. En premier lieu, on trouve le compteur. Ce type de données génère le comptage des enregistrements dans l'ordre où ils apparaissent ; bien évidemment, il ne peut y avoir aucun doublon.

Access aussi a une nette préférence pour les compteurs : lorsque vous quittez le mode création d'une table et que vous n'avez pas encore défini de clé, Access vous demande si vous souhaitez qu'une clé primaire soit automatiquement attribuée. Si vous acceptez cette proposition, Access insère un champ de type **Compteur** dans votre table. Si le type de données compteur existe déjà dans la table, la clé est placée sur le champ existant. Une table ne peut pas contenir plus d'un compteur.

Définition automatique d'une clé primaire

Mais vous pouvez également définir la colonne contenant les noms des sociétés comme identificateur à condition bien sûr que deux commanditaires ne portent pas le même nom. Dans le cas des sociétés, cette situation ne devrait normalement pas se produire. Dans le cas des numéros de téléphone avec indicatif, le problème peut se poser si un interlocuteur dispose de plusieurs numéros, par exemple un au bureau et un pour un téléphone de voiture.

Les noms des personnes privées sont bien évidemment moins appropriés à la constitution d'un champ de clé primaire, tout du moins lorsqu'une table de ce type contient de nombreux enregistrements. Ceci vaut également pour les dates de naissance et de manière générale, pour toutes les dates car une année ne dispose que de 365 possibilités qui sont vite épuisées. De même, les colonnes contenant des nombres d'articles ou des montants se révèlent peu appropriées.

En outre, il existe certains types de données qui sont exclus à priori pour une utilisation comme clé primaire. Il s'agit des champs de type **Mémo**, **Oui/Non** et **OLE** qui, tous trois, ne peuvent être indexés.

Si aucun champ ne convient en tant que clé primaire et si vous ne voulez pas recourir systématiquement à un compteur, vous pouvez définir une clé primaire à partir de plusieurs champs en même temps, par exemple les champs Nom, Prénom et Date de naissance de vos amis. Bien entendu, ces champs doivent être présents tous ensembles dans une table liée.

Vous définissez une clé primaire en mode création d'une table. A cet effet, vous devez sélectionner la ligne souhaitée puis cliquer ensuite sur le bouton représentant une clé dans la barre d'outils. A gauche de la ligne sélectionnée apparaît à présent le symbole de la clé.

Pour constituer une clé primaire avec plusieurs champs, vous devez d'abord sélectionner les lignes correspondantes. Si elles se suivent dans le tableau, faites simplement glisser le pointeur de la souris par dessus les sélecteurs de lignes correspondants en maintenant le bouton de la souris enfoncé. Si les champs ne sont pas consécutifs, maintenez la touche «Ctrl» appuyée et cliquez successivement sur les différentes lignes. Lorsque les lignes souhaitées sont sélectionnées, cliquez dans la barre d'outils sur le bouton représentant une clé. Le symbole de la clé apparaît alors en regard de chaque champ sélectionné.

Si vous avez sélectionné un champ de type *Compteur*, vous pouvez sélectionner dans la liste des propriétés de champ un format de compteur. Si vous ne sélectionnez aucun format dans la liste, Access commence à numéroter par 1 dans ce champ.

Nombre général	3456,789
Monétaire	3 456,79 F
Fixe	3456,79
Standard	3 456,79
Pourcentage	123,00%
Scientifique	3,46E+03

Des formats pour le type de données Compteur

Vous pouvez bien évidemment indiquer un format personnalisé qui, par exemple, détermine que chaque valeur devra se composer d'au moins quatre caractères affichés par groupe de deux. A cet effet, vous devez effacer le contenu de la ligne *Format* et taper *00 00*. Le compteur procède ensuite à la numérotation des enregistrements en partant de 00 01 jusqu'à 99 99.

Définir les propriétés de la table

Avant d'enregistrer la table et d'y entrer des données vous pouvez, dans la fenêtre *Propriétés de la table*, rédiger une courte description et définir une règle de validation pour la table.

Comme vous le savez, vous ne pouvez pas vous référer à un autre champ lorsque vous définissez une règle de validation dans les propriétés d'un champ. Vous ne pouvez donc pas comparer deux valeurs entre elles. Avec la nouvelle règle de validation de la table vous pouvez cependant mettre en relation autant de champs que vous le souhaitez et évaluer le contenu des uns par rapport aux autres. Cette règle de validation ne s'applique bien entendu qu'aux données qui seront entrées après sa définition. S'il existe déjà dans la table des données qui ne répondent pas aux critères de validation, Access signale qu'il a détecté *des problèmes d'intégrité* mais il ne modifie pas les données.

Propriétés

Pour ouvrir la fenêtre des propriétés de la table, vous pouvez choisir la commande *Affichage/Propriétés de la table* ou cliquer simplement sur le bouton *Propriétés* dans la barre d'outils.

Une fenêtre s'affiche alors. Vous pouvez y rédiger une courte description des données qui doivent être entrées dans cette table et définir une règle de validation (avec un message correspondant) pour la table.

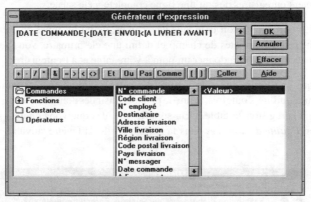

Les propriétés d'une table

Comme toujours, si vous le souhaitez, vous pouvez vous faire aider efficacement par le ***Générateur d'expression*** pour la définition de la règle de validation. Etant donné que les expressions peuvent ou doivent se référer à des noms de champs, la table avec ses noms de champs s'ajoute aux fonctions, constantes et opérateurs dans les listes de la partie inférieure du Générateur. Vous pouvez donc intégrer des noms de champs dans l'expression de la même manière que les autres composants.

Définir une règle de validation pour une table

On pourrait par exemple utiliser une telle règle de validation dans la table ***Commandes*** de la base de données ***Comptoir***. Cette table contient, entre autres, la date de commande, la date de livraison et dans certains cas la date d'envoi. On pourrait utiliser l'expression suivante comme ***règle de validation*** :

```
[Date commande]<[Date envoi]<[A livrer avant]
```

A chaque sauvegarde d'un enregistrement, Access vérifie alors si cette condition est remplie. Vous pouvez ainsi vérifier facilement si vous n'avez pas entré par erreur une date d'envoi postérieure de deux semaines à la date de livraison ou une date de livraison antérieure à la date de commande.

Enregistrement d'une table

Concernant les objets d'Access, la commande ***Enregistrer*** s'applique, par exemple, dans le cas d'une table, à la structure contenant le type de données sélectionné ou défini. On supposera en effet que vous avez passé un certain temps à construire cette table. Les enregistrements en revanche sont automatiquement enregistrés dès qu'une ligne complète a été saisie.

Au plus tard après avoir créé tous les champs, défini les types de données, paramétré les propriétés de champ et défini une clé primaire, vous devriez commencer à penser à donner un nom à votre table et à l'enregistrer.

Tant que vous restez en mode création d'une table, vous pouvez travailler en toute tranquillité. Toutefois, avant de pouvoir saisir des données, Access vous invite à enregistrer la table. Cela signifie que, dès que vous cliquez sur le bouton ***Feuille de données*** dans la barre d'outils, la fenêtre suivante apparaît :

Demande de confirmation lors d'un changement d'affichage

Vous avez probablement déjà eu devant les yeux la même incitation lorsque vous avez appelé l'Assistant masque de saisie ou le Générateur d'expression.

Si vous validez cette boîte de dialogue avec **Ok**, la boîte de dialogue **Enregistrer sous** apparaît. Dans la ligne qui contient **Table1**, vous pouvez taper un nouveau nom qui doit respecter les conventions syntaxiques d'Access. On dispose alors de 64 caractères au maximum, ce qui est suffisant pour donner au document un nom significatif.

Cependant, pour travailler correctement avec une base de données, il est préférable d'enregistrer la table sous un nom rappelant le contenu de celle-ci. Si plusieurs personnes travaillent avec la base de données concernée, il est indiscutablement préférable que chacun des utilisateurs puisse identifier de manière immédiate le contenu de la table. C'est pourquoi on donne habituellement des noms comme Stock, Adresses Clients, ou encore Date de livraison. Lors de l'enregistrement des objets de base de données, vous ne pouvez déterminer le répertoire de stockage ; en effet, les tables et autres objets d'Access ne sont pas enregistrés comme fichiers autonomes mais comme composants d'un fichier de base de données. Après avoir saisi les informations souhaitées, vous pouvez sans problème basculer en mode **Feuille de données**. A moins évidemment que vous n'ayez pas encore défini de clé primaire.

Vous pouvez à tout moment procéder à l'enregistrement de votre table. A cet effet, activez la commande **Fichier/Enregistrer** ou **Fichier/Enregistrer sous**. Si la table concernée n'a pas encore fait l'objet d'un enregistrement, la boîte de dialogue **Enregistrer sous** apparaît dans les deux cas et vous invite à saisir un nom. Tapez le nom souhaité puis validez avec **Ok**. Dès que la table a été nommée, il vous suffit alors, pour les sauvegardes suivantes, d'activer la commande **Enregistrer**.

Le bouton Enregistrer

 Un clic sur le bouton *Enregistrer* ouvre également la boîte de dialogue *Enregistrer sous* si la table n'a pas encore de nom. Ce bouton est utile car dans le mode création on travaille beaucoup avec la souris et il est très facile de cliquer de temps à autre dans la barre d'outils pour enregistrer les dernières modifications.

Pour fermer une table, double-cliquez sur la case du menu *Système*. Si la table n'a pas encore de nom ou si des modifications n'ont pas encore été sauvegardées, Access vous demande si la table doit être enregistrée.

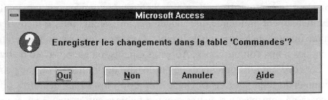

Faut-il enregistrer les modifications de la table ?

Si vous répondez par *Oui* à cette question, vous obtenez la boîte de dialogue *Enregistrer sous* ou la table est directement enregistrée et fermée, selon la situation de départ.

Si vous souhaitez dupliquer sous un autre nom une table existante et déjà enregistrée, sélectionnez la commande *Fichier/Enregistrer sous*. A l'intérieur de la boîte de dialogue qui s'ouvre alors, tapez à la place de l'ancien nom le nom souhaité, puis validez avec *OK*. Vous disposez alors de deux tables identiques portant des noms différents et stockées sur votre support de stockage.

Fenêtre Base de données

Pour renommer une base de données (ou un autre objet) vous devez passer dans la fenêtre *Base de données*. Un clic sur le bouton correspondant dans la barre d'outils amène cette fenêtre au premier plan. La table que vous voulez renommer doit être fermée. Sélectionnez son nom dans la liste et choisissez **Fichier/Renommer**. Vous pouvez également cliquer sur l'objet avec le bouton droit de la souris et choisir la commande **Renommer** dans le menu contextuel.

Renommer une table

Indiquez le nouveau nom dans la boîte de dialogue puis cliquez sur **Ok**. La table d'origine est remplacée.

Une table que l'on souhaite supprimer ne doit pas être ouverte. Pour sélectionner une table, sélectionnez-la dans la fenêtre **Base de données**, puis appuyez sur la touche «Suppr». Vous pouvez aussi ouvrir le menu contextuel par un clic avec le bouton droit de la souris et y choisir la commande **Supprimer**. Access vous demande de confirmer la suppression de la table. Si vous êtes certain de vouloir la supprimer, validez en cliquant sur **OK**.

5.2.   La solution simple - L'Assistant Table

Dans le chapitre 4, vous avez déjà eu l'occasion de créer des tables à l'aide de l'Assistant Table. Dans de nombreux cas, vous pouvez gagner ainsi du temps tout en obtenant un résultat satisfaisant. Dans cette section, nous allons faire le tour des possibilités offertes par l'Assistant Table.

Vous savez déjà comment on appelle l'Assistant Table :

❶   Sélectionnez l'onglet **Table** dans la fenêtre **Base de données** et cliquez ensuite sur le bouton **Nouveau** ou choisissez **Fichier/Nouveau/Table**.

❷   Dans la petite boîte de dialogue que vous connaissez déjà, cliquez sur le bouton **Assistants**.

La première boîte de dialogue de l'Assistant Table

Si vous avez lu le chapitre 4 et si vous avez réalisé les exemples qui y sont proposés, vous connaissez déjà la boîte de dialogue qui est représentée sur l'illustration ci-dessus. Nous allons donc nous contenter de rappeler brièvement les fonctions des différentes parties :

- Dans la partie supérieure de la boîte de dialogue se trouvent des informations sur les tables et sur la manière d'utiliser l'Assistant table.

- Plus bas, se trouvent trois zones de liste dont deux contiennent des données.

- La liste de gauche contient des tables exemple. Le titre de ces tables vous donne une idée de ce pour quoi elles peuvent être utilisées. Il existe deux catégories de tables exemple : l'une pour les besoins professionnels, une autre pour les besoins privés. Pour afficher les exemples d'une catégorie ou d'une autre, vous devez activer, sous la zone de liste en question, l'option *Affaire* ou *Privée* en fonction de votre choix.

- Dans la zone de liste du milieu s'affiche la liste des champs de la table que vous avez sélectionnée dans la première liste.

- La zone de liste de droite est encore vide. Vous y ajoutez les champs que vous sélectionnez dans la liste du milieu. Vous utilisez pour cela les boutons qui se trouvent entre les deux zones.

- Un clic sur > ajoute le champ sélectionné dans la nouvelle table.

- Un clic sur >> ajoute tous les champs de la table exemple dans la nouvelle table.

- Un clic sur < permet de retirer un champ de la nouvelle table.

- Un clic sur << retire tous les champs qui ont été ajoutés dans la nouvelle table.

- Sous la zone de liste de droite se trouve une ligne d'édition. Le nom du champ que vous avez sélectionné et ajouté dans la nouvelle table s'inscrit automatiquement dans cette ligne.

- Au bord inférieur de la boîte de dialogue se trouvent d'autres boutons :

- Un clic sur *Aide* affiche des informations, par exemple sur le nombre de champs que vous pouvez définir dans une table.

Le bouton *Annuler* ne nécessite en principe aucune explication. Comme toujours, il ferme la boîte de dialogue sans qu'aucune modification ne soit prise en compte.

Le bouton *Précédent* n'est pas accessible dans la première boîte de dialogue. Il permet de revenir à l'étape précédente de l'Assistant table.

Sur le même principe, le bouton *Suivant* vous fait passer à l'étape suivante.

Le bouton *Terminer* n'est pas accessible pour le moment. Un clic sur ce bouton met fin à l'Assistant, une nouvelle table est créée d'après les paramètres qui ont été définis.

Dans la plupart des cas, le seul nom de la table vous permet déjà de savoir de quoi il retourne et quels champs vous y trouverez. Certaines de ces tables sont d'ailleurs utilisées sous une forme similaire dans la base de données *Comptoir*.

Lorsque vous avez réuni les champs dont vous avez besoin pour votre table, un clic sur le bouton *Suivant* vous fait passer dans la boîte de dialogue suivante.

La table doit recevoir un nom et une clé primaire

Cette boîte de dialogue aussi est déjà connue. Access propose un nom pour la table. Vous pouvez l'accepter tel quel, le modifier ou le remplacer entièrement par un autre. Vous pouvez aussi décider si Access doit définir une clé primaire ou si vous préférez la définir vous-même. Vous ne pouvez pas confier cette tâche à Access si votre table contient un champ *Compteur* et si vous voulez former la clé primaire à partir d'un ou plusieurs champs autres que ce compteur. En effet, comme vous le savez déjà, Access utilise systématiquement le champ compteur comme clé primaire.

Notez que vous pouvez choisir le bouton *Terminer* dans cette boîte de dialogue, c'est à dire que vous avez la possibilité de vous passer des services de l'Assistant table et de terminer la table manuellement. Vous pouvez naturellement aussi passer à la boîte de dialogue suivante pour satisfaire votre curiosité.

```
┌─────────────────────────────────────────────────────────────────┐
│ ═                          Assistant Table                        │
├─────────────────────────────────────────────────────────────────┤
│ Votre nouvelle table est-elle reliée à d'autres tables de votre base de données? │
│                                                                   │
│ Pour chaque relation que vous souhaitez définir, sélectionnez une table dans la │
│ liste et ensuite cliquez le bouton Changer.                       │
│                                                                   │
│ Si vous n'êtes pas certain des relations, cliquez le bouton Aide. │
│                                                                   │
│                              Ma nouvelle table "Contacts" est ... │
│ ┌──────────────┐  ┌────────┐  ┌────────────────────────────────┐ │
│ │ xxx xxx xxx  │  │        │  │ pas reliée à "Catégories"      ↑│ │
│ │ xxx xxx xxx  │  │        │  │ pas reliée à "Clients"          │ │
│ │ xxx xxx xxx  │  │▓▓▓▓▓▓▓▓│  │ pas reliée à "Commandes"        │ │
│ │ xxx xxx xxx  │  │▓▓▓▓▓▓▓▓│  │ pas reliée à "Détails commandes"│ │
│ │ xxx xxx xxx  │  │        │  │ pas reliée à "Employés"         │ │
│ └──────────────┘  └────────┘  │ pas reliée à "Fournisseurs"    ↓│ │
│                               └────────────────────────────────┘ │
│                                              ┌──────────┐         │
│                                              │ Changer...│        │
│                                              └──────────┘         │
├─────────────────────────────────────────────────────────────────┤
│  ┌──────┐  ┌────────┐  ┌───────────┐  ┌──────────┐  ┌─────────┐  │
│  │ Aide │  │Annuler │  │< Précédent│  │Suivant > │  │Terminer │  │
│  └──────┘  └────────┘  └───────────┘  └──────────┘  └─────────┘  │
└─────────────────────────────────────────────────────────────────┘
```

Quelles sont les relations avec les autres tables ?

Cette boîte de dialogue s'intéresse aux relations des autres tables avec la table actuelle. L'Assistant table ne propose cette boîte de dialogue que s'il existe au moins une autre table dans la base de données. Dans la zone de liste Ma nouvelle table est... sont énumérées toutes les tables existantes. Etant donné qu'il s'agit d'une nouvelle table, on peut lire sur chaque ligne la mention : pas reliée...

Un clic sur le bouton *Aide* vous donne accès à des informations d'ordre général sur les relations entre tables. Ces informations ne vous seront probablement pas d'un grand secours.

Pour établir une relation entre une table existante et celle que vous venez de créer, procédez de la façon suivante :

❶ Sélectionnez dans la liste le nom de la table existante.

❷ Cliquez sur le bouton *Changer* afin d'ouvrir la boîte de dialogue *Relations*.

Comment la nouvelle table est-elle reliée à une table existante ?

Access répond à cette question. Si l'Assistant Table considère que les deux tables remplissent les conditions nécessaires pour une mise en relation, il vous en informe dans cette fenêtre. Vous pouvez cependant aussi le forcer : cliquez à cet effet sur l'option *Un enregistrement de la table XY correspondra à plusieurs enregistrements dans la table YX* ou sur l'autre, sachant que XY représente le côté N de la relation 1:N. Pour que la relation soit possible, l'Assistant table ajoute dans la table N, en tant que clé externe, le champ de clé primaire de la table 1.

❸ Si vous avez changé d'avis, vous pouvez empêcher cette modification en cliquant sur *Annuler*. Si, par contre, la modification vous convient, cliquez sur *OK* pour retourner à l'Assistant table.

La nouvelle relation apparaît à présent dans la zone de liste Ma table X est... Vous pouvez terminer le travail avec l'Assistant table ou cliquer sur *Suivant* pour accéder à la boîte de dialogue suivante.

Et ensuite ?

On vous demande une nouvelle fois de prendre des décisions : vous pouvez modifier la structure de la nouvelle table selon vos souhaits, y entrer directement des données ou créer automatiquement un formulaire pour la saisie des données. Un formulaire instantané est particulièrement bien adapté pour la saisie. Nous vous recommandons de tirer parti de cette possibilité chaque fois que vous voudrez immédiatement entrer des données après la création de la table. Nous vous expliquerons naturellement aussi comment vous pouvez vous simplifier le travail si vous voulez entrer les données dans le mode *Feuille de données* d'une table.

Sélectionnez l'option de votre choix et cliquez sur *Terminer*. En plus de ces options, vous pouvez aussi ouvrir le Conseiller, que ce soit en rapport avec la saisie des données ou la modification de la structure de la table.

Par la suite, vous pouvez activer le générateur de champ à partir du mode *Création de la table*, par exemple pour ajouter des champs. Cliquez avec le bouton droit de la souris pour ouvrir le menu contextuel et choisissez la commande *Générer*.

5.3.   Saisie et édition des données

Le bouton Feuille de données

Il existe différentes possibilités pour la saisie des enregistrements. A l'aide d'un formulaire, cette procédure est à la fois plus claire et plus confortable car les données peuvent être insérées dans plusieurs tables. Les requêtes Action sont rapides lorsqu'il s'agit d'effectuer les mêmes modifications à l'intérieur de toute la table. Cependant, vous pouvez tout simplement utiliser le mode *Feuille de données* d'une table, une méthode tout à fait appropriée dans le cas d'une nouvelle table pour ajouter toute une série d'enregistrements.

* Pour passer du mode Création au mode Feuille de données, cliquez sur ce bouton ou choisissez *Affichage/Feuille de données*.

* Si la table n'est pas encore ouverte, un double-clic sur son nom dans la fenêtre *Base de données* permet de l'afficher directement en mode *Feuille de données*. Vous pouvez obtenir le même résultat en sélectionnant son nom et en cliquant ensuite sur le bouton *Ouvrir*.

Affichage d'une table en mode Feuille de données

Les menus en mode *Feuille de données* sont différents de ceux du mode Création. Ici vous pouvez intervenir sur l'affichage de la table tandis qu'en mode Création, seule la structure est importante. La barre d'outils est également différente :

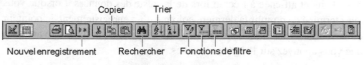

La barre d'outils en mode Feuille de données d'une table

Certaines fonctions importantes telles que *le tri* et *le filtrage* peuvent à présent être appelées par l'intermédiaire de boutons. C'est d'ailleurs une des nouveautés de la version 2.0 que de permettre de filtrer les données dans une table. Jusqu'à présent, cette fonction n'était disponible que dans les formulaires ou par le biais de requêtes.

Saisie, édition, navigation

En mode *Feuille de données*, il existe différents symboles pour les enregistrements. A gauche de chaque ligne peut se trouver soit un triangle, soit un crayon, soit une étoile. Avant même que vous ayez commencé la saisie du premier enregistrement, l'une des lignes de la table est précédée d'une étoile. La ligne précédée de l'étoile se déplace d'une ligne vers le bas à chaque nouvel enregistrement et indique la fin de la table. Le triangle signifie que le pointeur de la souris est positionné sur la ligne concernée mais qu'aucune modification ou qu'aucune saisie n'ont été effectuées. Dès que vous effectuez des modifications, un crayon apparaît devant la ligne concernée. Dès qu'un enregistrement est complet, c'est-à-dire dès que vous commencez la saisie d'un nouvel enregistrement, le symbole du crayon disparaît de la ligne précédente, l'enregistrement est alors sauvegardé. Les enregistrements non complets précédés du symbole du crayon sont néanmoins enregistrés lors de la fermeture de la table et ce sans message d'avertissement.

Vous disposez de quatre possibilités pour passer d'une colonne à l'autre lors de la saisie des données : avec les touches **Tab**, **Flèche droite**, et **Entrée** ou bien avec la souris. Si l'ensemble des colonnes ne peut être affiché à l'écran, l'extrait est automatiquement déplacé dès que vous atteignez une colonne partiellement affichée à l'écran lors de la saisie des données. Lorsque vous avez terminé de remplir la dernière colonne d'un enregistrement, le pointeur de la souris se positionne sur la première colonne de la ligne suivante dès que vous appuyez sur l'une des touches.

Dans le mode **Feuille de données**, vous disposez également d'un menu contextuel qui s'ouvre, comme toujours, par un clic avec le bouton droit de la souris. Si vous cliquez de cette manière dans une cellule et choisissez la commande **Zoom**, vous pouvez entrer les données dans une fenêtre agrandie. Vous avez ainsi un meilleur contrôle de ce que vous tapez lorsque les entrées sont relativement longues. Vous pouvez naturellement utiliser cette commande pour contrôler une entrée existante si celle-ci n'apparaît pas entièrement dans la feuille de données.

Si vous entrez des données dans une nouvelle table, vous pouvez facilement déterminer combien d'enregistrements vous avez pu saisir pendant la durée de la session de travail. Chaque fois que vous commencez la saisie, choisissez **Enregistrements/Ajout**. Tous les enregistrements existants sont alors masqués et vous commencez la saisie sur une page vierge. Vous pouvez cependant vous rendre compte qu'il existe d'autres enregistrements grâce au numéro courant du champ Compteur. Avec la commande **Afficher tous les enregistrements** du menu **Enregistrements**, vous ramenez tous les enregistrements à l'écran.

La touche «F2» vous permet de basculer entre le mode **navigation** et le mode **édition**. En mode édition, vous pouvez déplacer le curseur caractère par caractère par exemple pour corriger des fautes de frappe. Cette touche a la même fonction à l'intérieur des autres objets.

Pour couper, copier ou supprimer des enregistrements, sélectionnez d'abord la ou les lignes correspondantes puis choisissez la commande appropriée dans le menu contextuel ou dans le menu ***Edition***. Pour sélectionner plusieurs lignes consécutives, faites glisser le pointeur par dessus les sélecteurs de ligne correspondants en maintenant le bouton de la souris enfoncé. En maintenant la touche «Ctrl» enfoncée, vous pouvez cliquer sur plusieurs lignes non voisines afin de les sélectionner. Pour sélectionner une ligne et ouvrir en même temps le menu contextuel, cliquez avec le bouton droit sur le sélecteur de ligne. Choisissez ensuite la commande dont vous avez besoin dans le menu contextuel. Dans le menu ***Edition***, vous pouvez aussi choisir la commande ***Coller par ajout*** si vous souhaitez ajouter à la fin de la feuille de données les enregistrements que vous avez préalablement coupés ou copiés.

 Si vous avez copié une ligne, sélectionné une autre ligne puis choisi la commande ***Coller***, le contenu initial de la ligne sélectionnée est remplacé. Avec la commande ***Annuler***, vous pouvez récupérer le précédent enregistrement mais notez bien que vous ne pouvez jamais annuler plus d'une action de ce type.

Le menu ***Enregistrements*** contient la commande ***Modification autorisée***. Elle est activée dans la configuration standard, comme l'indique la coche placée devant elle. Si vous souhaitez simplement vérifier certaines données dans la table sans modifier ni entrer quoi que ce soit, vous pouvez, par mesure de précaution, désactiver cette commande dans le menu ***Enregistrements***. Elle n'est alors plus cochée. Vous ne risquez alors pas de modifier des données par accident. Si vous employez par exemple des personnes peu formées telles que des auxiliaires ou des stagiaires pour la saisie des données, vous pouvez utiliser une macro qui veille à ce que cette mesure de sécurité soit systématiquement mise en oeuvre.

Régler la largeur des colonnes

Lorsqu'une table contient trop de colonnes, cela peut vite devenir fastidieux, même lorsque le contenu de l'écran se déplace automatiquement. Vous disposez ici de deux possibilités. D'une part, vous pouvez modifier la largeur des colonnes. A cet effet, activez la commande *Affichage/Options*.

Les paramètres standard d'une feuille de données

Sélectionnez dans la liste qui apparaît à l'écran la catégorie *Feuille de données*. Tous les paramètres relatifs à cette catégorie s'affichent alors dans la partie inférieure de la fenêtre. Vous avez la possibilité de modifier la largeur de colonne par défaut en la réduisant, par exemple, de 4 cm à 3 cm. Dans le cas d'une table déjà existante, la modification du paramètre ne deviendra pas immédiatement effective. Vous devez d'abord sélectionner toutes les colonnes.

Sélection des colonnes

Les en-têtes de lignes et de colonnes, autrement dit les cellules grises situées en début de chaque ligne et celles dans lesquelles sont inscrits les noms des champs sont en même temps des boutons. Un clic sur une de ces cellules (on les appelle des *sélecteurs*) sélectionne soit tout un enregistrement, soit une colonne du premier au dernier enregistrement. Pour sélectionner l'ensemble des colonnes, maintenez le bouton de la souris enfoncé puis faites glisser le pointeur sur l'ensemble des colonnes concernées.

Choisissez ensuite la commande ***Disposition/Largeur de colonne*** ou cliquez sur la sélection avec le bouton droit de la souris et choisissez la commande dans le menu contextuel. Dans la boîte de dialogue qui s'ouvre alors, vérifiez que l'option ***Largeur standard*** est cochée. Si c'est le cas, refermez la fenêtre avec un clic sur ***Ok***. La nouvelle largeur standard est alors aussitôt appliquée aux colonnes sélectionnées. Il peut bien sûr se produire que certains titres ou contenus de champ n'apparaissent plus entièrement.

Modifier la largeur de colonne standard

Vous avez cependant également la possibilité de définir individuellement la largeur de chaque colonne de manière à pouvoir afficher le maximum de colonnes à l'écran. A l'intérieur de la boîte de dialogue que vous venez d'ouvrir, vous avez la possibilité de définir une largeur pour chacune des colonnes. A cet effet, il n'est pas nécessaire de sélectionner la totalité de la colonne, il suffit que le curseur se trouve quelque part à l'intérieur de celle-ci. Choisissez à nouveau la commande ***Disposition/Largeur de colonne*** puis tapez une nouvelle valeur dans la ligne prévue à cet effet. La valeur 7,5 exprimée dans l'unité de mesure utilisée correspond à environ 1 cm.

La souris permet cependant de régler plus rapidement la largeur des colonnes : vous pouvez déplacer la limite de la colonne ou utiliser l'ajustement automatique :

* Lorsque le pointeur de la souris se trouve sur une limite de colonne, il prend la forme d'une double flèche avec une ligne verticale. Vous pouvez alors saisir la limite de la colonne, en cliquant et en maintenant le bouton de la souris enfoncé et la faire glisser vers la droite ou la

gauche. Ce faisant, vous élargissez ou rétrécissez la colonne à gauche de cette limite.

- L'ajustement automatique est une solution encore plus élégante. Lorsque le pointeur de la souris se trouve dans l'en-tête de colonne et qu'il a la forme décrite ci-dessus, un double-clic commande à Access d'ajuster automatiquement la largeur de la colonne en fonction de l'entrée la plus longue de cette colonne. Il peut s'agir bien entendu du titre de la colonne, autrement dit du nom de champ.

Mais les possibilités offertes par Access sont loin d'être épuisées. Au lieu de paramétrer laborieusement chacune des colonnes, vous pouvez également désactiver l'affichage de certaines d'entre elles. Cette possibilité concerne notamment les colonnes qu'il n'est pas nécessaire de remplir manuellement. Cela concerne les champs de type *Compteur*, *Oui/Non* ainsi que les champs contenant des valeurs par défaut. Lorsqu'une colonne de ce type apparaît dans votre table, procédez comme suit : placez le pointeur de la souris dans la colonne concernée puis choisissez *Disposition/Masquer les colonnes*. La colonne concernée disparaît alors de l'écran. Cette commande fonctionne également lorsque plusieurs colonnes sont sélectionnées. Pour faire réapparaître les colonnes masquées, choisissez la commande *Disposition/Afficher les colonnes*.

La boîte de dialogue Afficher les colonnes

Dans la boîte de dialogue qui s'ouvre alors apparaissent tous les titres des colonnes. Les colonnes précédées d'une coche seront affichées, les autres non. De cette manière, vous pouvez définir au cours d'une même opération et pour plusieurs colonnes celles qui doivent être affichées et celles qui doivent être masquées. Il vous suffit donc de cliquer sur le nom de la colonne concernée puis ensuite sur le bouton *Masquer* ou *Afficher*. Cliquez finalement sur *Fermer* pour quitter la boîte de dialogue.

Vous pouvez également modifier l'ordre des colonnes. A cet effet, sélectionnez une colonne, relâchez le bouton de la souris puis cliquez sur le titre de la colonne. Tout en maintenant le bouton de la souris enfoncé, vous pouvez à présent déplacer cette colonne à un autre endroit de la table. Les autres colonnes qui se trouvent à droite de la nouvelle position seront décalées en conséquence d'un rang vers la droite.

La commande *Disposition/Figer* les colonnes vous permet d'empêcher que certaines colonnes ne soient déplacées. Lorsque vous activez cette commande, la colonne sur laquelle est actuellement placé le pointeur de la souris est déplacée à l'extrême gauche de la table. Chaque nouvelle colonne figée est placée à côté de la dernière colonne figée. La commande *Disposition/Libérer toutes les colonnes* vous permet d'annuler cette procédure. Toutefois, les colonnes conservent leur position.

Possibilités de mise en forme

En dehors des possibilités de mise en forme purement pratiques, vous pouvez également satisfaire votre sens de l'esthétique en modifiant la hauteur des lignes et la police de caractères utilisée ou en désactivant le *quadrillage de la table*. Pour la police, vous disposez de la commande *Disposition/Police*. Access met à votre disposition toutes les polices installées sous Windows. Dans le même menu, vous trouvez la commande *Hauteur de ligne* avec laquelle vous pouvez donner un peu plus d'espace aux données dans la table. Cette dernière commande est également disponible dans le menu contextuel.

Toutefois, la hauteur de ligne ne peut pas être modifiée pour chaque ligne individuellement comme on peut le faire pour la largeur des colonnes. Quelle que soit la ligne dans laquelle se trouve le curseur lorsque vous effectuez la modification, celle-ci s'applique toujours à toutes les lignes. Les possibilités suivantes sont offertes :

- Dans la boîte de dialogue *Hauteur de ligne*, vous pouvez indiquer une hauteur de ligne en points ou cocher l'option *Hauteur standard*. La hauteur standard est adaptée à la taille de la police de caractères standard. La hauteur de ligne standard change lorsque vous choisissez une autre taille de police dans la catégorie Feuille de données de la boîte de dialogue *Disposition/Options*.

- La hauteur de ligne change également si vous sélectionnez une autre police de caractères et une autre taille dans la boîte de dialogue *Disposition/Police*.

- Comme les colonnes, les lignes peuvent aussi être agrandies ou rétrécies en agissant avec la souris sur les limites de lignes, au niveau des sélecteurs.

Si l'aspect de la feuille de données ne vous convient toujours pas, vous pouvez masquer le quadrillage et travailler sur un écran blanc. Choisissez à cet effet la commande *Disposition/Afficher le quadrillage*. La coche devant cette commande signifie que le quadrillage est actuellement affiché. Si vous cliquez sur cette commande, la coche disparaît et avec elle, le quadrillage. Toutes ces options peuvent également être modifiées par l'intermédiaire de la commande *Affichage/ Options* dans le mode Feuille de données. Chaque nouvelle table créée aura alors automatiquement les même caractéristiques.

Trier et filtrer les données

Ainsi que cela a été dit précédemment, il est possible de masquer les enregistrements existants avant d'en saisir de nouveaux. D'autre part, si vous souhaitez obtenir une bonne vue d'ensemble des données, vous pouvez trier les enregistrements, ou en sélectionner certains d'après des critères déterminés. L'utilisation de filtres dans une feuille de données est une des nouveautés d'Access 2.0.

Par rapport aux précédentes versions, le tri et le filtrage ont été nettement accélérés grâce à un nouvel algorithme. En effet, des éléments de la ***technologie Rushmore***, déjà utilisée dans FoxPro, ont été intégrés dans Access.

Pour bien apprendre et comprendre ces deux fonctions, vous avez besoin d'une table contenant un nombre aussi élevé que possible d'enregistrements. Si vous n'avez pas encore saisi beaucoup de données dans vos exemples, ouvrez simplement la base de données ***Comptoir*** et utilisez la table ***Clients***. Pour plus de sécurité, il est peut-être préférable de copier auparavant la base de données ***Comptoir*** dans un autre répertoire ou d'en créer un duplicata sous un autre nom dans le sous-répertoire ***Exemples***.

Tri croissant et Tri décroissant

 La barre d'outils du mode Feuille de données contient deux boutons pour le tri alphabétique : le premier correspond à un ***tri croissant***, de A à Z, le second à un ***tri décroissant***, de Z à A. Le tri des enregistrements d'après une colonne quelconque est on ne peut plus simple. Placez le curseur dans la colonne d'après laquelle le tri doit être effectué puis cliquez sur l'un des deux boutons en fonction de l'ordre souhaité. Vous pouvez ainsi, en quelques clics, trier la table des Clients d'après les noms des contacts ou d'après les noms de villes.

En ce qui concerne l'utilisation d'un filtre, vous avez non seulement la possibilité de sélectionner certains enregistrements, vous pouvez aussi trier cette sélection d'après plusieurs colonnes.

Un filtre n'est, au fond, rien de plus qu'une forme spéciale de requête. C'est la raison pour laquelle vous pouvez aussi enregistrer les filtres en tant que requêtes et, sous certaines conditions, utiliser comme filtre une requête existante. Un peu plus loin dans ce livre, vous trouverez une section traitant du filtrage d'enregistrements dans des formulaires. Les possibilités évoquées ici y sont décrites avec davantage de précision. Nous nous contenterons ici d'expliquer brièvement comment on utilise un filtre dans une table.

Requêtes

**Chapitre
6**

Trois boutons correspondant aux fonctions de filtrage

 Un clic sur le bouton le plus à gauche dans ce groupe de trois
ouvre la fenêtre *Filtre*.

Créer un filre pour une table

Cette fenêtre est pratiquement identique à la fenêtre *Requête*. Dans le volet
du haut est affichée la table avec ses noms de champs et dans le volet du bas
on retrouve la grille d'interrogation. Dans cette grille d'interrogation est
inscrit le champ d'après lequel la table est actuellement triée ainsi que l'ordre
de tri.

Vous pouvez à présent faire glisser n'importe quel champ dans la grille d'interrogation et définir les critères que devront remplir les enregistrements que vous souhaitez voir affichés.

Nous décrivons ici la manière dont vous pouvez définir et appliquer des filtres mais nous ne nous étendrons pas exhaustivement sur la définition de tous les critères que vous pouvez employer. Ce sujet sera traité en détail dans le prochain chapitre, en relation avec les requêtes.

Pour que vous puissiez au moins vous faire une idée du fonctionnement d'un filtre, voici un exemple simple de filtrage des données :

❶ Supprimez d'abord la colonne qui est déjà remplie dans la grille d'interrogation. Cliquez pour ce faire sur le sélecteur de colonne (il n'est pas très épais) et appuyez sur «Suppr».

❷ Faites ensuite glisser le champ **Contact** (contenu dans la Base de données Comptoir, table Clients) dans la grille d'interrogation. Si vous le souhaitez, vous pouvez indiquer un ordre de tri dans la ligne *Tri*.

❸ Pour que seuls les enregistrements que l'on recherche soient sélectionnés, il faut entrer une expression dans la ligne *Critères*. Cette expression peut par exemple se présenter de la façon suivante : Comme *a** Ou Comme *d** Ou Comme *m**. Si vous appliquez le filtre, vous extrairez ainsi les enregistrements dont le champ **Contact** contient un nom commençant par A, D ou M. Vous pouvez ensuite fermer le filtre par un double-clic sur la case du menu *Système* de la fenêtre Filtre mais vous pouvez aussi bien laisser cette fenêtre ouverte pour appliquer le filtre.

❹ Pour appliquer le filtre, vous devez cliquer sur le bouton du milieu dans le groupe des trois représentés plus haut. Après une courte attente, les enregistrements correspondant aux critères définis s'affichent. Dans la barre d'état, vous pouvez voir inscrite la mention *FILT* tant qu'un filtre est actif.

⑤   Pour afficher à nouveau tous les enregistrements, cliquez sur le dernier des trois boutons du groupe *Filtre*. Le filtre que vous avez défini n'est pas supprimé pour autant. Vous pouvez l'appliquer ou le modifier tant que vous continuez à travailler avec la table. Il n'est supprimé qu'au moment où vous fermez la table, à moins que vous ne l'ayez auparavant enregistré comme une requête.

Si vous voulez enregistrer un filtre en tant que requête de façon à pouvoir l'utiliser à nouveau lors d'une prochaine session, vous devez d'abord ouvrir la fenêtre *Filtre*. Cliquez à cet effet sur le premier des boutons du groupe *Filtre*. Le filtre actuel est affiché.

Choisissez *Fichier/Enregistrer comme une requête*. Comme pour n'importe quel autre objet d'une base de données, vous êtes invité à indiquer un nom pour la requête. Pour que vous sachiez par la suite que cette requête peut être utilisée comme filtre dans une table, vous devriez de préférence choisir un nom qui fasse penser à un filtre et à la table correspondante.

Vous pourrez par la suite modifier et exécuter ce filtre comme une requête tout à fait normale.

5.4.   Etablir des relations durables entre des tables

Nous avons déjà parlé à plusieurs reprises de l'importance des relations dans une base de données relationnelle. Si vous avez réalisé les exercices d'initiation proposés dans le chapitre 4, vous savez déjà que de telles relations sont automatiquement créées, dans une requête impliquant des tables multiples, lorsqu'il existe des champs appropriés dans les deux tables concernées.

Il convient de faire la distinction entre les *relations temporaires* et les *relations permanentes* :

*   Les liaisons entre deux tables n'ont pas d'effet durable sur les structures des tables lorsqu'elles sont créées automatiquement par une requête ou manuellement.

- Vous pouvez aussi créer des relations dites ***relations par défaut*** entre les tables d'une base de données. Ces relations sont enregistrées durablement. Elles ont par exemple pour conséquence qu'une table impliquée dans une telle relation ne peut pas être supprimée.

La condition pour que deux tables puissent participer à une relation est qu'il existe dans chacune d'elles un champ approprié : un champ défini comme clé primaire d'une table doit être mis en relation avec une clé externe dans l'autre table.

En d'autres termes :

- Chacune des tables doit posséder une colonne identique à une colonne de l'autre table.
- Chaque enregistrement doit être identifiable de manière unique.

Il existe deux façons d'établir des relations entre des tables :

- Les relations temporaires sont créées dans des requêtes lorsque vous utilisez des données de deux ou plusieurs tables. Il n'est pas nécessaire qu'une relation permanente ait été définie entre ces tables.

- Lorsque vous créez des tables avec l'aide de l'Assistant table, vous avez la possibilité de définir directement des relations par défaut avec des tables existantes. Vous pouvez égalementi créer de telles relations à n'importe quel moment par la suite et sans l'aide de l'Assistant table, comme vous allez le voir bientôt.

La structure souple d'une base de données relationnelle permet d'établir en permanence de nouvelles relations entre les différentes parties d'une base de données. Le but d'une telle relation est d'ouvrir un chemin par lequel on accède à l'information souhaitée. Nous ne nous étendrons pas davantage sur les relations temporaires qui sont générées lors de la création de requêtes. Il suffit que vous sachiez qu'il existe des relations temporaires et des relations durables entre les tables.

Relations par défaut

Avant d'apprendre comment on crée des relations, vous devriez d'abord voir celles qui existent déjà dans la base de données ***Comptoir***.

Le bouton Relations

 Ouvrez la base de données ***Comptoir*** si ce n'est pas déjà fait et cliquez dans la barre d'outils sur le bouton ***Relations*** qui est représenté ici.

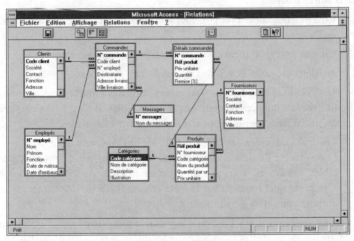

Représentation des relations existantes entre les tables

Si vous voyez apparaître la boîte de dialogue ***Ajouter une table***, sélectionnez d'abord toutes les tables puis cliquez sur le bouton ***Ajouter*** afin que les relations puissent être affichées dans la fenêtre ***Relations***.

186

La boîte de dialogue Ajouter une table

La nouvelle fenêtre **Relations** vous permet de voir à tout moment comment les tables sont reliées entre elles. Une ligne de jointure reliant deux tables signifie qu'il existe une relation durable entre ces tables. La ligne est tracée entre la clé primaire d'une table et la clé externe de l'autre.

Les symboles qui sont placés sur les lignes de jointure indiquent le type de la relation. Du côté de la table source, la ligne est marquée d'un 1 et du côté de la table destination on trouve le symbole infini.

Si deux tables sont liées par une relation de type 1:1, le chiffre 1 s'affiche naturellement des deux côtés de la ligne de jointure. Dans ce cas, à un enregistrement d'une table correspond exactement un enregistrement de l'autre table.

Les marques spéciales sur les lignes de jointure telles que vous les voyez dans la fenêtre **Relations** de la base de données **Comptoir** n'apparaissent que si **l'intégrité référentielle est en vigueur**. Vous en apprendrez davantage à ce sujet dans la prochaine section.

Créer des relations par défaut

Bouton Relations

Pour définir de telles relations, il faut que toutes les tables qui y sont impliquées soient fermées. Pour ouvrir la fenêtre *Relations*, choisissez *Edition/Relations* ou bien cliquez sur le bouton correspondant dans la barre d'outils.

La fenêtre Relations

Lorsque vous ouvrez cette fenêtre pour la première fois dans une nouvelle base de données, elle est vide. La boîte de dialogue *Ajouter une table* s'affiche en même temps. Toutes les tables de la base de données actuelle sont listées dans cette boîte de dialogue.

Pour ajouter une table dans la fenêtre *Relations*, sélectionnez son nom dans la boîte de dialogue *Ajouter une table* puis cliquez sur le bouton *Ajouter*. Pour sélectionner plusieurs tables en même temps, faites glisser le pointeur de la souris sur les noms correspondants s'ils se suivent dans la liste. En maintenant la touche *Ctrl* enfoncée, vous pouvez sélectionner plusieurs noms même s'ils ne sont pas consécutifs dans la liste. Vous pouvez également intégrer des requêtes dans les relations. Dans la partie inférieure de la boîte de dialogue, vous pouvez cliquez sur l'option *Requêtes* ou *Les deux* (tables et requêtes) si vous voulez ajouter dans la liste les requêtes de la base de données actuelle. Lorsque la sélection est achevée, cliquez sur *Ajouter* puis sur *Fermer* pour refermer la boîte de dialogue.

Les tables ont été ajoutées mais il n'existe pas encore de liaison

Pour retirer à nouveau une table, cliquez dessus puis appuyez sur la touche *Suppr* ou choisissez *Relations/Enlever la table*.

Etant donné que vous voulez généralement établir des liaisons entre des tables que vous avez vous-même créées, il est probable que vous connaissiez les champs de ces tables. Il n'est pas nécessaire que la clé primaire et la clé externe aient le même nom. Ce qui importe, c'est que les types de données et les contenus soient les mêmes.

> *Remarque*
>
> Normalement, la clé primaire et la clé externe doivent avoir le même type de données. Les champs *Compteur*, que l'on utilise souvent comme clés primaires, constituent cependant une exception. Dans ce cas, la clé externe correspondante de la table destination doit être de type *Numérique* et posséder le format *Entier long*.

189

C'est naturellement plus simple si on peut identifier les champs correspondants sur la seule base de leurs noms. Mais naturellement, une liberté totale vous est laissée pour le choix des noms de champs.

On utilise la technique du *Glisser & Déplacer* pour créer une relation entre deux tables. On clique sur le champ correspondant à la clé primaire dans la table source et on fait glisser le pointeur de la souris sur le champ utilisé comme clé externe dans la table destination où on relâche alors le bouton de la souris. Vous pouvez naturellement aussi faire glisser la clé externe d'une table sur la clé primaire de l'autre.

Il faut cependant rester vigilant lorsque l'on utilise cette technique, car Access refuse d'appliquer l'intégrité référentielle si l'on ne procède pas correctement et on obtient un message d'erreur indiquant que l'intégrité référentielle ne peut être appliquée.

La boîte de dialogue *Relations* s'ouvre alors. Elle existait déjà dans les précédentes versions d'Access, bien que sous une forme un peu différente.

Relations		
Table/requête:	**Table/requête liée:**	
Commandes	Employés	↑
N° employé	N° employé	
		↓

☐ Relation héritée

☐ Appliquer l'intégrité référentielle

Créer
Annuler
Type jointure...

Une à
○ Une
● Plusieurs

☐ Mettre à jour en cascade les champs correspondants
☐ Effacer en cascade les enregistrements correspondants

Définir les détails d'une relation

Cette boîte de dialogue comporte deux colonnes dans sa partie centrale. Les tables liées y sont inscrites ainsi que les champs clés. Si vous avez par mégarde utilisé un champ qui ne convient pas, cliquez sur son nom dans le tableau. Vous pouvez alors ouvrir la zone de liste déroulante et sélectionner un autre champ.

Si vous le souhaitez, vous pouvez activer la case à cocher *Appliquer l'intégrité référentielle*. Avec cette option, vous garantissez qu'il sera impossible d'entrer dans une de ces deux tables des données qui ne peuvent être associées à des données dans l'autre table. Vous ne pouvez par exemple pas créer de facture si vous ne disposez pas des données relatives au client. Pour entrer de nouvelles données dans une des deux tables, vous devez d'abord supprimer la relation et la créer à nouveau par après.

Si vous activez l'option *Appliquer l'intégrité référentielle*, l'option *Plusieurs* est automatiquement activée dans le groupe *Une à*, du fait que les relations de type 1:1 sont extrêmement rares. Les nouvelles options *Mettre à jour en cascade les champs correspondants* et *Effacer en cascade les champs correspondants* sont également proposés. Si vous activez une de ces options ou les deux, les données correspondantes dans la table destination seront modifiées ou supprimées si vous modifiez ou supprimez des données dans la table source.

Ignorez pour le moment le bouton *Type jointure*. Dans le prochain chapitre, lors de la création de certains types particuliers de requêtes, nous vous indiquerons dans quels cas il peut être intéressant de modifier les propriétés des relations. Les paramètres par défaut de cette boîte de dialogue sont exactement ceux qui conviennent pour la création de relations par défaut entre des tables.

Pour qu'une nouvelle relation soit créée, cliquez pour terminer sur le bouton *Créer*.

Un message d'erreur s'affiche alors si Access n'est pas en mesure de garantir l'intégrité référentielle entre les deux tables. Cliquez dans ce cas une nouvelle fois sur l'option *Appliquer l'intégrité référentielle* afin de la désactiver.

Pour fermer la fenêtre **Relations**, double-cliquez sur la case du menu **Système** correspondante. Access demande alors si les modifications apportées à la mise en forme de Relations doivent être enregistrées. Cliquez sur **Oui** pour que les relations que vous venez de créer soient représentées sous la même forme lors de la prochaine ouverture. L'enregistrement ne concerne que l'agencement des tables (et éventuellement des requêtes) dans cette fenêtre, les relations étant conservées, même si vous ne sauvegardez pas la mise en forme.

Supprimer des relations

Il peut arriver que l'on ait besoin de supprimer une relation entre deux tables, par exemple lorsqu'on veut modifier une de ces tables.

Fermez toutes les tables à cet effet et cliquez sur le bouton **Relations**. Pour annuler une relation entre deux tables, cliquez sur la ligne de jointure correspondante pour la sélectionner et appuyez sur la touche **Suppr**.

Pour que la relation soit effectivement supprimée, vous devez confirmer par un clic sur **OK**. La ligne de jointure disparaît alors. Bien que la ligne fasse aussi partie, en théorie, de la mise en forme, Access ne vous propose d'enregistrer cette mise en forme que si vous avez en plus déplacé, supprimé ou ajouté une table. La ligne de jointure restera effacée même si vous n'enregistrez pas la mise en forme.

5.5. Imprimer les tables

Après avoir créé la table selon vos besoins et saisi les données nécessaires, vous avez peut-être envie de lancer une impression pour visualiser le résultat. Pour que vous puissiez vous rendre compte par avance de l'aspect qu'aura la table sur le papier, vous disposez d'un mode d'affichage spécial que l'on appelle *l'Aperçu avant impression*.

Aperçu avant impression

Lorsque vous sélectionnez la commande ***Fichier/Aperçu avant impression***, la page telle qu'elle sera imprimée, apparaît alors à l'écran. Après avoir visionné ce que sera le résultat, vous pouvez encore effectuer les modifications nécessaires si l'aspect de la page ne vous convient pas.

L'Aperçu avant impression d'une table

Dans le mode ***Aperçu avant impression***, Access réduit la page de manière à ce qu'elle soit entièrement visible à l'écran. Pour que vous puissiez vérifier les détails de la page si vous en ressentez le besoin, le pointeur de la souris a une fonction spéciale dans ce mode d'affichage. Tant qu'il se trouve sur la page, il représente une loupe. Un clic avec le bouton gauche de la souris agrandi alors la page de sorte que les données deviennent lisibles. Un nouveau clic affiche de nouveau la page entière. Vous pouvez aussi cliquer sur le bouton représentant une loupe mais dans ce cas vous ne pouvez pas indiquer directement la partie de la page qui doit être agrandie.

Du fait de l'existence de cette fonction, il est normal que toute modification dans la table soit impossible tant que l'on se trouve en mode *Aperçu avant impression*. En dehors de la page, vous pouvez cependant utiliser la souris tout à fait normalement, par exemple pour ouvrir des menus ou cliquer sur des boutons de la barre d'outils.

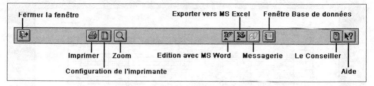

La barre d'outils dans le mode Aperçu avant impression

Comme vous avez pu le constater, la barre d'outils s'est modifiée en mode *Aperçu avant impression*. En outre, étant donné que vous ne pouvez pas modifier ni les données ni la table dans ce mode, vous ne pouvez plus accéder aux commandes du menu *Disposition* ni à la plupart des commandes du menu *Enregistrements*. Si vous voulez modifier quelque chose, vous devez retourner au mode *Feuille de données*.

Si les données sont réparties sur plusieurs pages, vous pouvez passer d'une page à la suivante ou à la précédente avec les touches *PgSuiv* et *PgPrec*. Vous pouvez également utiliser les boutons situés au bas de la fenêtre. Leur mise en oeuvre est la même que celle des boutons correspondants dans le mode *Feuille de données*.

Fermer la fenêtre

Vous quittez le mode *Aperçu avant impression* en cliquant sur le bouton *Fermer la fenêtre*. Vous retournez alors au mode *Feuille de données* de la table.

Marges d'impression

Même si les modifications de la table, par exemple la largeur des colonnes ou le nombre de colonnes affichées, ne sont possibles que dans le mode Feuille de données, vous pouvez au moins modifier les marges dans le mode *Aperçu avant impression*.

Configuration de l'imprimante

La boîte de dialogue Configuration de l'imprimante

Un clic sur le bouton *Configuration de l'imprimante* ouvre la boîte de dialogue de même nom. Elle est un peu différente par rapport à celle que vous avez l'habitude d'utiliser dans les autres applications.

Dans la partie inférieure de la boîte de dialogue sont affichées les valeurs de marges actuelles. Si vous avez constaté que la table ne tient pas entièrement en largeur sur une page, vous pouvez réduire quelque peu la valeur de la marge droite et/ou gauche et refaire ensuite un essai.

> Si la table est trop large pour tenir sur une page en largeur car les marges sont trop importantes, les colonnes qui ne peuvent plus être imprimées sont imprimées sur la page suivante.

Si la table est a priori beaucoup trop large pour être imprimée sur une seule page, le fait d'agir sur les marges ne constituera pas une solution. Dans ce cas, vous pouvez opter pour le format *Paysage* dans la boîte de dialogue *Configuration*.

Les tables n'étant pas, à priori, des objets destinés à être imprimés, on comprend que les possibilités de paramétrage soient relativement restreintes. Le titre de la table, la date du jour et le numéro de page sont automatiquement ajoutés.

Imprimer des données d'une table

Pour envoyer la demande d'impression, cliquez sur le bouton *Imprimer*.

Imprimer	
Imprimante: Défaut(PostScript printer sur LPT1:)	**OK**
Imprimer	**Annuler**
● Toutes les pages	
○ Sélection	**Configuration...**
○ Pages	
De: _____ A: _____	
Qualité d'impression: 300 dpi ▼	Copies: 1
☐ Fichier d'impression	☒ Copies triées

La boîte de dialogue Imprimer

Dans la boîte de dialogue, vous avez la possibilité de définir ce qui doit être imprimé grâce aux options *Toutes les pages*, *Sélection* et *Pages*. Vous pouvez également activer la case à cocher *Fichier d'impression* si vous voulez diriger les données vers un fichier d'impression, par exemple pour les imprimer au bureau, sur une imprimante laser.

Tous les paramètres étant définis selon vos souhaits, cliquez sur *Ok* pour lancer l'impression de la table.

Vous savez à présent beaucoup de choses sur la façon de créer une table et d'y saisir des données. Dans la pratique cependant, vous aurez souvent besoin de modifier des tables existantes ou de récupérer des tables entières ou des enregistrements d'autres tables. Nous allons vous montrer comment procéder dans ce cas.

Avant de pouvoir modifier une table, vous devez tout d'abord ouvrir la base de données à laquelle elle se rattache puis, la table elle-même. Cela implique bien évidemment que vous disposiez des droits d'accès à la base de données concernée et que vous êtes habilité à effectuer des modifications. Bien évidemment, la base de données ne doit pas être protégée en écriture.

Dans la fenêtre de base de données, cliquez tout d'abord sur l'onglet Table puis sélectionnez la table souhaitée dans la liste proposée. Pour ouvrir la table, vous pouvez soit double-cliquer sur son nom, soit après l'avoir sélectionnée, cliquer sur le bouton *Ouvrir*. Dans ce cas, vous pouvez visionner les enregistrements en mode *Feuille de données*. Si vous souhaitez immédiatement effectuer des modifications, cliquez sur le bouton *Modifier* après avoir sélectionné le nom de la table souhaitée.

Vous pouvez modifier la structure d'une table même si la modification des enregistrements en mode *Feuille de données* n'est pas autorisée.

Modifier les champs et les noms de champs en mode Création

Si vous souhaitez modifier des noms de champs, il vous suffit de placer le pointeur de la souris sur la ligne concernée, de sélectionner l'ancien nom puis de taper le nouveau. Il n'est pas nécessaire de procéder préalablement à la suppression du nom existant, car celui-ci sera automatiquement écrasé. Procédez ensuite à l'enregistrement de la table afin de conserver les modifications.

Vous pouvez également insérer des lignes ou les supprimer. Pour insérer une ligne, placez le pointeur de la souris sur celle devant laquelle la nouvelle ligne doit être insérée. Choisissez ensuite la commande *Edition/Insérer ligne* ou cliquez sur la ligne avec le bouton droit de la souris et choisissez la commande dans le menu contextuel.

La nouvelle ligne ainsi insérée peut être traitée de manière tout à fait normale, c'est-à-dire que vous pouvez lui donner un nom de champ, définir un type de données et éventuellement saisir une description. Au lieu de passer par la commande de menu, vous pouvez également insérer une ligne avec la technique du *Glisser & Déplacer*. Pour ce faire, repérez une ligne vide puis faites-la glisser à l'endroit souhaité. Cette procédure vous permet bien sûr de modifier l'ordre des noms de champs à l'intérieur de la table.

Pour supprimer une ligne, placez le pointeur sur la ligne souhaitée et sélectionnez la commande *Edition/Supprimer ligne*. Vous pouvez également sélectionner la ligne concernée puis appuyer sur la touche «Suppr». Si les colonnes correspondantes en mode *Feuille de données* contiennent des données, un message d'avertissement apparaît.

Les clés primaires ne peuvent être supprimées que si elles ne servent pas à l'établissement d'une relation avec une autre table. Les clés externes ne peuvent jamais être supprimées car elles participent toujours à une liaison avec une autre table. Toutefois, vous pouvez modifier à tout instant les noms de champs car il n'est pas indispensable que le nom de champ soit identique pour établir une liaison.

Modification du type de données en mode Création

Vous pouvez a posteriori modifier le type de données ou paramétrer différemment une propriété de champ. Il peut cependant arriver que vous perdiez des données.

De manière générale, vous devez savoir que les modifications apportées à une table se répercutent sur les objets reliés à cette dernière, qu'il s'agisse de tables, de formulaires, de requêtes ou d'états. De ce fait, ne procédez à des modifications que si celles-ci sont véritablement nécessaires ; le cas échéant, vérifiez ensuite l'ensemble des objets associés à la table concernée.

De la même manière que vous ne pouvez pas supprimer une clé primaire ou une clé externe lorsqu'une table est associée à une autre, vous ne pouvez pas modifier le type de données ou les propriétés d'un champ de clé. Chaque fois que vous ferez une tentative de ce type, le message suivant apparaîtra :

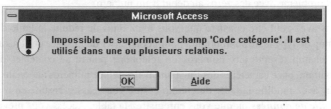

Attention ! Il existe une relation avec une autre table

Les champs indexés ne peuvent être convertis en type de données n'autorisant pas d'index, c'est-à-dire en type **Mémo**, **Oui/Non** et **OLE**. Si vous faites une tentative, un message d'avertissement apparaîtra vous indiquant que l'index va être supprimé.

Pour tous les autres champs, vous pouvez modifier le type de données à volonté, en tenant compte toutefois de certains éléments. Lorsqu'une table contient des enregistrements, vous pouvez pratiquement convertir chaque type de données en texte. Les données déjà saisies ne sont en rien affectées. Si la saisie a été convertie en un certain format, par exemple dans un champ **Date/Heure**, ce format est conservé dans le cas d'une conversion en un champ **Texte**. La taille du champ est par contre adaptée à la taille standard des champs **Texte**. Bien évidemment, toutes les données qui seront saisies après la modification n'apparaîtront pas dans le format d'origine.

Bien que, à l'exception des champs de clés, l'ensemble des types de données puisse être modifié, cela n'arrive que rarement dans la pratique. En revanche, les modifications, par exemple des propriétés de champs, peuvent s'avérer nécessaires. Vous serez notamment amené à effectuer fréquemment des modifications concernant la taille des champs. On nous laisse entendre, par exemple, que le système de numérotation téléphonique va une nouvelle fois changer. Il faudra alors, semble-t-il, augmenter de huit à neuf ou à dix le nombre de chiffres prévus pour la partie principale du numéro. Si, pour une raison ou pour une autre, ce champ était auparavant un champ *Numérique*, il serait judicieux de le convertir d'abord en un champ *Texte* afin d'éviter tout problème avec des zéros au début d'un numéro.

Vous avez peut-être constaté que vous avez omis de réduire la taille d'un champ de type texte au minimum pour économiser de l'espace de stockage. Un champ réservé aux numéros de téléphone pourra se contenter d'au maximum onze caractères dès l'instant qu'il s'agit de numéros nationaux. Si vous avez modifié la taille du champ et que vous passez ensuite en mode *Feuille de données* ou que vous enregistrez la table, Access vous prévient qu'il y a des risques de pertes de données éventuelles.

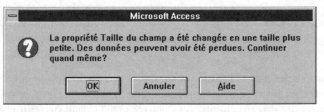

Avertissement en cas de réduction de la taille d'un champ

Ce message ne signifie toutefois pas nécessairement que vous allez réellement perdre des données. Si vous êtes certain que la nouvelle taille de champ est suffisante, ignorez ce message et cliquez sur *Ok*. En revanche, si vous avez des doutes, cliquez sur *Annuler* puis retapez la valeur d'origine. Notez que la commande *Edition/Annuler* ne fonctionne pas dans cette situation car la dernière action exécutée sera soit l'enregistrement de la table, soit le basculement en mode *Feuille de données*. Il est recommandé de vérifier les données qui figurent dans ce champ après ce type d'opération.

Définir de nouvelles clés

Vous ne pouvez définir une nouvelle clé primaire que si l'ancienne n'est pas utilisée pour la liaison avec une autre table. Si tel est le cas, vous devez préalablement supprimer cette liaison. Si vous avez déjà procédé à la liaison entre tables, vous avez probablement lu la section consacrée aux *liaisons entre tables*. Cette section traite également de la *procédure de suppression de liaison*.

Pour supprimer une clé d'un champ, la procédure la plus rapide consiste à définir un autre champ comme clé primaire. A cet effet, sélectionnez le nouveau champ puis cliquez ensuite sur le bouton *Définir comme Clé primaire* dans la barre d'outils. La procédure est toujours identique même lorsqu'une clé primaire se compose de plusieurs champs.

Si vous souhaitez tout simplement supprimer complètement d'une table une clé primaire existante, vous devez choisir la commande *Affichage/Index*. Etant donné que la clé primaire est automatiquement *indexée*, Access l'inscrit tout aussi automatiquement dans cette fenêtre. Si plusieurs index sont définis, vous reconnaissez la clé primaire à la mention *PrimaryKey* dans la première ligne de la colonne *Nom de l'index*. Pour supprimer la clé primaire, placez le curseur dans la ligne en question puis sélectionnez l'option *Non* à la place de Oui dans la ligne *Primaire* du volet des propriétés de l'index.

5.6. Du neuf avec de l'ancien - Utiliser des tables plusieurs fois

Certaines tables reviennent encore et toujours dans la plupart des bases de données. On peut donc simplifier et accélérer la création de nouvelles tables en important des tables existantes d'autres bases de données et en les modifiant afin de les adapter aux besoins spécifiques du moment.

C'est ce même principe que l'on retrouve d'ailleurs aussi dans l'Assistant table. Les solutions proposées ici sont intéressantes lorsque vous avez créé une table très spécifique et très bien réussie et que vous souhaitez l'utiliser dans une autre base de données.

Importer des tables

Sachant qu'on ne peut ouvrir qu'une seule base de données à la fois, cette opération ne peut être effectuée à l'aide de la technique du *Glisser & Déplacer*.

Après le lancement d'Access, vous procédez donc à la création d'une nouvelle base de données ou bien vous ouvrez une base de données déjà existante à l'intérieur de laquelle vous souhaitez créer une nouvelle table. Pour l'instant, la base de données peut se trouver en mode *Table* ou dans un autre mode, ceci n'a pas d'importance.

Importer

 Choisissez la commande *Fichier/Importer* ou cliquez sur le bouton *Importer* dans la barre d'outils.

```
                          Importer
 Source des données:                        ┌─────────┐
 Microsoft Access                      ▲    │   OK    │
 Texte (délimité)                           └─────────┘
 Texte (longueur fixe)                      ┌─────────┐
 Microsoft Excel 2.0-4.0                    │ Annuler │
 Microsoft Excel 5.0                        └─────────┘
 Lotus (WKS)
 Lotus (WK1)
 Lotus (WK3)
 Paradox 3.X
 Paradox 4.X                           ▼
```

La boîte de dialogue Importer

Access vous invite à indiquer le format de l'objet destiné à être importé. Vu qu'il s'agit du format Access de Microsoft, il vous suffit de valider avec *Ok*.

❷ Dans la fenêtre qui s'ouvre ensuite, sélectionnez la base de données souhaitée. Si nécessaire, modifiez le répertoire. Validez ensuite votre sélection.

La *fenêtre d'importation* proprement dite s'ouvre alors. Dans un premier temps, indiquez le type d'objet destiné à être importé. L'option *Table* est proposée par défaut. Dans notre cas, nous pouvons donc la reprendre.

Importer les objets	
Type d'objet:	Importer
Tables ⬥	Fermer
Liste des objets de BASE2.MDB:	
Bibliothèque	○ **Structure seulement**
	⦿ **Structure et données**

La fenêtre pour l'importation d'un objet de base de données

❸ Sous la ligne *Liste des objets de *.MDB*, vous trouvez la liste des tables existantes. Sélectionnez la table souhaitée puis indiquez à l'aide des deux options situées en bas à droite de la fenêtre si vous souhaitez importer simplement la structure ou la structure ainsi que les données. Si vous souhaitez créer une base de données entièrement vide à partir de la table concernée, l'option *Structure seulement* s'impose.

Structure seulement

Conseil

Structure seulement signifie que tous les noms de champs, types de données, propriétés de champ de la table seront importés mais pas les enregistrements eux-mêmes.

❹ Cliquez ensuite sur le bouton *Importer*. La table est alors copiée dans la nouvelle base de données. Lorsque l'importation aboutit, un message correspondant apparaît que vous devez valider. Si vous avez importé une table portant un nom déjà existant dans votre base de données, Access ajoute un 1 au nom de la table importée.

Vous pouvez maintenant importer d'autres objets ou refermer la fenêtre d'importation en cliquant sur le bouton *Fermer*. La table importée apparaît maintenant dans la liste des tables.

Copier des tables

Au lieu d'importer des tables à partir d'autres bases de données, vous pouvez également copier une table à l'intérieur d'une même base de données. Dans ce cas, vous avez non seulement la possibilité d'importer la structure et/ou les données mais également d'insérer les enregistrements dans une autre table. Cette fonction est très utile, notamment lorsqu'il s'agit de réorganiser une base de données.

La table que vous souhaitez copier ne doit pas être ouverte. Si tel est le cas, sélectionnez la commande *Fermeture* du menu *Système*. A l'intérieur d'une table ouverte, la commande *Copier* n'est disponible que pour les enregistrements.

Si vous souhaitez copier tous les enregistrements d'une table vers une table existante, la table contenant ces enregistrements doit être fermée. En revanche, la table à l'intérieur de laquelle les enregistrements devront être insérés ne doit pas nécessairement être ouverte mais peut l'être.

Copier

 Sélectionnez la table souhaitée dans la fenêtre *Base de données*. Choisissez ensuite la commande *Edition/Copier*. Vous pouvez également utiliser la combinaison de touches «Ctrl»+«C». Dans un premier temps, rien ne se produit.

Coller

Choisissez ensuite *Edition/Coller* ou appuyez sur la combinaison de touches «Ctrl»+«V». La boîte de dialogue suivante s'ouvre :

Coller la table sous	
Nom de la table:	OK
	Annuler

Options
- ○ **Structure seulement**
- ◉ **Structure et données**
- ○ **Ajouter les données à une table**

La boîte de dialogue Coller la table sous

Si vous souhaitez copier la table à l'intérieur d'une base de données, il est clair que la copie devra recevoir un nouveau nom. Dans la ligne *Nom de la table*, vous pouvez taper le nouveau nom. En outre, vous disposez de trois options. Avec l'option *Structure seulement*, les données de la table ne seront pas copiées mais seulement la structure proprement dite avec les noms de champs, types de données, etc.

Si vous souhaitez seulement copier les données contenues dans la table, cochez l'option *Ajouter les données à une table*. Tapez ensuite le nom de la table qui doit recevoir les données. Cette table doit être ouverte.

Importation de données dans des tables

Conseil

Les noms de champs des enregistrements des deux tables doivent être identiques ; dans le cas contraire, un message d'erreur envoyé par Access vous indique que l'importation n'a pas pu s'exécuter car le nom de champ correspondant n'a pas été trouvé.

Validez ensuite votre choix avec *OK*. Les données sont alors ajoutées dans la table ouverte. Si vous avez copié une table entière ou la structure de cette table, le nouveau nom de la table apparaît dans la liste. Access affiche ensuite un message vous avertissant que l'importation a réussi.

Copier des parties de tables

Access vous permet non seulement de copier des tables entières, les structures des tables ou encore les enregistrements mais également des parties de table, par exemple certains enregistrements du mode *Feuille de données* ou certains noms de champs et types de données en mode *Création*.

On supposera à juste titre que cette situation apparaîtra rarement dans votre travail quotidien ; toutefois, il est nécessaire de connaître l'existence de ces options. Vous pouvez, par exemple, importer un certain nombre d'enregistrements provenant d'une base de données et les agencer en une nouvelle table.

Le plus simple consiste à ouvrir immédiatement toutes les tables nécessaires. Si vous créez une nouvelle table, ouvrez une nouvelle fenêtre de table ainsi qu'une table déjà existante. Vous pouvez réduire la fenêtre *Base de données* à la taille d'une icône en cliquant sur le bouton surmonté d'une flèche orientée vers le bas qui se trouve dans la barre de titre de la fenêtre.

Choisissez ensuite la commande *Ecran/Mosaïque*. Les tables apparaissent alors côte à côte à l'écran. Vous pouvez bien sûr déplacer les tables manuellement et modifier leurs tailles respectives.

Deux fenêtres ouvertes disposées côte à côte à l'aide de la commande

La nouvelle table ne peut tout d'abord être modifiée qu'en mode Création. Vous avez le choix : soit taper les noms de champs et types de données requis, soit les importer d'une autre table. Dans ce dernier cas, vous devez ouvrir la table source également en mode *Création*.

Ceci étant fait, sélectionnez la ligne souhaitée dans la table source puis activez la commande *Edition/Copier*. Placez ensuite le pointeur de la souris sur la première ligne de la nouvelle table et sélectionnez dans le même menu la commande *Coller*. La ligne est alors insérée dans la nouvelle table avec l'ensemble de ses paramètres. Si une clé primaire est définie dans cette ligne dans la table source, elle ne sera pas reprise. Vous pouvez répéter cette procédure jusqu'à ce que l'ensemble des noms de champs soit réuni dans la nouvelle table.

Pour importer des enregistrements en provenance d'une autre table, passez en mode *Feuille de données*. Vous devez à présent enregistrer la nouvelle table sous un nouveau nom.

Modification d'une table en mode Feuille de données

En mode *Feuille de données*, Access vous permet certes, de sélectionner et de déplacer des colonnes ; en revanche, la modification des colonnes, c'est-à-dire des fonctions de *copier*, *coller* ou *couper* ne sont pas disponibles. Ces fonctions du menu *Edition* ne peuvent s'appliquer qu'aux enregistrements, c'est-à-dire ligne par ligne.

Si vous souhaitez néanmoins n'importer que certaines colonnes, vous devez faire un petit détour. Copiez la table dont vous souhaitez extraire une ou plusieurs colonnes et supprimez toutes les colonnes superflues. Pour ce faire, il vous suffit de sélectionner les lignes correspondantes en mode *Création* et d'appuyer sur «Suppr». Ignorez le message vous avertissant que des données vont être perdues. Ensuite, sélectionnez tous les enregistrements et copiez-les dans la nouvelle table.

Pour importer des colonnes provenant de plusieurs tables, vous devez utiliser une requête à partir de laquelle vous procéderez à la copie des données. Pour des opérations de ce type, il existe des requêtes appelées *requêtes action* avec lesquelles vous ferez connaissance dans le chapitre 6 consacré aux requêtes.

Accéder aux informations à l'aide de requêtes　　　　　**Chapitre 6**

6. Des requêtes pour accéder aux informations

Dans une base de données, les requêtes sont un outil permettant d'extraire, de combiner et de trier des données stockées. Une requête peut s'appliquer à plusieurs tables ; les enregistrements résultant de la requête peuvent eux-mêmes être insérés dans une table. Les requêtes constituent un instrument pratique car elles permettent, en quelques minutes, d'exécuter une requête existante et d'en consulter le résultat.

Vous pouvez grouper les données dans une *requête Analyse croisée* ; il s'agit d'un tableau tel que vous les connaissez des tableurs, composés d'intitulés de colonnes et de lignes vous permettant une représentation claire des données, notamment lorsque le nombre de tables et d'enregistrements qui font l'objet de la requête est important. Hormis les *requêtes sélection*, qui ne modifient pas les données, il existe également des requêtes action. Les *requêtes action* vous permettent de modifier des données de manière ciblée, d'effectuer des calculs ou de créer ou de supprimer des tables.

Les requêtes sont d'excellents points de départ pour des formulaires et des états. Si vous basez un état sur une requête, seules les données extraites par cette requête figureront sur l'état. Avec des requêtes Analyse croisée, vous élargissez encore davantage les possibilités de représentation des données dans les états. De cette manière, vous obtenez en outre des états qui peuvent être tenus à jour car la requête sur laquelle est basé l'état peut être exécutée chaque fois que l'on en a besoin. Dans les sections qui suivent, nous allons étudier ces différentes procédures.

6.1.   La fenêtre Requête

De manière générale, une requête doit être conçue et préparée avec autant de soin qu'une table. Vous devez préalablement savoir quelles informations vous souhaitez obtenir et dans quelles tables ces informations se trouvent.

Dans le cas de requêtes, on distingue le mode Création du mode Feuille de données ou *Feuille de réponses dynamique*. En mode Création, vous déterminez les tables et les colonnes qui doivent être examinées ; en mode Feuille de données, vous obtenez le résultat de la requête. L'ensemble des enregistrements qui constituent le résultat de la requête est appelé *Dynaset* ou *Feuille de réponses dynamique*. Ce nom évoque la nature dynamique de ces données : en effet, elles seront mises à jour à chaque nouvelle exécution de la requête.

Pour créer une nouvelle requête, il n'est pas nécessaire de passer en mode Requête dans la fenêtre Base de données. Les requêtes peuvent être créées à tout moment par l'intermédiaire de l'icône correspondante qui se trouve dans la barre d'outils. Bien évidemment, vous disposez également de commandes de menus. Les possibilités suivantes sont à votre disposition :

Requête

* A partir de la fenêtre *Base de données*, passez en mode Requête en cliquant sur l'onglet *Requête*. Cliquez ensuite sur le bouton *Nouveau*.
* Vous pouvez également choisir la commande *Fichier/Nouveau/Requête*.

Nouvelle requête

* Vous pouvez aussi sélectionner une table dans la fenêtre Base de données et cliquer ensuite sur le bouton *Nouvelle requête* dans la barre

d'outils. La table sélectionnée est alors automatiquement incluse dans la requête.

Quelle que soit la méthode finalement retenue, vous obtenez dans tous les cas la boîte de dialogue *Nouvelle requête* dans laquelle vous devez décider si vous voulez créer la requête manuellement ou à l'aide de l'Assistant Requête.

Créer une nouvelle requête

L'assistant Requête vous aide pour la création de requêtes spéciales. Nous reviendrons par la suite en détail sur les requêtes que vous pouvez créer à l'aide de cet Assistant. Pour le moment, nous allons d'abord voir comment on crée soi-même des requêtes relativement simples, sans l'aide d'aucun assistant. Vous choisissez par conséquent le bouton *Requête vierge*.

La fenêtre Requête avec la boîte de dialogue Ajouter une table

Si vous n'avez pas activé ou sélectionné de tables préalablement, la boîte *Ajouter une table* apparaît à l'écran.

La boîte de dialogue vous propose la liste de toutes les tables et requêtes faisant partie de la base de données courante. Sélectionnez l'une des tables puis cliquez sur le bouton *Ajouter*. Si vous souhaitez obtenir des informations provenant d'autres tables, vous pouvez les sélectionner. La sélection une fois effectuée, refermez la boîte de dialogue.

Relier des tables dans des requêtes

Dans le cas d'une requête basée sur plusieurs tables, il faut qu'une relation soit établie entre ces tables si l'on veut obtenir des résultats cohérents. Sans relation, Access ne peut associer les données provenant de différentes tables. Cependant, même si aucune relation par défaut n'a été définie entre les tables, il est possible d'établir une relation à posteriori, à condition toutefois que les champs appropriés existent dans chacune des tables concernées.

Chaque table apparaît avec l'ensemble de ses noms de champs dans une petite fenêtre distincte située dans la partie supérieure de la fenêtre de requête. Ces fenêtres peuvent être déplacées à loisir ; les barres de défilement situées en bas et à droite de ces fenêtres permettent d'en faire défiler le contenu. Le nom de champ de la clé primaire d'une table apparaît en gras, les relations existant entre deux tables sont matérialisées par une ligne qui relie la clé primaire et la clé externe.

Selon le nombre de tables que vous avez ajoutées ainsi que la manière dont ces tables sont reliées entre elles, la représentation des lignes de jointure peut être confuse. Dans ce cas, déplacez les tables jusqu'à ce que les lignes apparaissent correctement. Pour déplacer une table, cliquez dans sa barre de titre puis, tout en maintenant enfoncé le bouton gauche de la souris, faites-la glisser sur l'écran.

Si vous avez ajouté une table par erreur, vous pouvez tout simplement la supprimer. Pour ce faire, cliquez sur la table concernée afin de la repérer puis appuyez sur la touche «Suppr».

Suite à l'ouverture de la fenêtre de requête, la barre d'outils s'est également modifiée. Vous disposez à présent des boutons *Opérations*, *Propriétés* et *Exécuter*.

Le bouton *Opérations* insère dans le tableau en bas de la fenêtre de requête une ligne supplémentaire portant le nom *Opération* ; vous disposez ainsi d'outils supplémentaires correspondant à des types de requêtes spéciaux et à des fonctions de requête.

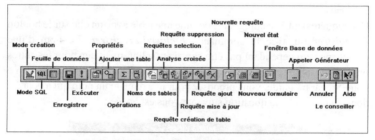

La barre d'outils dans le mode Création d'une requête

Dans la partie inférieure de la fenêtre de requête, vous apercevez un tableau appelé *grille d'interrogation* ou encore *fenêtre QBE*. QBE signifie *Query by example* (Interrogation par l'exemple). Vous pouvez ici lancer la recherche de données en tapant tout simplement un exemple. Les intitulés des lignes de cette table sont : *Champ*, *Tri*, *Afficher* et *Critères*. En cas de besoin, vous pouvez en ajouter d'autres tels, par exemple, Opération, Table ou Table analyse croisée. Dans la grille d'interrogation, vous disposez également de barres de défilement vous permettant d'afficher d'autres colonnes ou d'autres lignes.

Comme toujours, un clic du bouton droit de la souris ouvre un menu contextuel. Selon que vous vous trouvez dans le volet supérieur ou inférieur de la fenêtre, ce menu contextuel contiendra des commandes différentes. Un clic du bouton droit sur une ligne de jointure ouvre encore un autre menu contextuel avec des commandes spécifiques.

Pour exécuter une requête, cliquez sur le bouton *Feuille de données* que vous connaissez déjà pour l'avoir utilisé avec les tables. Il n'est pas nécessaire d'enregistrer une requête avant de l'exécuter. Vous pouvez aussi cliquer sur le bouton *Exécuter* (il représente un point d'exclamation) ou encore choisir *Requête/ Exécuter*.

Enregistrer

Une requête peut être enregistrée comme une table avec un clic sur le bouton *Enregistrer* ou avec la commande *Fichier/Enregistrer*. Le nom d'une requête ne peut cependant pas être choisi aussi librement que pour les autres objets : les tables et les requêtes ne doivent en effet jamais porter le même nom. Si, par mégarde, vous proposez pour une requête un nom qui a déjà été donné à une table, la question suivante vous est posée :

Demande de confirmation avant écrasement d'une table

Etant donné que vous souhaitez probablement conserver les données de la table, cliquez sur *Non* et indiquez un autre nom pour la requête. La même demande de confirmation s'affiche naturellement aussi si, par la suite, vous créez une table et voulez lui donner le nom que possède déjà une requête.

6.2. Des requêtes sélection pour les besoins quotidiens

La requête sélection est la forme courante d'une requête. Dans la suite de cet ouvrage, chaque fois que nous parlerons de requêtes, il s'agira toujours de requêtes dans leur forme courante, c'est-à-dire de *requêtes Sélection*. Lorsqu'il s'agira d'un autre type de requête, celui-ci sera précisé. Une requête sélection permet de rechercher et d'afficher des enregistrements en fonction de critères définis. Une requête se rapporte toujours au moins à une table ou à une autre requête. Si l'on souhaite qu'une requête s'applique à plusieurs tables, celles-ci doivent être reliées afin que les enregistrements correspondants puissent être combinés.

Sélection des champs pour une requête

Dans la ligne Champ de la grille d'interrogation sont définis des noms de champs dont la requête doit tenir compte. Il existe plusieurs possibilités pour ajouter un nom de champ à une requête.

* Chaque cellule de la ligne *Champ* est en réalité une zone de liste déroulante dans laquelle vous pouvez sélectionner des noms de champs de la table. Si vous n'avez sélectionné qu'une table, seuls apparaissent les noms de champs de cette table. En revanche, si plusieurs tables font l'objet de la requête, chaque ligne contient le nom de la table puis ensuite le nom du champ. La liste étant ouverte, vous pouvez ajouter un champ dans la requête avec un clic sur son nom ou avec les touches «↓» et «Entrée». L'option *Afficher* est automatiquement cochée.

La liste déroulante de la ligne Champ

• La seconde possibilité pour sélectionner un nom de champ pour la requête consiste à utiliser le mode *Glisser & Déplacer*. Vous faites glisser un nom de champ directement dans la grille d'interrogation de la requête. Pour ce faire, cliquez tout simplement sur le nom souhaité, maintenez le bouton gauche de la souris enfoncé puis faites glisser le nom de champ sur la ligne Champ. Au cours de cette opération, le pointeur de la souris prend l'aspect d'un rectangle étroit qui contient du texte. Tant que le pointeur reste dans le volet supérieure de la fenêtre *Requête*, il a la forme d'un signal d'interdiction (cercle barré en diagonale) indiquant que vous ne pouvez pas lâcher le champ à cet endroit. Avec cette méthode l'option *Afficher* est ègalement automatiquement cochée dès que le nom du champ est placé sur la ligne *Champ*.

• Il y a moyen d'aller plus vite encore : un double-clic sur un nom de champ dans une liste et celui-ci est aussitôt ajouté à la requête.

• Pour ajouter tous les champs d'une table, double-cliquez d'abord sur la barre de titre de la fenêtre correspondant à cette table. Tous les noms de champs de cette table sont sélectionnés. Saisissez cette sélection et faites-la glisser dans la grille d'interrogation. Le pointeur se transforme à cette occasion en une cascade de plusieurs rectangles allongés. Tous les champs sont alors distribués dans les colonnes de la grille d'interrogation, dans l'ordre initial. Evitez cependant de saisir l'étoile qui se trouve juste sous la barre de titre de la fenêtre de la table et de la faire glisser dans la grille d'interrogation car cette étoile a une fonction particulière.

• Si vous faites glisser seulement l'étoile depuis une table vers une colonne de la grille d'interrogation, le nom de la table est ajouté dans cette colonne. Ce nom de table représente la totalité des champs de la table. Si vous souhaitez spécifier des critères pour certains champs, vous devez ajouter ces champs séparément.

Si vous travaillez avec plusieurs tables, vous pouvez choisir la commande *Affichage/Noms des tables* ; la ligne *Table* est alors insérée dans la grille d'interrogation. Cette ligne contient le nom de la table dont provient le nom de champ. Cliquez sur le champ dans la ligne *Table*, déroulez la liste des tables et sélectionnez-en une.

Désactiver l'affichage des colonnes

Si vous souhaitez qu'une colonne soit examinée mais que les données de cette colonne n'apparaissent pas dans la feuille de réponses dynamique (Dynaset), cliquez dans la colonne correspondante sur la ligne *Afficher* afin d'en désactiver l'affichage.

Noms de champs identiques dans des requêtes

Il peut arriver que vous utilisiez différentes tables pour une requête et que celles-ci contiennent des noms de champs identiques. Si vous utilisez l'un de ces champs pour la requête, Access vous informe de cette situation par un message. Dans ce cas, essayez de supprimer de la requête toutes les tables contenant ce champ sauf une.

En outre, le mode *glisser et déplacer* vous permet, au cours d'une même opération, d'insérer dans la requête plusieurs ou la totalité des champs d'une table. Pour sélectionner plusieurs champs contigus, maintenez la touche «Maj» enfoncée, puis faites glisser le pointeur de la souris sur l'ensemble des noms de champs. Si les champs ne sont pas contigus, maintenez la touche «Ctrl» enfoncée puis cliquez successivement sur les noms de champs souhaités. Faites ensuite glisser les noms de champs sélectionnés dans la grille d'interrogation en maintenant enfoncé le bouton gauche de la souris.

Les champs sélectionnés par erreur peuvent être tout aussi aisément supprimés. Il vous suffit de dérouler la liste de sélection de la cellule où se trouve le nom de champ. Sélectionnez alors un autre nom de champ et le précédent est supprimé. Si vous souhaitez tout simplement le supprimer sans le remplacer, placez le pointeur de la souris sur la colonne concernée. Lorsque le pointeur se transforme en une flèche orientée vers le bas, cliquez une fois et la colonne est sélectionnée. Appuyez ensuite sur la touche «Suppr» pour supprimer la colonne.

Sélectionner une colonne dans la fenêtre Requête

Si seul l'ordre des champs ne vous satisfait pas, il n'est pas nécessaire de les supprimer. En effet, le mode *Glisser & Déplacer* permet de déplacer et d'insérer aisément des champs. Pour ce faire, vous devez également sélectionner les colonnes puis relâcher le bouton de la souris, cliquez une nouvelle fois sur la colonne concernée en maintenant le bouton gauche de la souris enfoncé. Vous pouvez alors déplacer le champ à un autre endroit. Si un nom de champ existe déjà à l'endroit où vous souhaitez insérer la colonne, ce champ sera déplacé d'une colonne. Cela se produit également lorsque vous faites glisser un champ provenant d'une autre table dans la grille d'interrogation et que vous le placez entre deux colonnes.

Trier les données des champs

Les données de tous les champs d'une requête peuvent être triées. Cette option permet une représentation claire des données à condition toutefois de définir la fonction de tri appropriée.

Dans la ligne *Tri*, vous pouvez indiquer le type de tri. Vous disposez des possibilités *Croissant/Décroissant* et *Non trié*. Le tri peut s'effectuer sur une ou plusieurs colonnes. Les tris sont pris en compte d'après l'ordre des colonnes dans lesquelles ils sont définis.

Feuille de réponse triée en fonction de deux champs

Tri des champs de clé primaire

Si vous souhaitez trier un champ de clé primaire, un second tri éventuellement défini dans un autre champ ne pourra pas être pris en compte. En effet, à une clé primaire correspond un seul enregistrement qui ne peut évidemment pas faire l'objet d'un autre tri.

Définir les critères d'une requête

Dans la ligne *Critères* ainsi que dans les lignes suivantes, vous pouvez sélectionner les enregistrements recherchés à l'aide d'expressions. Une expression est une combinaison d'opérateurs, de fonctions et de noms de champs avec lesquels vous définissez une condition à laquelle les enregistrements de cette colonne devront satisfaire pour être retenus. Le champ pour lequel le critère est défini ne doit pas obligatoirement apparaître dans le résultat de la requête.

Appeler Générateur d'expression

Comme pour la définition de règles de validation ou des valeurs par défaut, vous pouvez vous faire aider par le Générateur d'expression pour la saisie des critères de sélection. Cette fois, vous ne disposez cependant pas d'un bouton directement à côté de la ligne, vous devez utiliser celui qui se trouve dans la barre d'outils.

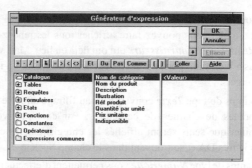

Saisie des critères à l'aide du Générateur d'expression

Le contenu du Générateur d'expression s'est une nouvelle fois modifié : vous disposez à présent de tous les objets de la base de données : tables, requêtes, formulaires et états. Tous les dossiers qui sont marqués d'un signe plus peuvent être ouverts par un double-clic de manière à afficher les ***sous-réper-toires***, autrement dit les différents objets. Lorsque le dossier est marqué d'un signe moins, cela signifie que tous les objets sont affichés. Un nouveau double-clic referme le dossier.

Si votre base de données contient de nombreux objets et si vous voulez en voir le maximum, vous pouvez agrandir le Générateur d'expression comme n'importe quelle autre fenêtre, en agissant sur une de ses bordures ou sur un coin.

Vous savez déjà comment on utilise le Générateur d'expression, il n'est donc pas utile que nous expliquions en détail comment s'en servir pour la définition des critères. Si les expressions à définir sont courtes, on peut d'ailleurs parfaitement s'en passer la plupart du temps.

Selon les critères que vous définirez, vous obtiendrez différents types d'informations. Vous pouvez également définir dans différents champs des conditions qui devront soit être remplies toutes ensemble, soit selon différentes combinaisons.

- Dans un champ de type ***Date/Heure***, vous pouvez indiquer une période ; par exemple, vous pouvez faire afficher tous les rendez-vous d'une table ***Rendez-vous fournisseurs*** qui ont déjà eu lieu. Mais vous pouvez tout aussi bien faire porter la recherche sur un jour ou un mois ou une année précis.

- Les champs de type ***Texte*** conviennent au filtrage effectué en fonction de modèles de chaînes de caractères. Par exemple, vous pouvez déterminer que seuls seront affichés les enregistrements commençant par les lettres DA et se trouvant dans le champ Société.

- Les champs de type ***Numérique*** vous permettent d'effectuer des calculs, par exemple pour multiplier le prix unitaire d'un article par le nombre d'articles commandés pour obtenir le prix total.

- Toutefois, ce type d'opération ne se limite pas aux champs de type numérique. Vous pouvez également à l'aide d'une requête déterminer le nombre de commandes qui ont été passées au cours des deux dernières semaines.

- Pour la quasi totalité des types de données, vous pouvez faire rechercher des enregistrements correspondant à une valeur précise. Il peut, par exemple, s'agir de l'ensemble de vos amis qui ont omis de vous envoyer une carte de voeux l'an passé ou encore de tous les fournisseurs qui n'habitent pas dans votre ville. L'inverse fonctionne bien sûr également : vous pouvez afficher l'ensemble des enregistrements contenant la valeur 92 477 F dans le champ Salaire.

- En outre, vous pouvez utiliser les opérateurs logiques ***Et*** et ***Ou*** pour la définition de critères, par exemple pour obtenir la liste de tous les clients qui dépassent toujours le délai de règlement de vos factures et qui passent toujours des commandes de faible volume ou qui habitent à l'étranger.

La nouvelle fonction ***Premières valeurs***, avec laquelle vous pouvez limiter le nombre des enregistrements, n'est pas définie au moyen de critères. Consultez la section intitulée ***Afficher les premières valeurs***.

L'utilisation des jokers est également possible lors de la définition des critères. Une étoile (*) correspond à une chaîne de caractères manquante et un *?* correspond à un seul caractère manquant. Le signe *#* représente toujours un chiffre.

Certains opérateurs vous permettent de définir les zones contenant les enregistrements souhaités. Les opérateurs de comparaison sont les suivants : <, >, <>, <= et >=. En outre, vous disposez des opérateurs mathématiques classiques : +, -, =, / et *.

Vous pouvez également définir des intervalles à l'aide des opérateurs ***Entre...*** ***Et***. Dans le tableau suivant, vous trouverez quelques exemples relatifs aux possibilités d'utilisation des jokers et à la formulation des expressions.

Expression	Signification
>567	Nombres supérieurs à 567.
Date()	Date système en cours.
Date()-12.	Il y a douze jours.
#01/01/2001#	Une date précise doit toujours être placée entre #...#.
Entre #01/03/93# Et #13/04/93#	Une date comprise entre le 01 Mars 1993 et le 13 Avril 1993.
Entre 10 et 20	Affiche les valeurs de champ comprises entre dix et vingt.
>=Hallbor	Affiche le nom Hallbor ainsi que tous les noms qui le suivent par ordre alphabétique. Cette expression fonctionne également si vous tapez une lettre au lieu d'un nom, par exemple >=H.
Mic???	Tous les noms qui commencent par Mic et qui comportent trois autres caractères : Michel, Micros, Micmac, etc.
Mi*e	Tous les noms qui commencent par Mi et qui se terminent par e ; le nombre de lettres placées entre le début et la fin n'a pas d'importance : Mireille, Michelle, Mirage, etc..
*tion	Tous les mots qui se terminent par la syllabe tion, par exemple réception, action, etc.
el	Tous les mots qui comportent les caractères el placés en milieu de mot : chapelle, mortadelle, pelleteuse.

Les expressions qui se rapportent à certaines combinaisons de caractères, par exemple les noms ou autres, sont affichées par Access sous leur forme normalisée dès que vous quittez la cellule qui contient l'expression. Cela vous facilite le travail vu que vous n'êtes pas obligé de saisir la commande avec sa syntaxe exacte. Une telle traduction se présente comme suit : vous tapez *nb*. Access transforme votre saisie en :

    Comme *nb*.

Toutes les données de ce champ ressemblant à *nb* seront affichées comme résultat de la requête.

Saisie des expressions

Vous pouvez bien sûr taper d'emblée l'expression appropriée. Ceci est parfois indispensable pour éviter des malentendus : par exemple, lorsqu'on recherche dans le champ concerné des combinaisons de caractères pouvant être interprétées par Access comme une expression. On peut par exemple imaginer que certaines des données contiennent des opérateurs d'Access tels <, > ou =. Si celles-ci ne sont pas placées entre guillemets, Access les interprétera comme opérateurs et non pas comme caractères.

L'utilisation des critères *Et/Ou* mérite une explication détaillée. D'une part, vous avez la possibilité de définir dans un champ plusieurs critères avec *Et* ou *Ou*. Mais vous pouvez également relier les critères placés dans différents champs par Et ou Ou.

Placé dans un seul champ, *Et* indique que toutes les valeurs recherchées doivent remplir les deux conditions. Il est donc parfaitement stupide de relier deux chaînes de caractères par Et, par exemple Schmidt Et Hallbor sachant que ces deux noms n'apparaissent jamais ensemble dans un même champ. Placer dans un champ unique, Et n'est donc utilisé que lorsqu'il s'agit de période ou de plage de valeurs : >345 Et <=444 en est un exemple typique.

L'opérateur *Ou* en revanche vous permet d'indiquer deux conditions dans un seul champ dont seulement une devra être remplie. Par exemple, dans un champ *Catégorie*, vous pouvez effectuer la recherche sur *Boissons* Ou *Produits laitiers*.

Dans le cas d'une requête, vous pouvez également définir les critères dans tous les champs sélectionnés et les relier par Et ou Ou.

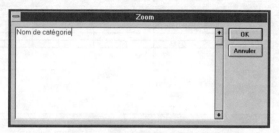

La boîte de dialogue Zoom pour agrandir une cellule

Mais vous disposez d'autres lignes pouvant être utilisées dans le cas de relation de type *Et* et *Ou* entre différents champs.

Si vous indiquez des critères dans trois champs et que vous les inscrivez dans la même ligne, ils seront interprétés comme condition Et, ce qui signifie que seuls seront affichés comme résultat de la requête les enregistrements remplissant les trois conditions simultanément. Ainsi, dans le cas d'un fichier bibliothèque, vous pouvez savoir quels sont les *romans policiers* de *plus de 500 pages* qui ne sont actuellement *pas en prêt*.

Une requête en mode Création avec combinaison de type Et entre plusieurs champs

En revanche, si ces critères sont répartis sur trois lignes, Access les interprète comme une condition de type *Ou*. Dans ce cas, tous les enregistrements remplissant au moins l'une des conditions seront affichés comme résultat de la requête. Pour reprendre l'exemple précédent, vous pourriez ainsi afficher les livres qui sont des romans policiers, ou qui ont plus de 500 pages ou qui ne sont pas actuellement en prêt.

Une requête en mode création avec combinaison de type Ou entre plusieurs champs

Bien évidemment, vous pouvez combiner à loisir les conditions *Et* et *Ou*. Tous les critères indiqués dans une ligne doivent être remplis simultanément tandis que, dans le cas de critères répartis sur différentes lignes, seul l'un d'entre eux doit être rempli. On aboutit donc à différentes combinaisons possibles :

- Vous pouvez rechercher un roman policier qui comportera plus de cinq cents pages ou qui n'est pas en prêt.

- Vous pouvez rechercher un livre de plus de cinq cents pages et qui sera soit disponible, soit un roman policier.

- La dernière combinaison possible : vous recherchez des livres qui sont disponibles et qui sont soit un roman policier, soit ont plus de cinq cents pages.

Une requête en mode Création avec combinaison de types Et et Ou

Relier des tables à partir de requêtes

Afin qu'une requête puisse concerner plusieurs tables, il faut que les tables en question soient reliées entre elles par le biais de champs de clés. Access n'est capable d'identifier des données provenant de différentes tables comme étant des données communes que si les deux tables en question possèdent un champ commun qui identifie clairement les enregistrements.

Imaginons que vous ayez une table *Fournisseurs* et une table *Commandes* (base de données COMPTOIR.MDB). A l'aide d'une requête, vous souhaitez savoir quel fournisseur est concerné par la commande de certains articles. Pour cela, vous créez une nouvelle requête et vous faites glisser le champ *Société* de la table *Fournisseurs* ainsi que le champ *Date commande* de la table *Commandes* dans la grille d'interrogation. La requête une fois exécutée, toutes les données de la colonne *Société* et toutes les données de la colonne *Date commande* sont affichées. Rien ne dit cependant que la date de commande sera associée avec la société correspondante. L'illustration suivante montre le type de résultat que l'on obtient avec cette requête :

Société	Date commande
Exotic Liquids	10-mai-91
New Orleans Cajun Delights	10-mai-91
Grandma Kelly's Homestead	10-mai-91
Tokyo Traders	10-mai-91
Cooperativa de Quesos 'Las Cabras'	10-mai-91
Mayumi's	10-mai-91
Pavlova, Ltd.	10-mai-91
Specialty Biscuits, Ltd.	10-mai-91
PB Knäckebröd AB	10-mai-91
Refrescos Americanas LTDA	10-mai-91
Heli Süßwaren GmbH & Co. KG	10-mai-91
Plusspar Lebensmittelgroßmärkte AG	10-mai-91
Nord-Ost-Fisch Handelsgesellschaft mbH	10-mai-91
Formaggi Fortini s.r.l.	10-mai-91
Norske Meierier	10-mai-91
Bigfoot Breweries	10-mai-91
Svensk Sjöföda AB	10-mai-91
Aux joyeux ecclésiastiques	10-mai-91
New England Seafood Cannery	10-mai-91
Leka Trading	10-mai-91
Lyngbysild	10-mai-91
Zaanse Snoepfabriek	10-mai-91
Karkki Oy	10-mai-91
G'day, Mate	10-mai-91
Ma Maison	10-mai-91
Pasta Buttini s.r.l.	10-mai-91
Escargots Nouveaux	10-mai-91
Gai pâturage	10-mai-91

Le résultat d'une requête avec deux tables non reliées

Chaque date de commande est associée à chaque société car les tables *Fournisseurs* et *Commandes* ne possèdent pas de champ commun ! Pour pouvoir établir une relation, il faut ajouter les tables *Produits* et *Détails commandes*. Ces tables doivent être reliées par des champs de clés.

Les tables reliées dans le mode Création

Cette requête a été exécutée une seconde fois avec les mêmes tables après l'établissement d'une relation par l'intermédiaire des champs *N° Fournisseur*, *N° commande* et *Réf produit*.

Le résultat de la même requête mais après que les tables aient été reliées entre elles

De manière générale, il existe deux types de relations, c'est-à-dire de jointures entre tables.

- Nous avons déjà abordé la relation par défaut. Cette relation dite relation *1:1* ou *1:N* peut être établie au niveau de la base de données par une clé primaire et une clé externe et reste en vigueur jusqu'à ce qu'elle soit supprimée. Une relation par défaut existante est automatiquement affichée dans une requête.

- Dans une requête, deux tables peuvent être reliées même s'il n'existe pas de relation standard. Cette relation ne vaut alors que pour cette seule requête. Si vous créez une autre requête à partir des mêmes tables, la relation ne sera pas affichée.

Même sans relation standard, les champs servant à établir la relation doivent avoir des caractéristiques identiques. Ces champs ne doivent pas nécessairement porter le même nom mais ils doivent au moins avoir le même type de données et des contenus partiellement identiques. Si les tables que vous avez

231

ajoutées à la requête possèdent un champ de ce type, rien de plus simple que d'établir une relation.

❶ Sélectionnez le nom de champ approprié dans l'une des tables à l'aide de la souris.

❷ Faites glisser le nom de champ sélectionné, en maintenant le bouton gauche de la souris enfoncé, sur le nom de champ correspondant de l'autre table. Relâchez ensuite le bouton de la souris.

L'action une fois réalisée, une *ligne de jointure* apparaît entre les deux champs. Vous venez de réaliser une équijointure entre les deux tables.

Une *équijointure* affiche comme résultat dans la feuille de réponses dynamique uniquement les données pour lesquelles une valeur égale existe dans les deux champs. Il s'agit du paramètre par défaut lorsqu'on établit une relation à l'intérieur d'une requête. Mais il existe d'autres types de relations.

Lorsque vous double-cliquez sur la ligne de jointure ou que vous cliquez dessus avec le bouton droit de la souris et choisissez ensuite la commande *Propriétés de la jointure* dans le menu contextuel, la boîte de dialogue suivante apparaît :

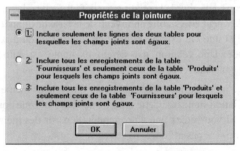

La boîte de dialogue Propriétés de la jointure

Vous pouvez sélectionner l'une des trois options proposées. Pour l'instant, l'équijointure est sélectionnée. La sélection d'une des deux autres options de jointure dépend des deux autres tables et de l'ordre dans lequel elles doivent être affichées dans la requête.

Dans une équijointure, tous les enregistrements des deux tables sont affichés. Cela suppose naturellement que toutes les données des deux tables sont égales. Il arrive également que dans une table une partie seulement des données ait une correspondance avec les données de l'autre table. Dans ce cas, on peut relier ces tables par une *jointure externe*. De manière générale, une jointure externe a pour effet d'afficher dans la feuille de réponses dynamique toutes les données de l'une des tables et seulement certaines de l'autre table. Par exemple, si vous mettez en relation la table *Clients* et la table *Contacts-Clients* dans cet ordre par une jointure externe (option N° 2), vous obtiendrez le résultat suivant :

Une jointure externe en mode Création

Vous pouvez constater que la ligne de jointure se termine du côté de la table *Contacts-Clients* par une flèche ; le sens se fait donc de gauche à droite. Si vous sélectionnez dans la table *Clients* le champ *Société* et dans la table *Contacts-Clients* le champ *Contact*, vous obtenez la feuille de réponses dynamique suivante :

La feuille de réponses dynamique d'une jointure externe gauche

Vu que la liste des contacts ne contient que cinquante enregistrements et que l'ensemble des contacts ne provient pas de manière exclusive de la table *Clients*, la colonne *Contact* peut contenir des cellules vides. La troisième option de la boîte de dialogue *Propriétés de la jointure*, appelée jointure externe droite vous permet d'obtenir le résultat inverse. Dans ce cas, tous les enregistrements de la table *Contacts-Clients* sont affichés mais ces enregistrements ne sont pas suffisants pour qu'une valeur puisse être associée à chaque enregistrement de la table *Clients*.

La feuille de réponses dynamique d'une jointure externe droite

Il existe un autre type de jointure appelée *jointure réflexive*. Elle permet de comparer les valeurs d'une table en insérant cette dernière deux fois dans la requête. Access distingue la seconde table en ajoutant un chiffre à son nom. Par exemple, vous disposerez d'une table *Employés* et d'une table appelée *Employés1*. Bien évidemment, ces deux tables doivent être mises en relation. Le choix d'une jointure de type externe ou d'une équijointure dépend du type d'informations que vous souhaitez obtenir. Si chacune des lignes des champs requis contient une entrée, optez pour une équijointure ; si tel n'est pas le cas, choisissez une jointure externe.

Dans la table *Employés* de la base de données COMPTOIR, vous trouverez, par exemple, les employés de la société ainsi que leurs supérieurs hiérarchiques. Vous souhaitez maintenant savoir quel employé dépend de quel supérieur hiérarchique.

❶ Vous pouvez soit ouvrir la base de données COMPTOIR.MDB ou importer la table Employés provenant de la base de données COMPTOIR.MDB dans votre base de données d'exercice.

❷ Vous ouvrez une nouvelle fenêtre de requête et insérez deux fois la table *Employés*.

❸ Créez une ligne de jointure entre le champ *Rend compte à* de la table *Employés* et le champ *N° Employé* de la table *Employés_1*. Le numéro qui apparaît dans le champ *Rend compte à* correspond aux numéros des employés sachant que chaque supérieur hiérarchique est aussi un employé.

Vous utilisez donc les champs de la table *Employés* pour obtenir des informations sur les employés et la table *Employés_1* pour les informations concernant les supérieurs.

❹ Faites glisser les champs *N° Employé* et *Nom* de la table *Employés* dans la grille d'interrogation. Répétez cette opération pour les deux champs de la table *Employés_1*.

Vous pouvez renommer les deux champs de la table *Employés_1* afin d'éviter des confusions. A cet effet, tapez un nouveau nom, par exemple *N° Supérieur* et *Supérieur* devant l'ancien nom de champ en faisant suivre le nouveau nom par *:*. Dans la feuille de réponses dynamique, le nouveau nom apparaît alors comme rubrique de colonne.

Dans le cas d'une équijointure, la feuille de réponses dynamique ne contiendra que les enregistrements ayant une entrée dans les deux colonnes. Le gérant de la société n'ayant pas d'entrée dans la colonne *Supérieur*, il n'apparaîtra donc pas dans le cas d'une équijointure.

❺ Sélectionnez la ligne de jointure puis activez, dans la boîte de dialogue *Propriétés de la jointure*, la seconde propriété de jointure proposée, c'est-à-dire le premier type de jointure externe.

Création d'une jointure réflexive

⑥ Cliquez ensuite sur le bouton *Feuille de données* ou *Exécuter* de la barre d'outils afin de lancer l'exécution de la requête. Vous obtenez comme résultat la feuille de réponses dynamique de l'illustration suivante.

La feuille de réponses dynamique de la requête avec jointure réflexive

237

Comme vous pouvez le constater, c'est M. Fuller qui est le patron.

Effectuer des calculs avec des requêtes

Sous Access, certaines fonctions et expressions permettent de réaliser des calculs.

A l'aide de critères, vous pouvez lancer des calculs à l'intérieur de requêtes permettant, par exemple, d'obtenir des données pour des périodes ou en fonction de plages de valeurs précises. Vous avez déjà fait connaissance avec les expressions destinées à ce type de calcul :

```
Entre Date() Et Date()-25
```

ou

```
>=134 ET <=658
```

Dans le cas de ce type d'expression, vous pouvez également faire référence à des champs.

Les noms des autres champs auxquels vous pouvez faire référence ou les contrôles provenant de formulaires doivent être placés entre crochets à l'intérieur des expressions de la requête. Si tel n'est pas le cas, Access interprétera les noms de champs comme chaînes de caractères devant être recherchées et affichera alors un message d'erreur.

Un critère qui fait référence à un nom de champ

L'illustration nous montre comment un nom de champ peut être identifié. L'expression examine toutes les commandes pour lesquelles la **date d'envoi** est bien antérieure au contenu du champ **A livrer avant**. Cette requête vous permet, par exemple, de savoir si les délais que vous avez indiqués ont bien été tenus.

Référence à des contrôles d'un formulaire

Dans une expression, vous pouvez également faire référence aux contrôles d'un formulaire qui, le cas échéant, devront également être placés entre crochets.

Pour permettre à Access d'identifier le fait que vous faites référence à des formulaires, vous devez utiliser une syntaxe spéciale. La syntaxe générale est la suivante :

```
Formulaires![NomFormulaire]![NomContrôle]
```

Si vous faites référence à un formulaire dans une expression, ce formulaire doit être ouvert au moment où la requête est exécutée. Dans la pratique, on utilise normalement ces références dans des requêtes qui sont activées par une macro directement depuis le formulaire. Nous reviendrons sur ce sujet plus loin dans ce livre.

Voici maintenant un exemple d'expression faisant référence à des formulaires :

```
>Formulaires![Employé]![Age]
```

Cette expression vous permet de trouver tous les employés dont l'âge est supérieur à la valeur saisie dans le contrôle *Age* du formulaire *Employés*.

Pour une expression de ce type, vous pouvez également utiliser des opérateurs :

```
Entre Formulaires![Commandes]![Première Date] ET
Formulaires![Commandes]![Dernière Date]
```

Cette expression permet de retrouver toutes les valeurs pour la période comprise entre les jours que vous avez tapés dans le formulaire *Commandes* dans les contrôles *Première date* et *Dernière date*.

Utiliser des fonctions

La chose est beaucoup plus simple lorsqu'il s'agit de calculer des valeurs qui se trouvent dans une colonne. A cet effet, Access met à votre disposition la ligne *Opération*. Cette ligne apparaît sous *Champ* lorsque vous cliquez sur l'icône *Opérations* dans la barre d'outils, ou que vous choisissez la commande *Affichage/Opérations*. Chaque champ de cette ligne contient une liste de sélection. Le paramètre par défaut est toujours *Regroupement*.

La ligne Opération dans son état par défaut

Regroupement

Si vous conservez le paramètre par défaut **Regroupement** dans le champ **Opération**, l'opération de calcul s'appliquera à des groupes de valeurs. L'opération de regroupement est judicieuse si un champ contient des données auxquelles correspondent respectivement plusieurs données d'un autre champ. Toutes les données d'un champ auxquelles on attribue la fonction de regroupement sont affichées. Exemple : chaque fournisseur vous livre plusieurs produits différents. Pour savoir quel est le prix total des produits livrés par chacun des fournisseurs, procédez comme suit : sélectionnez pour le champ **Fournisseur** l'opération **Regroupement** et pour le champ **Prix** la fonction **Somme**. Vous générez ainsi le calcul de tous les produits livrés par chaque fournisseur.

Somme

La fonction *Somme* vous permet d'additionner toutes les valeurs d'une colonne. De plus, si la requête contient un champ avec la fonction *Regroupement*, les sommes seront calculées pour chaque regroupement. Bien évidemment, le calcul d'une somme n'est possible que dans le cas de valeurs numériques ; la somme est affichée dans le format des différentes valeurs, par exemple en francs. Vous trouverez un exemple d'utilisation de cette fonction dans la requête *Ventes par catégories pour 1993* dans laquelle sont calculées les sommes des ventes de toutes les catégories de produits.

Moyenne

Cette fonction vous permet de calculer la moyenne des valeurs d'une colonne. Vous pouvez ainsi déterminer par exemple les ventes moyennes des employés. Pour ce faire, vous devez créer une requête où seront additionnées les ventes mensuelles ou annuelles des employés. Vous obtenez alors une feuille de réponses dynamique regroupée en fonction de deux champs : l'unité de temps et les employés. Créez ensuite sur la base de cette requête une seconde requête avec un second regroupement en fonction des employés et en choisissant la fonction *Moyenne* pour les ventes mensuelles.

Min

La fonction Min (Minimum) permet de rechercher la valeur la plus basse, par exemple l'employé ayant le chiffre de ventes le plus bas.

Max

De manière analogue à la fonction Min, la fonction Max (Maximum) permet de retrouver la valeur la plus élevée d'une colonne, dans notre cas il s'agira du meilleur vendeur.

Compte

La fonction Compte vous permet de compter toutes les valeurs d'une colonne. Il est cependant plus simple de jeter un coup d'oeil sur le numéro du dernier enregistrement. Mais vous pouvez également définir dans le cas d'un champ regroupé, le nombre correspondant de valeurs d'un champ avec la fonction **Compte**. Par exemple, on pourrait imaginer que vous vous intéressiez au nombre de commandes passées au cours du dernier mois.

Ecartype

Cette fonction vous permet de mesurer les écarts-type des valeurs d'une colonne. L'écart-type indique les écarts moyens des valeurs d'une colonne par rapport à la moyenne.

Var

La variance est égale au carré de l'écart-type. Elle indique l'éloignement de la valeur maximale et de la valeur minimale par rapport à la moyenne d'une colonne. Si vous comparez la variance d'une colonne Chiffres de vente mensuels avec l'écart-type de cette colonne, vous pourrez constater si des résultats de vente particulièrement bons au cours d'un mois proviennent des fluctuations normales au cours d'une année ou s'ils ont d'autres causes.

Premier

Sélectionne la première valeur de ce champ.

Dernier

Sélectionne la dernière valeur de ce champ.

Expression

Cette fonction apparaît automatiquement lorsque vous tapez une expression dans la ligne **Champ**.

Où

La fonction **Où** vous permet, par exemple, d'indiquer que, dans le champ correspondant, une condition précise devra être remplie que vous indiquerez dans la ligne **Critères**. Cette fonction est employée lorsque des valeurs dans un champ sont utilisées pour limiter les enregistrements intervenant dans un calcul. Dès que vous sélectionnez Où, la ligne *Afficher* est automatiquement désactivée. Exemple : vous voulez savoir combien de livraisons vous avez reçues au cours des dernières semaines et ce pour chaque fournisseur. En plus, vous souhaitez connaître le nombre de livraisons pour les produits dont le prix unitaire est supérieur à 150 F. Vous devez taper l'expression correspondante dans la ligne *Critères*.

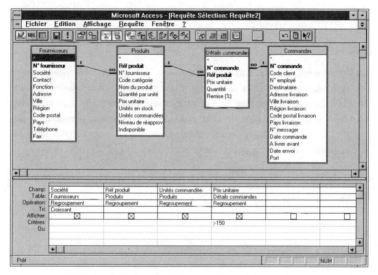

Délimiter un intervalle de temps à l'aide de la fonction Où

Créer de nouveaux champs à l'aide d'expressions

Les différentes possibilités permettant d'effectuer des calculs dont vous venez de faire la connaissance ne vous permettront pas encore de résoudre tous vos problèmes. Certes, vous pouvez limiter les enregistrements en indiquant des plages de valeurs ou des périodes et vous pouvez traiter à loisir les valeurs d'une colonne. Mais comment faites-vous lorsque vous souhaitez savoir quel pourcentage représente chaque client dans le chiffre d'affaires ? Ou le nombre de produits moyen commandés ?

Pour résoudre ce type de problème, vous allez créer des champs entièrement nouveaux à l'aide d'expressions. A partir d'une table qui contient des colonnes pour les prix unitaires et les quantités vendues, vous pouvez par exemple calculer le chiffre d'affaire. Dans ce cas, ne tapez pas l'expression dans la ligne *Critères* mais dans la ligne *Champ*.

Une expression de ce type pourrait, par exemple, se présenter comme suit :

```
CA:[Prix unitaire]*[Quantité]
```

Dans ce cas, *CA* sera le nouveau nom de champ qui apparaîtra dans la feuille de données comme rubrique de colonne sans l'expression de calcul. La somme des commandes de chaque client constituera le résultat de cette requête. Si les tables contiennent toutes les valeurs requises, vous pouvez obtenir chaque valeur à l'aide d'une requête.

Comme pour les autres champs, vous pouvez définir des critères pour les expressions. Selon la procédure utilisée, vous pourrez obtenir des résultats différents. D'une part, vous pouvez indiquer des critères qui ne prendront effet qu'une fois le calcul effectué. D'autre part, vous pouvez définir également des critères qui limitent le nombre des enregistrements intégrés au calcul.

Création d'un nouveau champ à partir d'une expression

Le premier cas est le plus fréquent. Si vous souhaitez savoir quels sont vos meilleurs clients, créez une requête qui calculera la contribution des derniers mois de chacun de vos clients à votre chiffre d'affaire. A cet effet, vous aurez besoin des tables *Commandes* et *Détails commandes*. Dans la feuille de réponses dynamique, ne laissez toutefois apparaître que les clients qui vous ont rapporté le plus d'argent. Dans la requête, attribuez au champ *Destinataire* la fonction *Regroupement* et au champ CA:[Prix unitaire]*[Quantité] la fonction *Somme*. Pour limiter le nombre d'enregistrements qui apparaîtront dans la feuille de réponses dynamique, tapez dans le champ CA:[Prix unitaire]*[Quantité] le critère >20000. Pour avoir une meilleure vue d'ensemble, vous pouvez faire effectuer un tri sur ce champ en ordre décroissant. Résultat de la requête : seuls apparaîtront les clients dont les commandes ont une valeur supérieure à 20 000 F.

Effectuer d'abord le calcul puis limiter les enregistrements

A une autre occasion, vous souhaitez connaître le nombre de commandes conclues par les nouveaux employés. Dans ce cas, vous devez tout d'abord effectuer une sélection parmi les employés avant de lancer le calcul. A cet effet, vous pouvez, par exemple, utiliser la **date d'embauche**. Vous aurez donc besoin des tables contenant les champs **N° Employé** et **Nom**, **Date d'embauche** et **N° commande**, c'est-à-dire les tables **Employés**, **Commandes** et **Détail commandes**.

D'abord limiter les enregistrements puis effectuer le calcul

❶ Cliquez sur le bouton *Opérations* de la barre d'outils pour insérer la ligne *Opération* dans la requête.

❷ Dans le champ *N° Employé*, sélectionnez dans la ligne *Opération* l'option *Où*. Ce faisant, vous indiquez à Access que les enregistrements contenus dans ce champ doivent remplir une condition précise pour pouvoir être intégrés au calcul. Les champs avec la fonction *Où* ne seront pas affichés dans le résultat, c'est pourquoi le champ *Nom* a été ajouté pour pouvoir identifier un employé.

❸ Dans cette colonne également, insérez dans la ligne *Critères* l'expression :

```
[Date d'embauche] >= #01/01/1992#
```

Le calcul concernera alors exclusivement les employés embauchés après le 1er janvier 1992.

Dans la pratique, il est plutôt recommandé d'utiliser une autre expression que celle qui est employée dans cet exemple. Plutôt que d'indiquer une date quelconque, vous pouvez utiliser une expression qui fait appel à la date système en cours : [Date d'embauche]>=Date()-30. La fonction *Date()* utilise la date courante de l'horloge interne de votre ordinateur. Cette expression vous permettrait donc de rechercher tous les employés qui travaillent dans votre société depuis un mois. En outre, vous pourriez utiliser cette requête autant de fois que vous le souhaitez, sans être obligé de modifier l'expression chaque fois.

❹ Dans le champ *N° Commande*, sélectionnez la fonction *Compte*.

Dans le résultat de la requête, vous saurez combien de commandes ont été conclues par chaque nouvel employé.

Afficher les valeurs les plus élevées

La possibilité d'afficher les valeurs les plus élevées est une des nouvelles fonctions de la version 2.0. Dans la fenêtre des *propriétés* de la requête, sur la ligne *Premières valeurs*, vous pouvez à présent indiquer un nombre ou un pourcentage de manière à afficher par exemple les 10 enregistrements avec les valeurs les plus élevées ou les plus basses.

Pour extraire par exemple de la base de données *Comptoir* les dix clients qui ont passé le plus de commandes, procédez de la façon suivante :

❶ Créez une requête avec les tables *Clients* et *Commandes*. Si les tables ont été importées dans une nouvelle base de données, vous devez éventuellement les relier par les champs *Code client*.

❷ Faites glisser le champ *Société* de la table *Clients* et le champ *N° commande* de la table *Commandes* dans la grille d'interrogation.

❸ Cliquez sur le bouton *Opérations* afin d'afficher la ligne Opération.

❹ Dans la colonne *N° commande*, remplacez l'opération *Regroupement* qui est sélectionnée par défaut, par l'option *Compte* de manière à ce que le nombre de commandes soit calculé (compté) pour chaque société.

⑤ Avec un clic sur le bouton *Propriétés*, ouvrez la fenêtre des propriétés de la requête. Si vous obtenez la fenêtre des propriétés du champ, c'est que le curseur se trouve actuellement dans un champ de la grille d'interrogation. Cliquez donc sur le fond gris du volet supérieure de la fenêtre *Requête* et refaites une nouvelle tentative. Vous devez à présent voir la bonne fenêtre.

Propriétés de la requête	
Description	
Tous les champs	Non
Premières valeurs	
Valeurs distinctes	Non
Enr uniques	Oui
Autorisations	Celles de l'utilisateur
Base source	(en cours)
Chaîne connexion source .	
Verrouillage	Aucun
Temporisation ODBC	60

Afficher les premières valeurs de la sélection d'enregistrement

⑥ Tapez la valeur *10* dans la ligne *Premières valeurs*. Vous pouvez ensuite refermer cette fenêtre.

⑦ Pour que vous obteniez effectivement la liste des 10 meilleurs clients, vous devez sélectionner le *tri décroissant* pour le champ *N° commande*.

Si vous ne sélectionnez aucun tri, Access retourne simplement les dix premiers enregistrements, indépendamment du nombre de commandes. Si, par contre, vous optez pour le tri croissant, la feuille de réponses dynamique affichera les dix clients qui ont passé le moins de commandes.

⑧ Passez ensuite en mode *Feuille de données* pour afficher le résultat de la requête.

Le nombre d'enregistrements ne correspondra pas forcément au nombre que vous avez indiqué dans la ligne *Premières valeurs*. Si quatre clients ont par exemple passé huit commandes chacun, trois autres clients, sept commandes chacun et douze clients 5 commandes chacun, la feuille de réponses dynamique contiendra au total 19 enregistrements. En effet, en cas d'ex aequo, Access ne départage pas arbitrairement les clients pour aboutir au nombre d'enregistrements souhaité.

Paramétrage et modification des requêtes

Une requête peut être créée rapidement et elle peut être modifiée tout aussi rapidement, par exemple lorsqu'on veut en créer une nouvelle à partir d'une requête existante. Il arrive cependant aussi que l'on commette des erreurs lors de la définition des critères et qu'on souhaite alors faire des corrections.

Vous savez comment ajouter des tables dans la fenêtre de création d'une requête et comment les supprimer. De même, la procédure permettant de sélectionner, de supprimer, de remplacer et de déplacer des champs dans une requête vous est maintenant familière.

Sachez maintenant que vous pouvez également modifier ou compléter à tout moment les paramètres de chaque champ. Vous pouvez supprimer, couper, copier et coller des éléments par ligne, par colonne ou par cellule. Les commandes utilisées se trouvent dans le menu *Edition*. Vous aurez en outre recours aux commandes permettant d'insérer et de supprimer des lignes et des colonnes.

La commande *Edition/Supprimer* tout vous permet de supprimer toutes les entrées de la grille d'interrogation. Mais soyez prudent ! Cette commande s'exécute sans demande de confirmation et ne peut pas être annulée par la commande *Edition/Annuler* ou en cliquant sur le bouton *Annuler*. Si vous avez sélectionné cette commande par erreur, refermez la requête sans enregistrer les modifications. Il vous suffit ensuite d'ouvrir à nouveau cette requête pour disposer de la version antérieure aux modifications.

La quasi totalité des commandes du menu *Edition* sont disponibles dès lors que vous avez sélectionné au moins une entrée, une ligne ou une colonne.

On sélectionne une entrée en faisant glisser le pointeur de la souris par dessus les caractères en maintenant le bouton de la souris enfoncé. Pour sélectionner une ligne, placez le pointeur de la souris à gauche de cette ligne (le pointeur se transforme en une flèche orientée vers la droite) puis cliquez. Pour sélectionner une colonne, positionnez le pointeur au-dessus de cette colonne ; lorsqu'il se transforme en une flèche orientée vers le bas, cliquez sur le bouton gauche de la souris.

Pour sélectionner des zones contiguës, il vous suffit de maintenir enfoncé le bouton gauche de la souris et d'étendre la sélection sur l'ensemble de la zone concernée.

Certaines propriétés du mode Création peuvent être définies comme valeurs par défaut dans la boîte de dialogue *Options*. Pour ouvrir cette boîte de dialogue, choisissez *Affichage/Options*. Dans la zone de liste *Catégories*, sélectionnez *Création de requête*.

La boîte de dialogue Options pour la création de requêtes

Les trois options peuvent être respectivement activées ou désactivées avec *Oui* ou *Non*. Tous les champs : *Non* signifie que la feuille de réponses dynamique ne contiendra que les champs ajoutés dans la grille d'interrogation. Si l'option *De l'utilisateur* est active sur la ligne *Autorisations*, cela signifie que cette requête pourra être utilisée par un utilisateur qui n'a pas de droit d'accès à la table. Cette option est sélectionnée par défaut. L'option *Afficher* les noms des tables est, par contre, désactivée par défaut. Si vous ne créez que des requêtes basées sur plusieurs tables, il est recommandé de toujours afficher le nom des tables.

Les deux premières options de cette boîte de dialogue peuvent aussi être définies pour chaque requête individuellement dans la boîte de dialogue *Propriétés de la requête*.

 Pour ouvrir cette boîte de dialogue, cliquez sur le bouton *Propriétés*. Si au lieu de la fenêtre des propriétés de la table vous obtenez celle des propriétés du champ, cliquez n'importe où en dehors de la grille d'interrogation et refaites une nouvelle tentative.

Voici la signification des options :

Description   Comme dans une table, vous pouvez entrer ici une courte description, par exemple quelques mots pour dire quel est l'objet de la requête.

Tous les champs   Cette propriété a déjà été expliquée en relation avec la boîte de dialogue *Options*.

Premières valeurs   La valeur entrée ici limite le nombre d'enregistrement affichés dans la feuille de réponses dynamique à une valeur absolue ou à un pourcentage. Si vous entrez par exemple la valeur 10, les 10 valeurs les plus élevées ou les plus basses sont recherchées, à condition qu'un tri ait été demandé. Si vous entrez la valeur 10 %, les 10 % de valeurs les plus élevées ou les plus basses sont affichées.

Valeurs distinctes   Si vous sélectionnez *Oui* pour cette option, seuls sont affichés les enregistrements dont les champs affichés en mode Feuille de données possèdent des valeurs uniques.

En uniques Avec le paramétrage par défaut (Non), les enregistrements en double ne sont pas affichés.

Autorisations Cette propriété est la même que celle qui a été décrite pour la boîte de dialogue *Options*.

Base source Par défaut, la base de données en cours. Vous pouvez indiquer ici le nom d'une base de données externe contenant toutes les tables et requêtes utilisées pour la requête en cours.

Chaîne connexion source

Dans cette ligne est indiqué le nom de l'application qui a servi à créer la base de données externe spécifiée sous *Base source*.

Verrouillage Cette propriété concerne les base de données multi-utilisateurs. Avec le paramétrage par défaut *Aucun*, deux ou plusieurs utilisateurs ont le droit de travailler en même temps avec le même enregistrement. Les modifications peuvent alors s'annuler les unes les autres, ce qui est en général à proscrire. Avec l'option *Général*, tous les enregistrements sont verrouillés pendant qu'une requête est exécutée. Avec l'option *Enr modifié*, la page d'enregistrements dans laquelle se trouve l'enregistrement en cours de modification est verrouillée. Une page peut contenir deux ou plusieurs enregistrements, selon la longueur de chacun.

Temporisation ODBC Cette valeur indique le délai à l'issue duquel Access abandonne toute tentative d'établir une liaison avec une autre base de données.

Lorsque les propriétés ont été définies selon vos souhaits, fermez la boîte de dialogue avec un nouveau clic sur le bouton **Propriétés**.

Modifier l'affichage des données avec les propriétés du champ

Dans une requête, vous pouvez aussi définir le format d'affichage et un masque de saisie des données, comme pour une table. Les modifications que vous effectuez dans la requête ne sont pas répercutées dans la table qui est à la base de cette requête. Elles sont par contre reprises si un formulaire est créé à partir de cette requête.

La fenêtre **Propriétés** des champs s'ouvre par un clic sur le bouton **Propriétés** comme celle des propriétés de la requête. Les propriétés du champ sont automatiquement proposées si le curseur se trouve dans une cellule de la grille d'interrogation, à condition cependant que l'option **Afficher** soit activée pour ce champ. On ne peut en effet pas définir de propriétés pour un champ qui ne sera pas affiché dans la feuille de réponses dynamique.

Les propriétés suivantes peuvent être définies pour un champ :

Description Quoi que vous tapiez dans cette ligne, ce sera affiché dans la barre d'état en mode Feuille de données lorsque le curseur sera placé dans la colonne correspondante.

Format Comme dans le mode Création de la table, vous pouvez indiquer ici un format prédéfini ou personnalisé. Des formats prédéfinis sont proposés dans une zone de liste déroulante pour les types de données **Numérique**, **Date/Heure** et **Oui/Non**. Les formats personnalisés doivent être entrés de la même façon que pour les tables.

Décimales Si vous avez sélectionné un format numérique sur la ligne **Format** pour le type de données **Numérique**, par exemple **Fixe**, vous pouvez indiquer ici le nombre de décimales.

Masque de saisie

Vous pouvez aussi modifier les masques de saisie dans une

requête. Comme toujours, les services du Générateur d'expression sont disponibles. Vous pouvez l'appeler par un clic sur le bouton qui apparaît à droite de cette ligne lorsque vous y positionnez le curseur.

Légende   Le texte que vous tapez ici apparaîtra à la place du nom de champ d'origine dans la feuille de réponses dynamique ou dans les formulaires et états qui seront basés sur cette requête.

Propriétés de la liste des champs

En plus des propriétés des requêtes et des champs, il existe également les propriétés de *la liste des champs*. Pour ouvrir cette boîte de dialogue, vous devez sélectionner une des tables ou requêtes ajoutées à la requête et cliquer sur le bouton *Propriétés*.

La boîte de dialogue Propriétés de la liste des champs

Sur la ligne Pseudonyme s'inscrit le nom de la table ou de la requête. Sur la ligne *Source données* vous pouvez indiquer le chemin d'accès et le nom d'une base de données externe.

Modifier l'affichage d'une requête en mode Feuille de données

Même si vous l'utiliserez en principe rarement, sachez qu'il est possible de mettre en forme une requête en mode Feuille de données exactement comme une table.

Société	CompteDeN° cc
Save-a-lot Markets	42
Ernst Handel	33
QUICK-Stop	30
Hungry Owl All-Night Grocers	28
Folk och fä HB	26
Rattlesnake Canyon Grocery	25
Berglunds snabbköp	23
HILARIÔN-Abastos	23
Wartian Herkku	21
Bottom-Dollar Markets	20
Mère Paillarde	20
Frankenversand	20

Le mode Feuille de données d'une requête

Vous pouvez modifier la hauteur des lignes et la largeur des colonnes, afficher ou masquer certaines colonnes et choisir une autre police de caractères.

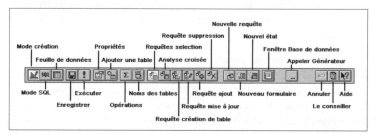

La barre d'outils d'une requête en mode Feuille de données

La requête en mode Feuille de données peut être imprimée au même titre que la feuille de données correspondant à une table. Un clic sur le bouton *Aperçu avant impression* affiche la feuille de réponses dynamique à l'écran telle qu'elle sera imprimée.

257

6.3. Des requêtes spéciales pour des occasions particulières

En plus des requêtes sélection, il existe quelques autres types de requêtes pour des tâches spéciales. Parmi celles-ci figurent les ***requêtes action***. Comme leur nom le laisse entendre, il se passe quelque chose lorsque ces requêtes sont exécutées. Avec des requêtes action, vous pouvez modifier ou supprimer des données, créer de nouvelles tables ou combiner deux tables.

Les commandes les plus importantes se trouvent dans le menu ***Requête***. La commande ***Sélection*** vous permet de créer tout type de requête. Lorsque vous ouvrez une nouvelle fenêtre de requête, l'option ***Sélection*** est cochée ce qui signifie que vous créez toujours, à l'origine, une requête de ce type. Cette requête sélection est créée comme d'habitude, tout à fait normalement, puis elle est convertie dans une autre forme. L'avantage est que vous pouvez vérifier, avant d'agir effectivement sur les données, si les enregistrements sélectionnés par la requête sont bien ceux que vous voulez modifier ou supprimer.

Pour certaines formes de requêtes, vous pouvez vous faire aider par l'Assistant Requête. C'est le cas des requêtes ***Analyse croisée***, des requêtes pour la recherche de doublons et des non correspondances et des requêtes pour l'archivage des données. Ces types de requêtes et d'autres seront décrits dans les sections à venir et le cas échéant, l'utilisation des Assistants sera expliquée.

Regrouper des données à l'aide d'une requête Analyse croisée

Une requête Analyse croisée se différencie des autres tables qui sont habituellement en usage dans Access. Dans la feuille de données d'une table, d'une requête ou d'un formulaire, les noms de champs sont utilisés comme titres de colonnes. Il n'existe pas de titres de lignes. Un tableau croisé, par contre, comporte des en-têtes de lignes et de colonnes. Dans chaque cellule du tableau croisé s'affiche par conséquent une valeur qui se réfère à deux caractéristiques, par exemple le nombre de commandes réalisées par un vendeur au cours du mois de mai.

Les données d'un tableau croisé sont des valeurs pouvant être calculées et qui sont utilisées pour effectuer des comparaisons ou dégager des tendances. Les tableaux croisés sont de ce fait, d'excellents points de départ pour des graphiques et des états.

Un tableau croisé se différencie de par sa structure des autres tables habituellement employées sous Access. De ce fait, nombreux sont les utilisateurs qui ont des difficultés pour changer leur mode de représentation en conséquence. Par chance, il existe dans la nouvelle version d'Access un Assistant Requête qui peut vous venir aide lors de la création d'un tableau croisé.

Création d'un tableau croisé à l'aide de l'Assistant

Procédez de la manière suivante pour créer avec l'Assistant Requête Analyse croisée une requête indiquant de quelle façon les commandes pour les différents produits se répartissent pour une période donnée :

❶ Créez d'abord une requête avec les tables *Produits*, *Détails commandes* et *Commandes* puis faites glisser dans la grille d'interrogation les champs *Nom du produit*, *Prix unitaire* et *Date commande*. Dans la colonne *Date commande*, entrez le critère suivant : Entre #01/01/1993# Et #01/01/1994#. De cette manière, vous n'obtiendrez que les valeurs de 1993. Enregistrez la requête sous un nom de votre choix.

❷ Cliquez sur le bouton *Nouvelle requête* puis optez pour l'Assistant.

❸ Sélectionnez l'option *Analyse croisée* dans la liste et cliquez sur *Ok*.

Sélection des tables ou requêtes pour une requête Analyse croisée

Dans la boîte de dialogue suivante, sélectionnez la table ou la requête qui contient les données pour la requête Analyse croisée. Pour vous permettre de mieux vous représenter comment les noms de champs et les données seront organisés, un exemple de tableau croisé est affiché dans la partie inférieure de la boîte de dialogue.

❹ Cliquez sur l'option *Requête* afin d'afficher la liste des requêtes et sélectionnez celle que vous venez juste de créer. Cliquez ensuite sur le bouton *Suivant*.

Déterminer un champ pour les en-têtes de lignes

⑤ Dans cette boîte de dialogue, vous devez sélectionner le champ (ou les champs) pour les en-têtes de lignes. Sélectionnez *Nom du produit* et cliquez sur «>». Le nom de champ est inséré dans l'exemple de requête Analyse croisée en tant que titre de ligne. Cliquez maintenant sur le bouton *Suivant*.

Déterminer un champ pour les en-têtes de colonnes

261

⑥ Dans cette boîte de dialogue, sélectionnez le nom de champ *Prix unitaire* afin d'en faire l'en-tête de colonne. Ce nom est aussi inséré dans l'exemple. Cliquez une nouvelle fois sur le bouton *Suivant*.

Regrouper les dates de commande dans des intervalles

⑦ Les valeurs qui doivent être calculées sont issues du champ *Prix unitaire*. Sélectionnez ce champ dans la zone de liste *Champs disponibles* puis l'option *Somme* dans la liste *Fonctions*. A gauche de ces listes, l'option *Faire la synthèse* pour chaque ligne est activée. N'y changez rien, car de cette manière, vous obtiendrez non seulement les sommes trimestrielles mais également la somme pour toute l'année. Cette valeur est également affichée dans la table exemple. Pour accéder à la dernière boîte de dialogue, cliquez une nouvelle fois sur le bouton *Suivant*.

Indiquer un nom pour la requête

⑧ Dans la dernière boîte de dialogue, vous pouvez entrer un nom pour la requête ou accepter simplement celui que vous propose Access par défaut. Vous avez également la possibilité d'exécuter la requête immédiatement, d'y apporter des modifications dans le mode Création et en prime, vous pouvez profiter d'un cours accéléré dispensé par le Conseiller. Après avoir fait votre choix, cliquez sur le bouton ***Terminer***.

Le résultat de la requête Analyse croisée

L'Assistant n'a pas été très inspiré pour le choix de l'en-tête de la colonne contenant la somme des valeurs en lignes. Dans le mode Création de la requête, vous pouvez modifier ce titre de colonne directement dans la grille d'interrogation ou dans la ligne *Légende* de la boîte de dialogue ***Propriétés des champs***.

L'Assistant enregistre automatiquement la requête sous le nom que vous lui avez indiqué. Dans la fenêtre Base de données, les requêtes Analyse croisée sont faciles à distinguer des autres car elles sont symbolisées par une icône représentant une table avec des en-têtes de lignes et de colonnes, alors que les requêtes normales sont représentées par deux tables superposées.

Créer une requête Analyse croisée sans l'Assistant

Bien entendu, il est possible aussi de créer une requête Analyse croisée en se passant des services de l'Assistant, soit parce qu'il s'est mis en grève ou parce que vous avez renoncé à son installation par manque de place sur le disque dur. Dans l'exemple suivant, il s'agit de comprendre comment le chiffre d'affaire des différentes catégories de produits se répartit par rapport aux vendeurs. Comme toujours, vous pouvez réaliser l'exemple en prenant comme point de départ les tables de la base de données Comptoir.

➊ Ajoutez à une nouvelle requête les tables *Produits*, *Détails commandes*, *Commandes*, *Catégories* et *Employés*. Les tables *Produits* et *Commandes* nous seront utiles pour créer une relation entre les tables Catégories, Détails commandes et Employés.

➋ Faites glisser dans la grille d'interrogation les champs *Nom*, *Nom de catégorie* et *Prix unitaire* qui sont respectivement contenus dans les tables Employés, Catégories et Détails commandes.

➌ Avec un clic sur le bouton correspondant, affichez la ligne *Opérations* et sélectionnez la fonction *Somme* dans la colonne *Prix unitaire*.

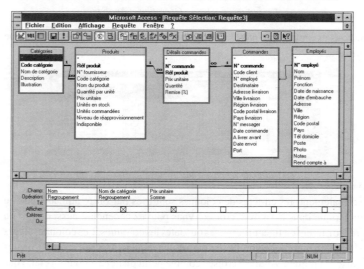

Une requête Analyse croisée en mode Création

④ Choisissez *Requête/Analyse croisée*. La ligne *Analyse* s'ajoute dans la grille d'interrogation.

⑤ Dans la zone de liste déroulante de cette ligne *Analyse* vous avez le choix entre quatre options : Ligne, Colonne; Valeur et Non affiché. Pour le champ *Nom*, sélectionnez l'option *Ligne*, pour le champ *Nom de catégorie* l'option *Colonne* et pour le champ *Prix unitaire* l'option *Valeur*.*

Les options des lignes Opération et Analyse

Si vous exécutez la requête, vous obtenez la feuille de réponses dynamique suivante :

La feuille de réponse d'une requête Analyse croisée

Normalement, les en-têtes de colonnes sont triés par ordre alphabétique ou numérique dans l'Analyse croisée. Vous pouvez cependant aussi définir un ordre différent en figeant certaines ou toutes les colonnes. Les colonnes figées peuvent en outre accélérer l'exécution d'une requête Analyse croisée. Si vous utilisez la requête Analyse croisée comme point de départ pour un état, vous pouvez ainsi faire en sorte que des colonnes bien précises soient toujours affichées et qu'il y ait des valeurs dans ces colonnes.

Figez les en-têtes de colonnes en choisissant **Affichage/Propriétés**. Dans la boîte de dialogue, vous pouvez définir l'ordre des colonnes dans la ligne **En-têtes des colonnes**. Entrez par exemple **Nom**, **Nom de catégorie** et **Prix unitaire**. Lorsque vous cliquez avec la souris dans une autre ligne, des guillemets sont automatiquement insérés devant et derrière chaque en-tête.

Propriétés de la requête	
Description	
En-têtes des colonnes	"Nom, Nom de catégorie,Prix unitaire"
Autorisations	Celles de l'utilisateur
Base source	(en cours)
Chaîne connexion source .	
Verrouillage	Aucun
Temporisation ODBC	60

La boîte de dialogue Propriétés de la requête

Trouver les doublons ou les non correspondances dans des tables ou des requêtes

Avec cette nouvelle version d'Access, vous pouvez trouver facilement et rapidement, dans une table ou une requête, les enregistrements en double. Dans les tables et les requêtes reliées vous pouvez aussi trouver les enregistrements des tables sources pour lesquels il n'existe pas d'enregistrements correspondants dans les tables reliées du côté N. Pour chacun de ces deux types de requêtes il existe un Assistant.

Trouver les enregistrements en double dans des tables ou des requêtes

Jusqu'à présent, vous ne pouviez trouver, avec les possibilités standard d'Access, que les doublons que vous recherchiez de manière ciblée à l'aide de critères. Vous pouviez par exemple déterminer, à l'aide d'une requête, si un certain client a passé plus d'une commande un jour donné. Vous deviez, pour cela, effectuer une recherche d'après ce client et cette date.

267

Avec le nouvel Assistant Requête ***Trouver les doublons***, vous pouvez rechercher les entrées en double dans un nombre quelconque de champs. Il n'est donc plus nécessaire d'élaborer d'abord une expression compliquée pour trouver ces enregistrements.

Une requête Trouver les doublons recherche ces données dans une seule table ou requête.

❶ Cliquez sur le bouton ***Nouvelle requête*** et démarrez l'Assistant.

❷ Dans la boîte de dialogue suivante, sélectionnez l'option ***Trouver les doublons*** et cliquez sur ***Ok***.

Sélection de la table dans laquelle on recherche les doublons

❸ Sélectionnez une table ou une requête. Vous pouvez prendre comme exemple la table ***Commandes*** de la base de données ***Comptoir***. Sélectionnez-la puis cliquez sur le bouton ***Suivant***.

Sélection des champs dans lesquels des données peuvent figurer en double

Cela n'a aucun sens, bien évidemment, de sélectionner une champ de clé primaire. Un tel champ n'autorise en effet aucun doublon, par définition. La même chose est vraie pour les champs indexés, du moins si vous avez défini un index qui n'autorise que des valeurs uniques. Vous devez donc sélectionner un champ qui ne possède aucune de ces caractéristiques. Le champ *N° commande* n'entre par conséquent pas en ligne de compte pour la table *Commandes*.

❹ Sélectionnez les deux champs *Destinataire* et *Date commande* si vous voulez savoir si un client a passé plusieurs commandes un même jour. Cliquez ensuite sur le bouton *Suivant*.

Afficher des champs supplémentaires

⑤ Si vous souhaitez trouver d'autres informations dans la feuille de réponses dynamique, vous pouvez sélectionner des champs supplémentaires dans cette boîte de dialogue. Ajoutez par exemple le champ *N° employé* pour trouver qui a reçu la commande et cliquez une nouvelle fois sur le bouton *Suivant*.

⑥ L'Assistant dispose maintenant de toutes les indications dont il a besoin et il propose un nom pour la requête. Si vous le souhaitez, vous pouvez remplacer ce nom par un autre de votre choix. Ne modifiez pas les autres options et cliquez sur *Terminer* pour voir le résultat de la requête.

Feuille de réponse de la requête Trouver les doublons

S'il existe déjà une requête portant le même nom (par exemple si vous avez copié la base de données **Comptoir** en entier pour votre entraînement), Access vous le signale par un message. Donnez dans ce cas un autre nom à la nouvelle requête.

Le résultat de la requête permet de voir quels clients ont passé plus d'une commande un même jour.

Trouver dans une table source les enregistrements pour lesquels il n'existe pas de correspondance dans la table destination

Lorsque deux tables sont liées par une relation 1:N, une requête Non correspondance permet de savoir s'il existe, dans la table source, des enregistrements pour lesquels il n'y a aucun enregistrement correspondant dans l'autre table. Cela vous permet de déterminer, par exemple, s'il existe des produits qui ne sont jamais commandés. Pour accéder à ces informations, vous devez créer une requête basée sur les tables **Produits** et **Détails commandes**.

❶ Cliquez sur le bouton **Nouvelle requête** puis démarrez l'Assistant Requête.

❷ Sélectionnez l'option **Non correspondance** dans la première boîte de dialogue de l'Assistant. Cliquez sur le bouton **OK**.

Sélection de la table source

③ Sélectionnez la table *Produits* en guise de table source et cliquez sur le bouton *Suivant*.

Sélection de la table destination

④ Comme table destination, sélectionnez *Détails commandes*. Comme toujours, cliquez sur le bouton *Suivant* pour afficher la boîte de dialogue suivante de l'Assistant.

Indiquer les champs de liaison

⑤ Sélectionnez dans les deux tables le champ **Réf produit** et cliquez ensuite sur le bouton «<=>». Un clic sur **Suivant** vous fait accéder à la boîte de dialogue suivante.

Sélection des champs qui doivent être affichés dans le résultat de la requête

⑥ Sélectionnez les champs **Nom du produit** et **N° fournisseur** puis cliquez sur le bouton **Suivant**.

273

Donner un nom à la requête

❼ Si vous acceptez le nom proposé, cliquez sur le bouton *Terminer* sans modifier les options de cette boîte de dialogue.

La requête est alors exécutée. Si vous travaillez encore avec les données originales de la base de données *Comptoir*, vous constatez qu'il n'existe aucun enregistrement pour lequel il n'y a pas de correspondance dans l'autre table.

Si vous exécutez une requête *Non correspondance* avec les tables *Clients* et *Commandes*, vous constaterez en revanche qu'il y a un enregistrement dans la table *Clients* pour lequel il n'existe aucun enregistrement correspondant dans la table *Commandes*.

Modifier des tables avec des requêtes action

Avec des requêtes action, il est possible de modifier des données de façon ciblée, dans une ou plusieurs tables. Avec ce type de requête, vous pouvez aussi créer de nouvelle tables, supprimer ou ajouter des enregistrements dans des tables.

Du fait que les requêtes action modifient l'état des données dès leur exécution, il y a quelques mesures de sécurité particulières qui sont prises. Dans la fenêtre ***Base de données***, les requêtes action sont représentées par une icône différente des autres, doublée d'un point d'exclamation. Vous devriez systématiquement ouvrir ces requêtes en mode Création d'abord.

Pour éviter que vous n'exécutiez une requête action par accident et que vous ne perdiez ou ne modifiiez ainsi des données, un message s'affiche lorsque vous ouvrez une telle requête. Il vous rend attentif aux modifications que cette requête aura pour conséquence et vous demande de confirmer votre choix.

De nombreuses requêtes action perdent toute leur raison d'être dès qu'elles ont été exécutées une fois. Elles peuvent donc être immédiatement supprimées. Vous réduisez ainsi le risque de supprimer ou de modifier involontairement des données et de plus vous économisez la place correspondante sur votre disque.

La fenêtre Options, catégorie Général

Lorsque vous créez une requête action, il y a aussi un moyen d'éviter des erreurs. Bien que vous puissiez créer directement la requête en tant que requête action, il est cependant plus prudent d'élaborer d'abord une requête sélection normale afin de filtrer exactement les enregistrements que vous souhaitez modifier. Dans la feuille de réponses dynamique, vous pouvez alors vérifier si vous avez sélectionné les champs corrects et si vous avez bien

275

défini les critères. Transformez ensuite cette requête en une requête action et exécutez-la.

La requête action une fois exécutée, la table initiale est en principe modifiée. Vous pouvez alors effectuer un nouveau test avec les mêmes critères. Transformez à nouveau la requête action en une requête sélection. Selon la requête action que vous venez d'exécuter, vous pouvez voir les données modifiées ou, s'il s'agissait d'une requête *Suppression*, vous ne verrez plus de données.

Archiver des données avec l'Assistant Requête

Supposons que vous travailliez depuis fort longtemps déjà avec une base de données et que vos tables soient devenues assez volumineuses. En principe, vous n'avez plus besoin de tous les enregistrements mais vous ne souhaitez toutefois pas supprimer les plus anciens. Dans ce cas, vous pouvez créer une nouvelle table à partir des données les plus anciennes, en vous aidant de l'Assistant *Requête Archivage*. Les données sont copiées de la table d'origine, celle avec laquelle vous travaillez quotidiennement, vers une nouvelle table et si vous le souhaitez, elles sont supprimées dans l'ancienne. L'avantage est que la table actuelle devient plus petite, les modifications et le tri y sont plus rapides.

Dans cet exemple, nous utiliserons l'Assistant pour créer une requête qui copie toutes les anciennes commandes de la table *Commandes* vers une nouvelle table.

❶ Cliquez sur le bouton *Nouvelle requête* et optez pour l'Assistant.

❷ Dans la première boîte de dialogue, sélectionnez l'option *Archivage* et cliquez sur le bouton «Ok».

Sélection de la table contenant les enregistrements à archiver

❸ Sélectionnez la table **Commandes**, ou la copie que vous en avez faite au préalable, puis cliquez sur le bouton **Suivant**.

Entrer un critère pour la sélection des enregistrements

❹ Dans la zone de liste déroulante de gauche intitulée **Cette valeur**, sélectionnez le champ **Date commande**. Dans la zone de liste déroulante **Est**, sélectionnez l'opérateur **<** et dans celle de droite, qui s'appelle

277

également ***Cette valeur***, entrez la valeur ***1/1/94***. Cliquez ensuite sur le bouton ***Suivant***.

Si vous souhaitez archiver tous les enregistrements, vous pouvez vous épargner la saisie de critères. Activez alors simplement la case à cocher ***Archiver tous les enregistrements de la table***.

	N° commande	Code client	N° employé	Destinataire	Adresse
▶	10000	OCEAN	6	Océano Atlántico L	Ing. Gust
	10001	MEREP	8	Mère Paillarde	43 rue St
	10002	FOLKO	3	Folk och fä HB	Åkergata
	10003	SIMOB	8	Simons bistro	Vinbæltet
	10004	VAFFE	1	Vaffeljernet	Smagsløg
	10005	WARTH	5	Wartian Herkku	Torikatu
	10006	FRANS	8	Franchi S.p.A.	Via Monte
	10007	MORGK	4	Morgenstern Gesui	Heerstr. 2
	10008	FURIB	3	Furia Bacalhau e F	Jardim da

Les enregistrements sélectionnés sont affichés

⑤ Si la sélection d'enregistrements ne vous convient pas, vous pouvez cliquer sur ***Précédent*** pour revenir à la boîte de dialogue précédente et définir un autre critère. Sinon, cliquez sur ***Suivant***.

Souhaitez-vous supprimer les enregistrements de la table d'origine ?

⑥ Dans la configuration par défaut, les enregistrements ne sont pas supprimés dans la table d'origine. Si vous travaillez avec une copie, activez l'option *Oui supprimer les enregistrements d'origine* puis cliquez sur le bouton *Suivant*.

Donner un nom à la requête

❼ Comme toujours, vous avez le choix entre accepter le nom par défaut proposé par Access ou en indiquer un autre. Ne modifiez pas les autres options et cliquez sur le bouton ***Terminer***.

Par mesure de sécurité, Access vous demande encore une fois de confirmer que vous voulez effectivement copier les enregistrements sélectionnés. Si vous répondez par ***Oui*** à cette question, vous obtenez quelques instants plus tard un autre message vous annonçant que l'archivage est réussi et vous demandant de confirmer si vous voulez effectivement supprimer les enregistrements d'origine. Si vous répondez également par ***Oui***, un dernier message vous informe que la suppression est réussie.

Vous pouvez aussi créer une requête d'archivage ou de création de table sans l'aide de l'Assistant.

Commencez par créer une requête sélection contenant exactement les enregistrements dont vous n'avez plus besoin en permanence. Pour changer, il peut s'agir des clients qui n'ont plus rien acheté chez vous au cours des trois dernières années. Dans le cas d'une création sans l'Assistant, les données de l'ancienne table ne peuvent plus être supprimées automatiquement si on le souhaite. Pour obtenir cela, vous devez, à l'issue de l'archivage, transformer la requête Création de table en une requête Suppression.

Mode Feuille de données dans les requêtes action

Conseil

Dans la nouvelle version d'Access, le mode Feuille de données est également disponible pour les requêtes action. Vous n'êtes donc plus obligé, comme par le passé, de changer le type de la requête ou de créer d'abord une requête sélection complète afin de pouvoir contrôler le contenu de la feuille de réponses dynamique.

Voici comment on transforme une requête sélection en une requête action :

❶ Si vous étiez en train d'étudier la feuille de réponses dynamique de la requête sélection, passez en mode Création.

❷ Dans le menu *Requête*, choisissez la commande *Création de table*. Cette commande génère l'ouverture de la boîte de dialogue des propriétés de la requête.

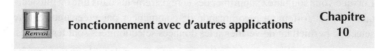

La boîte de dialogue Propriétés de la requête

❸ Dans cette boîte de dialogue, vous devez indiquer un nom sous lequel la nouvelle table sera enregistrée, par exemple *Commandes avant 1990* ou *Anciens clients*. Vous pouvez choisir d'enregistrer la nouvelle table dans la base de données courante ou dans une autre base de données. Si vous cochez l'option *Autre base de données*, vous pouvez alors indiquer dans la ligne qui suit en dessous le nom du fichier ainsi que le chemin d'accès s'il est différent du répertoire de travail actuel.

Vous avez également la possibilité de transférer la table dans une base de données qui n'a pas été créée par Microsoft Access. Pour plus de détail, reportez-vous au chapitre consacré au fonctionnement d'Access avec d'autres applications et à l'aide intégrée.

| Renvoi | **Fonctionnement avec d'autres applications** | **Chapitre 10** |

❹ Après avoir indiqué le nom de la table, retournez au mode Création avec la touche «Entrée» ou un clic sur *OK*. Vous pouvez à présent lire l'inscription *Requête Création* dans la barre de titre de la fenêtre.

❷ Passez d'abord en mode Feuille de données pour vérifier la sélection des enregistrements. Si tout est en ordre, repassez en mode Création pour exécuter la requête.

❸ Cliquez sur le bouton *Exécuter* dans la barre d'outils ou choisissez *Affichage/Exécuter* pour lancer l'exécution de la requête. Le message suivant apparaît alors :

Le message affiché lors de l'exécution de la requête Création de table

Si vous validez ce message, la nouvelle table sera créée. En règle générale, ce type de requête Action n'est conçu que pour une seule exécution. Il n'est donc pas nécessaire de l'enregistrer. Il convient à présent de réaliser une requête Suppression vous permettant de supprimer les anciennes données de la table d'origine. Nous allons voir dans la section suivante comment procéder.

Supprimer des enregistrements d'une table à l'aide d'une requête Suppression

Lorsque vous souhaitez supprimer des enregistrements dans une ou plusieurs tables, il est fortement recommandé de commencer par créer une requête sélection permettant de vérifier si les données sélectionnées sont les bonnes.

❶ Pour convertir une requête sélection ou Création de table en une requête Suppression, passez en mode Création de la requête.

❷ Choisissez *Requête/Suppression*. Cette commande ne génère pas l'ouverture d'une boîte de dialogue mais vous pouvez constater que la fenêtre de requête a subi des modifications.

Le titre de la fenêtre a été modifié et porte maintenant l'intitulé *Requête Suppression*. Dans la grille d'interrogation, la ligne *Afficher* n'existe plus et à la place de la ligne *Tri*, vous trouvez une ligne intitulée *Supprimer*. Dans chaque champ de cette ligne, vous trouvez l'option *Où*. Si vous avez fait glisser l'étoile représentant l'ensemble des champs d'une table dans la grille d'interrogation, ce champ de la ligne *Supprimer* contiendra l'option *A partir de*.

Le mode Création d'une requête Suppression

Champs sans condition dans les requêtes de suppression

Conseil

Access part du principe que vous n'avez sélectionné que les noms de champs pour lesquels vous souhaitez définir des critères. C'est pourquoi ces champs contiennent automatiquement l'option *Où*. L'option *A partir de* constitue une alternative. Elle n'est disponible que pour le champ dans lequel vous avez fait glisser l'étoile à partir de la liste des champs. Cela signifie que seront supprimés tous les enregistrements de la table concernée qui remplissent la condition du champ sélectionné.

③ Le paramétrage une fois effectué, repassez en mode Feuille de données pour vérifier une dernière fois si les enregistrements sont sélectionnés selon vos souhaits. Revenez ensuite au mode Création.

❹ Pour supprimer les données, cliquez sur le bouton *Exécuter* dans la barre d'outils ou choisissez *Requête/Exécuter*. La fenêtre qui s'ouvre alors vous offre l'ultime possibilité d'annuler la suppression des enregistrements :

Le message affiché lors de l'exécution d'une requête

Vous pouvez maintenant cliquer sur *Annuler* pour interrompre la procédure de suppression. En revanche, si vous êtes sûr de vous, cliquez sur *Ok*. Vous pouvez ensuite contrôler le résultat dans la table.

❺ Convertissez à nouveau la requête Suppression en une requête sélection en choisissant *Requête/Sélection*.

Vous disposez de deux possibilités : si vous conservez les critères définis pour la procédure de suppression, la feuille de réponses dynamique de la requête sélection ne doit plus contenir aucun enregistrement. En revanche, si vous supprimez les critères, la feuilles de réponses dynamique contiendra tous les enregistrements qui n'ont pas été supprimés. Vous pouvez également ouvrir la table dans laquelle vous avez supprimé des enregistrements.

Ajouter des enregistrements à une table à l'aide d'une requête

Au lieu de supprimer des enregistrements ou de créer une nouvelle table, vous pouvez également insérer ces enregistrements dans une table existante à l'aide d'une requête. Une fois par an, vous pouvez par exemple transférer toutes les anciennes commandes dans la base de données d'archivage en les ajoutant à une table existante.

Pour créer la requête nécessaire à cette tâche, vous pouvez utiliser une fois de plus l'Assistant Requête. L'Assistant *Requête Archivage* vous donne en effet la possibilité d'ajouter les enregistrements à une table existante plutôt que de créer systématiquement une nouvelle table. Vous pouvez bien entendu également vous passer de l'aide de l'Assistant.

Tous les champs que vous souhaitez insérer dans une autre table doivent avoir leur correspondant dans cette table. Toutefois, il n'est pas nécessaire que les noms de ces champs soient identiques bien que cela simplifie l'opération. Dans tous les cas, les types de données et les formats doivent être identiques. Si la table dans laquelle les enregistrements doivent être insérés contient plus de champs que ceux contenus par les nouveaux enregistrements, les champs excédants seront ignorés lors de l'insertion.

❶ Commencez, comme toujours, par créer une requête sélection. Vous devez sélectionner tous les champs que vous souhaitez insérer dans l'autre table ainsi que ceux destinés à recevoir les critères de sélection. De plus, vous devez normalement sélectionner le ou les champs correspondant à la clé primaire de la table destinée à recevoir les enregistrements.

Champ de type Compteur dans une Requête Ajout

Conseil

Lorsque la clé primaire de la nouvelle table est un champ *Compteur*, il est recommandé de ne pas faire glisser le compteur, c'est-à-dire le champ correspondant de la table d'origine sur la grille d'interrogation. Les enregistrements nouvellement insérés sont tout simplement numérotés en continu par le compteur. Ceci vaut également lorsque le compteur n'est pas un champ de clé primaire. Soulignons cette particularité : concernant le comptage des nouveaux enregistrements, le compteur commence par un nombre supérieur de un à la valeur maximale que le compteur avait dans cette table, même si les enregistrements correspondants ont été supprimés dans la table. Si le compteur n'est pas un champ de clé primaire, vous pouvez alors conserver les valeurs Compteur de la table d'origine. Faites glisser le champ Compteur tout simplement lors de la création de la requête sur la grille d'interrogation.

Dans le cas d'une Requête Ajout, vous ne pouvez pas déplacer les champs dans lesquels vous ne souhaitez indiquer aucun critère en tant que groupe sur la grille d'interrogation, tout du moins pas lorsque vous avez inséré un champ ou plusieurs champs un par un pour définir les critères. Si vous essayez une telle opération, un message apparaîtra lors de l'exécution de la requête vous informant que le champ en question contient une double destination et que les données ne peuvent être attribuées de manière distincte.

② La requête sélection une fois terminée et après avoir vérifié que les données souhaitées sont bien sélectionnées, utilisez la commande *Requête/Ajout*. La fenêtre des propriétés de la requête s'ouvre alors.

La boîte de dialogue Propriétés de la requête

③ Si la table destination se trouve dans la base de données actuelle, vous pouvez sélectionner son nom dans la zone de liste déroulante *Table destination*. Si les données doivent être copiées dans une autre base de données, vous devez indiquer le chemin d'accès et le nom de cette base de données sur la ligne *Autre base de données*. Fermez ensuite la boîte de dialogue avec un clic sur le bouton *Ok*.

Dans la barre de titre, on trouve à présent *Requête Ajout: Requête1* ou le nom de la requête si vous l'avez déjà enregistrée. La ligne *Afficher* de la grille d'interrogation a disparu. A la place, on trouve une nouvelle ligne intitulée *Ajouter à*. Cette ligne contient de manière automatique les noms de champs de la future table dans la mesure où ils correspondent aux noms de champs de la table d'origine. Si tel n'est pas le cas, vous devez sélectionner les noms de champs correspondants dans les listes de sélection de cette ligne.

➍ Cliquez ensuite sur le bouton **Exécuter** dans la barre d'outils ou choisissez **Requête/Exécuter** pour lancer l'exécution de la requête. Avant l'insertion des données, le message suivant apparaît :

Message affiché lors de l'exécution d'une requête Ajout

Après l'exécution réussie de la requête Ajout, vous pouvez vérifier le résultat dans la table dans laquelle les enregistrements ont été insérés.

Modifier les données avec une requête

Normalement, toutes les modifications que vous apportez à une table de réponses dynamique se répercutent sur l'ensemble des tables concernées. Vous pouvez donc, à l'aide d'une requête, extraire des données que vous souhaitez vérifier, puis procéder à leur modification. Si plusieurs tables sont concernées par cette modification, cette méthode vous permettra d'économiser du temps et qui plus est, d'être certain de ne rien oublier.

Grâce à une meilleure technique de mise à jour et de suppression, vous pouvez à présent déterminer jusqu'à quel niveau les données doivent être modifiées ou supprimées.

Pour qu'une requête puisse effectuer une mise à jour dans plusieurs tables, il faut que celles-ci soient reliées au moins dans la requête.

Chaque enregistrement de la table d'origine doit être représenté dans la requête afin de rendre possible la modification. Par exemple, si une requête concerne deux tables qui entretiennent une relation de type 1:N, vous pourrez, dans la table de réponses dynamique, modifier les données de la table N, mais pas celle de la table 1.

Dans une requête permettant d'obtenir le nombre de commandes par client, vous pourrez donc modifier le nombre des commandes mais vous ne pourrez pas ajouter un nouveau client ou en supprimer un ancien.

Pour vous permettre de toujours savoir quand une modification des données est possible et quand elle ne l'est pas, voici un bref récapitulatif :

- De manière générale, il n'est pas possible de modifier des données si la requête contient des opérations ou des tables d'analyse croisée.

- De manière générale, des données peuvent être mises à jour lorsqu'une requête ne concerne qu'une seule table et avec les restrictions citées.

Si vous tentez de modifier des données qui ne peuvent pas l'être, un message vous en informe dans la barre d'état. Vous trouverez des informations sur les possibilités, respectivement les impossibilités, de modification dans l'aide intégrée sous les mots-clés *Mise à jour des tables source* et *Mise à jour des tables source dans une relation 1 à plusieurs*.

Dans la vue d'ensemble suivante, nous distinguons les requêtes en fonction de différents critères.

Relation 1:1

Les champs des deux tables concernées peuvent être mis à jour.

Relation 1:N

Seule une mise à jour des champs de la table N est possible. Exception : la feuille de réponses dynamique ne contient pas de champ de la table N. Dans ce cas, les champs de la table 1 peuvent être mis à jour.

Relation réflexive

Bien qu'il s'agisse d'une relation de type 1:1, une mise à jour des données n'est pas possible.

Valeurs distinctes seulement

Lorsque la propriété **Valeurs distinctes seulement** a été sélectionnée dans une requête, une mise à jour n'est pas possible sachant que ce paramètre exclut certaines données de la table et que chaque enregistrement de la table ne dispose pas de correspondant dans la requête.

Opérations

Lorsqu'une requête contient des opérations, les valeurs de la table ne peuvent être mises à jour.

Requête Analyse Croisée

La mise à jour des données dans la table n'est pas possible du fait que chaque valeur est un produit de deux caractéristiques. Il s'agit par conséquent d'une requête avec des champs calculés

Pas de clé primaire ou d'index

Lorsque plusieurs tables sont concernées par une requête et que la table 1 ne possède pas de clé primaire ou d'index sans doublon, la mise à jour des données n'est pas possible.

Champ calculé

Les données ne peuvent pas être modifiées dans la feuille de réponses dynamique ; toutefois, il est possible de modifier un champ sur lequel se base le calcul. Dans ce cas, l'opération est mise à jour afin de tenir compte des modifications.

Mise à jour des données d'une table à l'aide d'une requête

Une requête **Mise à jour** permet de modifier les données de tables existantes. Il s'agit toutefois de données pouvant être modifiées à l'aide d'une expression, par exemple recalculer des prix lors d'un changement du taux de TVA. Une requête Mise à jour s'avère particulièrement intéressante lorsqu'on a affaire à des volumes de données importants. Pour modifier individuellement des données, par exemple pour n'avoir à saisir qu'un nombre limité de nouveaux codes postaux, vous devez recourir à des formulaires ou bien taper directement les données dans la feuille de données.

Lorsqu'on a recours à une requête Mise à jour, il est possible, au cours d'une même opération, de modifier uniquement certains enregistrements à l'aide de critères et de conserver les autres tels quels. Si les données ne doivent pas être sélectionnées en fonction de critères, il est plus simple d'utiliser la commande ***Remplacer*** du menu ***Edition*** à l'intérieur d'un formulaire ou d'une feuille de données d'une table.

Comme toujours dans le cas de requêtes ***Action***, vous commencez par créer une requête sélection que vous transformerez ensuite en requête ***Mise à jour***.

❶ Sélectionnez comme de coutume les tables et les champs puis, si nécessaire, définissez des critères de sélection.

❷ Après avoir vérifié à partir du résultat de la requête sélection que vous avez sélectionné les bons enregistrements, basculez à nouveau en mode Création.

❸ Choisissez ***Requête/Mise à jour***. Dans la barre de titre, on peut lire à présent : Requête Mise à jour: Requête1 ou le nom de la requête. Dans la grille d'interrogation, la ligne ***Mise à jour*** a été insérée.

❹ Dans la ligne ***Mise à jour***, tapez l'expression dans le champ que vous souhaitez mettre à jour. Si vous avez testé cette expression dans la requête sélection avec un nouveau champ, vous devez supprimer ce champ en sélectionnant la colonne puis en appuyant sur la touche «Suppr». Vous pouvez bien sûr mettre à jour simultanément plusieurs champs.

Une expression pour une requête Mise à jour peut se présenter de la manière suivante, par exemple : ***[NomChamp]*1,05*** si vous souhaitez augmenter les valeurs de ce champ de 5 %. Vous pouvez également utiliser des opérateurs /, +, - et les combiner.

⑤ Pour lancer l'exécution de la requête, cliquez sur le bouton *Exécuter* dans la barre d'outils ou choisissez *Requête/Exécuter*.

⑥ Lorsque vous cliquez sur le bouton *Ok*, le programme vous informe qu'un certain nombre d'enregistrements ont été mis à jour.

⑦ A des fins de contrôle, transformez la requête *Mise à jour* en une requête *sélection*. La ligne contenant les expressions disparaît alors automatiquement.

Si vous avez lancé l'exécution de la requête sélection avant la mise à jour et que vous avez sélectionné les enregistrements à l'aide de critères dans le champ *mise à jour*, il peut se produire que la feuille de réponses dynamique de la requête se présente un peu différemment. En raison de la modification des données dans ce champ, il est possible que certaines données ne correspondent plus aux critères et de ce fait, qu'elles ne soient pas affichées.

De manière générale, dans le cas de requêtes *Mise à jour*, tenez compte du fait que des données seront systématiquement modifiées lors de chaque exécution de la requête. Vérifiez donc que dans la commande *Affichage/Options* l'option *Confirmer les requêtes Action* est bien suivi d'un *Oui*.

Des critères variables pour des requêtes à usage multiple : la requête paramétrée

Si vous êtes amené à lancer fréquemment l'exécution d'une requête mais que vous souhaitez pouvoir utiliser chaque fois d'autres critères pour sélectionner les enregistrements, vous pouvez créer une requête paramétrée. Chaque fois que vous ouvrez la requête, le programme vous invite à indiquer un critère pour un champ ou plusieurs champs précis que vous avez préalablement définis.

A titre d'essai, vous pouvez par exemple ouvrir la requête *Ventes par date (paramétrée)* de la base de données *Comptoir*, comme d'habitude. Vous êtes alors invité à indiquer la date de début et la date de fin de la période souhaitée. Validez chaque entrée par un clic sur *Ok*. La requête est exécutée et les enregistrements sélectionnés sont affichés.

Vous pouvez créer une requête paramétrée aussi bien à partir d'une requête sélection que d'une requête Action. Ce faisant, vous avez la possibilité de supprimer de manière ciblée des enregistrements, de les mettre à jour ou de les copier dans une autre table ou encore tout simplement d'afficher des informations concernant certains enregistrements.

De même, une requête paramétrée peut également constituer la base d'un état ou d'un formulaire. Si vous imprimez mensuellement certains états, vous pouvez définir dans une requête paramétrée que vous souhaitez indiquer avant chaque impression le mois concerné par l'état.

Si vous avez indiqué plusieurs paramètres, le nombre correspondant de boîtes de dialogue apparaîtra lors du lancement de la requête. Vous devez alors indiquer dans chaque boîte de dialogue une valeur correspondant au paramètre indiqué. Ces boîtes de dialogue ne vous permettent pas d'entrer des expressions.

❶ Créez tout d'abord une requête *Sélection* ou une requête *Action* avec les tables et les champs correspondants.

❷ Lorsque la requête a été formulée, indiquez dans un ou plusieurs champs de la ligne *Critères*, une expression semblable à l'exemple suivant :

[Tapez le n° de commande, SVP]

Cette expression sera affichée dans la boîte de dialogue lors de l'ouverture ou de l'exécution de la requête paramétrée. Vous pouvez également définir un intervalle ; a cet effet, tapez une expression avec *Entre [] Et []*.

```
Entre [Tapez la date de début] Et [Tapez la date de
fin]
```

ou

```
Entre [Tapez valeur de début] Et [Tapez valeur de
fin]
```

Si vous souhaitez demander plusieurs paramètres, vous devez utiliser la boîte de dialogue *Paramètres de la requête*.

❶ Commencez par taper l'expression dans tous les champs requis puis choisissez *Requête/Paramètres*. La boîte de dialogue suivante s'ouvre :

Paramètres de la requête		
Paramètre	Type de données	

OK   Annuler

La boîte de dialogue Paramètres de la requête

❷ A l'intérieur de cette boîte de dialogue, tapez les unes en dessous des autres dans la colonne *Paramètre* toutes les expressions que vous avez saisies pour cette requête. Celles-ci doivent correspondre à celles de la grille d'interrogation à l'exception des crochets. Si vous avez utilisé une expression avec *Entre... Et*, vous devez écrire chaque expression dans la liste, par exemple Taper la date de début dans une ligne et Taper la date de fin dans la ligne suivante. Dans la colonne *Type de données*, sélectionnez le type de données correspondant qui devra également correspondre au type de données réel du champ. Refermez ensuite la boîte de dialogue en cliquant sur le bouton *Ok*.

❸ Si, dans le cas d'une requête sélection, vous basculez maintenant en mode Feuille de données ou que vous exécutez une requête Action, la boîte de dialogue *Entrer la valeur du paramètre* apparaît. Tapez dans ce champ la valeur souhaitée puis validez votre saisie avec *OK*. Vous devez répéter cette procédure autant de fois que vous avez défini de paramètres.

Access sélectionne les données et affiche la feuille de données ou effectue les modifications dans le cas d'une requête Action.

Une requête paramétrée vous permet également de rechercher des valeurs de texte que vous pouvez taper lors de l'appel de la requête. Par exemple, vous pouvez taper une expression semblable à celle-ci :

```
Comme [Tapez les premières lettres puis un *]
```

Dans le cas d'une requête paramétrée créée à partir d'une table d'analyse croisée, vous devez nécessairement taper un seul paramètre dans la boîte de dialogue *Paramètres de la requête*. Une requête d'analyse croisée avec des paramètres vous permettra par exemple d'obtenir les commandes mensuelles de chaque client.

Requêtes SQL

Vous pouvez utiliser une version SQL pour chacune des requêtes que vous créez dans Access. SQL est un langage structuré de requête (Structured Query Language) qui est utilisé dans les bases de données relationnelles pour l'extraction, la mise à jour et la gestion des données.

En réalité, les requêtes que vous créez avec Access ne sont rien d'autre que des traductions graphiques d'un code SQL. De même que Windows rend l'utilisation d'un ordinateur plus confortable, l'interface d'Access permet de définir des requêtes SQL sans avoir aucune connaissance de ce langage. Il faut cependant qu'un serveur SQL soit installé. La variante SQL d'une requête vous permet en principe d'extraire des informations d'une autre base de données serveur SQL s'il existe une structure de données appropriée.

De même que Windows ne pouvait, au début, connaître toutes les fonctions du système d'exploitation, de même la technique normale de création de requêtes d'Access ne propose pas toutes les possibilités de SQL. Le menu *Requête* contient la commande *Spécifique SQL* qui donne accès à un sous-menu contenant les commandes *Union*, *SQL direct* et *Définition des*

données. Ces trois requêtes ne peuvent être créées que dans la fenêtre SQL. Le mode Création n'est pas disponible dans ce cas.

Requête Union

Comme exemple d'une requête Union, vous pouvez ouvrir la requête *Requête union* (ou une copie) de la base de données *Comptoir*. Dans la fenêtre Base de données, les requêtes Union sont représentées par deux cercles qui se superposent partiellement.

La fonction d'une requête Union est de combiner, en une seule opération, les données de deux tables indépendantes l'une de l'autre afin d'en produire un instantané. Cet instantané, contrairement à une feuille de réponses dynamique, n'est pas mise à jour par la suite. Les données y sont donc conservées dans la forme qu'elles avaient au moment où l'instantané a été réalisé.

Dans l'exemple de la base de données *Comptoir*, on recherche tous les fournisseurs et tous les clients du Brésil. Normalement, il vous faudrait élaborer deux requêtes Création de table pour combiner ces enregistrements. Si vous souhaitez également réaliser une requête Union, vous pouvez simplement modifier celle que vous avez sous les yeux. Donnez-lui d'abord un autre nom avec la commande *Enregistrer sous* du menu *Fichier*, puis remplacez les noms de tables et de champs par d'autres, ainsi que les critères.

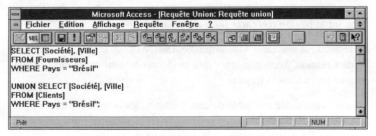

Rechercher les clients et les fournisseurs au Brésil

Comme dans les autres requêtes, vous pouvez afficher autant de champs que vous le souhaitez. Complétez simplement la liste derrière SELECT ou UNION SELECT.

Requête Définition des données

La base de données **Comptoir** contient également un exemple de requête Définition des données. Elle est représentée par un triangle et un crayon et elle s'appelle **Requête Définition des données**. Une telle requête permet de créer, supprimer ou modifier une table ou un index.

```
CREATE TABLE Amis
[[N° ami] int,
[Nom de famille] text,
[Prénom] text,
[Téléphone] text,
CONSTRAINT [Index1] PRIMARY KEY ([N° ami]]];
```

Créer une table à l'aide d'une requête SQL

Il n'existe pas de mode Feuille de données pour une telle requête. Cliquez donc sur le bouton **Exécuter** pour exécuter la requête.

Le résultat est une table vide nommée **Amis**. Si vous ouvrez cette table en mode Création, vous constatez que le champ **N° ami** est la clé primaire, comme prévu dans la requête.

Lorsque vous créez une table de cette manière, les zones de texte n'ont pas la taille standard de 50 caractère mais la taille maximale qui est de 255 caractères. Il y a éventuellement lieu de modifier ces valeurs.

Sous-requêtes

Une instruction SQL peut aussi être utilisée comme sous-requête dans la ligne *Critères* d'une requête Access normale. Il en existe également un exemple dans la base de données *Comptoir* sous le nom *Sous-requête*.

Si vous avez ouvert la requête en mode Création, vous trouvez la sous-requête dans la colonne *Code client*. Pour voir l'instruction SQL en entier, cliquez dans la cellule correspondante avec le bouton droit de la souris et choisissez la commande *Zoom* dans le menu contextuel.

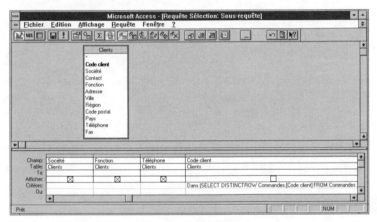

Une instruction SQL en tant que sous-requête

Dans cette exemple, cette sous-requête sert à sélectionner les enregistrements des clients qui ont passé des commandes dans une période déterminée. Le critère de sélection se réfère à une table qui n'est pas incluse dans la requête.

7. Formulaires pour simplifier la saisie des données

Dans ce chapitre, vous allez faire connaissance avec les méthodes permettant de créer et d'utiliser des formulaires. Dans une base de données Access, un formulaire n'est rien d'autre qu'un document identique au formulaire émanant d'une administration quelconque : une feuille avec des champs de saisie prédéfinis qui doivent être remplis ou cochés manuellement. Toutefois, sachant qu'un formulaire Access est disponible sous forme de données informatiques, vous disposez de possibilités plus importantes pour organiser la saisie des données.

Vous pouvez ainsi placer à loisir les éléments de présentation tels que textes, dates, images, traits et couleurs et vous pouvez créer des listes de sélection afin d'accélérer et de faciliter la sélection des données saisies. Vous pouvez en outre définir des boutons de commandes grâce auxquelles vous déclencherez l'exécution de macros. Vous pouvez également affecter des macros à un événement dans le formulaire. Cela signifie que la macro sera exécutée automatiquement chaque fois qu'une action déterminée sera effectuée dans le formulaire.

En tout premier lieu, un formulaire sert à saisir des données. Toutefois, il peut également être utilisé pour afficher ou imprimer des données. Avec la nouvelle fonction *Formulaire instantané*, il suffit d'un clic pour obtenir un formulaire de saisie des données pour une nouvelle table. Hormis la saisie, l'affichage et l'impression d'informations, vous pouvez également effectuer des calculs et afficher des graphiques avec une mise en forme appropriée.

Un formulaire contient deux types d'informations : les contrôles qui contiennent les valeurs des tables et qui sont reliés à ces tables ou à ces requêtes et les contrôles qui ne sont enregistrés qu'en mode Création du formulaire. Concernant ces derniers, il peut s'agir de lignes et de rectangles qui habillent le formulaire, de commentaires permettant d'expliciter les données provenant des tables ou des requêtes, de listes déroulantes qui offrent une sélection de données ou de boutons permettant l'exécution de certaines actions.

Un formulaire est normalement fondé sur *une* table. Cela signifie que les formulaires qui ont besoin d'informations issues de plusieurs tables doivent automatiquement être basés sur des requêtes. Il existe un type de formulaire particulier consistant en une combinaison d'un formulaire principal et d'un sous-formulaire. Dans ce cas, un formulaire basé sur une table différente est intégré dans un autre formulaire. Si, dans un formulaire, vous avez besoin d'informations issues de plusieurs tables, vous devez toujours créer une requête contenant les champs correspondants.

7.1. L'Assistant Formulaire pour aller plus vite

Création de formulaires avec l'Assistant Formulaire

Access vous propose certains formulaires standard adaptés à de nombreuses circonstances. L'Assistant vous permet de les aménager rapidement en fonction de vos besoins.

Les possibilités de l'Assistant Formulaire

Le rôle des Assistants est de vous débarrasser des tâches routinières, c'est la raison pour laquelle Microsoft a préparé les types de formulaires les plus importants pour les Assistants afin que les opérations élémentaires de mise en forme se fassent automatiquement. Vous disposez des Assistants suivants :

- L'Assistant pour les formulaires à une colonne
- Un Assistant pour les formulaires en forme de tableau
- L'Assistant pour un formulaire Graphique.
- Un Assistant pour la création de formulaires avec sous-formulaire
- La nouvelle fonction Formulaire instantané.

Dans le cas d'un formulaire composé d'une seule colonne, les valeurs sont affichées les unes en dessous des autres. Chaque valeur occupe une ligne. Lors de l'impression, il est toutefois possible d'imprimer ces valeurs sous la forme de texte disposé sur plusieurs colonnes, à l'instar d'un carnet de numéros de téléphone.

Un formulaire à une colonne créé à l'aide de l'Assistant Formulaire

Un formulaire structuré sous forme de tableau affiche les valeurs telles qu'elles sont organisées dans la table. En outre, plusieurs enregistrements sont affichés simultanément. Les étiquettes se trouvent en haut du formulaire et constituent les en-têtes de colonnes.

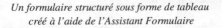

*Un formulaire structuré sous forme de tableau
créé à l'aide de l'Assistant Formulaire*

Vous pouvez également représenter les données d'un formulaire sous forme de graphique. En outre, un formulaire Graphique peut être utilisé comme sous-formulaire.

Un formulaire sous forme de graphique créé à l'aide de l'Assistant Formulaire

Mais vous pouvez également structurer un formulaire en créant tout d'abord un formulaire principal auquel vous adjoindrez un sous-formulaire. Les données du formulaire principal sont affichées sur une colonne dans la partie supérieure du formulaire, les données du sous-formulaire sous forme de tableau, en dessous. Ce type de formulaire convient plus particulièrement pour les tables avec des relations de type 1:N.

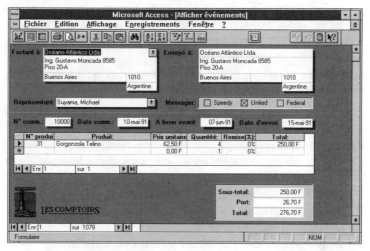

Un formulaire avec sous-formulaire créé à l'aide de l'Assistant Formulaire

Un **formulaire instantané** est un formulaire à une colonne auquel Access intègre automatiquement tous les champs de la table qui en est à la base. Avec l'Assistant Formulaire instantané, vous pouvez créer, en quelques instants, un formulaire que vous pourrez utiliser avant tout pour la saisie des données.

Bouton Formulaire

Si vous souhaitez créer un formulaire à l'aide de l'Assistant, procédez comme suit :

❶ Dans la fenêtre Base de données, cliquez sur l'onglet *Formulaire* puis sur le bouton *Nouveau*. Une alternative consiste à sélectionner une table que vous souhaitez utiliser pour le formulaire puis à cliquer sur le bouton *Nouveau formulaire* dans la barre d'outils. Vous pouvez également choisir la commande *Fichier/Nouveau/Formulaire*.

❷ Dans la boîte de dialogue *Nouveau formulaire*, sélectionnez une table ou une requête (si vous ne l'aviez pas déjà fait auparavant) puis cliquez sur le bouton *Assistant*. Un certain nombre de boîtes de dialogue se succèdent alors à l'écran en vous proposant diverses informations ou possibilités de sélection.

Après avoir créé un formulaire à l'aide de l'Assistant, vous pourrez à tout moment le modifier avec les fonctions décrites dans les pages suivantes.

L'exemple suivant vous montre comment on crée un formulaire graphique avec l'Assistant Formulaire. Comme point de départ, nous nous servirons de la requête *Analyse croisée* que nous avons créée au chapitre 6. Pour limiter le nombre de valeurs, nous avons arbitrairement sélectionné les produits dont le nom commence par M (critère : Comme *m**). Vous pouvez facilement créer cette requête avec l'aide de l'Assistant *Requête Analyse croisée*.

❶ Sélectionnez la requête souhaitée dans la fenêtre Base de données puis cliquez sur *Nouveau formulaire*.

❷ Dans la boîte de dialogue, cliquez sur le bouton *Assistants*.

❸ Sélectionnez ensuite l'option *Graphique* et cliquez sur *Ok*. Vous pouvez ensuite sélectionner un type de graphique.

Sélectionner un type de graphique

Dans la partie gauche de la boîte de dialogue se dessine automatiquement un graphique à titre d'exemple. Ne vous laissez pas perturber par l'aspect chaotique de cet échantillon..

④ Cliquez sur le bouton représentant les **histogrammes 3D**, le deuxième en partant de la gauche dans la rangée du bas. Dans le groupe d'option **Séries de données en**, laissez l'option **Colonnes activée**. Avec un clic sur **Suivant**, passez à la boîte de dialogue suivante.

Saisir un titre pour le graphique

⑤ En guise de titre, vous pouvez par exemple entrer ***Commandes trimes-trielles***. Désactivez la légende de façon à laisser plus d'espace pour les colonnes. Cliquez encore une fois sur ***Suivant***. Dans cette nouvelle boîte de dialogue, il ne se passe pas grand chose, si bien que vous auriez pu cliquer directement sur ***Terminer*** dans la précédente.

Et maintenant ?

⑥ Vous devez décider ici si vous voulez voir immédiatement le formulaire ou si vous souhaitez le modifier encore auparavant. Pour afficher le graphique, ne changez rien aux options de cette boîte de dialogue et cliquez simplement sur le bouton ***Terminer***.

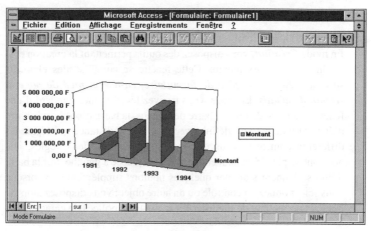

Le formulaire achevé

⑦ Le nouveau formulaire n'est pas encore enregistré et il ne possède donc pas de nom. Cliquez sur le bouton *Enregistrer* ou choisissez *Fichier/Enregistrer* sous puis indiquez un nom.

Chaque formulaire, même un graphique, que vous avez créé avec l'Assistant peut être modifié par la suite. Les modifications sont traduites sur le graphique par *Microsoft Graph*.

7.2. Créer des formulaires personnalisés

Si vous renoncez à l'utilisation de l'Assistant, vous serez confronté à un formulaire vierge et vous devrez ajouter vous-même tous les contrôles.

Pour créer un formulaire dépendant, ouvrez la boîte de dialogue *Nouveau formulaire*, sélectionnez une table ou une requête puis cliquez sur le bouton *Formulaire vierge*.

307

Les différentes fenêtre de formulaire

Les formulaires peuvent être utilisés selon quatre modes :

- En mode *Création*, vous disposez des outils permettant la création et la modification de formulaire. Cette fenêtre se compose des éléments suivants : *En-tête* et *pied de formulaire*, *en-tête* et *pied de page* et *section de détails*. En outre, vous trouvez les éléments standard d'une fenêtre : la barre de titre, la barre des menus, la barre d'outils et la barre d'état. Afin de pouvoir définir avec précision la distance qui sépare les différents contrôles, vous disposez également de deux règles, une horizontale placée en haut et une verticale placée à gauche. Sur la barre d'outils viennent s'ajouter quelques boutons supplémentaires lorsque vous sélectionnez un contrôle ou un autre objet : vous disposez alors de boutons permettant de modifier les attributs de polices de caractères.

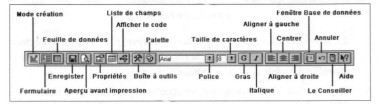

La barre d'outils dans le mode Création d'un formulaire

- Le mode *Formulaire* permet la saisie, l'affichage ou la modification des données. Le nombre d'enregistrements affiché simultanément dépend des paramètres de la feuille des propriétés du formulaire.

- Lors de l'utilisation d'un formulaire, vous pouvez également basculer directement en mode Feuille de données de la table ou de la requête concernée. En mode Feuille de données, les graphiques et les objets OLE ne sont pas affichés.

- *L'Aperçu avant impression d'un formulaire* correspond au résultat imprimé de ce document. Ce mode vous permet d'apprécier le résultat de votre travail avant impression. Vous pouvez basculer directement en mode *Aperçu avant impression* à partir de la fenêtre Base de données ou à partir de n'importe quel autre mode.

Les propriétés du formulaire

Pour chaque formulaire, vous pouvez déterminer un type d'affichage particulier à son ouverture. La feuille des propriétés d'un formulaire vous permet d'indiquer dans la ligne *Affich par défaut* l'affichage souhaité. Pour ouvrir la feuille des propriétés, choisissez *Affichage/Propriétés* lorsque vous vous trouvez en mode Création. Vous pouvez aussi cliquer sur le bouton *Propriétés*. Si les propriétés du formulaire ne sont pas affichées, affichez les règles si ce n'est pas déjà fait puis effectuez un double-clic sur le carré blanc situé en dessous de la case du menu *Système*.

Formulaire	
Toutes les propriétés	
Source	Commandes
Légende	
Affich par défaut	Mode continu
Affich autorisé	Les deux
Mode par défaut	Editions permises
Modif autorisée	Oui
Permet MAJ	Limitée
Verrouillage	Aucun
Filtrage autorisé	Oui
Menu contextuel	Oui
Barre de menu	
Barre défilement	Les deux
Afficher sélecteur	Oui
Boutons de déplacement	Oui
Taille ajustée	Oui
Auto centrer	Non
Fen indépendante	Non
Fen modale	Non
Style bordure	Dimensionnable
Boîte contrôle	Oui
Bouton réduction	Oui
Bouton agrandissement	Oui
Largeur	9,998 cm
Grille X	5
Grille Y	5

Fenêtre des propriétés d'un formulaire

La propriété *Affich par défaut* se trouve dans l'une des catégories Toutes les propriétés ou Propriétés de présentation. Si nécessaire, vous pouvez sélectionner la catégorie dans la zone de liste déroulante qui se trouve en haut de la boîte de dialogue.

- Le paramètre standard est ici *Mode continu*. Dans ce mode, tous les enregistrements sont affichés de manière continue les uns en dessous des autres ; les barres de défilement vous permettent de faire défiler l'ensemble des enregistrements pour atteindre celui que vous souhaitez.

- Le paramètre *Mode simple* provoque l'affichage à l'écran d'un seul enregistrement. Ce mode d'affichage est particulièrement approprié lorsque vous êtes amené à saisir de nombreuses informations.

- Le mode Feuille données est le paramètre standard pour les sous-formulaires. Il s'agit de la feuille de données de la table ou de la requête de base, les enregistrements apparaissent dans les lignes et les colonnes.

L'affichage par défaut d'un formulaire peut être paramétré de manière personnalisée en modifiant les contrôles ou la taille des colonnes et des lignes. De plus, la propriété *Mode par défaut* vous permet de définir le mode de traitement par défaut. Cette propriété se trouve dans les catégories *Toutes les propriétés* et *Autres propriétés*.

- Le paramètre *Editions permises* est le paramètre par défaut. Vous pouvez afficher tous les enregistrements, vous pouvez les modifier et vous avez le droit d'en saisir de nouveaux. Vous disposez de la commande correspondante *Enregistrements/Ajout*.

- Si le formulaire est exclusivement destiné à afficher des enregistrements, sélectionnez le paramètre *Lecture seule*. Comme avec le paramètre *Editions permises*, le formulaire affiche alors à son ouverture le premier enregistrement, les données ne peuvent toutefois pas être modifiées par l'utilisateur. De même, l'ajout et la suppression d'enregistrements ne sont pas possibles.

- Un formulaire utilisé en permanence pour insérer de nouveaux enregistrements dans des tables ne doit pas nécessairement afficher à chaque fois l'ensemble des enregistrements. Dans ce cas, sélectionnez le paramètre **Saisie de données**. Après l'ouverture du formulaire, un enregistrement vierge apparaît à l'écran vous permettant de saisir immédiatement des données.

- L'option **Ajouts impossibles** s'est ajoutée dans la nouvelle version. Avec cette option, vous avez le droit de modifier des enregistrements mais vous ne pouvez pas en saisir de nouveaux.

Indépendamment du mode par défaut sélectionné, vous pouvez activer/désactiver en mode Formulaire la commande **Enregistrements/Modification autorisée**. Lorsque le mode par défaut est **Saisie ou Ajouts impossibles**, cette commande ne peut pas être désactivée. Elle ne peut pas être activée lorsque le mode par défaut est **Lecture seule**. En ce qui concerne cette commande **Modification autorisée**, vous pouvez l'activer ou la désactiver en sélectionnant **Oui** ou **Non** pour la propriété **Modif autorisée** (catégorie Propriétés des données).

Voici encore une remarque à propos de quelques nouveautés importantes : dans la fenêtre des propriétés et plus précisément dans les propriétés des contrôles et des sections, vous avez à votre disposition de nombreux Assistants et Générateurs. Chaque fois qu'un clic est effectué dans une ligne, il fait apparaître à droite de cette ligne un bouton représentant trois points, vous pouvez appeler un Assistant ou un Générateur. Pour le formulaire, vous disposez des Assistants et Générateurs suivants :

- Le **Générateur de requête**. Vous le trouvez dans la ligne **Source de la fenêtre** des propriétés du formulaire. Si le formulaire est basé sur une requête, vous pouvez éditer celle-ci à l'aide du Générateur. Si le formulaire est basé sur une table, vous pouvez créer une requête fondée sur la table utilisée jusqu'à présent. Cette requête sera par la suite utilisée comme source de données pour le formulaire.

- Le **Générateur de barre de menus**. Avec ce Générateur, vous pouvez définir une barre de menus qui sera affichée à l'ouverture du formulaire actuel. Vous pouvez sélectionner les commandes dans les différents menus et limiter ainsi le choix des commandes disponibles pour l'utilisateur du formulaire.

- Des Générateurs sont également disponibles dans toutes les lignes des propriétés des événements. Lorsque vous cliquez sur le bouton vous avez tout d'abord le choix entre le Générateur d'expression, le Générateur de macro et le Générateur de code. Vous pouvez ainsi décider si vous voulez associer à cet événement une macro, une expression ou une procédure Access Basic.

Ouvrir, enregistrer, copier et fermer des formulaires

Bouton Formulaire

 Pour ouvrir des formulaires existants, il vous suffit de cliquer dans la fenêtre Base de données sur le symbole *Formulaire* puis de sélectionner le formulaire souhaité dans la liste proposée. Lorsque vous cliquez sur le bouton *Ouvrir*, le formulaire s'ouvre dans le mode défini dans la propriété *Affich par défaut*. Il peut s'agir du mode Feuille de données, Formulaire ou Création. Vous pouvez tout aussi bien double-cliquer sur le nom du formulaire dans la liste. Le bouton *Modifier* vous permet d'ouvrir le formulaire en mode Création.

Si vous souhaitez créer un formulaire ayant les caractéristiques d'un autre formulaire, effectuez une copie du formulaire existant. Sélectionnez le nom de ce formulaire dans la liste de la base de données puis activez la commande *Edition/Copier* ou la combinaison de touches «Ctrl»+«C». Le formulaire est alors copié dans le presse-papiers et peut être inséré soit dans la base de données courante sous un autre nom, soit dans une autre base de données. Choisissez *Edition/Coller* ou activez la combinaison de touches «Ctrl»+«V». Access vous invite alors à taper un autre nom pour cet objet. Si le formulaire doit être copié dans une autre base de données, vous devez dans un premier temps ouvrir la base de données concernée, c'est-à-dire refermer la base de données courante.

Dans le cas d'un formulaire copié, il est évident que celui-ci reste relié à la table ou à la requête d'origine. Pour remplacer cette table ou cette requête, vous devez taper dans la feuille des propriétés du formulaire dans la ligne *Source* le nom de la nouvelle table ou de la nouvelle requête. Vous trouverez la propriété Source dans la catégorie *Toutes les propriétés* ou *Propriétés des données*.

Pour enregistrer un formulaire ouvert, choisissez *Fichier/Enregistrer* le formulaire («Ctrl»+«S») ou *Enregistrer le formulaire sous* (en mode Formulaire), respectivement *Enregistrer* ou *Enregistrer sous* (en mode Création). Si vous n'avez pas encore attribué de nom au formulaire, vous devrez le faire dans les deux cas. La commande *Enregistrer le formulaire sous* permet d'enregistrer un formulaire existant sous une autre nom ce qui, en faite, revient à en effectuer une copie car le formulaire d'origine est conservé. En mode Création, vous disposez des commandes Enregistrer, Enregistrer sous et *Enregistrer comme un état*.

Pour refermer un formulaire, vous pouvez soit double-cliquer sur la case du menu *Système* de la fenêtre de formulaire soit choisir *Fichier/Quitter*. Si le document ne porte pas encore de nom, vous accédez alors à la boîte de dialogue de la commande *Enregistrer sous*. Si vous avez effectué des modifications qui n'ont pas encore fait l'objet d'un enregistrement, Access vous en informe et vous demande s'il doit procéder à cet enregistrement.

Si, jusqu'à présent, vous avez créé tous vos formulaire avec l'aide des Assistants, vous ne vous êtes sans doute pas trop préoccupé de connaître les fonctions que pouvaient avoir les différentes sections dans le mode Création. Peut-être n'avez-vous même jamais ouvert un formulaire dans le mode Création et vous ne savez donc pas qu'il existe différentes sections. En effet, si vous créez un formulaire sans l'Assistant, seule la section *Détail* est affichée dans le mode Création. Les autres sections ne sont ajoutées qu'à votre demande.

Dans le mode Création d'un formulaire, vous pouvez afficher les sections suivantes en plus de la section **Détail** :

- En-tête et pied de formulaire
- En-tête et pied de page.

Organisation des sections dans un formulaire

- L'en-tête de formulaire apparaît au début du formulaire. Un formulaire étant destiné en priorité à l'affichage à l'écran, le début et la fin en question se rapportent naturellement à l'écran. Toutes les entrées et contenus de champs de l'en-tête de formulaire sont donc affichés en tête de la fenêtre Formulaire.

- La même chose est valable pour le contenu du pied de formulaire. Celui-ci s'affiche toujours au bord inférieur de la fenêtre Formulaire, à moins que celle-ci ne soit trop petite.

- L'en-tête et le pied de page peuvent être insérés dans le mode Création bien qu'ils n'aient aucune fonction à l'écran. Par contre, si vous imprimez un formulaire, les contenus de l'en-tête et du pied de page sont imprimés en haut et en bas de chaque page. On place par exemple les numéros de page dans le pied de page.

- Dans la section *Détail* on entre les enregistrements. Elle contient les contrôles nécessaires à la saisie et à l'affichage des données.

Dans un formulaire en mode continu, les enregistrements défilent à l'écran entre l'en-tête et le pied de formulaire qui restent fixes à l'écran. Dans un formulaire en mode simple, l'en-tête et le pied de formulaire s'affichent en haut et en bas de chaque enregistrement.

L'en-tête de formulaire est en général utilisé pour afficher un titre. Vous pouvez également y insérer un champ de date ou des boutons appelant des macros. Avec un peu d'astuce, on peut regrouper dans l'en-tête de formulaire des boutons permettant d'exécuter facilement toutes les actions importantes telles que Imprimer, appeler d'autres formulaires ou copier un enregistrement dans le Presse-papiers.

Le pied de formulaire est également utilisé pour proposer des boutons avec lesquels certains processus sont automatisés.

L'en-tête et le pied de formulaire ne sont pas affichés dans le mode Feuille de données d'un formulaire. Ce mode ne correspond en effet à rien d'autre qu'à la table ou à la requête sur laquelle est fondé le formulaire.

Dans les *propriétés de section*, vous pouvez surtout définir les propriétés de présentation et de mise en forme. Bien entendu, dans une section vous pouvez également réagir à des événements. Pour les événements de section, comme pour les événements de formulaire, vous avez chaque fois le choix entre le Générateur d'expression, de macro ou de code.

Pour la propriété *Couleur fond*, vous disposez des services de l'éditeur de couleur. Vous pouvez sélectionner une couleur existante ou en définir une nouvelle. Access se charge de convertir la couleur en un code chiffré, ce même code qu'il fallait entrer soi-même dans les précédentes versions.

Insérer, sélectionner, déplacer ou adapter des contrôles

Même si vous avez créé la base d'un formulaire à l'aide de l'Assistant Formulaire, il est parfois recommandé d'insérer des contrôles supplémentaires ou de modifier la nature des contrôles existants. Il est parfois préférable d'opter pour une liste déroulante à la place d'une zone de texte ; les personnes chargées de la saisie des données pourront alors sélectionner la valeur appropriée dans la liste proposée.

Si vous commencez immédiatement avec un formulaire vierge, vous devrez insérer vous-même tous les contrôles. On distingue les contrôles liés, non liés et calculés.

Un contrôle lié est associé à un champ d'une table ou d'une requête. Ces contrôles permettent d'afficher, de saisir ou de mettre à jour des valeurs. Comme type de données, on trouve les types Texte, Date/Heure, Numérique et Oui/Non ainsi que des images et des graphiques.

Un contrôle non lié n'est pas associé à un champ d'une table ou d'une requête. Vous pouvez leur attribuer un contenu quelconque. Le contenu d'un contrôle non lié, par exemple une étiquette, reste le même pour tous les enregistrements.

Les contrôles calculés peuvent être liés ou non liés. Dans le cas d'un contrôle calculé non lié, sa valeur n'apparaît que dans le formulaire. Si la valeur doit être stockée dans une table ou dans une requête, il faut qu'un champ soit prévu en conséquence dans cette table ou dans cette requête et il faut que le contrôle soit lié à ce champ. Les contrôles calculés non liés se rapportent dans la plupart des cas à un autre contrôle non lié.

Créer des contrôles liés par la technique du Glisser & Déplacer

La procédure la plus simple pour créer un contrôle lié consiste à utiliser la liste des champs. Comme dans le cas de la création d'une requête, vous faites glisser les champs de la liste dans le formulaire, avec la technique du ***Glisser & Déplacer***.

Bouton Liste de champ

❶ En mode Création du formulaire, vous devez préalablemento uvrir la liste des champs. A cet effet, cliquez sur le symbole de liste des champs de la barre d'outils ou choisissez ***Affichage/ Liste des champs***. Si vous n'avez pas sélectionné de table ou de requête, l'icône de liste de champs n'est bien sûr pas disponible.

Un formulaire avec une liste de champs ouverte

❷ Pour sélectionner un champ, cliquez sur son nom dans la liste. Pour sélectionner les champs contigus, cliquez sur le premier champ, appuyez sur la touche *Maj* puis cliquez sur le dernier champ de la liste à sélectionner. Pour sélectionner des champs non contigus, maintenez la touche «Ctrl» enfoncée puis cliquez successivement sur chacun des champs concernés. Un double-clic sur la barre de titre de la liste des champs permet de sélectionner l'ensemble des champs existants.

③ Faites glisser les champs sélectionnés sur le formulaire. Relâchez ensuite le bouton de la souris lorsque le coin supérieur gauche du pointeur de la souris se trouve à l'endroit où vous souhaitez placer le coin supérieur gauche du contrôle.

La boîte à outils avec les outils pour la création des contrôles

Access attribue un contrôle à chaque champ que vous faites glisser dans le formulaire. Ce contrôle est relié au champ de la table ou de la requête d'où proviennent les données. Les champs placés dans le formulaire en mode *Glisser & Déplacer* sont automatiquement des zones de texte. Pour créer un autre type de contrôle, vous devez utiliser la boîte à outils. La taille des zones de texte et des contrôles est définie en fonction des paramètres des propriétés par défaut d'un contrôle. Vous pouvez modifier ces propriétés par défaut à tout moment. L'étiquette du champ lié est automatiquement affichée.

Si l'option *Affichage/Boîte à outils* est activée, la boîte à outils apparaît automatiquement en bas à gauche de l'écran lorsque vous ouvrez un formulaire en mode Création. Avec un clic sur le bouton *Boîte à outils*, vous pouvez fermer ou ouvrir la boîte à outils. La boîte à outils permet de créer tous les types de contrôle existants.

 Le *pointeur* permet de sélectionner, déplacer, traiter et modifier des objets dans un formulaire.

 L'outil *Étiquette* permet de saisir des champs contenant des explications ou des instructions. Ces contrôles sont indépendants, ce qui signifie qu'ils ne sont pas rattachés à de quelconques données. Lorsque vous insérez un contrôle à partir de la liste des champs par la technique du *Glisser & Déplacer*, le nom du champ est automatiquement inséré également sous forme d'une étiquette. L'étiquette est automatiquement sélectionnée lorsque vous cliquez sur un tel contrôle.

 L'outil *Zone de texte* permet de saisir des données et de faire afficher des données ou des images. Lorsque vous ajoutez un champ dans le formulaire à l'aide de la technique du Glisser & Déplacer, vous obtenez automatiquement une zone de texte pour la majorité des types de données. Les champs *Oui/Non* et *OLE* sont les seules exceptions.

 Un *groupe d'options* peut contenir des boutons bascule, des cases d'options et des cases à cocher. Lorsqu'on utilise un formulaire, on ne peut sélectionner respectivement qu'une des options du groupe d'options. Vous pouvez vous faire aider par un Assistant pour la création d'un groupe d'options.

Les *boutons bascule* permettent d'exécuter les mêmes fonctions que les cases à cocher et les cases d'options. Un tel bouton peut être utilisé par exemple pour sélectionner une valeur du type Oui/Non.

Les **boutons d'options** peuvent être utilisés individuellement ou intégrés dans un groupe d'options. Dans ce dernier cas, ils permettent de sélectionner une option parmi plusieurs.

 Les **cases à cocher** ont la même fonction et offrent les mêmes possibilités d'utilisation que les cases d'options et les boutons bascule. La différence essentielle réside dans l'aspect des boutons.

 Une **zone de liste modifiable** permet de sélectionner des valeurs dans une liste ou de taper une valeur au dessus de cette liste. Il existe un Assistant pour vous aider lors de la création de ce type de contrôle.

 L'outil **Zone de liste** vous permet de créer une liste qui ne sera affichée dans sa totalité qu'en cas de besoin. Une zone de liste permet de sélectionner des valeurs prédéfinies. Vous pouvez également vous faire aider par un Assistant pour la création de ce type de contrôle.

 L'outil Graphique lance l'assistant Graphique à l'aide duquel vous pouvez créer des graphiques et les insérer dans le formulaire. L'Assistant graphique est identique à l'Assistant Formulaire graphique.

L'outil **Sous-formulaire/Sous-état** vous permet d'associer un autre formulaire au formulaire courant.

Dans un cadre **d'objet indépendant**, vous pouvez insérer un objet quelconque, par exemple une séquence sonore, une image ou un logo de société.

Un cadre **d'objet dépendant** n'est disponible que pour certains objets. Il sert surtout à afficher le contenu d'un champ de type **Liaison OLE**.

Les outils *Trait* et *Rectangle* permettent de dessiner des traits et des rectangles.

 L'outil *Saut de page* permet de commencer une nouvelle page à un endroit quelconque du formulaire. Le saut de page peut également être utilisé pour les pages écran.

 Un bouton de commande lance l'exécution d'une ou plusieurs commandes. Le fait de cliquer sur un bouton de commande déclenche une macro.

L'outil *Assistants contrôle* est nouveau. Lorsque ce bouton est enfoncé, un Assistant est automatiquement démarré lors de la création d'un contrôle, à condition bien sûr qu'il en existe un pour ce contrôle. Il y a des Assistants pour les groupes d'options, les zones de liste modifiables, les zones de liste et les boutons de commande.

 L'outil *Verrouillage outil* vous offre la possibilité de laisser un outil activé jusqu'à ce que vous en sélectionniez un autre.

De manière générale, contrôles indépendants et calculés sont créés à l'aide de la boîte à outils. Cette dernière est cependant aussi utilisée pour créer des *contrôles dépendants* qui ne sont pas des champs de type texte. Cliquez dans ce cas sur l'outil souhaité avant de faire glisser un champ de la liste des champs dans une section du formulaire.

Les étiquettes, les cadres d'objets, les traits, les rectangles, les boutons de commande et les sauts de page sont toujours des contrôles indépendants ; les autres peuvent être soit *dépendants*, indépendants ou *calculés*.

* Pour créer un objet indépendant, par exemple, une étiquette, cliquez sur l'outil correspondant dans la boîte d'outils puis placez dans la zone du formulaire un rectangle de la taille souhaitée.

* Pour créer une étiquette adaptée à la longueur du texte, cliquez à l'intérieur du formulaire à l'endroit où le champ doit commencer puis tapez le texte. La taille peut être modifiée à tout instant. De même, les

étiquettes sur plusieurs lignes sont possibles : pour commencer une nouvelle ligne, activez la combinaison de touches «Ctrl»+«Entrée». Vous déterminez ainsi en même temps la largeur du contrôle. Les lignes suivantes sont alors automatiquement coupées à cet endroit.

• Vous pouvez modifier après coup la taille du champ et l'adapter au texte ; pour cela, sélectionnez un champ puis choisissez ***Disposition/Ajuster au contenu***. Cette fonction peut également être utilisée pour les champs dépendants mais, dans ce cas, la taille sera naturellement adaptée à la taille du champ définie dans la table de base.

Les étiquettes sont des contrôles qui se voient automatiquement associées à une zone de texte. Elles sont alors rattachées à cette zone de texte, elles peuvent être traitées et déplacées avec celle-ci. Une étiquette créée à l'aide d'un outil est indépendante. Ces contrôles indépendants sont utilisés pour ajouter au formulaire des informations ou des titres complémentaires. Les champs de ce type sont toujours constants ce qui signifie que le texte est conservé lorsque vous naviguez entre différents enregistrements.

Pour sélectionner les contrôles, il suffit de cliquer sur le champ correspondant. Dans ce cas, étiquette et contrôle forment un tout sélectionné, du moins en ce qui concerne le déplacement de ces éléments. La sélection est reconnaissable aux petits carrés (on les appelle des poignées) placés sur le cadre du champ. En haut à gauche, la marque de sélection est plus grosse qu'ailleurs. Si vous saisissez une étiquette ou une zone de texte à partir de cette poignée, vous pouvez déplacer le contrôle en question indépendamment de l'autre.

Un contrôle sélectionné et les carrés de sélection pour le déplacement

Selon l'aspect du pointeur, vous pouvez saisir un élément et l'agrandir, le réduire ou le déplacer. Saisir un élément, cela signifie placer le pointeur de la souris sur le cadre ou au centre d'un champ, cliquer puis maintenir enfoncé le bouton de la souris.

Saisie des données

Les données peuvent être saisies soit en mode Feuille de données, soit en mode Formulaire. Pour passer en mode Feuille de données, cliquez sur le bouton correspondant dans la barre d'outils. Il existe de même un bouton spécifique pour passer en mode Formulaire.

En mode Feuille de données, procédez de la même manière que lors de la saisie de données dans une table. En mode Formulaire, vous devez déplacer le curseur d'un champ à l'autre. A cet effet, vous disposez de différentes possibilités :

- La touche «Tab»
- La touche «Entrée»
- La touche «Flèche bas»

Le mode Formulaire d'un formulaire

Pour passer d'un enregistrement à un autre, vous pouvez utiliser les touches *Page haut* et *Page bas*. La combinaison de touches «Ctrl»+«Origine» vous permet d'accéder directement au premier enregistrement et la combinaison «Ctrl»+«Fin» au dernier enregistrement. A la place des touches, vous pouvez bien sûr utiliser la souris. Vous trouverez dans la partie inférieure de la fenêtre Formulaire des boutons fléchés permettant de passer à l'enregistrement précédent ou à l'enregistrement suivant, ou encore de vous positionner sur le dernier ou sur le premier enregistrement.

Si vous utilisez le clavier lors de la saisie des données, il se pourrait qu'un problème apparaisse. En effet, Access note l'ordre dans lequel les contrôles ont été créés. Lors de la saisie des données, cet ordre est respecté : lorsque vous appuyez sur la touche «Tab», le curseur se déplace d'un champ à un autre en tenant compte de l'ordre de création. Il se peut donc que ce respect scrupuleux de l'organisation de départ soit contraire à vos souhaits. C'est pourquoi vous avez la possibilité, lorsque vous vous trouvez en mode Création, d'ouvrir la boîte de dialogue *Edition/Ordre de tabulation*.

La boîte de dialogue Ordre de tabulation dans le mode Création d'un formulaire

Cette boîte de dialogue permet de sélectionner la zone du formulaire dans laquelle vous souhaitez modifier l'ordre de tabulation. Dans la partie droite, vous trouvez une liste des champs contenus dans la zone sélectionnée. Vous pouvez maintenant définir un ordre personnalisé de ces champs à l'aide du mode Glisser & Déplacer de la souris, afin de définir un ordre vous permettant, lors de la saisie des données, d'accéder au champ souhaité lorsque vous activez la touche *Tab*. Pour sélectionner un champ, vous devez cliquer à gauche de la ligne comme dans le cas de la sélection d'une ligne de table.

Dans la fenêtre des propriétés d'un contrôle, vous pouvez déterminer s'il doit être tenu compte d'un contrôle dans l'ordre de tabulation (propriété *Arrêt tabulation*) et si oui, à quelle position il doit se situer dans l'ordre de tabulation (propriété *Index tabulation*).

Nouvelle propriété Effet touche Entrée

Conseil

La propriété *Effet touche Entrée* d'une zone de texte peut être définie de manière à ce que le fait d'appuyer sur la touche «Entrée» dans une zone de texte n'active pas automatiquement le contrôle suivant mais insère une ligne supplémentaire dans la zone de texte actuelle. Il n'est toutefois pas possible, en mode Formulaire, d'agrandir automatiquement la zone de texte au fur et à mesure que s'ajoutent les nouvelles lignes. Vous ne verrez donc jamais que la dernière ligne si vous n'avez pas prévu des dimensions suffisantes pour la zone de texte.

7.3. Utilisation judicieuse des contrôles

Les différents contrôles que vous pouvez intégrer dans un formulaire doivent naturellement être employés de manière judicieuse pour être réellement efficaces. Malgré toute l'aide apportée par les Assistants, vous devrez dans tous les cas retravailler quelque peu les formulaires créés avec leur aide si vous voulez exploiter toutes les possibilités d'Access.

Il s'agit en premier lieu de définir les propriétés des contrôles ajoutés par les Assistants ou par vos soins. Il est ensuite tout aussi important de trouver l'usage correct de chaque contrôle.

Définir ou modifier les propriétés des contrôles

Vous avez déjà vu en quoi consistent les propriétés du formulaire et vous les avez déjà modifiées. Il existe de même des propriétés pour les différentes sections du formulaire ainsi que pour chacun des contrôles. Le nombre et le type de propriété dépend de la section ou du contrôle concerné. Nous reviendrons sur les propriétés des sections en temps utile. Intéressons-nous tout d'abord aux propriétés des contrôles.

❶ Pour ouvrir une feuille des propriétés, sélectionnez tout d'abord une zone de texte quelconque sans son étiquette. La zone de texte n'a en effet pas les mêmes propriétés que l'étiquette.

❷ Cliquez ensuite sur le bouton ***Propriétés*** dans la barre d'outils ou choisissez ***Affichage/Propriétés***. Cette commande figure également dans le menu contextuel que l'on obtient avec un clic du bouton droit de la souris.

Un double-clic sur un contrôle non sélectionné ouvre également la feuille des propriétés correspondante. Toutefois, cette méthode ne fonctionne pas avec les objets ***OLE indépendants***.

Zone de texte: Nom	
Toutes les propriétés	
Nom	Nom
Source contrôle	Nom
Format	
Décimales	Auto
Masque de saisie	
Valeur par défaut	
Valide si	
Message si erreur	
Texte barre état	Nom de l'employé
Auto tabulation	Non
Effet touche Entrée	Défaut
Visible	Oui
Afficher	Toujours
Activé	Oui
Verrouillé	Non
Arrêt tabulation	Oui
Index tabulation	1
Barre défilement	Aucune
Auto extensible	Non
Auto réductible	Non
Gauche	3,259 cm
Haut	1,693 cm
Largeur	2,275 cm
Hauteur	0,423 cm
Couleur fond	16777215

La fenêtre des propriétés d'une zone de texte

Les contrôles liés, c'est-à-dire ceux que vous avez ajoutés en mode ***Glisser & Déplacer*** depuis la liste des champs, conservent automatiquement les propriétés qui leur ont été attribuées dans la table : Format, Texte barre état (description), Valide si, Message si erreur et Valeur par défaut.

Si vous définissez par la suite des règles de validation dans une table, celles-ci sont dans tous les cas prises en compte lors de la saisie de données dans un formulaire, mais elles ne sont pas affichées dans la fenêtre des propriétés du contrôle correspondant. Si vous utilisez des règles de validation, il est par conséquent recommandé de ne définir ces règles que dans les formulaires ou uniquement dans les tables mais pas dans les deux à la fois.

La ligne d'état de la fenêtre de formulaire affiche une brève information pour chaque propriété. Cette information apparaît lorsque la propriété est sélectionnée ou que le pointeur de la souris se trouve positionné sur cette ligne. Vous obtiendrez davantage d'informations si vous cliquez sur la propriété et que vous appuyez ensuite sur la touche «F1».

Certaines lignes de la feuille des propriétés sont des listes déroulantes, ce qui signifie que vous pouvez choisir une option proposée dans une liste. Lorsque vous placez le pointeur de la souris sur un champ de ce type, un bouton représentant une flèche orientée vers le bas apparaît alors. Il existe également des listes qui sont vides, par exemple les listes *Avant MAJ* ou *Sur touche appuyée*. Ce champ peut recevoir une fonction ou une macro qui sera exécutée avant la mise à jour des données du formulaire. Si vous venez de créer une nouvelle base de données et si vous n'avez créé ou copié que les objets dont vous aviez besoin jusqu'à présent, il n'y a pas encore de macros disponibles. Il en va bien entendu autrement si vous travaillez avec la base de données *Comptoir*. D'autres lignes ne proposent aucune liste déroulante ; vous devez alors tout simplement taper le paramètre souhaité. Les nombreux Générateurs constituent la nouveauté. Nombreuses sont en effet les lignes où ils guettent le moment où vous les activerez. Dès que vous cliquez sur une de ces lignes, vous voyez apparaître le fameux bouton avec les trois points. Jusqu'à présent, vous avons découvert les Générateurs suivants dans les propriétés des contrôles :

- Le *Générateur de couleur*. Ce Générateur permet de sélectionner ou de définir une couleur pour le fond, la bordure et le texte d'une zone de texte. Pour les étiquettes, vous pouvez en outre indiquer une couleur de fond.

- Les Générateurs d'expression, *de macro* ou *de code* qui vous aident à définir les réactions aux événements d'un contrôle.

- Le *Générateur d'expression* est également proposé dans d'autres circonstances pour certaines contrôles. Vous pouvez l'appeler par exemple sur la ligne *Source contrôle d'un groupe d'options* pour en définir le contenu et naturellement aussi sur les lignes *Valeur par défaut* et *Valide si*.

- Le *Générateur de requête* est proposé par exemple dans le cas d'un objet incorporé pour la propriété *Source de l'enregistrement*. Un objet incorporé est par exemple un graphique créé à l'aide de l'Assistant Formulaire graphique.

- L'Assistant *Masque de saisie* permet de spécifier un masque de saisie dans une zone de texte, comme dans une table.

- Le *Générateur d'image* peut être utilisé pour la création de boutons représentant des icônes. Il peut être mis à contribution pour sélectionner des boutons d'Access ou rechercher des icônes sur le disque dur.

Les propriétés fixées peuvent être modifiées. Il vous suffit, dans le cas d'une liste déroulante, d'opter pour une autre propriété ou d'écraser l'ancienne en tapant la nouvelle. La combinaison de touches «Maj»+«F2» permet d'ouvrir la boîte de dialogue *Zoom* qui vous donne plus d'aisance et de confort dans votre travail.

Au lieu de définir séparément les propriétés de chacun des contrôles, vous pouvez procéder à la définition des paramètres par défaut d'un contrôle. Par exemple, vous pouvez indiquer que toutes les zones de texte devront avoir une police et une taille particulière. Ensuite, vous pouvez travailler à partir des fenêtres de propriétés pour définir certaines propriétés particulières à certains contrôles.

❶ Pour modifier les propriétés par défaut d'un contrôle, par exemple d'une zone de texte, cliquez tout d'abord sur le bouton *Propriétés* de la barre d'outils. Une alternative consiste à choisir la commande *Affichage/Propriétés*.

❷ Cliquez ensuite dans la boîte à outils sur l'outil correspondant au contrôle souhaité. Peu importe que vous ayez préalablement sélectionné un élément ou non. L'important, c'est que la feuille des propriétés soit ouverte.

Zone de texte par défaut	
Toutes les propriétés	
Auto tabulation	Non
Effet touche Entrée	Défaut
Visible	Oui
Afficher	Toujours
Barre défilement	Aucune
Auto extensible	Non
Auto réductible	Non
Largeur	2,54 cm
Hauteur	0,423 cm
Couleur fond	16777215
Apparence	Standard
Style bordure	Transparent
Couleur bordure	0
Epaisseur bordure	Filet
Style trait bordure	Plein
Couleur texte	0
Police	MS Sans Serif
Taille caractères	8
Epaiss caractères	Standard
Italique	Non
Souligné	Non
Aligner texte	Standard
Etiquette incluse	Oui
Ajouter2Points	Oui
Etiquette X	-2,54 cm
Etiquette Y	0 cm

La fenêtre des propriétés par défaut d'une zone de texte

Il y a bien sûr certaines propriétés telles que *Source* ou *Légende* que vous ne retrouvez pas dans la fenêtre des propriétés par défaut. De même, les propriétés événements ne sont disponibles que pour chaque contrôle individuellement.

Vous pouvez procéder différemment : modifiez un contrôle existant puis choisissez *Disposition/Définir comme modèle*. Lorsque vous sélectionnez ensuite un autre contrôle et que vous choisissez *Disposition/Utiliser le modèle*, le contrôle concerné recevra les propriétés préalablement enregistrées dans les paramètres par défaut.

Si vous maîtrisez le mode Table, la plupart des propriétés vous sont connues. C'est pourquoi nous ne vous proposons qu'un aperçu rapide des paramétrages possibles. Dans la colonne *Paramétrage* du tableau ci-après sont indiqués les intitulés que vous devez sélectionner dans la liste des formats de la fenêtre *Propriétés* pour obtenir un résultat semblable à celui de l'exemple. Au lieu de sélectionner la propriété de format dans la fenêtre des propriétés, vous pouvez aussi l'entrer directement dans le contrôle.

Type de données	Paramétrage	Exemple
Numérique et monétaire	Numérique général	6784,23
	Monétaire	1.129,56 F
	Numérique fixe	8903
	Nombre standard	8.903
	Pourcentage	89,03 %
Date/Heure	Date standard	13/04/1993 19:09
	Date, complète	Mardi 13 avril 1993
	Date, réduit	13 Avr. 93
	Date, abrégée	13/04/1993
	Heure, 12 heures	07:12 PM
Oui/Non	Vrai/faux	Faux
	Oui/Non	Non
	Activé/Désactivé	Désactivé

Vous avez déjà probablement constaté que le texte destiné à apparaître dans un contrôle n'apparaît pas systématiquement en mode Formulaire. Notamment dans le cas de champs de type Mémo, il est parfois difficile de définir la taille de champ appropriée. Vous disposez alors de plusieurs possibilités de modifications.

* Vous pouvez agrandir la *zone de texte* en mode Création de formulaire avec le pointeur de la souris ou taper d'autres valeurs pour la largeur et la hauteur dans la feuille des propriétés. Si vous modifiez la hauteur d'un champ, des passages à la ligne seront automatiquement insérés afin que le texte remplisse le champ.

* Vous pouvez en plus insérer une barre de défilement verticale. A cet effet, sélectionnez l'option *Verticale* dans la ligne Barre défilement de la feuille des propriétés de la zone de texte.

Mais même si vous jouez avec les barres de défilement, vous pourrez certes visualiser toutes les valeurs mais le problème reste entier lorsqu'il s'agit d'imprimer le formulaire. Dans ce cas, sélectionnez pour les propriétés *Auto extensible* et *Auto réductible* l'option *Oui*. Ces propriétés n'affectent pas l'affichage écran mais uniquement le résultat à l'impression. Cela signifie que lorsque vous lancerez l'impression du formulaire, l'ensemble du texte contenu dans une zone de texte sera imprimé, quelle qu'en soit la quantité.

Extension automatique d'une zone

 Pour cette raison, il est nécessaire que la zone soit agrandie en conséquence. Dès que vous placez pour une zone de texte les propriétés *Auto extensible* et *Auto réductible* sur *Oui*, les mêmes propriétés concernant l'endroit où est placée la zone de texte sont également paramétrées sur *Oui*.

Calculer à l'aide de contrôles

A l'aide d'expressions, vous pouvez créer des champs calculés dans un formulaire. Comme champ d'affichage des résultats, utilisez des zones de texte normales ou d'autres contrôles. Les expressions présentent quelques différences avec celles utilisées dans les requêtes : chaque expression doit commencer par un signe *égal*. A part cela, les calculs dans les formulaires sont proches de ceux effectués dans des requêtes. Les noms de champs ainsi que les noms de contrôles doivent être placés entre crochets. Ceux-ci sont automatiquement ajoutés si le nom ne contient ni espace, ni caractère spécial. Dans le cas contraire, vous devez les insérer manuellement.

Pour taper une expression dans une zone de texte, commencez par créer la zone de texte, puis tapez l'expression. Vous devez toujours commencer par un signe égal.

Si vous souhaitez saisir l'expression non pas dans une zone de texte mais dans une case d'options, une case à cocher ou un bouton bascule, vous devez ouvrir la feuille des propriétés.

Bouton d'options par défaut	
Toutes les propriétés	⊠

Visible	Oui ⊠
Afficher	Toujours
Largeur	0,459 cm
Hauteur	0,353 cm
Apparence	Standard
Etiquette incluse	Oui
Ajouter2Points	Non
Etiquette X	0,459 cm
Etiquette Y	0 cm
Aligner étiquette	Standard

La fenêtre des propriétés d'une case d'options

Tapez l'expression précédée d'un signe égal dans la ligne intitulée *Source contrôle*. Si le contrôle n'a pas encore de nom, utilisez la ligne *Nom* pour identifier le type de valeur dont il s'agit. Vous veillerez à ce qu'aucun champ ni contrôle du formulaire ou de l'expression pas plus que les noms de champs des tables ou des requêtes ne soit identique aux noms des contrôles.

Exemples d'expressions pour :

Date et Heure Pour faire apparaître automatiquement la date courante ou la date et l'heure courante, placez pour une zone de texte la propriété *Valeur par défaut* sur =Date() ou =Temps(). Définissez le format d'affichage de l'heure et de la date avec la propriété *Format*. Déroulez la liste de la ligne *Format* pour sélectionner le format souhaité. Vous avez déjà utilisé les mêmes formats pour le travail avec les tables.

Page En mode Création, vous ne pouvez indiquer les numéros de page qu'à l'aide d'une expression. Utilisez à cet effet la fonction *=Page*. Si vous souhaitez imprimer le nombre total de pages, entrez la fonction *=Pages*.

333

Concaténation Les valeurs provenant de deux ou plusieurs zones de texte peuvent être affichées de manière groupée dans le formulaire, par exemple le code postal et la ville ou le nom et le prénom. Vous devez alors taper une expression contenant les noms des champs placés entre crochets : =[CodePostal] & & [Ville]. Si nécessaire, insérez entre les deux guillemets un séparateur ou, comme dans notre exemple, un espace. Comme séparateur, vous pouvez utiliser une virgule ou un point.

De telles combinaisons ne conviennent toutefois que pour les formulaires dans lesquels ces valeurs ne doivent pas être entrées. Dans le cas d'un formulaire avec sous-formulaire, par exemple, vous pouvez utiliser des zones combinées si vous souhaitez entrer de nouveaux enregistrements dans le sous-formulaire seulement.

Si vous tapez une expression de ce type dans un champ dépendant, vous devez supprimer l'étiquette d'origine du contrôle puis, dans la feuille des propriétés du contrôle dans la ligne *Nom contrôle*, tapez un nouveau nom, puis l'expression dans la ligne *Source contrôle*.

Calculs arithmétiques

Dans un formulaire, vous pouvez calculer des périodes et des valeurs. Les expressions, par exemple, peuvent se présenter comme suit : =[Date livraison]-[Date expédition] pour calculer si la date d'expédition ne dépasse pas le délai fixé ou =[Prix total]+[Frais transport] pour connaître le prix total d'une facture.

Calculs de groupe

Pour pouvoir faire la somme de certains enregistrements sélectionnés, il faut disposer d'un formulaire principal à l'intérieur duquel on délimitera les enregistrements et d'un *sous-formulaire* dans lesquels seront calculées les sommes globales des enregistrements groupés. Une expression de ce type sera introduite par la fonction ***Somme***. Insérez ensuite le nom du champ ou, dans le cas d'un champ calculé, l'expression. Cela peut se présenter comme suit :

```
Somme([NomChamp])
```

ou

```
Somme([Prix
unitaire]*[Nombre]*(1-[Remise]).
```

A l'intérieur des parenthèses, vous ne devez pas utiliser de noms de contrôles mais uniquement des noms de champs. Les noms de champs peuvent également provenir de champs calculés. Si vous avez calculé des champs dans une requête et souhaitez effectuer d'autres calculs à l'aide de ces champs calculés, vous devez insérer l'expression de requête complète entre les parenthèses.

Cette expression ne fonctionne que si les deux formulaires, c'est-à-dire le formulaire principal et le sous-formulaire, ont été associés et si les tables ou requêtes sont reliées par l'intermédiaire d'une clé primaire. Les contrôles des deux formulaires peuvent alors être mis en relation ; cela signifie que vous pouvez faire afficher dans le formulaire principal le prix total calculé dans le sous-formulaire. Bien sûr, vous devez communiquer à Access où se trouve la valeur. Tapez le nom du contrôle, par exemple Prix total, suivi des autres indications.

```
Prix total:
=[Commandes-Sous-formulaire].Formulaire![Prix
total-Commandes]
```

Commandes-Sous-formulaire signifie dans ce cas que le contrôle à partir duquel le prix total est calculé dans le sous-formulaire s'appelle ***Prix total-Commandes***. Le formulaire principal contient la zone de texte ***Prix total*** qui se rapporte au champ ***Commandes***.

Inutile sans doute de répéter que le Générateur d'expression est à votre disposition dans les lignes des propriétés dans lesquelles vous êtes souvent amené à entrer des expressions. Il manifeste sa présence sous la forme du bouton à trois points dont il a souvent déjà été question. Lorsque vous ouvrez par exemple le Générateur d'expression dans la ligne *Source contrôle* d'une zone de texte, il vous propose un nombre d'options bien plus important que dans une table ou une requête.

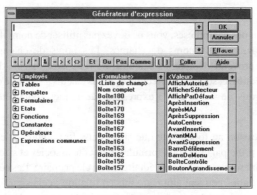

Le Générateur d'expression en liaison avec la propriété Source contrôle

Etant donné que dans un formulaire on se réfère souvent à d'autres contrôles de formulaire, il est naturel que tous les contrôles du formulaire actuel soient disponibles. Si dans la catégorie Formulaires vous ouvrez le groupe *Tous les formulaires*, vous pouvez accéder à n'importe quel contrôle d'un autre formulaire. Vous pouvez de même accéder à toutes les tables, requêtes et états. En plus des catégories Fonctions, Constantes et Opérateurs, vous disposez de la catégorie *Expressions communes* dans laquelle vous pouvez sélectionner la date du jour ou le numéro de page.

Après avoir composé l'expression souhaitée dans le Générateur, cliquez sur le bouton *Ok* pour l'insérer dans la ligne de départ. Toutes les entrées existantes de cette ligne sont alors écrasées.

Ajouter des listes modifiables et des zones de liste dans un formulaire

Vous pouvez créer des listes qui s'affichent dans un formulaire lors de la saisie des données. Les contenus de ces listes peuvent être repris directement de tables ou de requêtes ou définis dans le formulaire. Deux types de listes sont à votre disposition : les *listes modifiables* et les *zones de liste*.

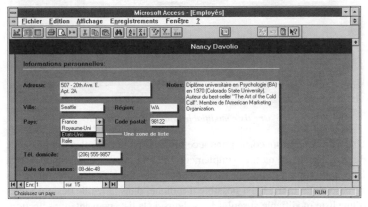

Une zone de liste dans un formulaire

Vous pouvez afficher plusieurs options dans une zone de liste, en fonction de la taille que vous avez donnée à la zone dans le mode Création. Seules les valeurs proposées peuvent être sélectionnées. Dans le cas de listes longues, on peut aisément accéder à la valeur souhaitée en tapant la lettre/le caractère de début. Le curseur se positionne alors sur la première valeur commençant par la lettre indiquée. Dans le cas de listes longues, vous disposez de barres de défilement vous permettant d'examiner le contenu de la liste. Toutefois, cette méthode n'est intéressante que si, à la base du formulaire, on trouve une requête contenant des champs triés.

Une liste modifiable dans un formulaire

Une *liste modifiable* correspond à ce qu'on appelle généralement une zone de liste déroulante ou tout simplement une liste déroulante. Avantage de la liste modifiable : elle occupe moins de place car elle n'est déroulée qu'en cas de besoin. En outre, il est possible d'indiquer dans la feuille des propriétés d'une liste modifiable si seules les valeurs de la liste peuvent être sélectionnées ou s'il est possible d'en saisir d'autres. Dans le cas où seules les valeurs de la liste sont disponibles, il est possible de sélectionner la valeur souhaitée en tapant le premier caractère. Le curseur se positionne alors à l'endroit souhaité. Si vous avez paramétré la ligne *Limiter à liste* sur Non, vous pouvez taper une valeur quelconque dans la ligne vide de la liste modifiable.

Comme nous l'avons déjà évoqué, les contenus des listes peuvent, par exemple, provenir de tables ou de requêtes. Les lignes d'une zone de liste ou d'une liste modifiable sont définies à l'aide des propriétés de contrôle *Source contrôle* et *Origine source*. Ces deux propriétés affectent ensemble la définition des lignes.

Le champ *Source contrôle* permet d'indiquer à Access le type de données auxquelles se réfèrent les lignes de la liste : Table, Requête, Instruction SQL, Liste de valeurs que vous avez créées vous-même, Liste de champs ou Fonction Access Basic.

Indiquez dans la ligne *Origine source* le type de données sur lequel se fonde la liste : Table/Requête, une Liste de valeurs créée par vous-même ou une Liste de champs.

Dans la ligne *Source contrôle*, indiquez l'endroit où Access trouve les valeurs. Si vous avez opté pour *Table/requête* dans la ligne *Origine source*, entrez le nom de la table ou de la requête dans la ligne *Source contrôle*. Si vous avez indiqué *Liste de valeurs* comme *Origine*, entrez les valeurs souhaitées en les séparant par des points-virgules.

Une liste basée sur des valeurs d'une table ou d'une requête est souvent longue. C'est pourquoi on préférera dans tous les cas une requête comme source. En effet, une requête vous permet de trier les valeurs, la sélection dans la liste s'effectue alors beaucoup plus rapidement. Avec le Générateur de requête, vous pouvez modifier une requête sélectionnée ou en créer une nouvelle à partir d'une table. Vous pouvez, de cette manière, facilement limiter le nombre de valeurs pour la liste.

Admettons que vous disposiez d'un formulaire pour des calculs dans lequel vous souhaitez créer une zone de liste pour les noms des sociétés. Ce formulaire est basé sur une requête appelée *Liste des clients* et qui trie les sociétés par ordre alphabétique. La requête peut être créée à partir du formulaire à l'aide du Générateur de requête.

❶ Ouvrez le formulaire en mode Création puis cliquez sur le bouton *Zone de liste* de la boîte à outils.

❷ Disposez la zone de liste à l'endroit de votre choix dans la section *Détail* du formulaire.

❸ Dans la feuille des propriétés de la zone de liste, sélectionnez l'option *Table/Requête* comme *Origine source*.

❹ Cliquez ensuite sur la ligne *Contenu* afin de faire apparaître le bouton du Générateur de requête. Lancez-le par un clic sur le bouton en question.

Créer une requête avec le Générateur de requête

❺ Ajoutez tout d'abord la table *Clients* à la nouvelle requête. Faites ensuite glisser le champ *Société* dans la grille d'interrogation et demandez un *tri croissant*. Si vous le souhaitez, vous pouvez aussi définir des critères afin de limiter le nombre de données.

❻ Enregistrez la requête sous le nom *Liste des clients* et fermez-la par un double-clic sur la case du menu *Système*. Access vous demande si vous souhaitez mettre à jour la propriété. Cliquez sur *Oui* afin que la requête soit insérée dans la fenêtre des propriétés.

Reprendre la requête sous forme d'une instruction SQL

Conseil

Inutile d'augmenter inconsidérément le nombre de requêtes dans la fenêtre Base de données si vous n'avez besoin de celle-ci que pour cette occasion précise. En effet, si vous n'enregistrez pas la requête, l'instruction SQL équivalente est insérée dans la ligne de la propriété correspondante. Une zone de liste peut afficher plusieurs colonnes, c'est-à-dire plusieurs champs provenant d'une requête ou d'une table. Ce paramétrage peut être fort utile pour la sélection de la valeur souhaitée. Dans le cas d'une zone de liste à plusieurs colonnes, à condition de paramétrer la bonne largeur, on pourra visionner l'ensemble des colonnes.

❶ Pour créer une liste modifiable composée de plusieurs colonnes, cliquez dans un premier temps sur l'outil *Liste modifiable* dans la boîte à outils puis faites glisser un champ dans la zone du formulaire. Dans la feuille des propriétés, définissez les paramètres relatifs à l'origine source et au contenu.

❷ Ouvrez ensuite le *Générateur de requête* à partir de la ligne *Contenu* et créez une requête avec les champs *Code client* et *Société* de la table *Clients*.

❸ Fermez la requête sans l'enregistrer. Access vous demande à nouveau si la propriété doit être mise à jour. Vous répondrez naturellement par *Oui*. L'expression SQL suivante est alors insérée dans la ligne *Contenu* :

Liste modifiable: Champ0		
Toutes les propriétés		±
Nom	Exemple	
Source contrôle		
Origine source	Table/requête	
Contenu	SELECT DISTINCTROW Clients.[Code client], Clients.Société FROM Clients;	
Nbre colonnes	1	
En-têtes colonnes	Non	
Largeurs colonnes		
Colonne liée	1	

Une instruction SQL dans la ligne Contenu

➍ Indiquez ensuite dans la ligne *Nbre Colonnes* le nombre de colonnes souhaité, dans notre exemple deux. Vous pouvez également déterminer la largeur des colonnes en tapant la valeur souhaitée dans la ligne concernée.

Le nombre de colonnes que vous avez spécifié détermine le nombre de champs de la table ou de la requête d'origine qui seront affichés dans la liste. Le premier champ est affiché d'abord, puis le deuxième, etc. Dans notre exemple, nous avons opté pour deux colonnes mais en théorie rien ne vous empêche de créer une requête contenant tous les champs. Dans le cas d'une liste modifiable, seule la première colonne, c'est-à-dire le champ gauche, sera affiché. Les deux colonnes n'apparaîtront qu'à partir du moment où la liste sera déroulée, à condition qu'elle soit suffisamment large. Indépendamment de la colonne dans laquelle vous sélectionnez une valeur, seule la valeur de la première colonne non masquée est affichée. Toutes les autres colonnes n'offrent que des informations complémentaires pour la personne qui sélectionne une valeur dans la liste.

Dans l'exemple, il s'agit d'afficher le code client. Etant donné que la personne chargée de la saisie des données ne peut voir tous les codes en mémoire, la deuxième colonne sert à l'identification par le nom de la société.

Lorsque plusieurs colonnes sont disponibles en ordre non trié, la feuille des propriétés vous permet d'indiquer celle qui sera sélectionnée. Dans la ligne *Colonne liée*, tapez le numéro de la colonne dans laquelle se trouve le champ indiqué dans le contenu du contrôle. La valeur indiquée permet de lier la colonne de la liste modifiable (ou de la zone de liste) au champ de la table. Même si vous avez indiqué dans les deux cas la seconde colonne, la liste modifiable affichera la valeur de la première colonne. Pour remédier à cet état de fait, indiquez pour la largeur de colonne de la première colonne la valeur *zéro*. Pour la seconde colonne et toutes les autres destinées à être affichées dans la liste, tapez une valeur de largeur quelconque. Les valeurs de l'ensemble des colonnes doivent être séparées par un point-virgule : 0;3;3. Si vous sélectionnez une valeur située dans la troisième colonne de la liste, la valeur correspondante de la seconde colonne de la liste modifiable sera affichée. Comme paramètre, vous disposez également de l'option vous permettant de saisir des valeurs dans la liste modifiable qui ne se trouvent pas dans la liste. Vous pouvez désactiver cette option en sélectionnant l'option *Oui* dans la ligne *Limiter à liste*.

La source des données ne doit pas être nécessairement une table ou une requête mais peut également être une liste de valeurs. Cette possibilité est recommandée lorsque l'on constate qu'un nombre réduit de valeurs est utilisé.

❶ Créez une zone de liste ou une liste modifiable en activant l'outil correspondant puis en faisant glisser le nom du champ dans la zone du formulaire.

❷ Dans la ligne *Origine source*, sélectionnez *Liste valeurs*.

❸ Dans la ligne *Contenu*, aucun Générateur ne vous est proposé dans ce cas. Tapez les valeurs qui doivent bien sûr correspondre au type de champ sélectionné. Afin que les différentes valeurs soient placées dans la liste sur plusieurs lignes, séparez-les par un point-virgule.

Zone de liste: Pays	
Toutes les propriétés	
Nom	Pays
Source contrôle	Pays
Origine source	Liste valeurs
Contenu	France;Royaume-Uni;Etats-Unis
Nbre colonnes	1
En-têtes colonnes	Non
Largeurs colonnes	
Colonne liée	1

La fenêtre des propriétés d'une liste modifiable avec une liste de valeurs

Création d'une zone de liste ou d'une liste modifiable avec l'Assistant Contrôle

Si vous souhaitez créer une zone de liste ou une liste modifiable mais ne savez pas encore vraiment bien comment vous y prendre, vous pouvez activer l'Assistant contrôle s'il n'est pas déjà actif puis créer une zone de liste dans le formulaire. L'Assistant Zone de liste est automatiquement démarré.

Création d'une zone de liste avec l'Assistant

Si vous souhaitez utiliser une table ou une requête, l'Assistant vous aidera lors de la sélection ou de la création d'une requête appropriée.

Si vous préférez créer une liste de valeurs, l'Assistant vous vient en aide en vous proposant un petit tableau pour la saisie des valeurs.

Bien entendu, au cours du même processus vous pouvez également définir les largeurs de colonnes et indiquer la colonne liée, de sorte qu'il n'y a plus rien à ajouter ni à modifier une fois que vous avez cliqué sur *Terminer*. Pas pour ce contrôle, du moins !

Sélection à l'aide de boutons bascule, de cases d'options et de cases à cocher

Les boutons bascule, cases d'options et cases à cocher proposent des possibilités de sélection d'un autre type. Ces champs sont utilisés comme contrôles autonomes pour définir des valeurs de type *Oui/Non*. Ils ne présentent pas de différence dans leur maniement ou leurs effets, seul leur aspect est différent. Vous pouvez donc choisir pour chaque formulaire celui qui correspond le mieux au but recherché.

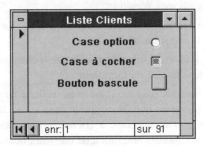

Une case à cocher, une case d'option et un bouton bascule

Ces trois éléments affichent une valeur *Oui* lorsqu'ils sont activés et une valeur *Non* lorsqu'ils ne sont pas activés. Les valeurs *Vrai/Faux* et Actif/Inactif représentent des valeurs alternatives.

- Une case à cocher est activée lorsqu'elle est cochée.

- Une case d'options est sélectionnée lorsqu'elle contient un point.

- Un bouton bascule est activé lorsqu'il apparaît enfoncé, comme si on avait appuyé sur le bouton.

Dans une zone de texte reliée à un contrôle de ce type, les valeurs sont affichées selon le format sélectionné, c'est-à-dire *Oui* ou *Vrai* ou *Actif*. Avec d'autres contrôles, ces valeurs sont représentées sous la forme 0 pour Non et -1 pour Oui. Dans le cas de valeurs *Oui/Non*, vous pouvez fréquemment accélérer la saisie des données en indiquant une valeur par défaut dans la

345

feuille des propriétés, à savoir Oui ou Non. Le cas échéant, on veillera à ce que cette valeur soit la valeur requise pour la plupart des enregistrements et qu'elle ne doive être modifiée que dans de rares cas.

Un bouton bascule peut porter une inscription ou être incrusté d'une image. Dans le premier cas, vous devez taper le nom que vous souhaitez affecter au bouton bascule dans la ligne *Légende* ; dans le second cas, vous devez indiquer dans la ligne intitulée *Image* le nom d'un fichier Bitmap ainsi que son chemin d'accès. Les fichiers de type Bitmap peuvent être créés à l'aide du logiciel Paintbrush sous Windows.

➊ Pour créer un des trois contrôles dépendants d'un champ, sélectionnez tout d'abord l'outil souhaité.

➋ Dans la liste de champs, sélectionnez ensuite le champ de type *Oui/Non* et placez-le dans la zone du formulaire.

Dans le cas des boutons bascule, il est plus difficile de distinguer si un contrôle est sélectionné ou non. Notamment dans le cas de champs isolés, optez de préférence pour une case à cocher ou une case d'options. La distinction est toutefois plus aisée lorsque plusieurs boutons bascule sont placés côte à côte.

Vous avez la possibilité, dans un groupe d'options, d'afficher un groupe limité de possibilités de sélection. Il suffit alors de cliquer sur l'une des possibilités proposées sans avoir à effectuer de recherche dans une liste. En outre, vous pouvez prédéfinir une valeur par défaut qui accélérera la saisie des données. Lorsqu'il s'agit de sélectionner parmi de nombreuses options, les zones de liste et zones de liste modifiables sont mieux adaptées.

Un groupe d'options se compose d'un cadre contenant plusieurs cases à cocher, cases d'options ou boutons bascule. Une étiquette est rattachée à ce cadre ; en outre, il peut être dépendant ou indépendant d'un champ de la liste des champs ou d'une expression. Chaque option du groupe possède une valeur d'option distincte, peu importe le champ dont il s'agit. Cette valeur d'option apparaît sous forme numérique dans la feuille des propriétés, par exemple 1, 2 ou 3.

Un groupe d'options avec des cases d'options

La valeur d'un groupe d'options est toujours un nombre, c'est pourquoi il est préférable d'opter pour le type de données *Oui/Non* ou *Numérique*. La taille du champ pour le champ numérique devra être placée sur *Entier* ou *Entier long*.

Voici la manière de procéder pour créer un groupe d'options sans l'aide de l'Assistant :

❶ Cliquez tout d'abord sur l'outil *Groupe d'options* à l'intérieur de la boîte à outils.

❷ Si vous souhaitez associer le groupe d'options à un champ, sélectionnez ce champ dans la liste des champs puis faites-le glisser sur la zone du formulaire. Pour créer un groupe d'options indépendant, cliquez à un endroit quelconque de la zone du formulaire. Le cadre du groupe d'options est alors inséré.

❸ Cliquez ensuite dans la boîte à outils sur les outils des contrôles que vous souhaitez placer à l'intérieur du groupe d'options : cases à cocher, boutons Bascule ou cases d'options. Sachant que vous souhaitez probablement créer plusieurs éléments d'un même type, verrouillez la sélection de l'outil concerné en cliquant tout en bas de la boîte d'outils sur **Verrouillage outil**.

④ Insérez maintenant à l'intérieur du cadre de groupe d'options les éléments dont vous avez besoin en cliquant autant de fois que nécessaire dans le groupe. Sa couleur change lorsque le pointeur de la souris s'y trouve placé. La propriété *Valeur contrôle* de la feuille des propriétés enregistre l'adjonction de chaque nouveau contrôle en les numérotant à partir de 1.

⑤ A chaque contrôle du groupe d'options correspond une étiquette vous permettant de taper le nom qui remplacera celui du contrôle.

Vous pouvez également créer un contrôle à l'intérieur du cadre puis le copier. Utilisez à cet effet la commande *Edition/Dupliquer*. Le cas échéant, vous devrez modifier manuellement la valeur de contrôle de l'élément dupliqué affichée dans la feuille des propriétés car tous les contrôles auront la valeur du premier élément, c'est-à-dire 1.

Il est également possible d'insérer dans le cadre du groupe d'options des contrôles existants. Pour ce faire, coupez un contrôle à l'extérieur du cadre puis insérez-le à nouveau dans le cadre. Les commandes correspondantes se trouvent dans le menu *Edition*. Lors de cette procédure également, la valeur de contrôle devra être tapée manuellement. Lorsque vous faites glisser un contrôle à l'intérieur d'un groupe d'options, il ne fait pas partie intégrante de ce groupe d'options mais reste un contrôle autonome avec des valeurs *Oui/Non*.

Plutôt que de créer le groupe d'options entièrement à la main, vous pouvez faire effectuer la plus grande partie du travail par *l'Assistant Groupe d'options*. Nous allons créer, avec l'aide de cet Assistant, un groupe d'option pour faciliter la saisie du mode de paiement. Il faut, pour cela, que la table ou la requête sur laquelle se fonde le formulaire contienne un champ *Mode de paiement* de type *Numérique* de manière à ce que les valeurs puissent être enregistrées.

❶ Activez d'abord l'Assistant Contrôle dans la boîte à outils.

❷ Choisissez l'outil **Groupe d'options** et faites glisser le champ **Mode de paiement** de la liste des champs vers la section **Détail** de manière à obtenir un groupe d'options lié. L'Assistant Groupe d'options est lancé.

Saisie de l'étiquette de chaque option

❸ Entrez dans la liste les étiquettes destinées aux différentes options du groupe. La table s'agrandit chaque fois que vous complétez une ligne. Cliquez sur le bouton **Suivant** lorsque les saisies souhaitées sont effectuées.

Travailler avec ou sans valeur par défaut

④ Si vous souhaitez qu'une valeur soit sélectionnée par défaut, cliquez sur l'option correspondante dans cette boîte de dialogue puis sélectionnez une valeur dans la liste déroulante. Vous pouvez à présent choisir le bouton ***Terminer*** ou cliquer sur ***Suivant*** pour choisir encore d'autres paramètres.

Quelle valeur doit être affectée à une option ?

⑤ Vous pouvez indiquer n'importe quelle valeur dans cette boîte de dialogue. Access utilise normalement une série continue de nombres en partant de 1. Vous pouvez mettre fin au travail avec l'Assistant ou cliquer une nouvelle fois sur *Suivant*.

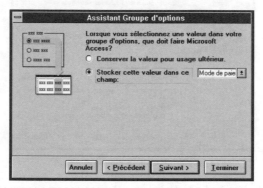

Où les valeurs doivent-elles être enregistrées ?

⑥ Par défaut, les valeurs sont stockées dans le champ *Mode de paiement*, comme il se doit. Cliquez donc sur *Suivant* sans rien changer.

Comment les options doivent-elles être représentées ?

⑦ Choisissez un style pour le cadre du groupe et un type de boutons. Cliquez sur *Suivant*.

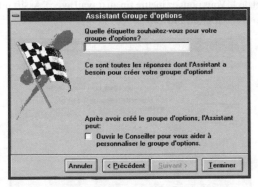

Donnez un nom au groupe d'options

⑧ Dans la dernière boîte de dialogue, donnez un nom au groupe d'options et cliquez sur le bouton *Terminer*.

Le nouveau groupe d'options dans le mode Formulaire

Naturellement, rien ne vous empêche de modifier par la suite des groupes d'options et leur contenu, qu'ils aient été créés manuellement ou à l'aide de l'Assistant. Pour ce faire, on pourra par exemple agir sur les propriétés.

Plutôt que d'indiquer une étiquette pour une option, vous pouvez aussi renseigner la ligne *Texte barre état*. Ce texte s'affiche dès qu'un élément est sélectionné dans le mode Formulaire. Vous pouvez définir un texte de barre d'état pour chaque contrôle.

Si vous avez créé un élément lié, le texte affiché dans la barre d'état est automatiquement celui que vous avez indiqué dans la colonne Description du mode Création de la table.

Utilisation des règles et des messages de validation

Mis à part le texte destiné à apparaître dans la barre d'état et provenant d'une table, vous pouvez également reprendre les règles et les messages de validation éventuellement définis dans cette même table.

Dans la ligne *Message si erreur*, tapez le texte qui doit apparaître comme message lorsqu'une valeur incorrecte est saisie. Il est opportun d'indiquer dans ce message la plage à laquelle la valeur doit appartenir.

Pour la création des règles de validation, vous pouvez naturellement utiliser, comme d'habitude, les services du Générateur d'expression.

Les entrées des lignes *Valide si* et *Message si erreur* peuvent se présenter comme suit :

- Entre Date() Et Date()+30
- Vous devez taper une date comprise entre aujourd'hui et les trente jours suivants.

Une règle de validation pour un contrôle dans un formulaire

En général, les règles de validation sont fixées uniquement pour les zones de texte et les listes modifiables. En effet, dans le cas des cases à cocher, les zones de liste et des cases d'options, les valeurs destinées à être saisies sont très limitées par définition.

D'après les nouvelles règles d'Access 2.0, des règles de validation définies dans une table sont appliquées à l'occasion de chaque saisie ou modification de données, quel que soit son type. Rien ne vous empêche toutefois de définir également des règles de validation dans chaque formulaire fondé sur cette table. Vous veillerez cependant à ce que ces règles ne contredisent pas celles qui sont fixées dans la table.

Si, par exemple, il est dit dans une table que seules peuvent être entrées des dates dont l'année est 1994, vous ne devez pas forcer la saisie de dates de 1993 dans le formulaire correspondant à cette table. Vous pouvez toutefois définir que seules des dates d'un mois précis peuvent être entrées. Vous limitez ainsi le risque de saisies erronées. Vous créez un formulaire spécifique pour chaque mois, en adaptant chaque fois la règle de validation.

Insérer des macros dans un formulaire

Les macros vous permettent d'automatiser certaines procédures. Par exemple, vous pouvez utiliser à l'intérieur d'un formulaire des macros permettant d'ouvrir d'autres formulaires ou de déclencher d'autres macros.

Ces macros sont affectées à des événements dans un formulaire, dans une section de formulaire ou un contrôle ou associées à des boutons de commandes ; dans ce dernier cas, il suffit alors de cliquer sur ces boutons pour lancer l'exécution des macros. Les boutons de commande peuvent être intitulés ou incrustés d'une image ; ils représentent donc un élément de structure du formulaire. Concernant les images pouvant être associées à des boutons de commande, vous pouvez les créer à l'aide du logiciel Paintbrush. Toutefois, vous devrez veiller à ce que leur taille corresponde déjà à celle du bouton au moment de leur enregistrement. C'est plus facile si vous utilisez le Générateur d'image qui vous propose les icônes les plus importantes.

Dans les sections ci-après, vous allez apprendre à insérer un bouton de commande dans un formulaire et à affecter une macro à un événement. En ce qui concerne la création d'une macro, reportez-vous au chapitre 9 pour plus d'informations.

 Macros   **Chapitre
                                                                                  9**

Créer une macro avec l'Assistant Bouton de commande

Avec le nouvel Assistant, rien de plus facile que d'ajouter dans un formulaire un bouton de commande associé à une macro. Vous pouvez par exemple intégrer dans une liste de produits un bouton permettant d'ouvrir un formulaire avec toutes les adresses de fournisseurs. Si votre base de données ne comporte pas de formulaire avec les données des fournisseurs, vous devriez en créer un au préalable.

Bouton Formulaire instantané

❶   Sélectionnez la table ***Produits*** et cliquez sur le bouton ***Formulaire instantané***.

❷ Le formulaire étant affiché, passez en mode Création puis activez les Assistants Contrôle dans la boîte à outils.

❸ Cliquez sur l'outil *Bouton de commande* et avec un simple clic, insérez un bouton dans l'en-tête de formulaire. L'Assistant Bouton de commande est automatiquement démarré.

Assistant Bouton de commande	
	Cet Assistant crée un bouton de commande. Que souhaitez-vous qu'il se passe lorsque le bouton est appuyé?
	Sélectionnez une catégorie, puis l'action souhaitée. Cliquez sur le bouton Suivant pour continuer.

Catégories: Quand le bouton est appuyé:

Exemple:

▶|

- Déplacement entre enreg.
- Opérations sur enreg.
- Opérations sur formulaires
- Opérations sur états
- Application
- Divers

- Dernier
- Précédent
- Premier
- Rechercher
- Rechercher suivant
- Suivant

[Aide] [Annuler] [< Précédent] [Suivant >] [Terminer]

Quelle action doit être exécutée avec ce bouton ?

❹ Sélectionnez la catégorie Opérations sur formulaires. Dans la liste intitulée Quand le bouton est appuyé, sélectionnez *Ouvrir* puis cliquez sur le bouton *Suivant*.

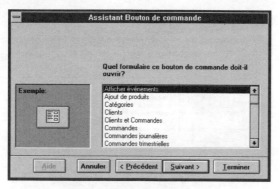

Sélection du formulaire à ouvrir

⑤ Dans cette liste, sélectionnez le formulaire **Fournisseurs** ou celui que vous avez vous-même créé puis cliquez sur **Suivant**.

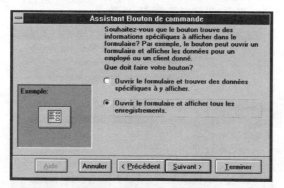

Tous les enregistrements doivent-ils être affichés dans le formulaire ?

⑥ Sélectionnez la première option afin de limiter les enregistrements affichés à l'ouverture du formulaire. Cliquez ensuite à nouveau sur le bouton **Suivant**.

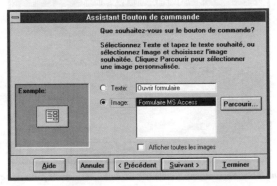

Par quel champ ces formulaires peuvent-ils être liés ?

❼ Pour que s'affiche le fournisseur correspondant au produit actuellement à l'écran, cliquez sur le champ *N° fournisseur* dans les deux listes, puis sur le bouton **<->** et ensuite sur *Suivant*.

Quelle doit être l'apparence du bouton ?

❽ Vous pouvez à présent taper le texte qui s'inscrira sur le bouton (vous pouvez aussi accepter celui qui vous est proposé par défaut) ou utiliser l'image proposée par l'Assistant. Si vous souhaitez utiliser une autre icône Access, vous pouvez activer la case à cocher *Afficher toutes les images*. Pour sélectionner vos propres icônes, cliquez sur *Parcourir*. Votre choix étant fait, cliquez une nouvelle fois sur *Suivant*.

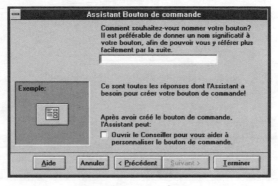

Donner un nom au bouton

⑨ Dans la dernière boîte de dialogue, vous pouvez donner un nom significatif au nouveau bouton de commande. Vous pouvez ensuite mettre fin à l'Assistant avec un clic sur *Terminer*.

Le nouveau bouton figure à présent dans l'en-tête du formulaire, avec son inscription ou son image telle que vous l'avez demandée. Pour le tester, vous devez passer en mode *Formulaire*.

```
┌──────────────────────────────────────────────────────────────┐
│  ═        Microsoft Access - [Produits]            ▼  ▲       │
│ ═  Fichier  Edition  Affichage  Enregistrements  Fenêtre  ?  ◆│
│ ▣▦▤ ▤▢▸ ▨▩▥ ▦ ▤↓▤↑ ▼▽▦          ▣         ▨▨ ▢▯?            │
│ ┌────────────────────────────────────────────────────┐       │
│ │  Produits                    ▣▤                     │       │
│ ├────────────────────────────────────────────────────┤       │
│ ▸│           Réf produit: ┌─────────1 │                │       │
│  │        N° fournisseur: ┌─────────1 │                │       │
│  │        Code catégorie: ┌─────────1 │                │       │
│  │         Nom du produit: │Chai                       │       │
│  │      Quantité par unité: │10 boîtes x 20 sacs│       │       │
│  │          Prix unitaire: ┌──────90,00 F │            │       │
│  │        Unités en stock: ┌──39 │                     │       │
│  │      Unités commandées: ┌──0 │                      │       │
│  │ Niveau de réapprovisionnement: ┌──10 │              │       │
│  │           Indisponible: □                           │       │
│ ├────────────────────────────────────────────────────┤       │
│ │◄ ◄ Enr: 1    sur 77   ► ►│                          │       │
│ │ Mode Formulaire                         NUM          │       │
└──────────────────────────────────────────────────────────────┘
```

Le formulaire avec son nouveau bouton

Un clic, et le formulaire souhaité s'affiche. C'est donc une façon relativement simple de régler son travail dans une base de données Access.

Associer une macro à un formulaire

Conseil

Pour intégrer dans un formulaire une macro prête à l'emploi, faites-la glisser depuis la fenêtre Base de données vers l'une des sections du formulaire. Access crée automatiquement le bouton de commande avec lequel vous pouvez lancer cette macro.

Réagir à un événement au moyen d'une macro

Une macro peut être appelée par un clic sur le bouton de commande mais elle peut aussi être réservée pour d'autres occasions. Vous pouvez réagir par l'intermédiaire d'une macro à tous les nombreux événements qui peuvent se produire dans un formulaire, dans une section ou un contrôle.

Les événements sont listés dans la fenêtre des propriétés de chaque contrôle. Nous expliquerons dans le chapitre 9 quelles sont les actions que l'on peut définir sous forme de macros pour réagir à tel ou tel événement.

Si, dans la fenêtre des propriétés d'un formulaire, d'une section ou d'un contrôle, vous cliquez sur une ligne d'une propriété événement, vous voyez apparaître le bouton avec les trois points par lequel vous pouvez appeler le Générateur d'expression, de macro ou de code. Mais comme promis, nous reviendrons dans un autre chapitre sur la création de macros et nous vous donnerons à cette occasion de plus amples informations sur le Générateur de macro.

 Macros **Chapitre 9**

Saisie de données dans des contrôles indépendants

Normalement, les formulaires sont utilisés pour la saisie de données dans des tables. C'est pourquoi les contrôles, tout du moins les zones de texte, sont en règle générale dépendants de champs provenant de la liste de champs. Mais il est toutefois possible de saisir des données dans des contrôles indépendants.

A l'aide de contrôles indépendants, vous pouvez, par exemple, taper des critères permettant de définir une zone d'un état qui sera ensuite imprimé. De même, vous pouvez sélectionner un enregistrement particulier destiné à être affiché dans le formulaire.

Un formulaire avec un contrôle indépendant pour la sélection d'une société

❶ Créez dans un premier temps une requête qui contiendra les noms de tous les clients. Insérez dans la première colonne le champ *Société* puis le champ *Code Client* dans la seconde. Donnez à cette requête le nom *Liste des clients* (elle existe dans la base de données COMPTOIR).

❷ Créez ensuite un formulaire basé sur la table *Clients*. Activez la commande *Disposition/En-tête/Pied de formulaire*.

❸ Sélectionnez ensuite l'outil correspondant au type de contrôle souhaité, par exemple une liste modifiable. Si le bouton *Assistants Contrôle* est activé, vous pouvez bénéficier de l'aide de cet Assistant lors de la création de la liste modifiable. Sinon, procédez comme décrit ci-après.

❹ A l'intérieur du formulaire, cliquez dans le pied de formulaire à l'endroit où doit être inséré le contrôle. Access insère alors une liste modifiable indépendante. Dans la section *Détail*, placez des champs dépendants normaux contenant des informations nécessaires pour l'adresse, soit *Société*, *Adresse*, *Ville*, etc.

⑤ Ouvrez la fenêtre des propriétés de la zone de liste modifiable et effectuez-y les entrées suivantes :

Liste modifiable: Liste de sociétés	
Toutes les propriétés	
Nom	Liste de sociétés
Source contrôle	
Origine source	Table/requête
Contenu	Liste des clients
Nbre colonnes	1
En-têtes colonnes	Non
Largeurs colonnes	
Colonne liée	1
Lignes affichées	8
Largeur liste	Auto
Texte barre état	
Limiter à liste	Oui
Auto étendre	Oui
Valeur par défaut	
Valide si	
Message si erreur	
Visible	Oui
Afficher	Toujours

La fenêtre des propriétés d'une zone de liste modifiable

⑥ Dans la ligne *Nom*, indiquez *Liste de sociétés*. La ligne *Source contrôle* reste vide.

⑦ Dans la ligne *Origine source*, conservez l'option *Table/requête* et dans la ligne *Contenu*, sélectionnez la table ou la requête dont les enregistrements sont issus. Dans notre exemple, il s'agit de la requête *Liste des clients*.

⑧ Pour que seules les entrées de la liste puissent être sélectionnées, optez pour *Oui* dans la ligne *Limiter à liste*.

⑨ Cliquez sur la ligne *Après MAJ* et lancez le Générateur. Choisissez le *Générateur de macro* et créez une macro qui recherche un enregistrement donné.

Créer une macro à l'aide du Générateur de macro

⑩ Après avoir indiqué un nom pour la macro, sélectionnez, dans la première ligne de la fenêtre *Macro*, l'action *AtteindreContrôle*. Comme argument de cette action, indiquez, dans le volet inférieur de la fenêtre macro, le contrôle *Société*.

Dans la deuxième ligne, sélectionnez l'action *TrouverEnregistrement*. La liste des arguments de cette action s'affiche également dans le volet inférieur de la fenêtre Macro. Entrez l'expression *=[Liste de sociétés]* sur la ligne *Rechercher*. La recherche doit être définie dans le Champ en cours. Cette expression s'applique ainsi au champ *Société*.

Refermez la macro et enregistrez-la pour retourner au mode Création du formulaire.

Si vous basculez ensuite en mode Formulaire, vous pouvez rechercher un nom de société dans la liste modifiable. La macro *Recherche société* est alors exécutée et l'enregistrement correspondant est affiché dans le formulaire. Afin qu'un seul enregistrement apparaisse, sélectionnez l'option *Mode simple* dans la ligne *Affich par défaut* de la feuille des propriétés du formulaire. Si vous avez créé un formulaire touffu, vous pourrez alors insérer manuellement des sauts de page afin de déterminer quelle partie du formulaire doit apparaître à l'écran.

Les touches ***Page haut*** et ***Page bas*** vous permettent, en mode Formulaire, de passer d'un écran à un autre.

 Si vous avez inséré un saut de page avec l'outil ***Saut de page***, il est matérialisé sur le bord gauche du formulaire par une ligne en pointillé. Ce contrôle peut être traité de la même manière que les autres éléments ; cela signifie que vous pouvez le supprimer, le déplacer ou le copier. Les sauts de page n'apparaissent à l'écran qu'après avoir, en mode Formulaire, sélectionné la commande ***Ecran/Ajuster*** à la taille du formulaire.

Technique des sous-formulaires

La technique la plus simple permettant de créer un formulaire avec plusieurs tables consiste à utiliser l'assistant Formulaire pour les formulaires principaux et les sous-formulaires. Et vous pouvez également insérer dans un formulaire déjà créé un sous-formulaire basé sur une autre table.

Les données du sous-formulaire sont reliées aux données du formulaire principal ; cela signifie que seules sont affichées les données, c'est-à-dire les enregistrements qui se rapportent à la sélection courante du formulaire principal. Il est donc clair qu'un sous-formulaire entretient avec le formulaire principal une relation de type N:1, ce qui signifie que les tables et les requêtes sont déjà reliées.

Une feuille de données en tant que sous-formulaire

Pour ce qui concerne les sous-formulaires, vous pouvez utiliser des feuilles de données simples ou des formulaires complexes. Il est aisé de créer des sous-formulaires en mode Feuille de données. En revanche, en mode Formulaires vous disposez de toutes les possibilités de présentation et de tous les types de contrôle. Par exemple, les couleurs ainsi que les objets OLE ne peuvent être utilisés que dans des formulaires, pas dans les feuilles de données.

Vous pouvez bien sûr exploiter les avantages des deux documents, c'est-à-dire créer un sous-formulaire qui pourra être utilisé aussi bien comme feuille de données que comme formulaire.

Pour créer un sous-formulaire, on procède exactement de la même manière que pour la création d'un formulaire normal. Vous devez toutefois tenir compte de sa finalité. Chaque sous-formulaire doit se rapporter aux données du formulaire principal dans lequel il est destiné à être inséré. Dans la plupart des cas, un formulaire est automatiquement associé au formulaire principal au moment de son insertion ; il arrive toutefois qu'il soit nécessaire de définir des propriétés pour établir la relation entre formulaire principal et sous-formulaire.

Créer un sous-formulaire puis l'insérer dans un formulaire

La procédure permettant de créer un formulaire destiné à être utilisé ultérieurement comme sous-formulaire dépend des possibilités dont vous souhaitez disposer.

- Dans un sous-formulaire destiné à n'être qu'une feuille de données, insérez les champs dans l'ordre où ils se présentent dans la feuille de données. Le positionnement des champs ne joue ici aucun rôle. Les propriétés de formulaire *Affich autorisé* et *Affich par défaut* doivent être paramétrées sur Feuille données.

- Dans le cas d'un formulaire destiné à être exclusivement utilisé comme formulaire, insérez les contrôles tels qu'ils doivent apparaître en mode Formulaire. Placez la propriété de formulaire *Affich par défaut* sur *Mode simple* ou *Mode continu*.

- Si vous souhaitez disposer des deux possibilités d'affichage dans un sous-formulaire, procédez comme s'il s'agissait de créer un formulaire. Paramétrez la propriété *Affich autorisé* sur *Les deux*. Ensuite, paramétrez la propriété *Affich par défaut* sur *Mode simple*, Mode continu ou Feuille données selon l'affichage qui doit apparaître après l'ouverture du formulaire.

Avant de procéder à l'insertion d'un formulaire en tant que sous-formulaire dans un autre formulaire, vous devez l'enregistrer et le refermer. Ensuite, ouvrez le formulaire principal destiné à recevoir le sous-formulaire. Veillez à ce que ce formulaire dispose de suffisamment de place pour accueillir le sous-formulaire.

❶ Choisissez *Ecran/Mosaïque* afin que le formulaire et la fenêtre Base de données apparaissent côte à côte à l'écran. Dans la fenêtre Base de données, cliquez sur **Formulaire** puis faites glisser le sous-formulaire souhaité provenant de la liste dans le formulaire principal.

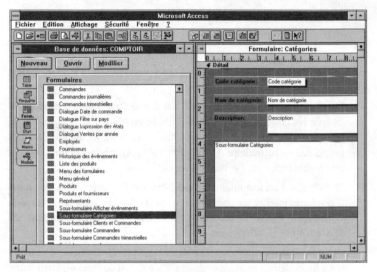

Le sous-formulaire a été glissé dans le formulaire principal depuis la fenêtre Base de données

Un contrôle de type **Sous-formulaire** a été créé dans le formulaire principal. Ce contrôle est lié au sous-formulaire et a approximativement la même taille. Vous pouvez déplacer ce contrôle et si nécessaire, modifier sa taille.

② Double-cliquez à un endroit proche du bord du contrôle pour ouvrir la feuille des propriétés du sous-formulaire. Si les propriétés **Champs fils** et **Champs pères** ne sont pas repérées, reportez-vous au chapitre consacré aux formulaires et sous-formulaires. Avec un clic du bouton droit de la souris, vous obtenez comme toujours un menu contextuel dans lequel vous pouvez également choisir la commande Propriétés.

❸ Dans le cas contraire, basculez en mode Formulaire.

Comme à l'accoutumée, vous pouvez effectuer les modifications du formulaire principal en mode Création. Pour modifier des sous-formulaires, procédez comme suit :

❶ Sélectionnez le formulaire principal en cliquant à un endroit quelconque à l'extérieur d'un contrôle.

❷ Ensuite, double-cliquez sur le contrôle *Sous-formulaire* pour ouvrir le sous-formulaire en mode Création. Vous pouvez maintenant effectuer les modifications souhaitées.

❸ Si vous utilisez une feuille de données comme sous-formulaire, cliquez sur le symbole Feuille de données. Vous pouvez alors modifier la largeur et la hauteur des colonnes.

❹ Enregistrez ensuite le sous-formulaire en mode Feuille de données ou formulaire puis refermez-le.

❺ Dans le formulaire principal, repérez l'étiquette sous-formulaire puis cliquez ensuite à un endroit quelconque du contrôle Sous-formulaire. Appuyez ensuite sur la touche «Entrée» et la version la plus récente du sous-formulaire est alors chargée.

Vous pouvez ensuite apprécier le résultat des modifications en mode Formulaire.

Si vous avez associé un sous-formulaire qui peut être visionné aussi bien en mode Feuille de données qu'en mode Formulaire, basculez entre ces deux modes. Ouvrez le formulaire principal puis cliquez sur le sous-formulaire. Sélectionnez la commande *Affichage/Feuille de données du sous-formulaire*. Cette commande fonctionne dans les deux sens.

Relier un sous-formulaire et un formulaire principal

Afin que les enregistrements qui apparaissent dans le sous-formulaire se rapportent à l'enregistrement affiché dans le formulaire principal, les deux formulaires doivent être reliés. En règle générale, Access procède automatiquement à la liaison des formulaires mais il peut arriver que vous soyez amené à le faire vous-même.

Access est capable de relier des formulaires même si les champs correspondants n'apparaissent pas dans le formulaire ou dans le sous-formulaire. Il suffit que la table ou la requête de base contienne les champs appropriés.

Si les deux tables sont déjà reliées par une jointure standard, Access utilise automatiquement les champs de clés pour établir la liaison. Si les deux formulaires contiennent des champs identiques, la jointure s'effectuera également de manière automatique même si aucune jointure standard n'a été définie. Toutefois, le champ du formulaire principal devra être la clé primaire de la table de base.

Si un formulaire principal est basé sur une requête, ou si, pour d'autres raisons, les conditions ne sont pas remplies, vous devrez vous-même procéder à l'établissement de la jointure. A cet effet, insérez dans la feuille des propriétés du sous-formulaire dans les lignes ***Champs pères*** et ***Champs fils*** les champs de la requête nécessaires à la jointure.

Formulaires basés sur des requêtes

Vous pouvez élaborer des formulaires aussi bien à partir des champs d'une requête que de ceux d'une table. Les requêtes s'imposent lorsque vous souhaitez insérer des données dans plusieurs tables. Il vous suffit donc d'interposer une requête, ce qui vous épargne un travail considérable. Vous devez toutefois tenir compte des restrictions concernant la mise à jour des données dans les tables à l'aide de requêtes.

Les avantages que présentent les requêtes comme base de formulaire :

*   Les données peuvent être restreintes et triées. Dans des requêtes, vous pouvez indiquer les critères qui limitent la sélection des données.
*   Les champs calculés peuvent être filtrés. Vous pouvez indiquer des valeurs minimales et maximales pour sélectionner les enregistrements à l'aide de champs calculés.

- Les données provenant de tables avec une relation N:1 peuvent être affichées. Au lieu de créer un formulaire principal et un sous-formulaire, créez une requête qui servira de base au formulaire.

- Les données d'un formulaire peuvent être mises à jour automatiquement. La possibilité de mise à jour dépend de la manière dont vous avez créé la requête.

- Un formulaire basé sur plusieurs tables peut être considéré comme une feuille de données. Si, au lieu de cela, vous utilisiez un formulaire principal et un sous-formulaire, vous devriez alors travailler avec deux feuilles de données ce qui, parfois, peut représenter une perte de temps.

A l'aide d'une requête, vous pouvez créer autant de tables et de formulaires que nécessaire. Vous devez simplement tenir compte des relations entre les tables et du fait que toutes les données de chaque table ne peuvent être mises à jour. Par exemple, si vous avez associé à l'aide d'une requête des champs provenant des tables *Clients* et *Commandes*, vous ne pourrez effectuer des modifications que dans les champs provenant de la table *Commandes*. Pour intégrer un nouveau client dans la table, vous devez soit créer votre propre formulaire, soit travailler directement avec la feuille de données de la table.

Concernant la présentation de formulaires basés sur plusieurs tables par l'intermédiaire d'une requête, il convient d'afficher de manière distincte des champs groupés appartenant à une même table. Pour ce faire, on dispose, par exemple, de rectangles et de traits.

Pour présenter des données de manière claire dans un sous-formulaire, nous vous recommandons d'utiliser une table d'analyse croisée. Ce mode d'affichage permet de regrouper les données. Les données regroupées peuvent être traitées dans le formulaire.

Commencez donc par créer le formulaire principal puis, ensuite, le sous-formulaire sur la base d'une table d'analyse croisée. La requête *Analyse croisée* devra posséder des en-têtes de colonnes figés ce qui permet, dans la plupart des cas, d'accélérer le passage d'un enregistrement à un autre dans le formulaire principal. En outre, la requête devra contenir les champs permettant la jointure entre le sous-formulaire et le formulaire principal.

Insérez le sous-formulaire dans le formulaire principal tel que nous l'avons décrit précédemment puis indiquez les noms de champs de jointure dans les lignes **Champs fils** et **Champs pères** de la feuille des propriétés du sous-formulaire.

7.4. Recherche de données dans un formulaire - Utilisation de filtres

Vous avez déjà utilisé les filtres en relation avec les tables. Vous savez donc qu'il ne s'agit ni plus ni moins que d'une requête temporaire. Toutefois, si vous utilisez souvent les mêmes filtres, rien ne vous empêche de les enregistrer en tant que requêtes de manière à pouvoir les réutiliser par la suite.

Sélectionner et trier des données à l'aide de filtres

Dans une base de données, il ne suffit pas de saisir et d'enregistrer des données ; en cas de besoin, il faut également être capable de les retrouver. Lorsqu'on a affaire à des tables volumineuses, il est parfois difficile de retrouver un enregistrement précis, notamment lorsque les données de la table n'ont pas été triées. Il existe deux procédures permettant de retrouver des données : d'une part la commande **Rechercher**, d'autre part l'utilisation de filtres. La commande Rechercher permet de retrouver des enregistrements. Nous avons étudié cette commande dans la section consacrée aux tables.

Si vous utilisez des filtres, vous obtenez comme résultat un groupe d'enregistrements présentant un certain nombre de caractéristiques communes. Les filtres ne peuvent être appliqués qu'aux formulaires, soit en mode Formulaire, soit en mode Feuille de données. Un filtre ne présente que peu de différence avec une requête et peut d'ailleurs être enregistré comme requête. Pour pouvoir utiliser un filtre, il faut qu'un formulaire soit ouvert. En outre, la propriété *Filtrage autorisé* doit être placée sur *Oui* ; dans le cas contraire les commandes de filtre ne sont pas disponibles.

Les critères pour le filtrage des données se définissent de la même manière que les critères des requêtes. Vous utilisez des expressions pour sélectionner plusieurs enregistrements dans un formulaire, mais vous pouvez également taper une valeur fixe afin que soit affiché l'enregistrement contenant cette valeur.

De la même manière que dans le cas des requêtes, vous disposez des opérateurs tels que < et >, =, >= etc.. Vous pouvez également, en utilisant plusieurs lignes, combiner des critères pour plusieurs champs par des conditions de type *ET* ou *OU* que nous avons abordées dans le cadre des requêtes.

Un filtre convient plus particulièrement pour les tâches suivantes :

- Masquer temporairement des enregistrements momentanément inutiles.
- Rechercher des enregistrements correspondant à plusieurs critères.
- Afficher les enregistrements en fonction d'un autre tri, par exemple en fonction des chiffres de vente.

Filtrer des données avec des requêtes

Si vous travaillez avec des champs calculés et que vous souhaitez utiliser les résultats du calcul comme filtre, il est plus simple d'utiliser une requête comme base d'un formulaire, laquelle requête contiendra ce champ calculé.

La fonction de filtre est disponible en mode Formulaire et en mode Feuille de données d'un formulaire. Ouvrez donc un formulaire dans l'un de ces deux modes. Vous devez ensuite créer un filtre puis l'utiliser afin d'indiquer à Access quels enregistrements il doit afficher. Vous trouverez le bouton *Filtre* dans la barre d'outils. Et vous pouvez également créer un filtre à l'aide d'une commande de menu.

Les boutons Filtre et Tri dans les modes Formulaire et Feuille de données d'un formulaire

❶ Cliquez sur le bouton ***Modifier le filtre*** de la barre d'outils. Une alternative consiste à choisir dans le menu ***Enregistrements***, la commande ***Modifier le filtre/tri***. Dans les deux cas, la fenêtre ***Filtre*** s'ouvre.

La fenêtre Filtre dans un formulaire

Un filtre est structuré de manière analogue à une requête. Dans la partie supérieure de la fenêtre, vous trouvez une liste de champs de la table ou de la requête sur laquelle est basée le formulaire. Dans la partie inférieure, vous disposez d'une grille d'interrogation dans laquelle vous pouvez insérer, comme dans le cas d'une requête, des champs provenant de la liste de champs.

❷ Sélectionnez, dans la liste, les champs pour lesquels vous souhaitez définir des critères ou qui doivent être triés dans un ordre précis.

❸ Sélectionnez dans la liste *Tri* l'option *Croissant* ou *Décroissant* si ce champ doit être trié.

Dans la boîte de dialogue *Affichage/Options*, vous disposez, dans la catégorie *Général*, de différents types de tri pour différentes langues. Sous Access 2.0, les choix qui vous sont proposés ont été affinés et vous pouvez choisir en plus le grec, l'hébreu ou le turc.

❹ Dans la ligne *Critères*, tapez une expression ou une valeur destinée à filtrer les enregistrements.

❺ Cliquez ensuite dans la barre d'outils sur le bouton *Appliquer le filtre* ou choisissez *Enregistrements/Appliquer le filtre/Tri*.

A présent, le formulaire ne contient plus que les enregistrements souhaités. En bas à droite, dans la barre d'état, l'abréviation FILT vous indique qu'un filtre est actuellement actif.

❻ Pour supprimer le filtre, cliquez dans la barre d'outils sur le bouton *Afficher tous les enregistrements* ou choisissez *Enregistrements/Afficher tous les enregistrements*. Lorsque vous refermez un formulaire, le filtre est automatiquement supprimé et lors de la prochaine ouverture, tous les enregistrements apparaîtront.

Enregistrer un filtre comme requête puis l'ouvrir

Les filtres ne sont pas enregistrés avec le formulaire mais doivent être recréés lors de chaque utilisation. Si vous utilisez fréquemment certains filtres, vous pouvez les enregistrer comme requête.

• Ouvrez la fenêtre de filtre et sélectionnez la commande *Fichier/Enregistrer* comme une requête. Le programme vous invite à indiquer un nom qui doit correspondre aux conventions habituelles d'Access.

Lorsqu'un filtre est enregistré comme requête, l'option **Restreindre aux champs sélectionnés** est automatiquement désactivée. De ce fait, tous les champs de la table ou de la requête de base sont insérés dans la requête nouvellement créée. Le mode Création de cette requête est identique au filtre d'origine, toutefois, les enregistrements complets sont affichés dans la feuille de réponses dynamique.

La requête est traitée comme toutes les autres requêtes. Vous pouvez la modifier à votre guise, par exemple, définir d'autres critères ou ajouter d'autres tables ou requêtes. Si vous souhaitez pouvoir appeler cette requête comme filtre pour le formulaire d'origine, vous devez tenir compte des éléments suivants. Ces conditions valent de manière générale pour toutes les requêtes destinées à être utilisées comme filtres.

• La requête doit être basée sur la même table ou la même requête que le formulaire dans lequel elle sera utilisée comme filtre.

• Elle ne doit contenir aucune autre requête ni table.

• Il doit s'agir d'une requête Sélection.

• Elle ne doit contenir aucune fonction de requête.

Lorsqu'une requête remplit ces conditions, elle peut être chargée comme filtre.

❶ Ouvrez le formulaire en mode Formulaire ou feuille de données.

❷ Cliquez sur le bouton **Modifier filtre/tri** ou choisissez **Enregistrements/Modifier le filtre/tri**.

❸ Lorsque la fenêtre **Filtre** est ouverte, choisissez la commande **Fichier/Charger** à partir d'une requête. Une boîte de dialogue vous propose alors exclusivement les requêtes qui ont été créées comme filtre dans le formulaire courant.

❹ Sélectionnez une requête et validez votre sélection avec **Ok**. Cliquez ensuite sur le bouton **Appliquer le filtre/tri** ou choisissez la commande correspondante dans le menu **Enregistrements**.

7.5. Soigner la présentation des formulaires

A l'intérieur d'un formulaire, vous pouvez à tout moment, ajouter, supprimer, traiter des contrôles, que ce formulaire ait été créé à l'aide de l'Assistant ou non. Ces opérations, qui étaient relativement fastidieuses dans les anciennes versions, sont nettement plus faciles dans Access 2.0 : vous disposez de commandes supplémentaires pour l'agencement et l'alignement des contrôles et surtout d'une grille très nettement améliorée.

Disposition, suppression et copie de contrôles

Sans doute savez-vous déjà comment on intervient sur la taille des contrôles et sur leur positionnement, même si jusqu'à présent vous avez créé tous vos formulaires avec les Assistants. Si vous connaissez les précédentes versions d'Access, vous savez aussi à quel point cela peut être délicat de modifier l'agencement des contrôles dans un formulaire et de tenter de les aligner par après.

La grille améliorée et quelques commandes supplémentaires vous aident à présent lors du déplacement et de l'alignement des contrôles. Avec les nouvelles commandes, vous pouvez non seulement aligner les contrôles à gauche ou à droite, en haut ou en bas, mais vous pouvez également uniformiser les intervalles entre plusieurs éléments.

Sélectionner les contrôles

On sélectionne un contrôle individuellement en cliquant dessus. Si l'on maintient ensuite la touche «Maj» enfoncée pendant que l'on clique sur d'autres contrôles, ceux-ci s'ajoutent à la sélection.

La sélection de plusieurs objets est plus facile encore avec le rectangle de sélection. Sélectionnez l'outil *Pointeur* puis cliquez dans le formulaire, sans toucher aucun contrôle. En maintenant le bouton de la souris enfoncé, faites glisser un rectangle. Avec le paramétrage par défaut, tous les contrôles qui sont entièrement ou partiellement situés à l'intérieur de ce rectangle sont sélectionnés. Vous pouvez cependant aussi paramétrer le programme de manière à ce que seuls les éléments qui sont entièrement inclus dans le rectangle soient sélectionnés. Choisissez à cet effet la commande *Affichage/Options* et dans la catégorie *Création de formulaire/d'état*, sélectionnez l'option *Totalement encadrés* sur la ligne *Mode de sélection des objets*. Par défaut, c'est l'option *Partiellement encadrés* qui est inscrite sur cette ligne. Avec ce paramétrage, il est plus facile de sélectionner quelques contrôles parmi d'autres, surtout lorsqu'ils sont relativement serrés les uns contre les autres.

Aligner les contrôles

Sélectionnez tous les contrôles qui doivent être placés dans une même ligne, par exemple les uns en dessous des autres. Choisissez ensuite la commande *Disposition/Aligner*. Cette commande ouvre un sous-menu avec différentes possibilités d'alignement. Vous pouvez, par exemple, sélectionner l'alignement à gauche afin que tous les contrôles sélectionnés apparaissent les uns en dessous des autres alignés sur le contrôle le plus à gauche. Avec la commande droite, les bords droits des contrôles sont alignés et avec Haut et Bas, ce sont respectivement les bords supérieur et inférieur des contrôles qui sont pris en compte. Access se base toujours sur le contrôle dont le bord est situé le plus loin dans la direction de l'alignement.

S'il s'agit de contrôles distincts, choisissez la commande *Sur la grille*. Dans ce cas, l'angle supérieur gauche de l'élément sera positionné sur le point le plus proche de la grille. Cette commande n'a cependant aucun effet si la commande *Aligner sur la grille* était activée (cochée) lors de la création d'un contrôle. Vous pouvez aussi désactiver momentanément cette commande *Aligner sur la grille* en appuyant sur la touche «Ctrl» pendant que vous déplacez un élément du formulaire.

Si vous choisissez *Disposition/Ajuster/A la grille*, les quatre coins du contrôle sont positionnés chacun sur le point le plus proche de la grille.

La distance par défaut d'un point de la grille à un autre est de 10 points par pouce horizontalement et de 12 points verticalement, soit environ 5 x 5 points par centimètre. Vous pouvez modifier ce paramétrage dans les propriétés du formulaire. Sur les lignes Grille X et Grille Y vous pouvez indiquer des valeurs entre 1 et 64. Si la valeur est supérieure à 16 points par pouce ou 6 points par centimètre, les points ne sont plus affichés à l'écran.

Modifier les intervalles

Vous pouvez modifier plusieurs contrôles pour corriger les intervalles. Dans le menu *Disposition* se trouvent les commandes *Espacement horizontal* et *Espacement vertical*, chacune ouvrant le même sous-menu avec les commandes *Egaliser*, *Augmenter* et *Diminuer*. Avec la commande Egaliser, vous pouvez obtenir un intervalle uniforme entre les contrôles sélectionnés. Avec Augmenter et Diminuer, l'intervalle est augmenté ou diminué d'un point sur la grille.

Supprimer des contrôles

Pour supprimer des contrôles sélectionnés, il suffit d'appuyer sur la touche «Suppr». Cette commande peut être annulée avec *Edition/Annuler*.

Copier et dupliquer des contrôles

Pour copier un élément sélectionné, choisissez *Edition/Dupliquer* ou *Copier*. Si vous choisissez la commande Dupliquer, le second contrôle apparaîtra aussitôt à l'écran, légèrement décalé par rapport à l'original. Dans le cas de la copie, le contrôle est tout d'abord copié dans le presse-papiers. Vous pouvez alors l'insérer à un endroit quelconque dans ce formulaire ou dans un autre à l'aide de la commande *Coller*. La commande *Couper* fonctionne de la même manière à la différence toutefois que, dans ce cas, l'élément d'origine est supprimé.

La commande *Couper* permet également d'attribuer après coup une étiquette à un contrôle. Créez une étiquette avec l'outil correspondant, à un endroit quelconque du formulaire, puis coupez-la. Ensuite, sélectionnez le contrôle sans étiquette et utilisez la commande ***Coller***. L'étiquette apparaît alors associée au contrôle sélectionné.

Ajouter des sections

Vous pouvez non seulement modifier les contrôles mais également l'aspect général du formulaire. Les commandes ***Disposition/En-tête/Pied de page*** et ***En-tête/Pied de formulaire*** vous permettent d'insérer dans un formulaire des sections supplémentaires qui pourront être traitées indépendamment les unes des autres. L'en-tête et le pied de formulaire apparaissent respectivement au début et à la fin d'un formulaire, l'en-tête et le pied de page sur chaque page.

Les différentes sections d'un formulaire, en mode Création

Chaque section peut être agrandie vers le bas ou sur le côté. Pour ce faire, placez le pointeur de la souris sur les lignes de délimitation des sections jusqu'à ce qu'il se transforme en un trait court muni d'une flèche orientée vers le haut et vers le bas. En maintenant le bouton de la souris enfoncé, vous pouvez à présent agrandir ou réduire la taille de la zone. Si vous avez sélectionné l'option *Extensible* dans la feuille des propriétés de la section, la taille de la zone s'agrandira automatiquement lorsqu'un nouveau champ viendra s'ajouter.

Recommandations pour la présentation de formulaire

Vous pouvez aisément vous imaginer qu'il est fortement recommandé, lors de la création de formulaire, de tenir compte de certaines conventions. Certes, Access vous laisse toute latitude dans la présentation d'un formulaire mais, en définitive, il s'agit avant tout d'organiser son travail de la façon la plus rationnelle et la plus conviviale possible. Pour cette raison, il n'est pas inutile d'avoir recours à l'Assistant Formulaire pour créer l'ossature d'un formulaire. Les règles fondamentales dont on doit tenir compte lors de la conception d'un formulaire sont : simplicité, finalité, réalité et unité.

* Les deux derniers points, réalité et unité, peuvent parfois s'exclurent mutuellement. Par exemple, si vous êtes fréquemment amené à transférer des données à partir de formulaires imprimés dans la base de données, il est judicieux de concevoir les formulaires d'écran de manière à ce qu'ils ressemblent le plus possible au papier. La recherche de certaines données s'en trouve sensiblement allégée.

* L'unité, ou encore l'homogénéité, présente un avantage incontestable pour tous ceux qui seront amenés à saisir les données. C'est d'ailleurs selon le même principe que sont développées les applications Windows. Dans le cas d'un formulaire, cela signifie, par exemple, que l'ordre des champs devra constituer une constante ou que, pour un même type de contrôle, on optera pour des caractéristiques de présentation identiques. Par exemple, toutes les étiquettes seront placées à gauche des contrôles avec une police grasse ou un fond grisé sans autre élément de mise en évidence. Les zones de texte, en revanche, devront être mises en évidence afin que l'utilisateur puisse d'emblée reconnaître l'endroit où il doit saisir les données.

- Simplicité et finalité sont nécessaires afin de pas attirer inutilement l'attention de l'utilisateur sur des détails inutiles. Cela implique, d'une part, que vous devez éviter d'éparpiller n'importe comment les éléments sur la surface de l'écran et que, bien au contraire, vous devez essayer de les regrouper en fonction de leur similitude ou de leurs points communs. D'autre part, n'abusez pas des moyens de mise en page mis à votre disposition. Si vous proposez un formulaire en seize couleurs, vous combattez ainsi certes la monotonie au prix toutefois, de la clarté du document.

Pour toutes ces raisons, il importe de modifier d'emblée les paramètres par défaut des Assistants ou de travailler au maximum avec des modèles. Vous en saurez plus à ce sujet dans la section *Présentation uniforme à l'aide de modèles*, quelques pages plus loin.

Présentation de contrôles et de sections

Les paramètres de la feuille des propriétés par défaut vous permettent de définir certaines caractéristiques pour des contrôles d'un même type, par exemple la taille ou les espacements. Ces possibilités de présentation peuvent également être utilisées pour des états.

Dans le tableau suivant, vous trouverez quelques paramètres que vous pouvez utiliser dans la feuille des propriétés. Notez toutefois que les propriétés évoquées ici ne se trouvent pas nécessairement dans toutes les feuilles des propriétés par défaut.

Gauche *Haut* *Largeur* *Hauteur*	Ces propriétés vous permettent de modifier l'alignement et la taille des contrôles. Dans les lignes Gauche et Haut, vous pouvez indiquer des valeurs correspondant aux distances par rapport au coin supérieur gauche de la page. Les indications des lignes *Largeur* et *Hauteur* permettent de définir la taille d'un élément. Ces possibilités de paramétrage vous permettent de définir la taille par défaut de chaque type d'élément.

Apparence	Dans la ligne Apparence, vous pouvez choisir entre Standard, 3D Relâché et 3D Enfoncé. Si vous choisissez Standard, vous pouvez attribuer à l'élément une couleur de la palette. Le paramètre 3D Enfoncé est fréquemment utilisé pour les champs de saisie tandis que 3D Relâché convient plus particulièrement pour les titres. Dans le cas de certains éléments, ce choix n'est pas disponible car il existe un paramètre par défaut. Par exemple, les boutons sont toujours représentés en mode relâché afin de leur donner du relief. L'ensemble de ces paramètres et les paramètres de bordure peuvent être sélectionnés.
Couleur fond	La couleur de fond correspond à la couleur de remplissage d'un champ. Vous pouvez activer le Générateur de couleur à partir de la fenêtre Propriétés si vous souhaitez sélectionner ou définir une autre couleur.
Couleur bordure *Couleur texte*	Pour ces deux propriétés, vous disposez également du Générateur de couleur.
Style bordure *Epaisseur bordure*	Dans la liste déroulante Style bordure, vous disposez des options Transparent et Standard. Le paramètre Transparent désactive l'affichage de la bordure. Dans la liste déroulante proposée sous Epaisseur bordure, vous pouvez choisir entre différentes épaisseurs de traits indiquées en points. La bordure la plus fine correspond à l'option Filet. Selon le type d'imprimante que vous utilisez, vous risquez de ne pas voir de différence entre cette option et les options 1 ou 2 pt.
Police *Taille Caractères* *Epaiss Caractères* *Italique* *Souligné*	La variété de polices de caractères disponibles dépend de l'imprimante qui est installée. Access met à votre disposition les polices de caractères disponibles sous Windows. Vous pouvez définir la taille de la police, en sachant toutefois que, dans le cas de formulaires, on opte généralement pour une police de dix points. Les champs Epaisseur de caractères, Italique et Souligné permettent d'affiner le style de la police. Ces paramètres peuvent également être activés à partir de la barre d'outil.

Aligner texte	De même, l'alignement du texte peut être modifié directement à partir des boutons de la barre d'outil ; mais vous pouvez également indiquer l'alignement souhaité dans la ligne Aligner texte. Il est recommandé de définir ces paramètres dans la feuille des propriétés par défaut de chaque contrôle, par exemple un alignement droit pour les étiquettes et gauche pour les zones de texte.
Contexte Aide	Cette ligne vous permet d'indiquer un code renvoyant à un fichier d'aide que vous avez créé. Lorsque ce champ est sélectionné et que vous appuyez sur la touche «F1», l'aide d'Access est alors remplacée par votre propre fichier d'aide.

Les outils *Rectangle* et *Trait*, vous permettent d'obtenir différents effets. Par exemple, il existe une convention selon laquelle on trace une ligne au-dessus et en dessous d'une somme pour l'identifier en tant que telle. Il est utile d'intégrer cette convention dans un formulaire afin de faciliter la saisie des données. De même, on pourra utiliser les traits pour représenter de manière claire des groupes de données, qu'il s'agisse de traits horizontaux ou verticaux.

Vous pouvez utiliser les rectangles pour créer un arrière-plan personnalisé pour certains champs.

L'utilisation de rectangles dans un formulaire

Bouton Palette

Afin que les champs apparaissent comme dans l'illustration, vous devez procéder comme suit. Plutôt que de sélectionner les paramètres dans la fenêtre *Propriétés*, vous pouvez aussi utiliser la palette que vous ouvrez par un clic sur le bouton correspondant :

❶ Ouvrez un formulaire qui contient déjà des champs. Vous pouvez bien sûr également ouvrir un nouveau formulaire. Dans un premier temps, définissez une couleur de fond de la section, par exemple un gris que vous choisirez dans la palette.

Pour ouvrir la palette, cliquez sur le bouton correspondant dans la barre d'outils.

Affecter des couleurs et des attributs de trait à l'aide de la palette

Un contrôle ou une section étant sélectionné, vous pouvez lui affecter un attribut de mise en forme en cliquant sur le bouton ou sur l'élément adéquat dans la palette. Comme dans la barre d'outils, vous voyez

385

s'afficher une bulle d'information si vous laissez le pointeur de la souris pendant deux ou trois secondes sur un bouton.

❷ Déplacez ensuite sur le côté les champs existants afin de réserver un espace suffisant pour les rectangles.

❸ Sélectionnez l'outil *Rectangle* dans la boîte à outils puis dessinez au centre de la zone un rectangle dont la longueur sera égale à la longueur maximale d'un ensemble étiquette-zone de texte. Attribuez à ce rectangle la couleur noire.

❹ Copiez le rectangle sélectionné avec la combinaison de touches «Ctrl»+«C» puis collez-le. Placez le second rectangle à côté du premier en définissant d'emblée l'intervalle définitif entre les deux rectangles. Copiez le second rectangle puis collez-le à nouveau ; la copie a alors automatiquement le même alignement et le même intervalle et sera insérée au-dessus. Répétez cette procédure jusqu'à ce que vous ayez le nombre de rectangles souhaité.

❺ Sélectionnez toutes les zones de texte en choisissant le blanc comme couleur de remplissage et un cadre transparent. Vous pouvez dans un même temps modifier la police de caractères et les attributs de caractères.

❻ Sélectionnez ensuite toutes les étiquettes. Attribuez au texte la couleur Blanc choisie dans la palette puis cliquez sur le bouton *Gras* de la barre d'outils.

❼ Il vous suffit maintenant de déplacer les champs à l'endroit souhaité. Déplacez respectivement une étiquette et une zone de texte ensemble sur un rectangle noir. Le bord droit de la zone de texte peut déborder des limites du rectangle.

❽ Si l'alignement des champs par rapport aux bords supérieur et inférieur des rectangles vous paraît correct, affinez l'alignement latéral. Sélectionnez ensuite toutes les étiquettes, puis choisissez la commande *Disposition/Aligner/Gauche*. Les étiquettes sont alors alignées par rapport au champ positionné le plus à gauche. Répétez cette procédure ensuite avec les zones de texte en sélectionnant cette fois l'alignement droit.

Utilisation de modèles de formulaires

Afin que tous les formulaires de votre base de données aient le même aspect, vous pouvez créer des modèles de formulaires, avec ou sans l'aide des Assistants. Les possibilités sont évidemment un peu plus réduites que lors d'une création libre mais en revanche, vous pouvez ainsi développer facilement un style de présentation uniforme pour vos formulaires.

* Vous pouvez faire créer les formulaires par des Assistants pour utiliser un des modèles standard.

* Vous pouvez copier des formulaires que vous avez vous-même créés et les réutiliser. Vous devez alors remplacer manuellement la table ou la requête sur laquelle se fonde le formulaire, ainsi que tous les contrôles.

* Vous pouvez utiliser comme modèle un formulaire que vous avez créé. Certaines caractéristiques sont alors reprises automatiquement dans chaque nouveau formulaire.

* Avec le nouveau Gestionnaire des compléments, vous pouvez modifier à loisir les modèles utilisés par l'Assistant. Vous pouvez ensuite utiliser l'Assistant pour créer des formulaires qui répondent malgré tout à vos besoins particuliers.

L'avantage des modèles uniformisés réside dans le gain de temps au moment de la création des formulaires mais aussi et surtout dans le fait que l'on obtient une unité de présentation au niveau des écrans auxquels l'utilisateur se trouve confronté. Les utilisateurs de Windows savent à quel point on se familiarise rapidement avec un nouveau programme lorsque l'interface ressemble à celle des autres programmes que l'on connaît déjà bien. Cela vaut également pour celui qui doit travailler avec une base de données.

Dans les sections suivantes, vous apprendrez à utiliser des modèles de formulaires et à modifier les modèles des Assistants.

Travailler avec des styles de formulaires

Si vous utilisez des programmes de traitement de texte, par exemple Microsoft Word ou Word pour Windows, vous connaissez certainement le principe de la feuille de styles ou du modèle. Un modèle de formulaire fonctionne selon le même principe. Il contient toutes les informations de base : les sections contenues dans le formulaire et leur taille ainsi que tous les paramètres standard des propriétés de formulaire, de section et de contrôle.

Lors de la création d'un formulaire sans recourir à l'assistant, Access utilise automatiquement le style de formulaire par défaut qui s'appelle *Standard*. Et vous pouvez, si vous le souhaitez, créer votre propre modèle de formulaire qui contiendra toutes les caractéristiques et propriétés que vous désirez.

❶ Ouvrez la boîte de dialogue *Affichage/Options*. Dans la liste des catégories, sélectionnez l'entrée *Création de formulaire/d'état*.

❷ Déplacez-vous ensuite sur la ligne *Modèle de formulaire* dans la zone intitulée *Eléments* et tapez à la place de Standard le nom du formulaire qui, désormais, servira de modèle.

Les paramètres de la boîte de dialogue Options

Conseil

Toutes les modifications effectuées dans la boîte de dialogue *Options* sont enregistrées dans la base de données système qui s'appelle SYSTEM.MDA. Le nom du nouveau modèle de formulaire apparaît alors dans la boîte de dialogue Options de toutes les bases de données que vous avez créées ou que vous créerez. Mais si vous souhaitez pouvoir utiliser le modèle de formulaire dans les autres bases de données, vous devez copier ce formulaire dans chacune d'entre elles. Lorsqu'un formulaire ne se trouve pas dans une base de données, Access utilise le modèle Standard et ce en dépit des paramètres de la boîte de dialogue Options.

Modifier les styles des Assistants

Avec le nouveau Gestionnaire des compléments, vous pouvez modifier tous les styles utilisés par les Assistants existants. Parmi ceux-ci figurent bien entendu ceux des Assistants Formulaire.

❶ Pour lancer le Gestionnaire des compléments, choisissez *Fichier/Compléments/Gestionnaire des compléments*.

Sélectionner une bibliothèque dans le Gestionnaire des compléments

❷ Depuis cette boîte de dialogue, vous pouvez désinstaller ou modifier les différents compléments ou en ajouter de nouveaux. Cliquez maintenant sur le bouton *Personnaliser*.

Sélectionner une présentation

❸ L'option *Personnaliser les styles Assistants Formulaire* est déjà sélectionnée. Vous pouvez donc cliquer directement sur *Ok*, à moins que vous ne souhaitiez modifier le formulaire instantané.

Personnaliser le style du formulaire

❹ Dans cette boîte de dialogue, commencez par sélectionner le style de formulaire que vous souhaitez modifier, par exemple Standard, Encadré, Enfoncé... Dans la zone Exemple, vous obtenez un aperçu du style correspondant.

Vous pouvez ensuite modifier les caractéristiques du style sélectionné : étiquettes et zones de texte, en-tête et pied de formulaire et section Détail.

❺ Les modifications achevées, vous avez plusieurs possibilités : vous pouvez changer d'avis et cliquer sur le bouton *Par défaut* afin d'annuler toutes les modifications et revenir à la présentation initiale. Vous pouvez enregistrer les modifications de manière à ce qu'elles soient ensuite disponibles dans l'Assistant. Vous avez toujours la possibilité, par la suite, d'ouvrir à nouveau le Gestionnaire des compléments et de cliquer sur le bouton *Par défaut* pour rétablir les paramètres par défaut.

⑤ Si vous avez modifié et enregistré un style, vous pouvez naturellement en modifier un autre avant de quitter la boîte de dialogue par un clic sur le bouton *Fermer*.

⑦ Lorsque vous refermez également le Gestionnaire des compléments, Access vous informe que vous devez relancer le programme pour que les modifications entrent en vigueur.

On modifie de la même façon les autres styles.

7.6. Des formulaires peuvent aussi être imprimés

Bien que les formulaires ne soient en principe pas destinés à être imprimés, on peut également les éditer sur l'imprimante. C'est d'ailleurs la raison pour laquelle vous pouvez définir un en-tête et un pied de page pour un formulaire.

Impression d'un formulaire

Bouton Aperçu avant impression

 Avant d'imprimer un formulaire, cliquez sur l'icône *Aperçu avant impression* pour obtenir l'affichage à l'écran d'une page imprimée complète.

Si la répartition des données sur la feuille ne vous convient pas, vous avez la possibilité d'effectuer des modifications avant de lancer l'impression. Dans le cas d'un formulaire principal et d'un sous-formulaire, il peut être judicieux d'insérer un saut de page dans le sous-formulaire, après chaque enregistrement.

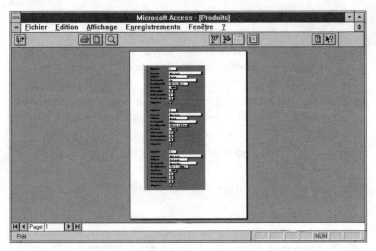

Un formulaire en mode Aperçu avant impression

Après avoir effectué toutes les modifications nécessaires, revenez au mode Aperçu avant impression. Cliquez sur le bouton ***Imprimer*** pour ouvrir la boîte de dialogue d'impression.

*La boîte de dialogue Imprimer dans le mode
Aperçu avant impression d'un formulaire*

Vous pouvez, à partir de cette boîte de dialogue, cliquer sur le bouton *Configuration* pour modifier les options d'impression. Vous trouverez à ce sujet de plus amples informations dans votre manuel d'utilisation de Windows. Vous trouverez également des informations dans la section consacrée aux états.

Validez cette boîte de dialogue avec *OK* pour envoyer le formulaire sur l'imprimante.

8. Des états pour présenter les données

La procédure permettant la création d'un état, c'est-à-dire la définition de contrôles, etc., est quasiment identique à celle permettant de créer un formulaire. C'est pourquoi ce chapitre est, dans son ensemble, consacré aux différences entre les deux objets. De nombreuses informations que vous y découvrirez peuvent également être mises en oeuvre pour la création de formulaires.

Un état est un objet que l'on utilise principalement pour imprimer des données. Comparé à un formulaire, un état met à votre disposition davantage de possibilités d'agencement et de présentation des données selon vos besoins. Les données d'un état ne peuvent plus être modifiées mais vous pouvez sans problème utiliser régulièrement le même état avec de nouvelles données en utilisant l'état créé comme modèle pour de nouveaux états.

Bien évidemment, vous pouvez imprimer des données avec d'autres objets Access. L'objet choisi pour l'affichage des données devra dépendre en premier lieu du type d'informations souhaité.

- Une table, par exemple, vous permet d'afficher tous les produits d'un fournisseur particulier.

- Le formulaire quand à lui vous donne la possibilité d'afficher toutes les informations concernant un seul produit.

- Avec un état, vous créez une présentation professionnelle des chiffres de vente par article que vous organiserez ensuite en fonction de différents critères.

La similitude entre un état et un formulaire ne s'arrête pas à la procédure de création ; leur fonctionnement est lui aussi similaire. De manière générale, ils disposent des mêmes sections : en-tête, pied de page et détail. Au lieu d'un en-tête de formulaire, vous avez ici un en-tête d'état qui apparaît, tout comme l'en-tête de formulaire, au début d'un état. En outre, vous pouvez insérer une section d'en-tête et/ou de pied de page pour mettre en évidence la structure du document.

Le mode Création d'un état

Si vous comparez l'apparence d'un état en mode Création avec l'Aperçu avant impression, vous comprendrez probablement plus aisément la structure du document. Ce qui, en mode Création, paraît confus à priori apparaît en mode Aperçu avant impression comme fondamentalement structuré et clair.

Vous pouvez utiliser les états pour les tâches suivantes :

- Affichage et organisation de groupes de données.
- Calcul de totaux intermédiaires, de totaux de groupes, de montants totaux et de pourcentages.
- Insertion de sous-formulaires, de sous-états et de graphiques.
- Affichage des données avec différents formats incluant des images, des traits et des polices de caractères particulières.

De même que dans le cas des formulaires, Access met des Assistants à votre disposition afin de vous aider le cas échéant.

8.1. Des états pour chaque occasion

Voici quelques exemples qui vous donneront une idée des nombreuses possibilités d'utilisation d'un état.

Factures et bons de livraison

Un état utilisé comme facture

L'illustration montre une facture tout à fait banale, comme vous en recevez sans doute régulièrement. Pour accrocher le regard, on y a intégré le logo de la société.

Les commandes provenant le même jour d'une même société sont réunies sur la facture. La somme des prix des différents articles est utilisée pour calculer le montant de la TVA, puis, à partir de ce résultat, le montant net à payer.

398

Des listes claires

Des états pour organiser clairement des liste d'adresses ou de numéros de téléphone

Souvent on a besoin rapidement d'une liste bien précise : aucun problème avec un état d'Access. Réunissez dans une requête les champs d'une ou plusieurs tables dont vous avez besoin puis utilisez cette requête comme base pour un état.

Dans l'exemple de l'illustration ci-dessus, vos interlocuteurs dans les différentes sociétés ont été groupés et triés par pays et d'après l'ordre alphabétique des noms. Quelle que soit la longueur de la liste, vous avez ainsi un accès rapide à n'importe quel numéro de téléphone.

Des transparents pour le rétroprojecteur

Des états contenant des graphiques : un bon support de présentation

Vous pouvez intégrer un ou plusieurs graphiques dans un état et composer ainsi des présentations de grande qualité. Si vous imprimez ou copiez un tel état sur un transparent, éventuellement en couleur, vous pouvez être sûr que le résultat sera particulièrement convaincant.

8.2. Créer rapidement des états avec les Assistants

Si l'on ne tient pas compte de l'état instantané que vous pouvez obtenir par un simple clic sur le bouton correspondant dans la barre d'outils, il existe sept assistants Etat permettant de créer très rapidement un état. Ces options ne concernent pas uniquement les débutants mais également les utilisateurs plus avertis ; ils peuvent créer en un clin d'oeil la base d'un état à l'aide de l'assistant Etat et cette base pourra ensuite faire l'objet d'une élaboration plus détaillée.

L'assistant permet de créer différents types d'état :

- Colonne simple
- Regroupements/Totaux
- Publipostage
- Synthèse
- Tabulaire
- Fusion de fichier MS Word

Dans un état à colonne simple, les enregistrements sont placés à l'intérieur d'une colonne, les uns en dessous des autres. Cependant, ces états peuvent être transformés en état à plusieurs colonnes si les colonnes sont suffisamment étroites pour qu'il en tienne deux sur une page.

Un état à colonne simple créé à l'aide de l'Assistant Etat

Dans un état de regroupement de données, les données sont placées par groupe sous forme de tableaux. Un total peut être calculé pour chaque groupe puis un montant global pour l'ensemble des groupes.

Microsoft Access - [Etat: Frais de port]				
Fichier	Edition	Affichage	Disposition	Fenêtre ?

Frais de port
27-juin-94

Société:	N° commande:	Port:	Montant cumulé:
Federal Shipping	10516	376,60 F	376,60 F
	10519	550,50 F	927,10 F
Speedy Express	10520	80,20 F	80,20 F
	10522	271,90 F	352,10 F
	10527	251,40 F	603,50 F
United Package	10506	127,10 F	127,10 F
	10518	1 308,90 F	1 436,00 F
	10521	103,30 F	1 539,30 F
	10524	1 468,70 F	3 008,00 F
Total général:			4 538,60 F

Un état de regroupement créé à l'aide de l'Assistant Etat

L'état Publipostage est un type d'état particulier qui permet d'imprimer directement sur étiquettes les adresses de vos clients. Vous avez donc la possibilité non seulement de contrôler les commandes et délais de livraison mais également de produire immédiatement les adresses de livraison.

Des étiquettes d'adresses créées à l'aide de l'Assistant Etat

L'Assistant Synthèse est nouveau. Il permet, comme dans un état de regroupement, de résumer les données par champs. La différence avec l'état de regroupement est que dans l'état de synthèse seuls les champs pouvant être calculés entrent en ligne de compte pour la synthèse. Cet état ne contient en outre pas le détail des enregistrements.

Un état de synthèse créé à l'aide de l'Assistant Etat

Un état tabulaire liste les données d'un enregistrement non pas les unes sous les autres comme dans un état à colonne simple mais les unes à côté des autres comme dans une table. Cette forme d'état convient bien pour l'impression de grandes quantités de données ou de listes d'adresses.

Microsoft Access - [Etat: Etat1]				
Fichier **Edition** **Affichage** **Disposition** **Fenêtre** **?**				

Clients

27-jun-94

Code client	Société	Contact	Fonction	Adresse
ALFKI	Alfreds Futterkiste	Maria Anders	Représentant(e)	Obere Str
ANATR	Ana Trujillo Emparedados	Ana Trujillo	Propriétaire	Avda. de
ANTON	Antonio Moreno Taqueria	Antonio Moreno	Propriétaire	Matadero
AROUT	Around the Horn	Thomas Hardy	Représentant(e)	120 Hanc
BSBEV	B's Beverages	Victoria Ashworth	Représentant(e)	Fauntlero
BERGS	Berglunds snabbköp	Christina Berglund	Acheteur	Berguvsv
BLAUS	Blauer See Delikatessen	Hanna Moos	Représentant(e)	Forsterstr
BLONP	Blondel père et fils	Frédérique Citeaux	Directeur du marketing	24, place
BOLID	Bólido Comidas preparadas	Martín Sommer	Propriétaire	C/ Araqu
BONAP	Bon app'	Laurence Lebihan	Propriétaire	12, rue de

Page 1

Un état tabulaire créé à l'aide de l'Assistant Etat

Avec l'Assistant Fusion de fichier MS Word, vous pouvez fusionner des adresses d'une base de données Access avec le texte d'une lettre dans Word pour Windows 6.0. Une méthode efficace si l'on veut faire parvenir un même message à un grand nombre de destinataires. La manière de procédé est décrite en détail dans le chapitre suivant intitulé Fonctionnement d'Access en collaboration avec d'autres applications.

Renvoi	**Fonctionnement d'Access en collaboration avec d'autres applications**	**Chapitre 10**

Sélection des assistants Etat

Pour créer un état à l'aide d'un assistant Etat, par exemple des étiquettes de publipostage, vous devez tout d'abord ouvrir une base de données qui contient des tables ou des requêtes que vous utiliserez comme base de l'état.

Dans la fenêtre Base de données, cliquez sur le bouton Etat puis sur le bouton Nouveau ou sélectionnez une table ou une requête et cliquez sur le bouton Nouvel état dans la barre d'outils. Une boîte de dialogue s'ouvre alors pour la création d'un état. La solution la plus rapide est effectivement celle où l'on sélectionne d'abord une requête ou une table puis que l'on clique sur Nouvel état.

La boîte de dialogue pour la création d'un état

Si aucune table ou requête n'est encore inscrite dans la zone de liste déroulante, sélectionnez-en une. Cliquez ensuite sur le bouton Assistants.

Dans la boîte de dialogue suivante, vous devez tout d'abord opter pour un type d'état. Vous pouvez ensuite sélectionner des champs et des propriétés pour cet état. Access vous fournit les informations les plus importantes pour l'élaboration de l'état.

Nous ne passerons pas sous silence une petite nouveauté que l'on trouve dans ces Assistants. Dans une de leurs boîtes de dialogue, la plupart d'entre eux permettent en effet d'indiquer un interligne (en cm). Il n'est donc plus nécessaire de déplacer les champs dans le mode Création, lorsque ce qui est proposé par défaut ne vous convient pas.

Nous allons vous expliquer à présent comment vous pouvez créer des étiquettes d'adresses avec l'aide de l'Assistant. Les données sont celles de la table *Fournisseurs*. Toutefois, avant de vous lancer dans la création d'un état Publipostage, vous voulez peut-être savoir si le format d'étiquette que

vous utilisez est géré par le programme. Les formats et nombres de colonnes
suivants sont disponibles en standard :

Format	De front	Format	De front
37 x 89 mm	1	49 x 70 mm	1
74 x 120 mm	1	24 x 102 mm	1
36,1 x 69 mm	1	37 x 102 mm	1
38,1 x 65,5 mm	3	49 x 102 mm	1
46,56 x 63,5 mm	3	37 x 127 mm	1
33,87 x 99,06 mm	2	49 x 127 mm	1
38,1 x 99,06 mm	2	37 x 102 mm	2
71,97 x 63,5 mm	3	49 x 102 mm	2
67,73 x 99,06 mm	2	36,1 x 102 mm	1
93,13 x 99,06 mm	2	23,4 x 107 mm	1
289,05 x 199,6 mm	1	36,1 x 107 mm	1
144,5 x 199,6 mm	1	48,8 x 107 mm	1
33,87 x 99,06 mm	2	74 x 125 mm	1
38,1 x 99,06 mm	2	108 x 85 mm	1
67,73 x 99,06 mm	2	23,4 x 89 mm	1
63,5 x 63,5 mm	3	36,1 x 89 mm	1
21,17 x 38,1 mm	5	23,4 107 mm	2
46,56 x 76,2 mm	2	36,1 x 107 mm	2
16,93 x 144,78 mm	1	23,4 x 89 mm	2
33,76 x 119,38 mm	1	36,1 x 89 mm	2
71,97 x 70 mm	2		

Vous pouvez également sélectionner des tailles en pouce. Si le format
d'étiquette que vous employez n'est pas disponible, il vous reste la possibilité

de définir un format personnalisé sous forme d'un complément. Procédez dans ce cas de la manière suivante :

❶ Choisissez *Fichier/Compléments/Gestionnaire des compléments*.

❷ Sélectionnez la ligne *Assistants Formulaire et Etat* et cliquez sur *Personnaliser*.

❸ Dans la boîte de dialogue suivante, sélectionnez *Personnaliser taille des étiquettes de publipostage* puis cliquez sur *OK*.

❹ Dans la boîte de dialogue *Tailles d'étiquettes personnalisées*, cliquez sur *Nouveau*.

❺ Vous pouvez alors indiquer les informations nécessaires relatives à votre modèle et les valider avec *OK*. La nouvelle taille d'étiquette est alors proposée avec les autres tailles dans l'Assistant Publipostage.

Les formats d'étiquettes personnalisés sont enregistrés dans la base de données et sont ainsi disponibles lorsque vous désirez créer des étiquettes d'adresses à l'aide de l'Assistant Etat.

Tout d'abord vous devez activer l'Assistant Publipostage en sélectionnant l'option correspondante dans la zone de liste de la boîte de dialogue *Assistants Etat* et en cliquant ensuite sur *OK*.

Définir l'organisation des champs pour les étiquettes d'adresses

Dans la première boîte de dialogue de l'Assistant publipostage, vous définissez les champs qui doivent figurer sur les étiquettes et la manière dont ces champs sont agencés. Les champs disponibles sont affichés dans la partie gauche de la boîte de dialogue. La partie droite représente la zone de création.

Sélectionnez le champ Société et cliquez sur le bouton > puis sur Nouvelle ligne afin que l'inscription suivante figure une ligne plus bas.

Ajoutez du texte dans la nouvelle ligne. Tapez le texte suivant, dans la zone de texte à gauche du bouton Texte : A l'attention de. Cliquez ensuite sur le bouton *Texte ->*. En cliquant sur le bouton correspondant, ajoutez un espace à la suite de ce texte et finalement le champ *Contact*. Cliquez ensuite une nouvelle fois sur le bouton *Nouvelle ligne*.

La ligne suivante ne doit contenir que le champ *Adresse*. Dans la dernière ligne, ajoutez les champs *Code postal* et *Ville*, en les séparant naturellement par un espace.

Cliquez ensuite sur *Suivant* pour aboutir dans la boîte de dialogue suivante.

Sur quel champ faut-il trier ?

②   Dans cette nouvelle boîte de dialogue, sélectionnez le champ d'après lequel les étiquettes doivent être triées, par exemple *Société*, *Contact* ou *Ville*. Nous avons opté pour *Contact*. Vous pouvez bien entendu sélectionner plusieurs champs. Par exemple, si Ville est le premier critère de tri vous pouvez ajouter *Société* comme deuxième clé. Cliquez une nouvelle fois sur *Suivant*.

Sélection de la taille des étiquettes

③ Sélectionnez ici la taille des étiquettes. Si vous avez défini une taille personnalisée que vous voulez utiliser, vous devez activer la case à cocher Afficher les tailles d'étiquettes personnalisées et sélectionner en conséquence l'unité de mesure et le type d'étiquette. Sélectionnez donc la taille souhaitée puis cliquez sur *Suivant*.

Choisir une belle police

④ Sélectionnez ici la police, la taille, la couleur des caractères, etc., puis cliquez sur *Suivant*.

Que souhaitez-vous faire ?

⑤ Dans la dernière boîte de dialogue de l'Assistant, il s'agit une nouvelle fois de savoir ce que vous voulez faire avec le résultat de votre travail. Commencez par examiner l'état ainsi achevé en mode *Aperçu avant impression*. Vous pourrez toujours, y apporter des modifications par après. Cliquez donc sur *Terminer*.

Il est recommandé de faire d'abord une impression sur une feuille de papier normale afin de vérifier que les intervalles et les marges sont bien paramétrés.

Une fois que la création d'un état à l'aide de l'Assistant est terminée, vous pouvez, dans le mode *Création*, apporter toutes les modifications et tous les compléments que vous souhaitez, comme pour les états que vous avez créés sans l'aide de l'Assistant Etat. Pour passer du mode *Aperçu avant impression* au mode *Création*, choisissez *Fichier/Aperçu avant impression* afin de désactiver la commande, ou cliquez sur le bouton *Fermer* la fenêtre.

8.3. Créer des états sans les Assistants

La similitude entre formulaires et états est grande. La quasi totalité des outils et boîtes de dialogue disponibles lors de la création d'un formulaire existent également dans la fenêtre de création d'un état. A la différence des données d'un formulaire, les données résultant d'un état ne peuvent pas être modifiées. Il n'est pas possible de saisir de nouvelles données ou de mettre à jour des données. Conséquence pratique : l'agencement des valeurs et des enregistrements dans un état dépend moins de la fonction que dans le cas d'un formulaire. De ce fait, l'organisation des données à l'intérieur d'un état est plus simple tout en proposant davantage de possibilités en matière de regroupement des données.

En raison des similitudes existant entre les formulaires et les états, la procédure de création des états va vous être présentée au cours de cette section de manière plus ou moins condensée. Si vous n'avez pas encore utilisé de formulaire, reportez-vous à la section consacrée à cet objet pour davantage de détails tel, par exemple, la sélection de contrôles, leur déplacement ou leur modification. Afin que la tâche vous soit plus aisée, voici un aperçu des points communs et des différences entre formulaires et états.

Différences et similitudes entre formulaires et états

Lorsque vous ouvrez un état vierge en mode Création, dans un premier temps, vous ne noterez aucune différence avec le mode *Création d'un formulaire vierge*.

413

Un formulaire et un état vierges dans le mode Création

Dans l'illustration précédente, vous pouvez voir la barre d'outils du mode Création de formulaires. Dans la fenêtre de création d'un état, cette barre d'outils se présente quelque peu différemment.

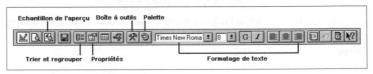

La barre d'outils Création état

Dans un état, il existe trois modes : le mode Création, le mode Aperçu avant impression et le mode Echantillon de l'aperçu. Si l'on fait abstraction des boutons correspondant aux différents modes d'affichage, les barres d'outils du mode Création d'un formulaire et d'un état sont quasiment identiques, à une exception près cependant :

Trier et regrouper

 Vous pouvez, par l'intermédiaire du bouton Trier et regrouper, appeler une fenêtre vous permettant de définir certains champs pour le regroupement et le tri.

A l'instar du formulaire, l'état comprend plusieurs sections. L'en-tête/pied de formulaire et l'en-tête/pied d'état apparaissent respectivement au début et à la fin d'un formulaire ou d'un état. En-tête et pied de page apparaissent dans un état également sur chaque page comme dans le cas d'un formulaire. Les données sont affichées dans la section Détail de ces deux objets.

Un état avec toutes ses sections

L'état vous propose en outre une autre possibilité liée à la structure du document. Dans la boîte de dialogue ***Trier/regrouper***, vous pouvez définir dans les propriétés de groupe un en-tête de groupe ainsi qu'un pied de groupe pour les données regroupées.

415

Cette fonction vous permet également de définir un titre pour chaque groupe composé de l'un des champs.

Bouton Aperçu avant impression

 Pour quitter le mode *Création d'un état* afin d'observer la disposition des éléments, vous pouvez cliquer soit sur le bouton *Aperçu avant impression* dans la barre d'outils, soit choisir la commande *Fichier/Aperçu avant impression*. Il n'existe en réalité pas d'autre mode pour les états. Toutefois, si vous créez un état important et vous souhaitez voir plus précisément à quoi il ressemble, sélectionnez à la place de la commande Aperçu avant impression la commande *Fichier/Echantillon de l'aperçu*. L'échantillon de l'aperçu rend compte de toutes les caractéristiques de l'état achevé en n'affichant toutefois que certains enregistrements et en n'exécutant les calculs que sur certains de ces enregistrements. Au lieu des vingt pages que vous obtiendriez dans le mode *Aperçu avant impression*, le mode *Echantillon de l'aperçu* ne vous en propose que deux, ce qui a pour effet d'accélérer nettement le basculement entre l'aperçu et le mode Création.

Tout comme dans le cas des formulaires, vous pouvez créer et utiliser des modèles d'état par défaut. Lorsque vous créez un état, Access a automatiquement recours au modèle d'état par défaut standard et donc à ces propriétés. Pour pouvoir utiliser votre propre modèle, vous devez indiquer le modèle concerné dans les options ; en outre, le modèle doit être copié dans chaque base de données censée l'utiliser.

❶ Créez un état avec certaines caractéristiques de présentation, par exemple des couleurs différentes et une bordure pour les différents types de contrôle.

❷ Si vous souhaitez utiliser le nouveau modèle d'état par défaut dans d'autres bases de données, il est recommandé d'appeler cet état *Modèle* ou de choisir un autre nom tout aussi significatif.

❸ Choisissez la commande *Affichage/Options*. Dans la liste proposée, sélectionnez la catégorie *Création de formulaire/d'état*. Dans la section situé en dessous, tapez dans la ligne modèle le nom de l'état qui sera désormais utilisé comme modèle pour toute nouvelle création d'état.

❹ Ensuite, exportez, importez ou copiez l'état dans les autres bases de données dans lesquelles il doit servir de modèle.

Si vous utilisez la commande de copie, vous devez sélectionner l'état dans la fenêtre Base de données puis choisir la commande *Edition/Copier*. Ouvrez ensuite la base de données souhaitée. La base de données précédemment ouverte est alors refermée. Choisissez dans la nouvelle base de données la commande *Edition/Coller* afin d'insérer l'état à partir du Presse-papiers.

Si vous ne souhaitez pas quitter la base de données d'origine, utilisez la commande *Fichier/Exporter*.

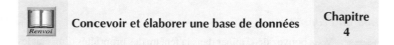

Concevoir et élaborer une base de données   **Chapitre 4**

Si vous avez créé un format d'étiquette personnalisé, vous savez déjà que vous pouvez modifier les modèles de l'Assistant Etat dans le Gestionnaire des compléments, exactement comme pour les formulaires.

Les commandes d'enregistrement, de fermeture, d'impression et d'ouverture d'un état se trouvent dans le même menu et disposent des mêmes boutons que dans le cas d'un formulaire. Lors de l'enregistrement d'un état, veillez à lui donner un nom significatif.

Bouton Etat et Nouvel état

Vous disposez également des mêmes possibilités pour ouvrir un état : une fois que vous vous trouvez dans la fenêtre Base de données, cliquez sur le bouton *Etat* ou double-cliquez sur le nom de l'état dans la liste. Vous pouvez également sélectionner le nom de l'état en cliquant dessus une seule fois puis ensuite sur Ouvrir pour charger l'état en mode *Aperçu avant impression* ou sur le bouton *Modifier* pour ouvrir l'état en mode *Création*.

Vous pouvez imprimer un état aussi bien à partir de l'aperçu avant impression qu'en mode ***Création***. En mode Aperçu avant impression, cliquez sur le bouton ***Imprimer***. En mode Création, choisissez la commande ***Fichier/Imprimer***. Dans ce cas également, c'est l'aperçu avant impression qui sera imprimé et non la création.

La fonction des sections dans un état

En plus des sections En-tête/pied d'état, section de détail et en-tête/pied de page, vous pouvez insérer un en-tête de groupe et un pied de groupe dans un état. Vous disposez alors d'une section supplémentaire pour organiser les données affichées. Les sections qui apparaissent lors de la création d'un nouvel état dépendent des paramètres du modèle d'état par défaut. Avec le modèle Standard, seule la section de détail est affichée.

Bouton Propriétés

Vous pouvez déterminer dans la fenêtre des propriétés d'un état les éléments qui y apparaîtront. Pour ouvrir cette fenêtre, cliquez sur le rectangle blanc situé en dessous de la case du menu ***Système*** ou double-cliquez sur la zone grise à l'extérieur de la zone de saisie. Vous pouvez aussi tout simplement cliquer sur le bouton ***Propriétés*** dans la barre d'outils.

La fenêtre des propriétés d'un état

Comme dans toutes les fenêtres de propriétés, vous pouvez à présent afficher les propriétés de l'état par catégories. Il existe naturellement aussi (pour les "anciens" utilisateurs d'Access) beaucoup de nouvelles propriétés, spécialement pour les événements.

Un état en mode Création avec toutes ses sections

Normalement, la section *Détail* contient les champs de données. En mode Création, tous les champs d'un enregistrement affichés dans l'état sont insérés dans la section *Détail*. En mode aperçu avant l'impression, la section *Détail* est répétée pour chaque enregistrement.

L'en-tête de l'état n'apparaît qu'une fois au début du document. Normalement, on y trouve le titre de l'état ; mais vous pouvez également insérer des images qui n'apparaîtront que sur la première page ou un logo de société si vous avez besoin d'un état pour une présentation. De même, il arrive fréquemment que l'on insère la date courante dans l'en-tête de l'état car elle n'a pas besoin d'apparaître sur chaque page.

Ce qui vaut pour l'en-tête de l'état vaut également pour le pied : il n'apparaît qu'une seule fois dans chaque état, à savoir à la fin du document. Le pied d'état peut contenir une remarque de conclusion ou des champs prévus pour les signatures. Si l'état est destiné à être distribué auprès des clients sous forme de courrier d'information, le pied d'état pourra alors, par exemple, contenir un bon de commande.

L'en-tête de page apparaît en haut de chaque page et peut être paramétré dans la fenêtre des propriétés de l'état. Si, dans la ligne *Pas en-tête page* vous choisissez le paramètre *Sur en-tête état*, l'en-tête n'apparaîtra pas sur les pages qui contiendront l'en-tête ou le pied d'état. Dans un état présenté sous forme de tableau, l'en-tête de page peut être utilisé pour recevoir les champs des intitulés de colonnes. De manière générale, on trouve dans l'en-tête de page tous les éléments destinés à être affichés en haut de chaque page.

De même, on trouvera dans le pied de page tous les éléments qui doivent apparaître en bas de chaque page. L'élément le plus important, surtout lorsqu'il s'agit d'état volumineux, est le numéro de page que vous insérez dans le pied de page avec l'expression *=Page*. Vous pouvez également désactiver le pied de page dans la fenêtre des propriétés de l'état pour les pages où apparaîtront l'en-tête d'état et le pied d'état.

Les états étant destinés à être imprimés, il peut être intéressant d'appliquer la fonction Pages. Au lieu de =Page, vous insérez alors l'expression ="Page " & Page & "sur " & Pages. Chaque page est alors numérotée de la manière suivante : Page 3 sur 12. Cela permet à la personne qui reçoit l'état imprimé de se rendre compte si le document est complet ou non.

L'en-tête de groupe apparaît avant chaque groupe de données, parfois plusieurs fois sur une même page. Dans l'en-tête de groupe, insérez les champs qui identifient d'une manière ou d'une autre le groupe correspondant. Lorsque vous insérez un en-tête de groupe, le plus simple consiste à insérer le champ en fonction duquel le regroupement a été effectué, par exemple le nom de la société ou une date précise.

Le pied de groupe apparaît en dessous de chaque groupe et peut également figurer plusieurs fois sur une même page. Si des valeurs doivent être calculées pour chaque groupe, il peut être intéressant d'insérer en pied de groupe un champ prévu pour le total. Le pied de groupe peut également être utilisé pour mettre en valeur un groupe particulier de données à l'aide de traits ou d'autres éléments.

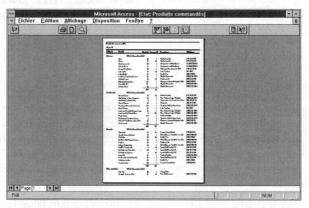

Un état avec toutes ses sections dans le mode Aperçu avant impression

- Pour insérer un en-tête d'état/pied d'état ou un en-tête de page/pied de page, choisissez la commande correspondante dans le menu *Disposition*. Lorsque vous insérez un en-tête d'état ou un en-tête de page, le pied d'état ou le pied de page est lui aussi automatiquement inséré.

 Vous pouvez insérer un en-tête de groupe ou pied de groupe indépendamment l'un de l'autre. Pour ce faire, cliquez dans la barre d'outils sur le bouton *Trier/regrouper* puis sélectionnez un champ en fonction duquel le regroupement doit être effectué. Ensuite, indiquez le paramètre *Oui* dans la zone *Propriétés du groupe* dans la ligne *En-tête de groupe* ou *Pied de groupe*.

- Chaque section peut être agrandie ou réduite à l'aide de la souris. De cette manière, vous pouvez faire disparaître un en-tête de page qui n'existe que parce que vous avez décidé de définir un pied de page.

- Pour ce faire, vous devez déplacer le pointeur de la souris sur la ligne située en dessous ou à droite de la zone concernée. Lorsque le pointeur de la souris modifie son aspect, c'est-à-dire lorsque la flèche se transforme en une ligne munie d'une flèche orientée vers le haut et vers le bas, vous pouvez modifier la taille en maintenant enfoncé le bouton de la souris.

Ajouter des contrôles

Bouton liste des champs

 Après avoir ouvert un nouvel état et ajouté une table ou une requête, vous devez insérer des champs dans la section *Détail*. Tout comme dans le cas d'un formulaire, les champs provenant de la liste de champs peuvent être déplacés seuls, à plusieurs ou dans leur totalité sur la section détail. Pour ouvrir la liste des champs, cliquez sur le bouton correspondant.

- Lorsqu'il s'agit d'un champ unique, sélectionnez-le puis faites-le glisser dans l'état.

- Pour sélectionner plusieurs champs contigus dans la liste des champs, maintenez la touche «Maj» enfoncée.

- Pour sélectionner plusieurs champs non contigus, maintenez la touche «Ctrl» enfoncée puis cliquez successivement sur chacun des champs.

- Pour insérer l'ensemble des champs en une seule opération, double-cliquez sur la barre de titre de la liste des champs.

Tous les champs que l'on fait glisser au cours d'une même opération dans un état sont alignés les uns en dessous des autres. L'espacement et la taille de chacun d'eux dépend des paramètres de la fenêtre des propriétés du contrôle. Vous pouvez donc vous épargner un travail fastidieux et parfois fort long si vous tenez compte de ce phénomène lors de l'insertion des champs. Comme dans le cas de la création d'un formulaire, les champs ainsi insérés sont associés automatiquement à un contrôle de type *Zone de texte*.

De nouvelles possibilités de mise en forme

Vous pouvez à présent sélectionner plusieurs contrôles en même temps dans les formulaires et les états et entrer des modifications dans la fenêtre des propriétés, par exemple pour en régler la hauteur et la largeur. Il est même possible de modifier ces paramètres en une seule opération pour les zones de texte et les étiquettes. Si vous avez sélectionné uniquement des étiquettes, vous pouvez entrer le même texte pour tous ces éléments sélectionnés.

Comme dans le cas des formulaires, il existe pour les états des contrôles dépendants et indépendants. Les contrôles dépendants proviennent de la liste des champs d'une table ou d'une requête. Les états peuvent être basés sur une table ou sur une requête ou sur plusieurs de ces objets lorsqu'on insère un sous-état. La méthode la plus simple pour utiliser plusieurs tables consiste à recourir à une requête.

Définition des propriétés de contrôle

Chaque élément dispose de sa propre fenêtre des propriétés. En outre, chaque type de contrôle dispose de sa fenêtre des propriétés par défaut. Toutes les propriétés définies dans le modèle d'état par défaut et donc dans la fenêtre des propriétés par défaut sont automatiquement affectées à chaque contrôle créé.

La plupart des propriétés correspondent à celles de la fenêtre des propriétés d'un formulaire. Pour tous les détails que vous ne trouverez pas ici, reportez-vous à la section consacrée aux formulaires. En outre, vous pouvez obtenir de plus amples informations concernant les possibles paramétrages en recourant à l'aide contextuelle en appuyant sur la touche «F1».

Toutefois, concernant les zones de texte dans un état, il existe deux propriétés que l'on ne trouve pas dans les formulaires. Sachant qu'une des particularités d'un état consiste à pouvoir regrouper et trier des données, vous pouvez, dans une zone de texte, paramétrer les propriétés *Masquer doublons* et *Cumul*.

Par exemple, si vous créez un état destiné à afficher les articles livrés par chaque fournisseur, chaque article est normalement précédé du nom du fournisseur. Ce mode d'affichage génère toutefois une redondance d'informations car le nom du fournisseur est inutilement répété. Si vous regroupez les enregistrements en fonction des fournisseurs, vous risquez d'avoir le même nom répété plusieurs fois.

Vous devez donc sélectionner pour le contrôle concerné le paramètre *Oui* pour la propriété *Masquer doublons*. Le nom du fournisseur n'apparaîtra alors qu'une seule fois dans chaque groupe. Toutefois, si un saut de page est effectué au milieu d'un groupe d'articles d'un fournisseur, le nom de ce fournisseur apparaîtra à nouveau sur la page suivante.

Mais vous obtenez le même effet si vous paramétrez dans la boîte de dialogue *Trier/regrouper* la propriété de groupe *En-tête de groupe* sur *Oui* et que vous déplacez ensuite le champ *N° Fournisseur* dans l'en-tête de groupe. L'en-tête de groupe n'apparaît qu'une seule fois par groupe.

La propriété *Cumul* permet d'obtenir un calcul intermédiaire à la suite de chaque enregistrement. Ce calcul intermédiaire peut se rapporter à l'ensemble des enregistrements si cette propriété est paramétrée sur *En continu* ; elle peut également ne s'appliquer qu'aux enregistrements d'un niveau de groupe avec le paramètre *Par groupe*. Cela vous permet, par exemple, d'établir la liste des commandes d'un client et, dans un même temps, de les additionner pour obtenir la somme totale des commandes passées par ce client.

Pour utiliser ce paramètre, procédez comme suit :

- Créez un état à partir de la table *Commandes*. Nous aurons besoin des champs *Destinataire* et *Montant*. Vous pouvez bien sûr sélectionner d'autres champs.

- Cliquez sur le bouton *Trier/regrouper* puis sélectionnez le champ *Destinataire* en fonction duquel doit s'effectuer le regroupement. Refermez ensuite la fenêtre.

- Dans la fenêtre des propriétés de la zone de texte Destinataire, sélectionnez *Masquer doublons* : *Oui* afin que le nom du destinataire n'apparaisse qu'une seule fois par groupe.

- Copiez le champ *Montant* puis insérez-le à côté ou en dessous du premier champ *Montant*. Donnez à l'étiquette du champ copié le nom *Somme intermédiaire*.

- Ouvrez la fenêtre des propriétés de la zone de texte copiée et sélectionnez dans la ligne *Cumul* le paramètre *Par groupe*.

Si vous disposez les zones de texte côte à côte, vous pouvez placer les étiquettes soit dans l'en-tête de page ou dans l'en-tête groupe ; vous obtenez ainsi un état sous forme de tableau. Dans ce cas, les étiquettes servent d'intitulé de colonne.

- Sélectionnez toutes les étiquettes destinées à être placées dans la section En-tête de page. Si vous souhaitez placer les champs comme en-têtes de groupe afin qu'ils soient répétés devant chaque groupe, vous devez sélectionner dans la boîte de dialogue *Trier/regrouper* la propriété *En-tête de groupe* et la placer sur *Oui*.

- Choisissez ensuite la commande *Edition/Couper*.
- Sélectionnez la section souhaitée à l'aide de la souris puis choisissez *Edition/Coller*.

Pour terminer, il vous suffit d'aligner les champs et, éventuellement, de modifier les attributs de caractères des étiquettes et d'insérer d'autres éléments de présentation.

Affichage de valeurs à l'aide de cases à cocher, de cases d'options et de groupes d'options

A la différence de ce qui se passe lors de l'utilisation d'un formulaire, vous n'avez, lorsqu'il s'agit d'un état, aucune possibilité de choix en ce qui concerne les cases à cocher et les champs d'options. Ceux-ci ne peuvent afficher qu'une valeur ou un état précis. Les cases à cocher et les cases d'options ont un aspect certes différent mais possèdent la même fonction. Elles remplissent d'autant mieux leur rôle qu'elles sont reliées à un champ contenant des valeurs de type *Oui/Non*. Dans un groupe d'options, elles sont indépendantes et affichent une valeur précise. Le cadre du groupe d'options peut être dépendant ou indépendant.

Une case à cocher affiche *Oui*, *Actif* ou *Vrai* lorsqu'elle est cochée, c'est-à-dire lorsqu'elle contient une croix (X). Une case d'option équivaut à Oui, Actif ou Vrai lorsqu'elle contient un point. Ces deux contrôles peuvent être utilisés dans des groupes d'options pour sélectionner des valeurs à partir d'un groupe de données.

Bouton d'option et case à cocher

 Ces contrôles sont utilisés pour afficher un état précis, par exemple pour savoir si un article est disponible ou si une date d'envoi a dépassé le délai de livraison. Pour insérer une case à cocher ou une case d'option dans un état, procédez comme suit :

❶ Cliquez sur l'un des deux outils dans la boîte à outils puis faites glisser un champ approprié à partir de la liste des champs à l'endroit souhaité de l'état. Vous pouvez aussi créer des contrôles indépendants : cliquez sur l'outil correspondant dans la boîte à outils puis à l'endroit souhaité dans l'état.

❷ Tapez dans l'étiquette correspondante le nom du champ. Ce nom est indiqué dans la fenêtre des propriétés dans la ligne *Nom contrôle*.

❸ Dans la ligne *Source Contrôle*, vous pouvez maintenant taper une expression, par exemple =[Date d'envoi]>[Date de livraison] pour savoir si une commande a été envoyée avec retard.

A l'intérieur de groupes d'options, les cases à cocher et les cases d'options ont une fonction un peu différente. Normalement, le cadre du groupe d'options est relié à un champ ou à une liste de champs. Le cadre du groupe d'options est destiné à recevoir plusieurs contrôles, la plupart du temps appartenant tous à un même type, par exemple trois cases d'options.

Bouton groupe d'options

Selon ce que vous souhaitez afficher à l'intérieur du groupe d'options, intitulez les étiquettes des contrôles. Selon la valeur indiquée dans une table, le champ correspondant dans l'état est automatiquement sélectionné.

❶ Cliquez tout d'abord sur l'outil *Groupe d'options* dans la boîte à outils puis faites glisser le champ souhaité à partir de la liste de champs dans l'état. La taille du cadre du groupe d'options correspond à la taille standard. Vous pouvez également, en maintenant le bouton de la souris enfoncé, définir une taille personnalisée pour ce cadre.

❷ Cliquez ensuite sur l'outil *Case d'options* et insérez le nombre souhaité de cases d'options dans le cadre du groupe d'options. La couleur de fond du groupe d'options change dès que le pointeur de la souris vient s'y positionner. Le champ Nom contrôle de la fenêtre des propriétés est numéroté dans l'ordre de création.

③ Intitulez l'étiquette de chaque case d'options avec l'un des noms contenus dans le champ dont dépend le groupe d'options. Access repère automatiquement la case d'options correspondante lorsque la valeur apparaît dans l'enregistrement.

Cette méthode vous permet, par exemple, d'afficher dans un état chaque société expéditrice. On pourrait également imaginer que le mode de paiement d'un client apparaisse automatiquement dans un état à condition toutefois de prévoir les entrées correspondantes dans une table. Pour plus d'informations à ce sujet, reportez-vous au chapitre consacré aux formulaires et plus particulièrement à la section intitulée Sélectionner des données à l'aide de cases à cocher, cases d'options et boutons Bascule.

Regrouper et trier des données

Les états permettent non seulement de trier des données comme c'est déjà le cas avec les requêtes, mais également de rassembler les données triées dans des groupes. La définition de groupes permet de rendre compte clairement des relations entre les différentes données ; en outre, ils permettent d'effectuer des calculs de manière regroupée.

Dans les états, les enregistrements sont triés et regroupés en fonction de valeurs ou de plages de valeurs. Plusieurs états regroupés peuvent être reliés à des sous-états.

Trier des données

Lorsqu'un état contient un volume important de données, vous serez plus à même de retrouver certaines données précises dans un état trié que dans un état non trié.

Après avoir créé un état, c'est-à-dire après que les champs ont été ajoutés, vous pouvez définir un ordre de tri.

❶ Cliquez dans la barre d'outils sur le bouton ***Trier/regrouper***. La boîte de dialogue ***Trier/regrouper*** s'ouvre alors.

La boîte de dialogue Trier/regrouper

❷ Dans la partie supérieure de la fenêtre, vous pouvez sélectionner des champs en fonction desquels le tri doit être effectué. Sélectionnez dans la première ligne le premier niveau de tri, dans la seconde le second niveau tri, etc. De cette manière, le tri peut s'effectuer par exemple tout d'abord en fonction du nom puis en fonction du code postal ou de la ville.

❸ Dans la colonne de droite, indiquez l'ordre de tri, croissant ou décroissant.

Pour effectuer le tri alphabétique d'une zone de texte de A jusqu'à Z, sélectionnez ***Croissant***. Dans cet ordre, les nombres seront triés de 1 à 99. Si vous souhaitez que soient affichés les clients ayant le chiffre d'affaires le plus élevé, vous devez indiquer dans la colonne de gauche l'expression permettant le calcul du chiffre d'affaires et, dans la colonne de droite, sélectionnez l'option Croissant. Comme toujours, l'expression que vous indiquerez doit être introduite par un signe =. Exemple : =[Nbre de commandes]*[Montant].

Regroupement des données

La fonction de regroupement permet, en plus de la fonction de tri, de regrouper et d'ordonner des données. Le regroupement est indispensable lorsque certaines valeurs doivent être calculées comme par exemple le volume de vente journalier. Des données regroupées confèrent à l'état davantage de clarté car elle constituent des unités cohérentes. A l'intérieur d'un groupe, vous pouvez bien sûr effectuer un tri en fonction de certains champs.

Comme dans le cas du tri, il existe pour le regroupement de données différents niveaux de regroupement. Il n'est intéressant de travailler avec différents niveaux de regroupement dans le cas de champs différents que si pour chaque valeur d'un niveau il existe plusieurs valeurs dans le niveau suivant. Par exemple, si vous travaillez sur une liste d'adresses, il est tout à fait inutile d'effectuer un regroupement en fonction du nom des sociétés sachant que, très probablement, chaque société ne dispose que d'une seule adresse. Vous obtiendrez des états intelligemment structurés si vous regroupez un champ unique en plusieurs niveaux. Par exemple, un état rapportant les commandes de l'an passé pourra être regroupé sur le premier niveau en fonction des mois puis, sur le deuxième niveau, en fonction des jours. Vous pouvez ensuite trier les différentes commandes en fonction du numéro de commande et les regrouper par catégorie.

Un état groupé

Dans un état, vous pouvez regrouper jusqu'à dix champs. Pour chaque niveau de regroupement, vous pouvez en outre afficher un en-tête de groupe ou un pied de groupe. Si le regroupement s'est fait en fonction d'un champ, l'en-tête et le pied de groupe seront alors renommés en fonction de ce champ, ils s'appelleront alors, par exemple, En-tête de groupe Société ou Pied de groupe Société.

Après avoir créé un état, procédez comme suit pour regrouper un ou plusieurs champs.

❶ Cliquez dans la barre d'outils sur le bouton *Trier/regrouper*. Dans la boîte de dialogue Trier/regrouper, indiquez dans la colonne de gauche les champs ou les expressions en fonction desquelles le regroupement doit s'effectuer.

❷ Dans la colonne de droite, n'effectuez de sélection que si le champ regroupé doit également être trié.

③ Dans la partie inférieure de la boîte de dialogue, vous pouvez définir les propriétés de groupe pour chaque groupe, c'est-à-dire pour chaque ligne tapée précédemment. Vous pouvez indiquer si un en-tête de groupe ou un pied de groupe doit être affiché ainsi que le mode de regroupement : dans le cas d'une zone de texte, vous pouvez choisir dans la ligne *Regrouper sur* entre les options *Chaque valeur* et *Premiers caractères*.

Si vous choisissez l'option *Regrouper sur* : *Chaque valeur*, le regroupement s'effectuera en fonction du nom complet ou de la chaîne de caractères complète. La valeur de la ligne Intervalle est dans ce cas toujours égale à 1. Si vous optez pour *Premiers caractères*, le regroupement dans un champ de texte s'effectuera uniquement en fonction des premiers caractères. Cela signifie que dans le groupe A, un nom commençant par A peut figurer à plusieurs endroits, pas forcément consécutifs. Si, en plus, un autre tri doit être effectué sur une autre valeur du groupe, ce tri est prioritaire en cas d'identité de nom dans le regroupement. Dans la ligne *Intervalles*, vous pouvez indiquer l'intervalle ou le nombre sur lequel sera effectué le tri de caractères.

Définir les sections et les intervalles pour un regroupement

Les lignes *Intervalle* et *Regrouper sur* vous permettent de définir une plage de valeurs en fonction de laquelle s'effectuera le regroupement. Ces deux propriétés fonctionnent ensemble. C'est le format du champ sélection qui détermine quand telle ou telle sélection est disponible.

Chaque valeur	Les zones de texte, les champs numériques, monétaires et Date/Heure peuvent être regroupés en fonction de chaque valeur.
Premiers caractères	Permet de regrouper des zones de texte en fonction des premiers caractères.
Intervalle	Les champs de type numérique, monétaire et date/heure peuvent être regroupés en fonction d'intervalles de valeurs.

Dans la ligne intervalle, vous pouvez indiquer un intervalle quelconque. Par exemple, si vous effectuez un regroupement en fonction d'un champ de type *Date/Heure*, vous disposez dans la ligne *Regrouper sur* de différentes possibilités de période.

Zone de liste déroulante de la propriété Regrouper sur dans le cas d'un champ de type Date/Heure

Si vous sélectionnez l'option *Mois* dans la liste déroulante, vous pouvez entrer Semaine ou Jour dans la ligne *Intervalle* pour obtenir une subdivision en conséquence à l'intérieur du groupe.

Voici comment se présentera un état dans lequel les chiffres de vente ont été regroupés par rapport à la date d'expédition tout d'abord par année puis par trimestre (dans un sous-formulaire) et enfin en fonction de chaque valeur.

Un état des chiffres de vente regroupés par année et par trimestre

Pour obtenir ce résultat, vous devez sélectionner le champ Date envoi dans les deux premières lignes de la boîte de dialogue **Trier/regrouper** puis paramétrer les propriétés suivantes :

Date envoi ligne 1	Date envoi ligne 2	Date envoi ligne 3
Tri croissant	Tri croissant	Tri croissant
En-tête de groupe Oui	En-tête de groupe Non	En-tête de groupe Non
Pied de groupe Oui	Pied de groupe Oui	Pied de groupe Non
Regrouper sur Année	Regrouper sur Trimestre	Regrouper sur Chaque valeur
Intervalle 1	Intervalle 1	Intervalle 1

La section **Détail** de cet état est masquée. La propriété **Visible** de la section a été paramétré sur **Non**. Les champs sont répartis de la manière suivante sur les différentes sections :

Le mode Création de l'état avec les chiffres de vente

La fonction PartDate a été utilisée pour que les trimestres soient affichés sous forme numérique par 1, 2, 3 et 4. Pour savoir comment utiliser cette fonction, reportez-vous dans ce même chapitre à la section intitulée "Imprimer le trimestre, le mois, ou la semaine".

Vous pouvez également définir des intervalles et des plages pour les champs de type numérique, monétaire ou compteur. Si vous effectuez un regroupement en fonction de Chaque valeur, la ligne Intervalle doit comporter un 1. Mais vous pouvez également indiquer un intervalle dans la ligne *Regrouper sur*. Il vous suffit alors d'indiquer dans la ligne Intervalle la valeur de l'intervalle correspondant.

Pour un compteur, vous pouvez par exemple entrer la valeur 5 pour que les enregistrements soient regroupés par cinq. Les chiffres de vente peuvent être regroupés dans des intervalles de 100. Dans le premier groupe on trouvera alors les commandes dont la valeur est comprise entre 0 et 99 F, dans le deuxième groupe celles dont la valeur est comprise entre 100 et 199 F, et ainsi de suite.

Trier/regrouper	
Champ/expression	Tri
Date envoi	Croissant
N° commande	Croissant
▶ Somme des ventes	Croissant

Propriétés du groupe		
En-tête de groupe	Non	
Pied de groupe	Non	*Entrez l'intervalle ou le nombre de caractères sur lequel sera effectué le tri.*
Regrouper sur	Intervalle	
Intervalle	100	
Section insécable	Non	

La boîte de dialogue pour grouper les chiffres de vente par intervalles de 100 F

Le tableau ci-dessous indique les paramètres des propriétés de groupes.

Champ/Expression	Total des ventes Ligne 1	Total des ventes Ligne 2
Tri	Croissant	Croissant
En-tête de groupe	Non	Non
Pied de groupe	Oui	Non
Regrouper sur	Intervalle	Chaque valeur
Intervalle	100	1

En principe, les propriétés de tri et de regroupement peuvent être définies avant l'insertion des contrôles dans l'état. Vous avez également la possibilité de modifier a posteriori des regroupements et les tris existants. Vous avez donc la possibilité de copier et de modifier un état que vous souhaitez imprimer avec les mêmes données mais avec d'autres regroupements et/ou tris.

- Dans l'état copié, ouvrez la boîte de dialogue ***Trier/regrouper***. Vous pouvez à présent définir de nouvelles propriétés, sélectionner de nouveaux champs ou modifier l'ordre des champs.

- Pour modifier l'ordre, sélectionnez une ligne de la table, c'est-à-dire dans la partie supérieure de la table, puis déplacez cette ligne vers le haut ou vers le bas en maintenant le bouton de la souris enfoncé.

Utilisation d'expressions dans des états

Vous pouvez utiliser des expressions non seulement dans des formulaires et dans des requêtes mais également dans des états. Celles-ci sont mises en oeuvre de manière identique : pour concaténer des zones de texte, effectuer des calculs ou établir des comparaisons. De même, vous pouvez utiliser certaines expressions spécifiques pour l'impression.

Expressions pour l'impression d'états

Afin de pouvoir classer correctement les états imprimés, il convient de faire apparaître dans l'en-tête de l'état, par exemple, la date de l'impression et éventuellement l'heure. A cet effet, Access met à votre disposition différentes fonctions.

- L'expression =***Date()*** permet d'indiquer au programme qu'il devra, lors de l'impression, inscrire à cet endroit la date courante.

- L'expression =***Temps()*** permet d'insérer l'heure courante dans un état.

- L'expression =***Maintenant()*** permet d'insérer la date courante et l'heure courante dans un état.

- Les numéros de page peuvent être insérés de la même manière dans l'en-tête de page ou le pied de page avec l'expression =***Page***.

- Dans l'Assistant Fonction, on trouve, dans la catégorie Expressions communes, l'expression Page *N* sur *M*. Cette expression est insérée dans la zone de texte sous la forme =***"Page " & Page & "sur" & Pages***. Le numéro de page est alors indiqué sous la forme Page *X* sur *Y*.

Concaténer des zones de texte

La concaténation de zones de texte s'avère fréquemment nécessaire si, pour des raisons de structure de base de données, différentes unités ont été éparpillées dans plusieurs champs d'une table. L'adresse en est l'exemple classique. Vous avez probablement lu dans les sections consacrées aux formulaires ou un peu plus haut dans ce chapitre comment réunir dans une même zone de texte le code postal et la ville. Mais Access vous propose différentes possibilités vous permettant de combiner plusieurs zones de texte provenant de tables volumineuses. Le cas échéant, il s'agit en effet de tenir compte, au moment de l'impression, des différences de longueur ou de l'absence de texte.

Vous pouvez recourir à ces possibilités lorsque, par exemple, vous souhaitez imprimer en tant qu'état une table d'adresses internationales. La structure d'une adresse diffère d'un pays à l'autre ; dans notre cas, nous nous limiterons aux distinctions existant entre les adresses américaines et françaises, plus particulièrement en ce qui concerne la combinaison des codes postaux et des villes.

Dans une adresse américaine, le nom de la ville apparaît avant la région et le code postal :

```
San Francisco  CA  94117.
```

Admettons que vous disposiez d'une liste d'adresses composée de clients américains et français et que vous souhaitiez imprimer ces adresses dans un état. A l'aide d'une chaîne de caractères, vous pouvez tout d'abord réunir les trois champs Ville, Région, Code postal dans une même zone de texte. Une chaîne de caractères se compose de caractères placés entre guillemets. Un nom de champ faisant partie d'une chaîne de caractères doit être placé entre tirets verticaux afin d'être identifié comme tel. La chaîne de caractères pour notre exemple se présentera comme suit :

```
="|[Ville]| |[Région]|  |[Code postal]|"
```

Toutefois, cette expression ne s'applique qu'aux adresses américaines. Dans le cas d'adresses françaises, elle ne correspond pas aux conventions nationales selon lesquelles le code postal doit apparaître avant la ville. En outre, l'espace compris entre la ville et le code postal sera excessif en raison de l'absence d'indication de région.

Ce problème peut être résolu en utilisant la fonction VraiFaux. Cette fonction permet d'indiquer une condition qui doit être remplie afin qu'un événement précis ait lieu. La syntaxe de cette fonction est la suivante :

```
=VraiFaux(Condition;Expression si vrai;Expression si
faux)
```

Dans le Générateur d'expression, vous pouvez sélectionner cette fonction dans la catégorie *Fonctions/Fonctions intégrées/Déroulement prog*. Les arguments sont expliqués ci-après.

L'argument **Condition** contient la condition qui doit être satisfaite afin que l'expression si vrai soit retournée comme résultat de la fonction. L'argument expression si faux sera retourné si la condition n'est pas satisfaite. Nous allons voir dans le cadre de cette exemple ce qui doit se passer si le champ **Région** ne contient pas de valeur :

```
=VraiFaux([Région] Est null;"|[Code Postal]|
|[Ville]|";"|[Ville]| |[Région]|  |[Code Postal]|")
```

Si le champ **Région** ne contient pas de valeur, aucun espace ne lui sera réservé ; en outre, l'ordre des éléments Ville et Code Postal sera inversé et correspond ainsi aux conventions françaises.

Des adresses finlandaises, françaises et américaines dans un même état

Si vous devez tenir compte de plus de deux structures d'adresses, vous devez filtrer la table d'origine à l'aide de requêtes.

Impression d'une partie d'une valeur

Dans un état, il est possible de tenir compte de manière particulière des premiers ou derniers caractères d'une valeur. On peut effectuer un tri en fonction de ces caractères puis les utiliser comme en-tête de groupe. De cette manière vous avez la possibilité de subdiviser en rubriques une liste alphabétique regroupée en fonction des premiers caractères.

Une liste d'articles alphabétiques des la base de données Comptoir

Pour ce mode de représentation, vous devez utiliser les expressions de type chaîne de caractères contenant les fonctions *Gauche* pour renvoyer les n premiers caractères d'une valeur d'une zone de texte et Droite pour renvoyer les n derniers caractères d'une valeur d'une zone de texte. La syntaxe de ces fonctions est la suivante :

```
=Gauche(Expression_chaîne; n)
=Droite(Expression_chaîne; n)
```

Une expression de type chaîne de caractères peut être un nom de champ ou une expression de type texte. n indique le nombre de caractères qu'il faut renvoyer. Pour obtenir un affichage semblable à celui de l'illustration, regroupez les noms d'articles sur le premier niveau en fonction des premiers caractères avec un intervalle égal à 1 puis, sur le second niveau, en fonction de Chaque valeur. Pour le premier niveau, indiquez en outre En-tête de groupe : Oui et Pied de groupe : Oui.

Insérez dans l'en-tête de groupe une zone de texte indépendante ou une étiquette. Dans la fenêtre des propriétés de la zone de texte, tapez comme nom de contrôle Premier caractère du nom ou quelque chose de semblable et dans la ligne *SourceContrôle* l'expression suivante :

```
=Gauche([Nom du produit];1)
```

Impression de trimestres, mois ou semaines

Avec les correspondances numériques des indications de date, vous pouvez regrouper des commandes en fonction de la date d'envoi. Une année se compose de 4 trimestres, 12 mois ou 53 semaines. Pour pouvoir regrouper une date sous cette forme, vous devez utiliser la fonction *PartDate*. La syntaxe de cette fonction est la suivante :

```
=PartDate(Intervalle;Date)
```

L'argument *Intervalle* représente la partie de la date dont il faut tenir compte. Cet intervalle est indiqué à l'aide d'abréviations, par exemple aaaa pour indiquer l'année, t pour le trimestre, m pour le mois, ee pour le numéro de semaine de l'année ou s pour le jour de la semaine.

Avec cette fonction vous pouvez, par exemple, établir des comparaisons directes entre les chiffres de vente de différentes années regroupés par trimestre.

Dans cet exemple, le regroupement a été effectué en fonction de l'expression de l'en-tête de groupe :

```
=PartDate("t";[Date envoi])
```

Vous devez taper cette expression dans la ligne *SourceContrôle* d'une zone de texte indépendante ; l'intitulé de l'étiquette sera Trimestre. Déplacez ensuite la zone de texte avec l'expression dans l'en-tête de groupe. Vous devez donc dans un premier temps effectuer le regroupement avec la boîte de dialogue *Trier/regrouper* puis sélectionner des en-têtes et des pieds de groupe pour les niveaux de groupe.

Dans le second niveau, le contrôle Date envoi sera regroupé en fonction de la valeur Année. Vous trouverez cette valeur dans la liste de sélection de la ligne Regrouper sur. Dans le troisième niveau, la Date envoi sera regroupée en fonction de Chaque valeur et, dans le quatrième niveau, le numéro de commande le sera également en fonction de Chaque valeur. Tous les champs seront triés de manière croissante.

8.4.   Les calculs dans les états

Dans les états sous Access, vous pouvez effectuer des calculs pour un enregistrement ou un groupe d'enregistrements. Ces calculs peuvent se rapporter à des champs normaux ou à des champs déjà calculés, c'est-à-dire à des expressions. Les expressions de calculs sont structurées selon le même principe que dans le cas de formulaires. Toutefois, en raison de l'existence d'une fonction de regroupement, vous avez dans le cas des états davantage de possibilités pour effectuer des calculs intermédiaires et des totaux pour des champs distincts.

Comment les sommes sont-elles calculées dans la facture de la base de données Comptoir ?

Prenons l'exemple de l'état *Facture* de la base de données Comptoir pour voir de quelle manière on effectue des calculs. Voici cependant encore quelques informations d'ordre général à propos des calculs dans les états :

La fonction essentielle pour les calculs est la fonction *Somme*. La syntaxe de cette fonction est la suivante :

```
=Somme(Expression)
```

L'argument *Expression* peut représenter un nom de champ ou une expression mais pas un nom de contrôle. Vous devez donc nécessairement recourir aux champs d'une table ou d'une requête pour calculer des valeurs. Si vous souhaitez effectuer un calcul avec un champ calculé provenant d'une requête, il ne suffit pas d'indiquer le nom du champ ; vous devez utiliser l'expression d'origine afin que le calcul soit effectué correctement.

Access calcule les valeurs monétaires avec quatre chiffres après la virgule même si l'affichage ne se fait que sur deux chiffres. D'infimes erreurs peuvent donc se produire. Dans ce cas, vous pouvez arrondir le résultat à deux décimales avec les fonctions *CLong*, *ArrEnt* ou *Ent*. La syntaxe de cette fonction est la suivante :

```
=Fonction(Expression)
```

L'état Facture dans la base de données Comptoir

Dans l'état *Facture* de la base de données COMPTOIR, trois types de calculs sont effectués. Tout d'abord, le montant total de chaque commande en fonction des produits, ensuite le montant total qui se compose des montants de chaque article et ensuite la somme totale qui tient compte des frais de transport.

444

Pour cet état, on a créé une requête **Factures** qui contient tous les champs nécessaires. Le montant final est basé sur les champs Quantité, Prix unitaire et Remise. Dans la fenêtre des propriétés de la zone de texte Prix facturé, l'expression =CLong([Quantité]*[Prix unitaire]*(1-[Remise (%)])) a été tapée dans la ligne SourceContrôle. La fonction Clong est utilisée ici pour arrondir les valeurs calculées à deux décimales.

Pourcentages dans les bases de données Access

Les pourcentages tels que les remises par exemple, sont enregistrés comme valeurs comprises entre 0 et 1 et doivent être tapés sous cette forme. En mode aperçu avant impression ou après impression, ces valeurs sont affichées sous forme de pourcentages : 0,05 = 5 %.

Le Sous-total correspondant à la somme des différents Prix facturé a été calculé à l'aide de la fonction **Somme**. Dans l'expression de la fonction, l'expression du calcul des prix facturés doit apparaître à nouveau. L'expression se présente comme suit :

```
=Somme(CLong([Quantité]*[Prix unitaire]*(1-[Remise
(%)])*100)/100)
```

Le nom du contrôle pour la zone de texte s'appelle Sous-total Facture. Vous pouvez indiquer cette expression soit dans la ligne SourceContrôle, soit la taper directement dans la zone de texte. Cette zone de texte est alors insérée dans le pied de groupe du groupe **N° commande**. De cette manière, seules les valeurs provenant des enregistrements de ce groupe seront automatiquement utilisées. Dans le cas de notre exemple, il s'agira de tous les enregistrements ayant le même numéro de commande.

La somme totale se compose du sous-total et des frais de transport. Les champs Total Facture et Port sont également insérés dans le pied de groupe du groupe N° commande. Le nom du contrôle de la zone de texte pour la somme totale est Total Facture ; dans la ligne SourceContrôle, l'expression suivante a été tapée :

```
=[Sous-total facture]+[Port]
```

Si vous n'utilisez pas de fonction dans une expression vous pouvez vous rapporter au nom d'un contrôle.

Des calculs sur plusieurs niveaux de groupe

Tous ces calculs ont été effectués à partir des enregistrements d'un seul groupe. Mais vous pouvez également effectuer des calculs concernant plusieurs niveaux de groupes. A l'aide d'expressions identiques, vous pouvez calculer des valeurs différentes.

Vous trouverez un exemple de ce type de calcul dans l'état Comptoir : Ventes des employés par pays. Dans cet état, le calcul porte sur le chiffre de vente d'une part par employé, d'autre part pour l'ensemble des employés par pays. Ensuite, les ventes totales sont calculées. Dans le premier niveau, les enregistrements sont regroupés en fonction des employés, et dans le second niveau, en fonction des pays. L'élément *SourceContrôle* est identique pour tous les champs calculés :

```
=Somme([Montant ventes])
```

Pour calculer le total des ventes par représentant, vous devez effectuer un regroupement en fonction du champ Représentant puis insérer l'expression en pied de ce groupe. Pour calculer le total des ventes par pays, insérez l'expression dans la section de pied du groupe Pays. Vous pouvez utiliser la même expression dans le pied d'état pour calculer le total général des ventes.

Calcul de valeurs en plaçant les champs de manière différenciée

Une expression vous permet également de ventiler une somme totale par rapport aux sommes individuelles, ce calcul étant exprimé en pourcentage. Conservons notre dernier exemple : vous pouvez taper une expression qui vous indique quel est le pourcentage des ventes de chaque représentant par rapport au total des ventes. L'expression correspondante serait :

```
=[Total de représentant]/[Montant global]
```

Total de représentant correspond ici au contrôle du champ de la section du pied du groupe Représentant dans lequel le total des ventes par représentant est calculé.

La zone de texte pour la conversion en pourcentage doit également être insérée dans la section de pied du groupe ***Représentant***. Dans la fenêtre des propriétés de ce champ, vous devez définir les paramètres suivants : dans la ligne ***NomContrôle***, indiquez un nom significatif, par exemple Pourcentage des ventes individuelles par rapport aux ventes totales. Ce nom peut vous

447

paraître trop long mais vous saurez plus tard de quel calcul il s'agit lorsque vous ouvrirez à nouveau l'état. Dans ligne ***SourceContrôle***, tapez l'expression indiquée précédemment. Choisissez pour ce contrôle le format Pourcentage et, pour le nombre de décimales, choisissez 0.

Fusion de deux ou plusieurs états

L'insertion d'un ou plusieurs sous-états vous permet de disposer de possibilités de regroupement supplémentaires. L'état principal concerné peut être soit indépendant soit dépendant. Un état principal indépendant n'est pas relié lui-même à une table ou à une requête ; il ne contient pas de données. Sa seule fonction consiste simplement à mettre à disposition une relation pour deux sous-états. Dans ce cas, les données de ces sous-états ne doivent pas être reliées.

Si l'état principal est relié à une table ou à une requête, les données du sous-état insérées doivent être mises en relation avec les données de l'état principal. Cela signifie que les tables ou les requêtes de base doivent être reliées, ou alors pouvoir être reliées par l'intermédiaire de champs communs. Un état principal contenant un sous-état peut à son tour être inséré comme sous-état dans un autre état. On ne peut pas réaliser plus de deux imbrications de ce type.

Vous pouvez insérer dans un état principal non seulement des états mais également des formulaires. Dans ce cas, le formulaire pourra lui-même contenir un sous-formulaire de telle manière qu'une imbrication à deux niveaux est également possible.

Insérer un sous-état

Avant de pouvoir insérer un sous-état dans un autre état, vous devez tout d'abord créer les deux états. Refermez le sous-état lorsqu'il est achevé. Tenez compte du fait que les tables ou les requêtes à la base des deux états doivent contenir un champ commun permettant ainsi de relier les enregistrements. Ces champs ne doivent pas faire partie nécessairement de l'état.

Si vous utilisez un état principal indépendant, vous pouvez imprimer deux sous-états sur une page sans que les données de ces sous-états aient quelque chose en commun. Toutefois, dès que vous insérez deux sous-états dans un état dépendant, ces deux sous-états doivent être reliés à l'état principal mais pas nécessairement entre eux.

Un état avec deux sous-états

Lors de la création de sous-états, vous devez tenir compte du fait que les sous-états ne peuvent contenir d'en-tête ou de pied de page. Tous les éléments normalement insérés dans l'en-tête de page doivent alors être insérés dans l'en-tête d'état. Le numéro de page apparaît dans le pied de page de l'état principal.

❶ Ouvrez tout d'abord l'état principal en mode Création. Basculez ensuite dans la fenêtre Base de données en appuyant sur la touche «F11».

❷ Dans la fenêtre Base de données, cliquez sur l'onglet *Etat* afin d'afficher la liste des états. Faites glisser le sous-état souhaité à l'aide de la souris dans une section de l'état principal.

Un contrôle de type Sous formulaire/Etat est alors inséré. Ce contrôle peut bien sûr être déplacé, agrandi ou réduit. L'étiquette correspondante apparaît au-dessus du contrôle et porte le nom du sous-état.

Bouton Propriétés

③ Ouvrez la fenêtre des propriétés du contrôle du sous-état. Pour ce faire, sélectionnez le contrôle puis cliquez sur le bouton Propriétés dans la barre d'outils.

Sous-formulaire/Sous-état: Sous-état Ventes par employé	
Toutes les propriétés	
Nom	Sous-état Ventes par employé
Objet source	Etat.Sous-état Ventes par employé
Champs fils	
Champs pères	
Visible	Oui
Auto extensible	Oui
Auto réductible	Non
Gauche	3,254 cm
Haut	0,079 cm
Largeur	5,594 cm
Hauteur	1,217 cm
Style bordure	Transparent
Note	

La fenêtre des propriétés d'un contrôle du sous-état

Les indications des lignes ***Champs pères*** et ***Champs fils*** vous permettent de savoir si les états sont reliés. Si ces lignes ne contiennent aucune indication, vous devrez les taper. Si les données de l'état proviennent de requêtes, vous devrez effectuer la jointure manuellement.

④ Dans la ligne ***Champs pères***, tapez le nom du champ de clé provenant du sous-état et dans la ligne ***Champs fils*** le nom du champ de clé de l'état principal. Normalement, ces noms sont identiques. Un champ de clé est un champ qui existe dans les deux requêtes ou les deux tables ; ce champ ne doit pas nécessairement être défini comme clé primaire.

En mode ***Création*** de l'état principal, vous ne pouvez visionner ou modifier le sous-état. Ce n'est qu'en mode aperçu avant impression que vous pouvez observer le sous-état comme élément de l'état principal. Vous pouvez cependant ouvrir le sous-état en mode Création à partir du mode Création de l'état principal.

❶ Cliquez à un endroit quelconque de l'état principal pour vérifier que le contrôle du sous-état n'est pas sélectionné.

❷ Double-cliquez ensuite sur le contrôle Sous-état. Le sous-état apparaît alors en mode Création.

❸ Effectuez les modifications souhaitées puis enregistrez et refermez le sous-état.

❹ Les modifications du sous-état doivent maintenant être reprises dans l'état principal. Sélectionnez dans l'état principal le contrôle Sous-état puis cliquez à un endroit quelconque à l'intérieur du contrôle. Appuyez ensuite sur la touche «Entrée».

La version mise à jour du sous-état est alors chargée.

Relier des états avec des valeurs calculées

Vous pouvez également insérer des sous-états reliés à l'état principal par une valeur calculée. Le champ que vous utiliserez alors ne se trouvera pas dans une base de données, c'est-à-dire dans une table. Vous pouvez, par exemple, regrouper les chiffres des ventes dans le sous-état par trimestre de chaque année puis afficher dans l'état principal les valeurs détaillées de chaque année. Le champ commun dans ce cas serait *Année*. Mais ce champ n'existe pas dans la table ou la requête de base. Ce champ est calculé à partir du champ *Date envoi*.

Pour utiliser une période pour la jointure, dans notre cas une année, dérivez la valeur à l'aide d'une expression. Dans cette expression, on utilisera la fonction *Format*. La syntaxe de la fonction format est la suivante :

```
Nom: Format([Expression],code Format")
```

Pour calculer la valeur Année à partir d'une date, tapez l'expression :

```
Année: Format([Date envoi],"aaaa").
```

Le code aaaa représente ici l'année sur quatre chiffres.

Un sous-état lié à l'état principal par le biais d'un champ calculé

Les valeurs calculées ou dérivées ne peuvent pas être saisies dans la fenêtre des propriétés du sous-état car la ligne ***Champs pères*** ne peut pas contenir un nom de contrôle. Vous devez définir le champ destiné à établir la jointure dans une requête qui constituera ensuite la base des deux états. A l'aide de l'expression, un nouveau champ est créé dans la requête, ce qui signifie que vous devez taper l'expression dans la ligne ***Champ***.

8.5. Des graphiques pour illustrer les états

Vous avez déjà vu, au début de ce chapitre, à quel point il est possible de donner de la vie à un état en y intégrant un graphique. Dans la base de données Comptoir se trouve un état nommé Ventes par catégorie dans lequel les chiffres de vente sont représentés sous forme d'un graphique. Les valeurs qui sont à la base de ce graphique sont également reproduites. Elles sont intégrées dans l'état principal en tant que sous-état. La synchronisation des données du graphique et de celles de l'état n'est cependant pas simple, aussi allons-nous nous limiter, dans le prochain exemple, à créer un graphique dans un état indépendant.

Il y a deux façons d'intégrer un graphique dans un état :

- Vous pouvez créer un graphique à partir des données d'origine dans Microsoft Graph et l'intégrer ensuite manuellement dans un état sous la forme d'un champ de type **Objet**. Cette méthode n'est en réalité intéressante que pour un graphique existant.

- Il est plus simple de créer d'abord un état et d'y intégrer ensuite un champ graphique en mode **Création**. L'Assistant Graphique est alors automatiquement lancé pour vous aider tout au long du processus.

Insérer un graphique dans un état

Pour réaliser l'exemple suivant, vous avez besoin des tables Catégories, Produits, Détails commandes et Commandes ainsi que de la requête Ventes par catégorie qui extrait des valeurs de ces tables.

❶ Créez un nouvel état indépendant. Dans ce cas, vous irez sans doute plus vite sans l'Assistant : insérez simplement une étiquette pour un titre dans l'en-tête de page.

❷ Dans cet état, vide par ailleurs, insérez un champ graphique. Cliquez sur le bouton correspondant dans la boîte à outils et insérez le champ à la position souhaitée. En maintenant le bouton de la souris enfoncé, vous pouvez étirer le cadre à la dimension souhaitée. Avec un simple clic, vous obtenez un champ de la dimension standard.

L'Assistant Graphique vous prend ensuite en charge pour vous guider dans la création du graphique.

La première boîte de dialogue de l'Assistant Graphique

❸ Dans la première boîte de dialogue, indiquez la source des données du graphique. Affichez la liste des requêtes et sélectionnez *Ventes par catégorie* puis cliquez sur *Suivant*.

Sélection des champs pour le graphique

454

④ Dans la deuxième boîte de dialogue, cliquez sur le bouton **>>** pour sélectionner les trois champs disponibles et cliquez une nouvelle fois sur *Suivant*.

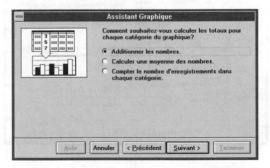

Sélection d'un champ pour l'étiquette d'axe

⑤ Sélectionnez le champ *Nom du produit* comme étiquette pour l'axe. Cliquez sur *Suivant*.

Comment les données doivent-elles être calculées ?

⑥ Dans cette boîte de dialogue, vous devez déterminer la manière dont les données doivent être calculées. Activez la première option afin d'obtenir la somme des ventes de chaque produit. Cliquez sur *Suivant*.

455

Sélection du type de graphique

⑦ Sélectionnez le graphique à barres qui se trouve à l'extrême gauche dans la rangée du milieu. Les séries de données étant organisées en colonnes, vous ne changez rien aux options de ce groupe. Cliquez sur **Suivant**.

Saisir un titre pour le graphique

Vous pouvez en principe entrer un titre pour le graphique dans cette boîte de dialogue. Toutefois, étant donné que l'état a déjà un titre correspondant aux données du graphique, il n'est pas nécessaire d'en indiquer un supplémentaire. Désactivez la légende avant de cliquer sur **Terminer**.

Le graphique est affiché en mode *Création*. Pour qu'il soit bien lisible, agrandissez-le autant que possible.

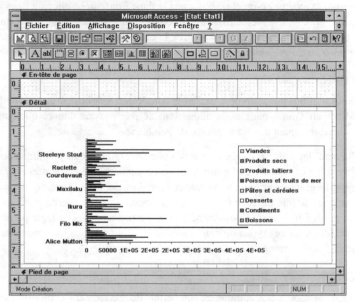

Mode Création d'un état avec une barre pour chaque enregistrement

Bien que le graphique de la base de données *Comptoir* représente les mêmes données, il ne se présente pas de la même manière car une seule catégorie est affichée à la fois, en l'occurrence celle qui correspond à l'enregistrement actuel de l'état principal.

Dans cet état, on n'a pas utilisé une requête normale comme source des données du graphique mais une instruction SELECT. Ouvrez l'état en question et cliquez dans la fenêtre des propriétés du graphique sur la ligne *Contenu*. Avec «Maj»+«F2», ouvrez la fenêtre *Zoom* pour visualiser l'expression dans sa totalité.

Vous pouvez réutiliser cette expression dans d'autres états que vous serez amené à créer, éventuellement en la modifiant quelque peu. Pour la copier, fermez la fenêtre Zoom et sélectionnez la ligne *Contenu* en cliquant dans la partie grise, sur la même hauteur. Basculez ensuite dans le nouvel état que vous êtes en train de créer et insérez la copie dans la ligne *Contenu des propriétés du graphique*.

Choix du graphique

Nous n'allons pas, dans ce livre, entrer dans le détail de la mise en oeuvre de Microsoft Graph mais nous allons tout de même vous donner quelques indications quant au choix du type de graphique.

Bien qu'il n'y ait pas de règles précises pour dire quel type de graphique doit être utilisé dans telle ou telle situation, il est cependant indéniable que certains types de graphique conviennent mieux à certaines données. Pour vous donner quelques points de repère, voici tout d'abord un petit aperçu des types proposés par Access. Etant donné qu'il n'y a pas non plus de règle précise pour désigner ces types de graphiques, il se peut que vous les connaissiez sous d'autres noms.

Graphiques en aires

Un graphique en aire permet de représenter l'évolution dans le temps de la part de différentes valeurs par rapport à une valeur globale. Ce type ne convient pas dans le cas de plusieurs séries de données car les aires se recouvriraient mutuellement. On pourrait utiliser ce type de graphique par exemple pour représenter les chiffres de ventes des dix dernières années en mettant en évidence la part des différents produits dans le chiffre global.

La nature des données vous fera opter pour un graphique en aires à trois dimensions ou non. Dans tous les cas, vérifiez dans la zone exemple de l'Assistant Graphique ou dans Microsoft Graph si le résultat obtenu est utilisable.

Graphique en courbes

Un graphique en courbes convient bien pour représenter un petit groupe de valeurs sur une longue période. Si vous comparez plusieurs séries de valeurs, n'utilisez ce type de graphique que si les lignes ne se croisent pas sans cesse car dans ce cas le graphique est illisible et ne remplit donc pas son rôle. Il est important qu'un graphique en courbes représente effectivement une évolution dans le temps. Un tel graphique convient mieux par exemple pour représenter l'évolution des résultats des ventes sur plusieurs années que les chiffres de ventes hebdomadaires pour un produit donné.

Lorsque deux courbes évoluent plus ou moins dans des directions contraires, on peut facilement opter pour la variante à trois dimensions. Il ne faut cependant pas que le graphique comporte trop de courbes, sans quoi il est illisible, aussi bien à l'écran que sur le papier.

Graphiques à barres

Ces graphiques conviennent particulièrement bien lorsqu'il s'agit de comparer plusieurs valeurs individuelles à un moment donné, par exemple des sommes de différents articles ou catégories.

Le choix de la variante 3D est souvent une affaire de goût. Si vous avez suffisamment de place et si vous voulez donner un aspect un peu plus professionnel à votre graphique, vous pouvez utiliser cet effet spécial.

Graphiques en secteurs

Les graphiques en secteurs ne peuvent être utilisés que pour montrer la manière dont se répartissent des valeurs par rapport à leur somme, autrement dit, le pourcentage d'une valeur par rapport à une autre. Comme (presque) toujours, vous avez la possibilité de choisir entre une variante à deux ou à trois dimensions. Un graphique en secteurs ne représente jamais que des valeurs relatives, le camembert entier correspondant toujours à la valeur 100 %.

Graphiques en histogrammes

Les différents histogrammes montrent l'évolution de valeurs au fil du temps (le long de l'axe X), par exemple les chiffres d'affaires journaliers, hebdomadaires ou mensuels. Normalement, on ne représente que des période relativement courtes à l'aide de tels graphiques, de manière à garder le nombre d'histogrammes dans les limites du raisonnable. Les histogrammes conviennent bien pour la comparaison de plusieurs séries de valeurs, par exemple les recettes des trois filiales d'une chaîne de supermarchés sur une période de quatre semaines.

Un graphique en histogrammes représentant plusieurs séries de données a en général une meilleure allure si les séries sont disposées les unes derrières les autres en version 3D, avec un angle de vue plongeant en oblique. Cette forme de représentation fait beaucoup d'effet si la première série correspond à des valeurs faibles et la dernière à des valeurs élevées.

Graphique en anneau

Un graphique en anneaux peut regrouper plusieurs (pas trop !) graphiques en secteurs. Les séries de données sont agencées de manière concentrique.

Graphique XY

Un graphique XY représente la relation entre deux ensembles de valeurs. Pour chaque point de ce type de graphique vous avez besoin de deux valeurs. La première est reportée sur l'axe X, l'autre sur l'axe Y. On utilisera aussi ce type de graphique lorsque les intervalles de temps représentés sur l'axe X sont des valeurs inégales.

8.6. La destination finale d'un état : une présentation imprimée

Le dernier élément entrant normalement en action à l'issue de la création d'un état est en principe l'imprimante. Il n'est sans doute pas nécessaire de rappeler que le modèle d'imprimante que vous utilisez aura une influence plus ou moins grande sur les possibilités de mise en forme qui seront disponibles pour un état.

 Les commandes d'impression et de configuration de l'imprimante se trouvent dans le menu *Fichier* sous les noms *Imprimer* et *Configuration de l'imprimante*, en mode *Création* et *Aperçu avant impression*. Les deux boutons correspondants se trouvent dans la barre d'outils.

 Dans la boîte de dialogue *Configuration de l'impression*, vous pouvez comme toujours régler les paramètres habituels de l'impression mais également les marges, c'est à dire la surface utile de la page à imprimer.

Configuration de l'imprimante	
Imprimante	OK
⦿ Imprimante par défaut	Annuler
(Actuellement PostScript printer sur LPT1:)	Options...
◯ Imprimante spécifique:	Autre >>
PostScript printer sur LPT1:	

Orientation — ⦿ Portrait ◯ Paysage
Papier — Taille: A4 (210 x 297 mm) — Source: Haut — ☐ Données seulement

Marges — Gauche: 2,499 cm — Droite: 2,499 cm — Haut: 2,499 cm — Bas: 2,499 cm

Définition des marges dans la boîte de dialogue Configuration de l'impression

Les fonctions d'impression sont pilotées depuis Windows. Les paramètres que vous trouvez dans cette boîte de dialogue dépendent donc des imprimantes qui sont installées sous Windows. Seules les marges par défaut

461

devraient être les mêmes dans tous les cas, quelle que soit l'imprimante active.

Si vous avez installé plusieurs imprimantes dans le Panneau de configuration de Windows, vous pouvez sélectionner celle que vous souhaitez utiliser dans la zone de liste déroulante *Imprimante spécifique*. Notez en passant que si vous utilisez une imprimante laser, vous pouvez indiquer, dans la ligne *Impression laser rapide* de la fenêtre des propriétés de l'état, si les traits et les rectangles doivent être remplacés par les traits et les rectangles générés par l'imprimante (Option Oui ou Non).

Il y a bien entendu d'autres options qui permettent d'influencer l'ordre d'impression. Elles varient en fonction de l'imprimante sélectionnée. Dans le groupe *Orientation*, vous pouvez décider si l'état doit être imprimé en orientation *Portrait* ou *Paysage*. Si vous avez agencé de nombreux champs côte à côte, le format *Paysage* est mieux adapté. Vous pouvez également paramétrer la taille du papier, à condition bien entendu que votre imprimante supporte différentes tailles.

Si vous activez la case à cocher *Données seulement*, tous les cadres, lignes de quadrillage et graphiques sont ignorés lors de l'impression. Cette option peut être utilisée pour remplir des formulaires préimprimés.

Le bouton *Autre >>* agrandit la boîte de dialogue vers le bas et elle propose alors des options de configuration supplémentaires (uniquement dans le cadre d'une impression depuis Access). Vous pouvez modifier le nombre de colonnes et l'espacement entre ces colonnes et définir la taille des éléments. Activez la case à cocher *Comme section détail* pour que l'état soit imprimé comme un tout. Avec les options du groupe *Disposition*, vous influencez la présentation standard de l'état. Ces options ne sont cependant pas toujours accessibles. Elles apparaissent alors grisées et non pas noires, ce qui signifie qu'elles ne peuvent pas être sélectionnées.

A partir de cette boîte de dialogue *Configuration de l'impression*, on peut ouvrir quelques boîtes de dialogue supplémentaires, pour paramétrer par exemple les options Postscript ou le tramage. Cela dépend naturellement en premier lieu de l'imprimante sélectionnée. Lorsque tout est configuré selon vos souhaits, fermez la boîte de dialogue avec un clic sur OK et ouvrez la boîte de dialogue Imprimer.

La boîte de dialogue Imprimer

Lorsque vous cliquez sur le bouton Imprimer, la boîte de dialogue **Imprimer** s'ouvre. Celle-ci vous permet de définir la section ou bien les pages de votre état que vous souhaitez imprimer. Normalement, la demande d'impression est envoyée sur l'imprimante par défaut définie sous Windows dans le **Panneau de configuration**. Mais vous avez également la possibilité d'envoyer l'impression vers un fichier d'impression, notamment lorsque votre ordinateur n'est pas relié à une imprimante. Vous pouvez ensuite copier ce fichier sur une disquette et lancer l'impression à partir d'un autre micro-ordinateur relié lui à une imprimante.

Le bouton **Configuration** dans cette boîte de dialogue provoque l'ouverture de la même boîte de dialogue que le bouton **Configuration de la barre d'outils**.

Lorsque la configuration de l'imprimante correspond à vos souhaits, quittez la boîte de dialogue **Configuration** soit en cliquant sur **OK** pour enregistrer les modifications, soit en cliquant sur **Annuler** si vous n'avez effectué aucune modification. Cliquez ensuite sur le bouton **Imprimer**. Dans la boîte de dialogue qui s'ouvre, vous avez la possibilité de définir le nombre de pages devant être imprimées ou d'opter alors pour la totalité du document. Vous pouvez également cocher l'option *Fichier d'impression* si vous ne possédez pas votre propre imprimante et que vous souhaitez créer un fichier d'impression. Le contenu de la liste *Qualité d'impression* dépend de votre imprimante. L'unité de mesure DPI (dots per inch) se rapporte à la résolution de votre imprimante c'est-à-dire au nombre de points par ligne ou par unité d'impression pouvant être imprimé par votre matériel.

Les paramètres une fois définis, cliquez sur *OK* et l'état est envoyé vers l'imprimante.

9. Automatiser le travail à l'aide de macros

Les macros permettent d'automatiser des actions répétitives. Ces actions sont proposées sous forme de programmes à part entière. Elles peuvent être combinées entre elles et enregistrées dans une macro. Lorsque la macro est appelée, les actions qu'elle regroupe sont exécutées de manière séquentielle dans l'ordre de leur enregistrement. Une macro peut se composer d'une seule ou de plusieurs actions selon le degré de complexité de la tâche que vous souhaitez réaliser par son intermédiaire.

Il y a certaines tâches pour lesquelles les macros sont particulièrement bien adaptées :

- Travailler simultanément avec plusieurs formulaires ou états : vous pouvez insérer dans un formulaire un bouton qui vous permettra de lancer une macro servant à ouvrir un autre formulaire ou un état. A partir d'un formulaire Commande, vous pouvez par exemple ouvrir un formulaire Facture et imprimer celui-ci avec l'adresse du client et les montants correspondants;

- Rechercher des données et filtrer des enregistrements : une macro permet d'accélérer la recherche d'enregistrements et de les filtrer d'après certains critères. Vous pouvez rechercher un client particulier ou tous ceux qui habitent en région Alsace, par exemple.

- Insérer des valeurs dans un contrôle : si, par exemple, vous entrez une valeur dans un champ d'un formulaire, vous pouvez, à l'aide d'une macro, insérer cette valeur dans un autre formulaire.

- Vérifier la validité des données : à l'aide d'une macro, vous pouvez vérifier si certaines entrées correspondent aux entrées d'autres champs.

- Exporter et importer des données : à l'aide d'une macro, vous pouvez convertir les données d'un format de fichier dans un autre format. L'utilisation d'une macro s'avère particulièrement intéressante si vous êtes fréquemment amené à importer des données provenant d'une autre application.

- Configurer l'environnement de travail de manière personnalisée : vous pouvez créer une macro qui, lors de l'ouverture d'une base de données, générera l'ouverture d'un objet précis. Dans le cas de formulaires, vous pourrez les afficher en cliquant sur un bouton des barres de menus que vous avez créées.

9.1. Créer des macros : les bases

On crée les macros dans une fenêtre spécifique qui est structurée de la même manière que la fenêtre du mode Création d'une table. A l'instar des autres objets, chaque macro est enregistrée sous un nom qui lui est propre en tant qu'objet de la base de données.

Contrairement aux autres objets, il est également possible de grouper des macros et de les enregistrer sous un nom de groupe. Extérieurement, rien ne distingue ces groupes des macros isolées. Le principal avantage de cette méthode est que la liste des macros qui apparaît dans la fenêtre Base de données est maintenue dans des proportions raisonnables et reste par conséquent gérable. Si l'on veut avoir un minimum d'ordre, on prendra soin, par exemple, de rassembler dans un groupe toutes les macros qui appartiennent à un formulaire déterminé.

Jusqu'à présent, il n'y avait pas d'autre solution que de créer une nouvelle macro à partir de la fenêtre Base de données. Entre-temps et grâce aux nouveaux générateurs vous pouvez aussi ouvrir la fenêtre macro directement depuis la fenêtre des propriétés et vous n'êtes plus obligé non plus de vous souvenir quelle macro vous vouliez affecter à telle ou telle propriété. Cela se fait en effet automatiquement.

Toutefois, étant donné que le principe fondamental de la création d'une macro n'a pas changé, nous allons d'abord vous expliquer comment on crée une macro dans la fenêtre Macro.

La fenêtre Macro

Onglet Macro

 Pour créer une macro, cliquez dans la fenêtre Base de données sur l'onglet Macro puis sur le bouton Nouveau. Vous pouvez également choisir la commande *Fichier/Nouveau/Macro*. Access ouvre alors une nouvelle fenêtre Macro.

Dès que la fenêtre Macro s'ouvre, la barre d'outils Macro s'affiche.

Barre d'outils de la fenêtre Macro

La fenêtre Macro est structurée de la même manière que la fenêtre du mode Création d'une table : dans la partie supérieure, vous trouvez deux colonnes intitulées Action et Commentaire. Dans la partie inférieure de la fenêtre, vous avez la possibilité de définir les arguments de l'action. Dans la zone grise située à droite, un message d'information apparaît concernant la procédure à suivre. La touche «F6» vous permet de basculer entre la partie supérieure et la partie inférieure de la fenêtre.

Dans chaque ligne de la colonne Action, vous pouvez ouvrir une liste déroulante qui vous propose des actions prédéfinies. Ces actions sont formulées dans un style télégraphique comme, par exemple, ***OuvrirTable*** ou ***SélectionnerObjet***. Il peut donc être nécessaire, dans un souci de rationalisation de votre travail, d'user de la colonne Commentaire pour décrire de manière plus détaillée les actions sélectionnées en indiquant quelle table doit être ouverte ou bien encore quelle valeur doit être placée à tel endroit. Des informations nécessaires à Access doivent être indiquées dans la section ***Arguments de l'action***.

Une nouvelle fenêtre Macro

Les macros sont enregistrées de la même manière que les autres objets : choisissez ***Fichier/Enregistrer*** ou ***Fichier/Enregistrer sous*** puis donnez un nom à la macro ; ce nom devra donner une idée des actions exécutées par cette macro.

Exécuter une macro

Conseil

Une macro ne peut être exécutée que si elle a été enregistrée. Ceci vaut également lorsqu'une macro existante a été modifiée.

Pour ouvrir une macro en vue de la modifier, cliquez dans la fenêtre Base de données sur l'onglet Macro, sélectionnez la macro souhaitée puis cliquez ensuite sur le bouton Modifier. Pour exécuter une macro, vous pouvez soit double-cliquer sur le nom de la macro, soit sélectionner la macro concernée puis cliquer sur le bouton Exécuter.

Comme tous les autres objets de base de données, les macros peuvent être copiées, soit à l'intérieur d'une autre base de données soit pour créer une macro similaire à l'intérieur d'une même base de données. Sélectionnez le nom de la macro dans la fenêtre Base de données, puis choisissez ***Edition/Copier***. Vous pouvez ensuite insérer cette macro dans cette même base de données à l'aide de la commande ***Edition/Coller*** puis donner un nouveau nom à la copie de la macro. Mais vous pouvez tout aussi bien ouvrir une autre base de données et choisir la commande Coller. Dans ce cas, inutile de donner un nouveau nom à cette macro. Vous pouvez bien évidemment exporter ou importer des macros afin de pouvoir les utiliser dans d'autres bases de données.

Sélectionner des actions

Dans une fenêtre Macro, vous pouvez sélectionner des actions dans la liste déroulante proposée et, à l'aide de la souris faire glisser des objets dans la fenêtre.

La liste déroulante des actions dans une fenêtre macro

❶ Pour sélectionner une action dans la liste déroulante, placez le pointeur de la souris sur un champ de la colonne Action puis cliquez sur le bouton surmonté d'une flèche orientée vers le bas.

❷ La liste étant déroulée, cliquez sur l'action souhaitée.

Hormis les actions destinées à l'ouverture d'objets et à l'exécution de macros, toutes les actions doivent être insérées de cette manière.

A l'aide de la souris, vous pouvez insérer automatiquement des actions permettant l'ouverture de tables, formulaires requêtes et états ainsi que l'exécution de macros. Pour ce faire, vous devez placer côte à côte la fenêtre Macro ouverte et la fenêtre Base de données. Le plus simple consiste à utiliser la commande ***Fenêtre/Mosaïque***.

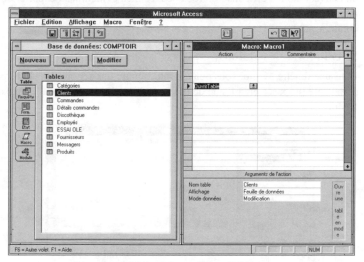

Ajouter une action par Glisser-Déplacer

❶ Dans la fenêtre Base de données, cliquez sur l'onglet correspondant au type d'objet souhaité afin que la liste de ces objets apparaisse.

❷ Cliquez sur le nom de l'objet souhaité et en maintenant le bouton de la souris enfoncé, faites glisser l'objet sur un champ de la colonne Action dans la fenêtre Macro.

Si vous avez sélectionné une table, une requête, un formulaire ou un état, ce champ contiendra par exemple l'action *OuvrirTable*, *OuvrirFormulaire*.... Dans la liste des arguments de l'action apparaissent le nom de la table, le type d'affichage et le mode de données. Si vous avez sélectionné une macro, l'action *ExécuterMacro* apparaît dans la colonne Action.

Pour supprimer une action, sélectionnez la ligne concernée puis appuyez sur la touche «Suppr». Vous pouvez également déplacer une ligne sélectionnée en maintenant enfoncé le bouton de la souris afin de modifier l'ordre des actions

Définir les arguments dans la liste

On dispose pour chaque action sélectionnée de différents arguments. Certaines actions se contentent d'un seul argument tandis que, pour d'autres, de nombreux arguments peuvent être choisis. Normalement, à chaque argument correspond une liste déroulante vous proposant un certain nombre de possibilités. Toutefois, vous pouvez indiquer vos propres arguments, par exemple sous la forme d'expression. A chaque argument correspond, dans la zone située à côté, une brève information. Par exemple, vous pouvez prendre connaissance des arguments indispensables appelés: "arguments requis". Tous les autres arguments sont optionnels.

Voici un exemple : l'action *TrouverEnregistrement* permet de rechercher dans une table en cours de traitement un enregistrement précis correspondant à une valeur. Vous pouvez ici définir les arguments suivants :

La liste des arguments pour l'action TrouverEnregistrement

- **Rechercher :** Dans la ligne Rechercher, vous devez indiquer une valeur ou une expression en fonction de laquelle la recherche doit s'effectuer. Il n'existe pas de liste déroulante dans ce cas.

- **Où :** Vous pouvez indiquer ici avec quel élément le terme recherché devra être comparé : N'importe où dans le champ, Champ entier ou Début de champ.

- **Majuscule/Minuscule :** Indique au programme s'il doit tenir compte des Majuscules/Minuscules pour la valeur recherchée.

- **Direction :** La recherche peut s'effectuer vers le haut ou vers le bas. Ce paramètre dépend de l'option choisie pour l'argument Trouver premier.

- **Comme formaté :** Access peut rechercher une valeur en tenant compte de la manière dont cette valeur est enregistrée dans une table ou affichée à l'écran. Les pourcentages, par exemple, sont enregistrés sous une autre forme.

- **Rechercher dans :** La recherche peut concerner le champ actif ou l'ensemble des champs. Elle sera plus rapide si elle ne concerne qu'un seul champ par enregistrement.

- **Trouver premier :** Si vous optez pour Non, la recherche commencera à partir de la position courante, c'est-à-dire à partir de l'endroit où vous

vous trouviez dans la table. Le paramétrage de cet argument doit tenir compte du paramétrage de l'argument Direction.

Créer des groupes de macros

Des macros ayant des fonctions similaires ou encore des macros exécutées selon des combinaisons précises ou se rapportant toutes à un même objet (par exemple à un menu) peuvent être rassemblées dans des groupes.

Avantage d'un groupe de macros : la liste de macros dans la fenêtre Base de données n'est pas surchargée car, à la place de chacune des macros, on ne trouve plus que le nom du groupe. Il vous est toutefois toujours possible d'appeler chacune des macros dans la base de données.

Pour créer un groupe de macros, procédez comme suit :

❶ Créez une nouvelle macro, c'est-à-dire cliquez dans la fenêtre Base de données sur l'onglet Macro puis sur le bouton Nouveau.

❷ Dans la barre d'outils, cliquez sur le bouton Nom de macro. Une colonne supplémentaire portant le titre *Nom de macro* est alors insérée dans la fenêtre Macro.

Vous pouvez choisir *Affichage/Options* puis, après avoir sélectionné la catégorie Création de macro, paramétrer l'élément *Afficher la colonne Nom de macro* sur Oui afin que la colonne apparaisse immédiatement après l'ouverture de la fenêtre Macro.

Macro: Macro1		
Nom de macro	Action	Commentaire
▶		
Arguments de l'action		

Entrez un nom
de macro
dans cette
colonne.

La fenêtre Macro pour la création d'un groupe de macros

③ Dans cette colonne, donnez à une ou plusieurs actions un nom permettant d'identifier ces actions en tant que macros indépendantes. Access identifie la fin d'une macro lorsqu'il trouve une nouvelle entrée dans la colonne Nom de macro.

④ Donnez un nom au groupe de macros en choisissant dans le menu *Fichier* la commande *Enregistrer* ou *Enregistrer sous*.

Nommer un groupe de macros

Dans la fenêtre Base de données, rien ne permet de distinguer les macros simples des groupes de macros. Il vous appartient donc de mettre au point un système de noms permettant d'emblée de faire la différence entre les deux types d'objets.

Si des macros appartenant à un groupe ont été insérées dans un objet, par exemple dans un formulaire, sous forme de bouton, il suffira de cliquer sur ce dernier pour lancer l'exécution de la macro. Mais vous pouvez lancer individuellement l'exécution des macros par l'intermédiaire du menu.

• Choisissez la commande *Fichier/Exécuter une macro*. Dans la boîte de dialogue qui s'ouvre, ne sélectionnez pas de macro dans la liste déroulante mais tapez le nom du groupe de macro suivi d'un point puis du nom de la macro concernée. L'exécution s'arrête dès qu'arrive une ligne avec un nouveau nom de macro.

Mais vous pouvez également exécuter le groupe de macros à partir de la fenêtre Base de données. Vous disposez pour cela de différentes possibilités :

- Cliquez tout d'abord sur l'onglet Macro puis double-cliquez sur le nom du groupe.

- Vous pouvez également sélectionner le nom du groupe et cliquer sur le bouton Exécuter.

- Une alternative consiste à choisir *Fichier/Exécuter une macro* puis, dans la boîte de dialogue qui s'ouvre, à sélectionner le nom du groupe dans la liste.

Quel que soit le cas de figure, c'est toujours la première macro du groupe qui sera exécutée. Dès qu'un nouveau nom de macro apparaît dans la liste, Access stoppe toutes les autres actions.

L'action a échoué

Si vous essayez d'exécuter une macro dont les actions ne correspondent pas à la situation actuelle dans la base de données, une boîte de dialogue apparaît avec un message vous informant que l'action n'a pu être exécutée. Refermez cette boîte de dialogue en cliquant sur le bouton Arrêter.

Utiliser des expressions dans des macros

Dans les macros, vous pouvez faire référence aux noms de contrôles contenus dans des formulaires ou des états. De manière générale, lorsque vous exécutez une macro qui se rapporte à un nom de contrôle d'un objet, cet objet doit être ouvert. Les expressions peuvent se présenter différemment selon que la macro se rapporte à un contrôle se trouvant dans l'objet en cours de traitement ou à un contrôle d'un objet certes ouvert mais pas actif. Par exemple, une fenêtre d'objet peut être masquée ou réduite à la taille d'une icône.

Les expressions peuvent être insérées dans la liste des arguments en tant qu'argument ou comme condition dans la colonne Condition. Cette colonne s'affiche lorsque vous cliquez sur le bouton Condition dans la barre d'outils ou lorsque vous choisissez ***Affichage/Condition***. La manière dont les expressions se réfèrent aux contrôles vous sera expliquée dans les sections intitulées "Des macros dans des formulaires" et "Des macros dans des états".

La syntaxe des expressions se rapportant à des contrôles contenus dans des formulaires ou des états est la suivante :

```
Formulaires!Nom du formulaire!Nom de contrôle
Etats!Nom de l'état!Nom du contrôle
```

Si l'un des noms contient des espaces ou autres séparateurs, par exemple des virgules, vous devez placer ce nom entre crochets, par exemple :

```
[Article,Trimestre]
```

Vous pouvez utiliser une expression plus concise si une macro est toujours appelée à partir d'un formulaire ouvert et que cette macro se rapporte à un contrôle de ce formulaire. Dans ce cas, tapez simplement le nom du contrôle à la suite des crochets et le point d'exclamation.

Vous pouvez utiliser des conditions dans des macros pour influencer l'exécution de cette macro. Vous pouvez par exemple indiquer qu'une action ne sera exécutée que si une condition particulière est satisfaite. Une condition de ce type peut faire référence à une valeur précise ou à l'absence d'une valeur dans un champ ou contrôle déterminé ou encore à l'indication d'une plage de valeurs à laquelle le contenu du champ ou du contrôle doit appartenir. Il est possible de relier plusieurs conditions par une combinaison de type Et ou Ou.

Pour pouvoir insérer des conditions dans une macro, vous devez cliquer dans la barre d'outils sur le bouton Condition. Une colonne supplémentaire portant le titre Condition est alors insérée dans la fenêtre Macro.

La fenêtre Macro après l'insertion de la colonne Condition

Tapez, dans cette colonne, les conditions souhaitées. L'action qui se trouve dans la cellule suivante ne sera alors exécutée que si les conditions indiquées sont satisfaites ; si tel n'est pas le cas, elle sera ignorée. Une condition peut également influencer les actions suivantes si vous tapez dans la colonne Condition des points de suspension (...) devant les autres actions.

La condition vaut également pour les actions suivantes

Lors de l'exécution d'une macro, Access vérifie tout d'abord si la colonne Condition contient un élément. Le cas échéant, Access contrôle si cette condition est satisfaite. Ce n'est qu'après qu'il lance l'exécution de l'action correspondante. Si, dans la ligne suivante, dans la colonne Condition, il trouve des points de suspension, cette action sera également exécutée. Si une condition n'est pas satisfaite, les autres actions contenant des points de suspension dans la colonne Condition ne seront pas exécutées. Une action qui ne possède pas d'élément dans la colonne Condition sera toujours exécutée.

Les points de suspension se rapportent toujours à la dernière condition saisie.

Dans le récapitulatif suivant, vous trouverez quelques conditions avec les résultats de ces conditions.

Formulaires!Commandes![Date]#3/6/94#	Si la valeur du champ Date du formulaire Commandes est antérieure au 3/6/94, l'action suivante sera exécutée. Dans ce cas, on pourrait s'imaginer une suite d'actions destinées à ouvrir l'état Bon de livraison et à imprimer l'enregistrement correspondant.
[]!Pays="France"	Si la valeur du champ Pays contenu dans le formulaire à partir duquel la macro a été exécutée est France, l'action suivante sera exécutée. Par exemple vous pourriez envoyer un message vous demandant de contrôler tous les codes postaux des clients résidant en France.
Formulaires!Clients!Pays = "France" ET Formulaires!Clients![N Client] 45	Si dans le formulaire Clients, le champ Pays contient la valeur France et que le champ N Client contient une valeur supérieure à 45, l'action suivante sera exécutée.

Dans les expressions que vous indiquez comme condition dans une macro, vous pouvez également utiliser des fonctions. Dans ce cas, les indications d'objets, de noms et de champs doivent être placées entre parenthèses. Par exemple, la fonction *EstNull* vous permet de vérifier si certains champs contiennent bien des valeurs.

```
EstNull(Formulaires![Contact-Client]!Nom)
```

Si le champ Nom du formulaire Contact-Client est vide, l'action suivante sera exécutée.

Rechercher des erreurs dans une macro

En dépit du fait que la programmation à l'aide des macros est dans une large mesure automatisée et très confortable sous Access, il arrivera fréquemment qu'une macro ne puisse être exécutée pour diverses raisons.

Il existe deux moyens permettant de rechercher des erreurs dans une macro : le mode Pas à pas et la boîte de dialogue L'action a échoué.

Lorsque vous appelez une macro et que les actions qui y sont définies ne peuvent pas être exécutées, la boîte de dialogue ***L'action a échoué*** s'affiche.

Cette boîte de dialogue vous indique l'action qui n'a pu être exécutée. Elle contient trois boutons dont un seul peut être actionné. Le bouton Arrêter permet de refermer la boîte de dialogue afin de corriger l'erreur indiquée.

Mais il se peut également qu'une macro soit exécutée mais que le résultat ne corresponde pas à ce vous en attendiez. Pour détecter l'erreur, vous pouvez lancer l'exécution de la macro en mode Pas à pas. Vous pouvez également utiliser cette procédure pour vérifier la cohérence de l'ordre des actions.

❶ Pour pouvoir exécuter une macro en mode Pas à pas, vous devez tout d'abord l'ouvrir en mode Création.

❷ Cliquez ensuite dans la barre d'outils sur le bouton Pas à pas. Vous pouvez également choisir la commande du même nom dans le menu ***Macro***. Cette commande est précédée d'une coche lorsque le mode Pas à pas est activé.

❸ Refermez la macro puis exécutez-la de manière habituelle. Si cette macro est reliée à un bouton de commande placé dans un formulaire, ouvrez le formulaire concerné pour lancer l'exécution de la macro.

Avant chaque action, la boîte de dialogue Pas à pas apparaît ; elle se présente de la même manière que la boîte de dialogue ***L'action a échoué***. Dans ce cas toutefois, tous les boutons de commande sont disponibles.

Pas à pas	
Nom de la macro:	Pas à pas
Consulter produits	Arrêter
Condition:	Continuer
Vrai	
Nom de l'action:	
Echo	
Arguments:	
Non;	

La boîte de dialogue Pas à pas

Cette boîte de dialogue contient le nom de la macro, le nom de l'action qui va être exécutée ainsi que les arguments se rapportant à cette action.

- Cliquez sur le bouton *Pas à pas* pour lancer l'exécution de l'action indiquée. Le résultat de l'action apparaît alors à l'écran. La boîte de dialogue Pas à pas réapparaît à nouveau en annonçant l'action suivante.

- Cliquez sur le bouton *Arrêter* pour stopper l'exécution de la macro. Toutes les actions sont interrompues.

- Cliquez sur le bouton *Continuer* pour désactiver le mode Pas à pas ; toutes les autres actions contenues dans la macro seront exécutées sans être annoncées.

Macro en mode pas à pas

Si vous avez désactivé le mode Pas à pas dans la boîte de dialogue Pas à pas en cliquant sur le bouton Continuer, vous devez à nouveau activer le mode Pas à pas si vous souhaitez répéter la procédure. Si la macro a été exécutée dans sa totalité en mode Pas à pas, ce mode reste actif. Dans ce cas, vous devez le désactiver dans la fenêtre de création en cliquant une nouvelle fois sur le bouton Pas à pas.

9.2. Des macros pour intervenir dans des formulaires

En utilisant des macros dans des formulaires, vous pouvez vous décharger d'un travail considérable et attribuer aux formulaires des caractéristiques qui vont au-delà de la fonction traditionnelle de ce type d'objet. Vous pouvez utiliser des macros pour gérer l'utilisation conjointe de plusieurs formulaires ou encore de formulaires et d'états. Mais vous pouvez également, à l'aide de macros, réagir à certains événements dans un formulaire.

Exécution de macros dans des formulaires en réaction à des événements

Avant d'aborder de manière pratique l'utilisation de macros dans des formulaires, vous devez préalablement savoir quels sont les événements d'un formulaire appropriés pour être associés à une macro.

On est arrivé à un stade où la fenêtre des propriétés d'un formulaire propose davantage de propriétés événements que d'autres propriétés. En théorie, vous pouvez d'ailleurs affecter une macro à n'importe quel événement. Toutefois, toutes les actions ne conviennent pas à toutes les propriétés, c'est pourquoi vous trouverez ici une vue d'ensemble destinée à vous aider à optimiser l'utilisation des macros dans les formulaires. Cette vue d'ensemble est organisée dans la première partie en fonction des événements des formulaires et, dans la seconde partie en fonction des événements des contrôles.

Sur activation	Avant qu'un nouvel enregistrement ne soit affiché, même après l'ouverture d'un formulaire, vous pouvez appeler un événement. Par exemple, vous pouvez activer un contrôle pour la saisie d'une valeur.

Sur insertion	Cet événement se produit lorsqu'on commence la saisie d'un nouvel enregistrement ou lorsqu'une valeur est saisie dans un contrôle déterminé d'un nouvel enregistrement. On pourrait s'imaginer qu'une boîte de dialogue s'ouvre alors invitant les personnes ayant saisi les nouvelles données à indiquer leur nom.
Après insertion	Cette macro est exécutée après qu'un enregistrement ait été ajouté.
Avant MAJ, Après MAJ	Lorsque vous modifiez un enregistrement, vous pouvez faire vérifier la validité de la modification avant la mise à jour, c'est-à-dire avant le stockage. Vous pouvez également mettre à jour les données contenues dans les objets reliés après la mise à jour c'est-à-dire lorsque les valeurs ont été stockées.
Sur suppression	Cet événement se produit lors d'une tentative de suppression d'un enregistrement. Vous pouvez faire afficher un message à l'aide d'une macro qui devra être validée afin que la suppression de l'enregistrement soit effective. Une telle demande de confirmation s'affiche dans tous les cas dans l'environnement Access normal. Cette possibilité est surtout intégrée à l'intention des développeurs qui créent leurs propres applications.
Avant suppression	Une macro est exécutée lorsque l'utilisateur demande à supprimer des enregistrements, mais avant que cette suppression ne soit confirmée.
Après suppression	Cette macro est exécutée après que la suppression ait été confirmée ou annulée.

Sur ouverture	Avec la macro affectée à cette propriété, vous pouvez effectuer automatiquement certaines tâches immédiatement après l'ouverture du formulaire, avant même que le premier enregistrement ne soit affiché. Vous pouvez par exemple fermer un autre formulaire.
Sur chargement	L'événement Chargement survient lorsqu'un formulaire est ouvert ou lorsqu'une application est lancée. Vous pouvez aussi exécuter une macro en réaction à l'un de ces événements.
Sur redimensionnement	Une macro liée à cet événement est exécutée chaque fois que le formulaire est chargé ou que ses dimensions sont modifiées.
Sur libération	La macro est exécutée au moment où le formulaire est refermé, pendant le court instant où il reste encore visible à l'écran.
Sur fermeture	Avant qu'un formulaire ne disparaisse totalement de l'écran lors de sa fermeture, vous pouvez par exemple enregistrer le nom de l'utilisateur.
Sur activé, Sur désactivé	Les macros affectées à ces propriétés sont exécutées lorsqu'un formulaire (ou un état) devient l'objet actif ou lorsqu'il perd ce statut. Vous pouvez par exemple fermer ou masquer un formulaire lorsqu'un autre devient le formulaire actif.
Sur réception focus, Sur perte focus	Fonctionne en principe comme Sur activé et Sur désactivé. Une macro affectée à la propriété Sur réception focus est toutefois exécutée après celle qui est affectée à Sur activé. D'après le même principe, l'événement perte focus précède l'événement désactivé. L'ordre est donc le suivant : activé, réception focus, perte focus, désactivé.

Sur clic	Une macro est exécutée sur un simple clic. Le pointeur de la souris doit être positionné sur un objet.
Sur double-clic	La macro affectée à cet événement est exécutée en cas de double-clic sur un objet. Si l'intervalle entre les deux clics est trop important, c'est l'événement clic qui survient.
Sur souris appuyée, Sur souris relâchée	Vous pouvez déterminer quelle macro doit être exécutée lorsqu'un bouton de la souris est appuyé ou relâché. Pour ces propriétés - de même que pour *souris déplacée* - vous avez la possibilité d'indiquer le bouton dont il s'agit (gauche, droit, milieu).
Sur souris déplacée	Un déplacement de la souris est détecté par rapport à un objet et une macro est appelée lorsque le pointeur de la souris atteint le bord de cet objet.
Sur touche appuyée, Sur touche relâchée	Lorsqu'un formulaire est actif, c'est à dire lorsqu'il a le focus, vous pouvez exécuter une macro en appuyant ou relâchant une touche.
Sur touche activée	Une macro est exécutée lorsque l'utilisateur actionne une touche ou une combinaison de touches du code ANSI.
Sur erreur	cet événement survient lorsqu'une erreur d'exécution se produit. Access ne peut détecter de telles erreurs que pendant l'exécution d'une application ou d'un programme.
Sur minuterie	Cet événement se produit à intervalle régulier, défini sur la ligne Intervalle minuterie.

Les propriétés ***Sur clic, Sur double-clic, sur touche appuyée, Sur touche relâchée*** et ***Sur souris déplacée*** sont également disponibles dans les différentes sections du formulaire.

Certaines actions sont exécutées en réaction à certains événements dans des contrôles.

Avant MAJ, Après MAJ	L'événement modification des données se produit après avoir quitté un contrôle modifié et avant ou après qu'Access valide la modification. Vous pouvez ainsi faire vérifier la validité des données.
Options MAJ	Cette propriété n'existe que pour les cadres d'objets dépendants ou indépendants. Une macro est exécutée lorsque les données d'un objet OLE sont modifiées.
Sur changement	Cet événement ne peut se produire que dans les zones de texte ou dans les zones de liste modifiables. Une macro est exécutée lorsque le contenu de la zone de texte est modifié.
Sur absence dans liste	Vous pouvez exécuter une macro si la valeur saisie ne correspond pas à une entrée de la liste. Cette propriété événement n'existe que pour les zones de liste modifiables.
Sur entrée	Lorsqu'on bascule sur un autre contrôle, l'action associée est exécutée avant que le nouveau contrôle ne soit sélectionné. Vous pouvez dans ce cas faire afficher une instruction relative à l'utilisation du contrôle par exemple.
Sur sortie	Cet événement se produit lorsque vous quittez un contrôle mais avant la sélection du contrôle suivant, c'est-à-dire dès que le contrôle n'est plus actif. Vous pourriez, par exemple, faire modifier l'ordre des champs en fonction de la valeur saisie.
Sur réception focus, Sur perte focus	La macro affectée à la propriété est exécutée lorsque le contrôle en question devient le contrôle actif ou lorsqu'il perd ce statut.

Sur clic, Sur double-clic	Vous pouvez exécuter une macro en cas de clic ou de double-clic sur un contrôle.
Sur souris appuyée, Sur souris relâchée	Avec ces propriétés événement, vous pouvez décomposer un clic et exécuter une macro au moment où le bouton de la souris est enfoncé et une autre au moment où il est à nouveau relâché. Vous pouvez définir cette propriété pour le bouton droit ou gauche de la souris ou pour celui du milieu.
Sur souris déplacée	Un déplacement de la souris est détecté lorsque son pointeur atteint le bord d'un contrôle et il est possible de réagir à cet événement par l'exécution d'une macro.
Sur touche appuyée, Sur touche relâchée	Dans le contrôle actif, une macro peut être exécutée au moment où une touche est appuyée ou relâchée.
Sur touche activée	La même chose vaut pour une touche ou une combinaison de touches du code ANSI.

Comme vous pouvez le constater, vous pouvez à présent réagir à tout ou quasiment tout ce qui peut se produire dans un formulaire ou un contrôle. Ne vous laissez cependant pas aller à essayer n'importe quelle macro ou action en liaison avec n'importe quel événement. Si vous affectez par exemple à la propriété *Sur changement* une macro qui modifie le contenu du contrôle, vous générez ce qu'on appelle une boucle sans fin du fait que l'exécution de la macro provoque un événement qui appelle à nouveau cette même macro. Des effets similaires peuvent aussi être provoqués dans le cas d'autres événements.

Lorsque vous insérez une macro dans un formulaire à l'aide du mode Glisser & Déplacer, la macro est automatiquement affectée à l'événement *Sur clic* du bouton portant le nom de la macro, lequel bouton est automatiquement inséré dans le formulaire. Mais vous pouvez ouvrir la fenêtre de propriétés en cliquant sur le bouton correspondant dans la barre d'outils et sélectionner un autre événement au cours duquel la macro devra être exécutée. Une macro peut être exécutée au cours de plusieurs événements d'un formulaire ou d'un contrôle.

Affecter une macro existante à une propriété événement

❶ Dans la fenêtre de propriétés, sélectionnez la ligne comportant l'événement souhaité. La liste déroulante de chaque propriété événement vous propose les macros de la base de données courante.

❷ Déroulez la liste déroulante puis cliquez sur la macro souhaitée. La liste se referme et le nom de la macro s'inscrit dans la ligne.

❸ Pour supprimer une macro d'un événement, sélectionnez soit une autre macro dans la liste ou sélectionnez le nom de la macro dans la ligne et appuyez sur la touche «Suppr».

Si vous souhaitez placer une macro faisant partie d'un groupe de macros sur un événement, tapez tout d'abord le nom du groupe de macros suivi d'un point puis du nom de la macro : GroupeMacro.NomMacro.

Vous pouvez également utiliser une fonction Access Basic pour réagir à de tels événements. Ceci vous offre la possibilité de faire exécuter des actions qui ne sont pas prédéfinies dans les macros. Pour appeler une fonction de ce type, tapez dans la ligne correspondant à l'événement souhaité une expression permettant d'appeler la fonction. L'expression doit être introduite par un signe =. Exemple : =ProtocoleMiseAjour.

Créer une nouvelle macro pour une propriété événement

Grâce aux Générateurs qui sont accessibles à partir de chacune des lignes des propriétés événements, vous pouvez créer une nouvelle macro directement depuis le formulaire. Cette macro sera alors automatiquement inscrite dans la ligne correspondante.

❶ Cliquez, dans la fenêtre des propriétés d'un formulaire, d'une section ou d'un contrôle, sur la ligne correspondant à la propriété souhaitée. A droite de cette ligne apparaît alors le fameux bouton avec les trois points avec lequel vous pouvez appeler le Générateur.

❷ Cliquez sur ce bouton. Sélectionnez le Générateur dont vous avez besoin.

Choisir Générateur
Générateur d'expression
Générateur de macro
Générateur de code

OK

Annuler

Sélection d'un Générateur

❸ Pour créer une macro, vous opterez naturellement pour le Générateur de macro. Dans la boîte de dialogue Enregistrer sous, indiquez un nom pour la nouvelle macro et validez avec OK.

❹ Dans la fenêtre Macro, assemblez la macro avec les actions dont vous avez besoin. Lorsque vous avez terminé, refermez cette fenêtre avec Fichier/Fermer ou un double-clic sur la case du menu Système. Vous répondrez naturellement par l'affirmative à la question vous demandant si les modifications doivent être enregistrées.

❺ Le nom de la nouvelle macro s'affiche dans la ligne de la propriété à partir de laquelle vous avez appelé le Générateur.

Modifier une macro événement

Conseil

Pour modifier une macro qui a déjà été affectée à une propriété événement, cliquez simplement sur la ligne correspondante et appelez le Générateur. La macro apparaît alors dans la fenêtre Macro et vous pouvez la modifier à votre guise.

Si vous procédez selon la méthode décrite ci-dessus et créez ainsi un groupe de macros, seul le nom du groupe s'inscrit sur la ligne de la propriété. Vous devez vous-même inscrire le nom de la macro. Un point doit séparer le nom du groupe de celui de la macro.

Travailler avec plusieurs formulaires

A l'aide de macros, vous pouvez sans effectuer de détours par les formulaires principaux et sous-formulaires travailler simultanément avec plusieurs formulaires et ne faire afficher que les enregistrements correspondants.

Mais cette utilisation est loin d'être la seule possible. Lorsqu'un événement précis a lieu dans un formulaire, vous pouvez faire exécuter une action dans un autre formulaire. Vous pouvez appeler des formulaires sous forme de boîte de dialogue, mettre à jour des données ou, tout simplement, ne modifier que la taille et la position d'un formulaire à l'écran.

L'une des utilisations les plus simples d'une macro dans un formulaire consiste à générer l'ouverture d'un autre formulaire (ou d'une table, d'une requête ou d'un état). Dans ce deuxième formulaire vous pouvez alors consulter par exemple des détails relatifs aux enregistrements du premier formulaire.

❶ Créez une macro avec l'action *OuvrirFormulaire*. Vous pouvez faire glisser le formulaire souhaité dans la colonne Action de la fenêtre Macro. L'action est automatiquement sélectionnée et les arguments correspondants sont remplis par Access. Mais vous pouvez également utiliser une macro déjà existante.

❷ Enregistrez et refermez la macro puis ouvrez le second formulaire dans lequel vous souhaitez utiliser la macro.

❸ Choisissez la commande *Ecran/Mosaïque*. A partir de la fenêtre Base de données, faites glisser la macro dans la section souhaitée du formulaire.

Access insère automatiquement un bouton de commande. La propriété *Sur clic* contient alors le nom de la macro. Mais vous pouvez associer à cette macro d'autres événements. L'intitulé du bouton de commande correspond au nom de la macro si vous n'avez pas indiqué autre chose dans la ligne Légende ou si vous n'avez pas associé une image au bouton. Vous pouvez rédiger une explication relative à l'action qui sera exécutée lorsqu'on cliquera sur le bouton. Mais vous pouvez tout simplement renoncer à toute étiquette et, au lieu de cela, taper un texte dans la ligne correspondante de la fenêtre de propriétés destinée à apparaître dans la barre d'état. Le texte de la barre d'état sera affiché soit lorsque vous cliquerez sur le bouton soit en vous déplaçant avec les touches «Tab» à l'intérieur du formulaire et en sélectionnant le bouton.

❹ Si vous basculez ensuite en mode formulaire et que vous cliquez sur le bouton, le second formulaire souhaité est alors ouvert.

Ouverture d'un formulaire avec une macro

Conseil

Dans la macro, vous pouvez définir la taille et la position qui seront celles du formulaire ouvert. A cet effet, insérez dans la macro l'action ***DéplacerDimensionner, Agrandir*** ou ***Réduire*** puis spécifiez les arguments souhaités.

Si les enregistrements des deux formulaires sont reliés, c'est-à-dire si les données de l'un se rapportent à celles de l'autre, vous pouvez synchroniser les deux formulaires à l'aide de la même macro. Si les formulaires concernés sont ouverts, les enregistrements reliés apparaîtront dans les deux formulaires.

Avant de rédiger la macro correspondante, vous devez déterminer le formulaire de base pour la synchronisation. Lorsque, par exemple, un formulaire contient les clients et un autre les commandes, on utilisera le formulaire Clients comme formulaire de base. Si, dans le formulaire Clients, vous passez à un autre enregistrement, l'enregistrement correspondant sera affiché - automatiquement ou après un clic sur un bouton - dans le formulaire Commandes.

L'action ***OuvrirFormulaire*** requiert deux arguments qui jouent un rôle lors de la synchronisation : ***Nom filtre*** et ***Condition Where***. Ces arguments vous permettent d'indiquer quels seront les enregistrements qui seront affichés dans le formulaire relié. Un filtre enregistré comme requête peut être utilisé pour filtrer les enregistrements ; il faut alors indiquer le nom de la requête comme argument ***Nom filtre***.

Pour l'argument ***Condition Where***, tapez une expression qui indiquera à Access quels sont les enregistrements souhaités. Une expression de ce type peut se présenter ainsi :

```
[Nom de contrôle] = Formulaires![Nom du
formulaire]![Nom du contrôle]
```

La première partie de l'expression se rapporte à un contrôle du formulaire qui sera ouvert avec la macro. La seconde partie de l'expression se rapporte quant à elle au contrôle du formulaire de base. Ces deux contrôles doivent avoir le même contenu comme dans le cas d'une jointure. En principe, les conditions pour une synchronisation sont les mêmes que pour une jointure : une relation du type 1:1 ou 1:N doit être possible entre les données des formulaires. S'il existe des champs de clés dans les formulaires, vous devriez les utiliser pour la synchronisation.

L'exemple suivant illustre la manière dont on synchronise deux formulaires.

Imaginons que pendant que vous travaillez avec le formulaire Clients de la base de données Comptoir, et que vous devez disposer en permanence d'informations concernant les commandes. Vous décidez donc d'insérer dans le formulaire Clients une macro qui génère l'ouverture du formulaire en affichant toujours dans ce formulaire l'enregistrement approprié. Commencez par créer le formulaire Exemples commandes avec la fonction Formulaire instantané à partir de la table Commandes.

❶ Ouvrez le formulaire Clients en mode Création puis la fenêtre des propriétés du formulaire. Cliquez sur la ligne ***Sur activation*** et appelez le Générateur.

❷ Lancez le Générateur de macro et enregistrez la nouvelle macro sous le nom *Exemples commandes*.

❸ Dans la fenêtre Macro, sélectionnez *OuvrirFormulaire* comme première action ou faites glisser le formulaire *Exemples Commandes* dans la colonne Action de la fenêtre Macro.

Création d'une macro pour la synchronisation des formulaires
Clients et Commandes

❹ Dans la liste des arguments de l'action OuvrirFormulaire, entrez l'expression *[Code Client]=Formulaires![Clients]![Code Client]* dans la ligne Condition Where. Vous pouvez utiliser le Générateur d'expression pour vous aider.

> **Remarque**
>
> Tenez compte du point suivant si vous travaillez avec le Générateur d'expression : il n'a aucun moyen de savoir que l'action en cours a pour but de faire du formulaire Exemples commandes le formulaire actif. C'est la raison pour laquelle il se rapporte avec l'expression complète au champ Code client de ce formulaire. Ceci n'est pas grave car cela ne vous occasionnera aucun travail supplémentaire.

Par contre, il continue de considérer - à tort - le formulaire Clients comme étant le formulaire actuel et il renonce donc à l'indication du nom de formulaire. Vous pouvez contourner ce problème en ne sélectionnant pas le formulaire Clients et le champ Code client dans la catégorie Formulaires chargés mais dans la catégorie Tous les formulaires. Une autre solution consiste à compléter l'expression manuellement.

⑤ Sélectionnez pour l'argument ***Nom formulaire*** le nom du formulaire destiné à être ouvert, c'est-à-dire le formulaire Exemples Commandes. Comme mode de données, vous pouvez choisir l'option Lecture seule car aucune donnée ne doit être modifiée. Si vous prévoyez que vous aurez à modifier les données, vous choisirez bien entendu le mode Modification.

⑥ Insérez dans la seconde ligne l'action ***DéplacerDimensionner***. Dans la liste des arguments, indiquez une valeur verticale par rapport à la limite gauche et une valeur horizontale par rapport à la limite supérieure. Indiquez les valeurs pour la largeur et la hauteur correspondantes (en cm). Vous serez probablement obligé de tâtonner quelque peu avant d'arriver à positionner les deux fenêtres côte à côte sur l'écran.

⑦ Ajoutez encore l'action ***SélectionnerObjet***. Comme arguments, indiquez le formulaire Clients. L'argument ***Dans fenêtre Base*** reste sur Non puisque le formulaire Clients est déjà ouvert.

Par cette action, le formulaire Clients reçoit à nouveau le focus, puisque c'est avec lui que vous travaillez tandis que le formulaire Exemples commandes reste visible à l'arrière-plan, du moins pour autant que sa position le lui permette.

⑧ Refermez la macro avec un double-clic sur la case du menu Système. Le nom de la macro est alors inscrit dans la fenêtre des propriétés du formulaire.

Si vous passez ensuite en mode formulaire, la macro est exécutée. Chaque fois que vous vous déplacez dans le formulaire Clients sur un nouvel enregistrement, les enregistrements correspondants du formulaire Exemples Commandes sont affichés.

Des formulaires synchronisés : Clients et Commandes

Définir des valeurs dans des formulaires

Concernant l'utilisation intégrée de plusieurs formulaires, vous pouvez également définir dans un formulaire des valeurs pour un autre formulaire. Vous pouvez aussi générer la mise à jour automatique de contrôles lorsque l'une des valeurs contenue dans un contrôle est modifiée. Il existe maintes occasions où cette procédure présente des avantages considérables.

- Vous pouvez insérer dans un formulaire un bouton lançant l'exécution d'une macro destinée à remplacer la valeur d'un contrôle du formulaire courant par la valeur d'un contrôle issue d'un autre formulaire. Par exemple dans un formulaire de facture, vous pouvez faire remplacer la valeur du contrôle Code client par la valeur du client actuel du formulaire Clients.

- Vous pouvez modifier la valeur d'un contrôle par rapport à la valeur d'un autre contrôle. Admettons que vous disposiez de contrôles pour la date d'expédition et la date de règlement. La facture doit être réglée trente jours après l'expédition. Si, pour une raison ou une autre, vous modifiez la date d'expédition, une macro se chargera de modifier également la valeur du champ Date de règlement.

- Vous pouvez masquer l'affichage de contrôles sous certaines conditions. Une macro peut se charger de masquer l'affichage du contrôle Relance dès que la case d'option Facture réglée est cochée.

- Vous pouvez également désactiver ou activer des contrôles selon la valeur contenue par un autre contrôle. Par exemple, dans un formulaire, vous pourriez désactiver le contrôle Droit de vote en fonction du contrôle Age.

Pour définir une valeur pour un autre contrôle, vous devez utiliser l'action *DéfinirValeur*. Cette action dispose de deux arguments. L'argument *Elément* permet de définir le champ dans lequel la valeur définie doit être placée ; l'argument *Expression* vous permet d'indiquer la valeur devant être définie.

Vous pouvez utiliser l'action *DéfinirValeur* pour fournir la valeur d'un contrôle dans un formulaire ou la valeur d'un champ provenant d'une table et sur laquelle est basé le formulaire ouvert. Le champ de la table ne doit pas être relié à un contrôle du formulaire. Pour un formulaire en mode Feuille de données, vous pouvez indiquer les propriétés de contrôle *Visible, Activé* et *Verrouillé* ainsi que la propriété de formulaire *Visible*. Pour un formulaire en mode Création, vous pouvez paramétrer quasiment toutes les propriétés de formulaire, de section et de contrôle.

Vous pouvez par exemple utiliser l'action *DéfinirValeur* pour ajouter automatiquement dans un nouveau formulaire appelé Facture le Code client du client actuel provenant du formulaire Clients.

❶ Créez une macro avec les actions *Echo*, *OuvrirFormulaire* et *DéfinirValeur*. Dans les arguments de l'action *OuvrirFormulaire*, indiquez le nom du formulaire et sélectionnez le mode d'affichage Formulaire. Indiquez l'expression suivante comme argument *Elément* de l'action *DéfinirValeur* :

```
Formulaires![Facture]![Code Client]
```

Placez ensuite l'argument *Expression* sur [Code Client].

L'action *Echo* permet de figer l'écran au cours de l'exécution de la macro.

❷ Refermez la fenêtre Macro puis enregistrez la macro sous le nom "Définir code clients dans facture".

❸ Ouvrez ensuite le formulaire Clients et faites glisser la macro à partir de la fenêtre Base de données à l'endroit souhaité dans le formulaire. Dans la fenêtre des propriétés des nouveaux boutons de contrôles, la macro est automatiquement associée à l'événement *Sur clic*.

Si vous basculez en mode Formulaire du formulaire Clients et que vous cliquez sur le bouton, le formulaire Facture est alors ouvert et le code client du client actuel provenant du formulaire Clients est inscrit dans le contrôle Code Client du formulaire Facture.

L'action *DéfinirValeur* permet également d'utiliser la fonction Majuscule afin que la valeur d'un contrôle apparaisse en majuscules. Dans l'argument *Expression* de l'action *DéfinirValeur*, tapez la fonction comme suit : Majuscule([Code Client]). De cette manière vous pouvez accélérer la saisie des données car les minuscules tapées seront automatiquement converties en majuscules.

Contrôler les déplacements dans les formulaires

Les macros permettent de se déplacer rapidement à l'intérieur d'un formulaire pour atteindre une page précise, un enregistrement ou un contrôle. Vous devez utiliser pour cela les actions *AtteindreContrôle*, *AtteindrePage* ou *AtteindreEnregistrement*. Vous pouvez associer ces actions à différents événements comme, par exemple, l'événement *Après MAJ* ou *Sur ouverture*.

L'action *AtteindreContrôle* permet de se déplacer et d'atteindre un contrôle particulier. Dans l'argument Nom contrôle, tapez simplement le nom du contrôle et non pas la description complète avec le type d'objet et le nom du formulaire car l'action doit être exécutée dans le formulaire qui contient la macro (sauf si le champ s'appelle Nom car Nom est une propriété Access).

L'action *AtteindrePage* permet de se déplacer sur une page précise du formulaire lorsque se produit un événement particulier. Vous parvenez alors au premier contrôle de cette page.

Pour vous déplacer sur un enregistrement particulier, utilisez l'action *AtteindreEnregistrement*. Il peut s'agir d'un enregistrement vierge si vous souhaitez taper un nouvel enregistrement après qu'un événement particulier ait eu lieu. La sélection reste sur le même contrôle qu'auparavant.

Rechercher des données

Dans un formulaire, vous pouvez utiliser la commande *Edition/Rechercher* pour retrouver un enregistrement. Mais vous pouvez également automatiser cette procédure à l'aide d'une macro. Dans la liste d'arguments de l'action *TrouverEnregistrement*, vous pouvez taper un argument pour chaque option de la boîte de dialogue *Rechercher*.

La boîte de dialogue Rechercher

Dans la liste des arguments de l'action, tapez pour le premier argument intitulé *Rechercher* la valeur ou l'expression recherchée. Les autres arguments vous permettent d'indiquer de quelle manière la procédure doit se dérouler. Si vous sélectionnez l'option *Champ en cours* pour l'argument *Rechercher dans*, la recherche concernera le contrôle sélectionné au début de la recherche.

Cette action vous permet, par exemple, de rechercher une société que vous sélectionnez par l'intermédiaire d'une liste modifiable dans un formulaire. Il vous suffit alors d'indiquer pour l'argument ***Rechercher*** le nom de la liste modifiable, par exemple =[Choix de la société] et de sélectionner l'option ***Champ en cours*** pour l'argument ***Rechercher dans***. Avant de pouvoir exécuter la macro, vous devez indiquer le nom de la macro dans la propriété ***Après MAJ*** du contrôle Choix de la société afin que la macro soit toujours exécutée lorsque vous sélectionnez une autre société dans la liste modifiable. En outre, avant la sélection, vous devez repérer le champ Société afin que la recherche concerne ce contrôle et non pas la liste modifiable Choix de la société.

Vous pouvez utiliser une seconde macro avec l'action ***TrouverSuivant*** si vous souhaitez rechercher un autre enregistrement ayant cette valeur. Cette action ne possède aucun argument, elle permet simplement de poursuivre la recherche.

Filtrer des enregistrements

Dans un formulaire, vous pouvez non seulement rechercher des enregistrements mais également indiquer des critères auxquels les enregistrements devront satisfaire. Pour exécuter ce filtrage, choisissez la commande ***Modifier le filtre/tri*** dans la barre d'outils.

Pour cette commande, vous pouvez également utiliser une macro si vous utilisez fréquemment des filtres. Vous pouvez en permanence disposer de plusieurs filtres que vous lancerez en cliquant sur un bouton. Comme filtre, vous pouvez par exemple choisir les premiers caractères du nom de la société ou un pays ou n'importe quelle autre valeur. Si vous avez besoin de plusieurs filtres dans un formulaire, regroupez-les dans un groupe de macros.

❶ Ouvrez une nouvelle fenêtre Macro puis cliquez dans la barre d'outils sur le symbole Nom de macro.

② Dans la première ligne, vous pouvez taper un commentaire concernant le groupe de macros. Cette ligne ne vous permet toutefois pas de sélectionner une action.

③ Dans toutes les autres lignes, tapez dans la colonne Nom de macro un nom se rapportant aux valeurs filtrées.

④ Dans la colonne Action, sélectionnez l'action ***AppliquerFiltre***.

Comme arguments, vous pouvez indiquer le nom d'un filtre déjà créé ou, comme condition, une expression : ***[Société] Comme "B*"***. Vous pouvez utiliser la même expression en modifiant les lettres indiquées pour chacune des actions AppliquerFiltre.

⑤ Pour finir, insérez dans le groupe de macros une autre macro contenant l'action ***AfficherTousEnreg***. Cette macro supprime le filtre et permet d'afficher tous les enregistrements.

⑥ Refermez le groupe de macros et enregistrez-le sous un nom, par exemple Bouton filtre.

Condition	Action	Commentaire
		Liée aux boutons A à Z et Tous du formulaire Fournisseurs
[Filtres Société]=1	AppliquerFiltre	Filtre les noms des sociétés commençant par A, À, Á, Â, Ã, ou Ä
[Filtres Société]=2	AppliquerFiltre	B
[Filtres Société]=3	AppliquerFiltre	C ou Ç
[Filtres Société]=4	AppliquerFiltre	D
[Filtres Société]=5	AppliquerFiltre	E, È, É, Ê, ou Ë
[Filtres Société]=6	AppliquerFiltre	F

Arguments de l'action

Nom filtre
Condition Where   [Société] Comme "[AÀÁÂÃÄ]*"

Applique un filtre, une requête ou une clause SQL WHERE à une table, un formulaire ou un état pour limiter ou trier les enregistrements de la table, ou ceux de la table/requête sous-jacente du formulaire ou de l'état. Pour obtenir de l'aide, appuyez sur F1.

Un formulaire avec les boutons pour les filtres

⑦ Ouvrez ensuite le formulaire et insérez un bouton pour chaque macro. Définissez le nom de la macro dans la propriété ***Sur clic***. Notez que vous devez indiquer tout d'abord le nom du groupe suivi d'un point puis du nom de la macro. Dans cette situation, vous ne pouvez pas utiliser le mode Glisser & Déplacer car seul le nom du groupe de macros apparaît dans la fenêtre Base de données.

Un clic sur un bouton incrusté d'une lettre permettra d'appliquer le filtre correspondant. Un clic sur le bouton Tous permettra de supprimer le filtre courant.

Vérifier la validité des données

Afin de réduire au maximum le risque d'erreur lors de la saisie des données, vous pouvez dans la plupart des cas définir des règles de validation que vous insérerez dans la propriété *Valide si* d'un contrôle.

Les macros vous permettent d'automatiser la vérification de la validité dans les situations suivantes :

- Une règle de validation doit se rapporter à plus d'un champ dans le formulaire. Par exemple, vous pouvez faire vérifier que la valeur du champ Age se situe dans la plage de valeurs souhaitées lorsque la case d'option Droit de vote est cochée. Et vous pouvez également indiquer qu'un nombre minimum de champs doit être rempli ou qu'une valeur précise doit nécessairement être indiquée avant qu'un enregistrement ne soit sauvegardé.

- Des erreurs de nature différentes dans un champ doivent générer des messages d'erreur de type différent. Par exemple, lorsqu'une valeur saisie est plus grande que la valeur maximale autorisée, un premier message d'erreur apparaît ; en revanche, lorsque la valeur saisie est plus petite que la valeur minimale autorisée, un second message devra apparaître.

- On peut également autoriser des exceptions à la règle de validation. Vous pouvez faire afficher un message qui devra être validé afin de permettre qu'une valeur normalement non valide puisse être saisie. Ou bien, vous obligez l'utilisateur à indiquer son nom afin de pouvoir ultérieurement constater qui est à l'origine de la saisie de cette valeur.

● Des calculs complexes ou des conditions nombreuses sont nécessaires pour une règle de validation.

● Un formulaire contient de nombreuses règles de validité que vous souhaitez pouvoir éditer dans une même fenêtre.

● Une règle de validation concerne plusieurs formulaires. Dans ce cas, vous pouvez vous référer à cette macro dans chaque formulaire.

Les propriétés les plus fréquemment associées à des macros destinées à effectuer des vérifications de validité sont les propriétés *Sur suppression* et *Avant MAJ*. La macro sera donc exécutée avant la suppression d'une valeur d'un champ ou avant que la valeur soit enregistrée avant de passer à un autre contrôle.

Admettons que vous soyez fréquemment amené à saisir dans un formulaire de nouvelles adresses, et parmi celles-ci de nombreuses adresses internationales. Pour cet exemple, vous avez besoin d'une table vierge nommée Test code postal contenant les champs Société, Code postal, Ville et Pays. A l'aide de la fonction Formulaire instantané, créez un formulaire sur la base de cette table et appelez-le également Test Code postal. A l'aide d'une macro, vous pouvez vérifier le contenu du champ Pays puis faire afficher le message de validité correspondant concernant la saisie du code postal.

❶ Sélectionnez dans le mode Création du formulaire Test Code postal la zone de texte Pays et cliquez dans la fenêtre des propriétés dans la ligne *Après MAJ*.

❷ Activez le Générateur de macro et donnez à la nouvelle macro le nom Test Code postal.

❸ Dans la fenêtre Macro, cliquez sur le bouton correspondant pour afficher la colonne Condition.

④ Avec la première condition, vous vérifiez le code postal de clients situés en France, en Italie ou en Allemagne. Le code postal de ces pays est à cinq chiffres.

```
[Pays] Dans ("France";"Italie";"Allemagne") Et
NbCar([Code postal]) 5
```

L'opérateur **Dans** amène Access à comparer la valeur du champ avec l'un des pays indiqués. La fonction **NbCar** permet de vérifier le nombre de caractères du champ Code postal. Indiquez cette condition dans la première ligne de la colonne Condition de la fenêtre Macro. Vous pouvez ouvrir la fenêtre Zoom avec la combinaison de touches «Maj»+«F2».

⑤ Dans la colonne Action, sélectionnez **BoîteMessage**. Comme argument, tapez le texte du message :

```
Le Code postal doit comporter cinq caractères
```

Choisissez un titre pour le message, par exemple : **Erreur sur le code postal**.

⑥ Dans la seconde ligne des conditions, tapez trois points de suspension afin que l'action ne soit exécutée que si la condition est remplie puis sélectionnez, à côté, l'action AnnulerEvénement.

La macro doit être placée dans la propriété **Avant MAJ** du contrôle Pays. Lorsque l'un des pays indiqués est tapé dans le champ Pays et que le code postal n'est pas à cinq chiffres, la macro est exécutée et le message apparaît à l'écran. L'événement qui a généré l'exécution de la macro est interrompu, dans ce cas il s'agit de la tentative de quitter le contrôle Pays.

⑦ Dans la troisième ligne de la colonne Condition, entrez également les points de suspension. Sélectionnez l'action **AtteindreContrôle** avec Code postal comme argument.

Avec cette action, vous faites en sorte que le champ Code postal reçoive automatiquement le focus lorsqu'un code postal non valide est saisi ou lorsque ce champ est resté vide.

Vous pouvez à présent définir des conditions de ce type pour d'autres pays en saisissant une condition puis un message adéquats. Insérez ici également l'action ***AnnulerEvénement*** avec les points de suspension dans la colonne Condition. Terminez également la macro avec l'action ***AtteindreContrôle*** afin qu'Access se positionne automatiquement sur le champ Code postal lors d'une saisie erronée.

La macro pour la vérification des codes postaux

⑧ Enregistrez et fermez la macro puis testez-la pour voir ce qui se passe lorsqu'un code postal erroné est entré pour un de ces trois pays.

Le message Erreur sur le code postal

Forcer la saisie dans un champ

Il se peut que vous souhaitiez rendre obligatoire la saisie de données dans certains champs. Dans un formulaire Commandes par exemple, il faudra nécessairement qu'un destinataire soit saisi ; dans le cas contraire le nouvel enregistrement ne sera pas sauvegardé.

Rendre obligatoire la saisie dans des champs clé

 Inutile d'utiliser une macro pour forcer la saisie dans un champ qui, dans la table de base, est un champ de clé primaire autre qu'un compteur). En effet, Access exige par définition que ce champ soit renseigné faute de quoi l'enregistrement ne pourra pas être sauvegardé.

Pour essayer cette saisie obligatoire, créez un formulaire instantané à partir de la table Commandes. Intégrez ensuite une macro dans la propriété événement *Avant MAJ*.

❶ Créez une macro avec une condition qui vérifie si le champ Destinataire contient une valeur. La condition sera la suivante :

```
[Destinataire] Est Null
```

Trois actions sont concernées par cette condition.

❷ L'action ***BoîteMessage*** envoie un message à l'utilisateur, par exemple : saisie obligatoire dans le champ Destinataire.

❸ L'action ***AnnulerEvénement*** empêche la sauvegarde de l'enregistrement.

❹ L'action ***AtteindreContrôle*** permet de sélectionner le champ dans lequel la valeur manquante doit être tapée.

Toutes les actions citées doivent être accompagnées de trois points de suspension dans la colonne Condition afin qu'elles ne soient exécutées que si la condition est satisfaite.

Mais vous pouvez faire vérifier plus d'un contrôle dans un formulaire. Dans ce cas, vous devez taper pour chacun de ces contrôles les trois actions avec la condition. A la suite de chacune des actions **AtteindreContrôle**, insérez l'action **ArrêtMacro** qui doit également se rapporter à la condition. Cette action donne à l'utilisateur la possibilité de réparer son oubli. La macro ne sera à nouveau exécutée que lorsqu'une nouvelle erreur de saisie se produira.

Si vous avez attaché la macro à la propriété de formulaire **Avant MAJ** dans le formulaire Commandes, elle sera appelée chaque fois que vous passerez à l'enregistrement suivant et qu'une valeur sera détectée manquante dans les champs indiqués.

9.3. Des macros pour réagir à des événements dans des états

A l'aide de macros, vous pouvez automatiser votre travail avec les états de la même manière qu'avec les formulaires. Sachant que les données ne peuvent pas être modifiées dans les états, la mise en oeuvre des macros se limitera ici à réagir à certains événements dans l'état et à imprimer des états.

Les propriétés et événements suivants peuvent être associés à une macro.

Sur ouverture	Vous pouvez exécuter une macro après l'ouverture d'un état, avant qu'il ne soit imprimé. Il s'agira, par exemple, de sélectionner les enregistrements qui seront imprimés.
Sur fermeture	Lorsque vous refermez un état, vous pouvez faire afficher un formulaire indépendant permettant d'indiquer des critères d'impression. Cela vous permet d'imprimer des états sous plusieurs formes.
Sur activé, Sur désactivé	Les macros affectées à ces propriétés sont exécutées lorsqu'un état devient l'objet actif, respectivement lorsqu'il perd ce statut.

| **Sur erreur** | Cet événement survient lorsqu'une erreur d'exécution se produit. Access ne peut détecter de telles erreurs que pendant l'exécution d'un programme ou d'une application. |

Les propriétés événement suivantes se trouvent dans la fenêtre de propriétés des sections de l'état :

Au formatage	L'événement correspondant est la mise en forme des données dans la section. Cet événement survient alors qu'Access sait à quelles sections appartiennent les données mais que celles-ci ne sont pas encore prêtes pour l'impression. Vous pouvez, par exemple, afficher ou masquer des contrôles ou des sections en fonction de la valeur d'un autre contrôle.
Sur impression	L'événement Imprimer des données de la section survient après la mise en forme de la section mais avant que la section ne soit imprimée. Après la mise en forme des données, vous pouvez, par exemple, faire calculer la somme des données d'une page.
Au reformatage	Cette propriété événement n'existe pas pour l'en-tête et le pied de page. L'événement se produit lorsque Access revient à une section précédente lors du formatage d'un état.

Selon la section dans laquelle vous avez associé une macro à un événement, vous obtiendrez des résultats différents lors de l'exécution de la macro. Dans la section Détail, une macro s'applique toujours à un enregistrement pour l'événement indiqué.

Si la macro a été attachée à la propriété *Au formatage* de l'en-tête ou du pied de groupe, elle sera activée pour chaque nouveau groupe et accède alors aux données contenues dans la section d'en-tête ou de pied. A partir de l'en-tête de groupe, une macro peut également accéder au premier enregistrement de la section Détail, à partir du pied de groupe au dernier enregistrement de la section Détail.

Une macro destinée à modifier la mise en page devra toujours être associée à la propriété *Au formatage*. Par exemple, vous pouvez définir la propriété *Visible* pour une section ou un contrôle. Si vous n'imprimez qu'une partie des données, mais que toutes les données sont requises pour effectuer des calculs, attachez également la macro à la propriété *Au formatage*. Associée à la propriété *Sur impression*, une macro peut n'accéder qu'aux données de la section destinée à être imprimée. Une macro exécutée Au formatage utilise les propriétés d'état Section insécable, Visible, Auto extensible, Auto réductible, Masquer doublons.

Au cours du formatage, il peut arriver qu'Access revienne à des sections précédentes de l'état, par exemple pour déterminer où se trouvent certains contrôles ou certaines sections ou si la place disponible est suffisante. Cette situation peut se produire notamment si les propriétés *Auto extensible* et/ou *Auto réductible* d'un sous-formulaire ou d'un sous-état sont fixées à Oui. Si une section du sous-état ne tient plus sur la page en cours, elle est renvoyée à la page suivante et Access retourne à la section précédente. Dans ce cas, l'événement *Au reformatage* se produit. Vous pouvez affecter une macro à cette propriété événement pour revenir sur des modifications que vous avez effectuées précédemment en liaison avec l'événement *Au formatage*.

Lorsqu'une macro est attachée à la propriété *Sur impression*, l'événement de la macro ne devra pas s'appliquer à la mise en page ni aux sauts de page. Toutes les actions *Sur impression* ne s'appliquent qu'aux sections et données effectivement imprimées.

Dans le cas d'une macro contenant des expressions conditionnelles, il peut être nécessaire d'utiliser les propriétés *Compteur Format* et *Compteur Impression*. Ces propriétés vous permettent de contrôler la fréquence d'apparition de l'événement *Au formatage* pour un enregistrement. Les propriétés *Compteur Format* et *Compteur Impression* sont utilisées pour des macros destinées à n'être exécutées qu'une seule fois par enregistrement. C'est notamment le cas, lorsque, par exemple, vous souhaitez faire calculer dans le pied de page à l'aide d'une macro des montants totaux pour certaines pages. Si un enregistrement doit être disposé sur deux pages, la macro sera exécutée deux fois, la propriété **Compteur Formatage** sera placée sur 2. Ceci vaut également pour le compteur d'impression lorsqu'un enregistrement doit être imprimé sur deux pages. Cette propriété vous permet donc de constater si des montants de ce type ont été calculés deux fois.

Vous pouvez placer la propriété **Section insécable** de la section concernée sur Oui puis attacher la macro de calcul à la propriété **Sur impression** de la section correspondante pour éviter des problèmes de calcul.

Insérer des totaux de pages dans la propriété Sur impression

Si vous utilisez la propriété **Au formatage** pour calculer le total d'une page, Access ne sait pas pour autant quels enregistrements doivent être imprimés sur une page. Il peut donc se produire qu'un enregistrement soit dans un premier temps intégré dans le total calculé de la page 2 mais que, au cours de l'impression, il soit déplacé sur la page 3. Dans ce cas, les sommes de page ne sont plus correctes d'autant plus que d'autres enregistrements ont aussi pu être déplacés.

Pour attacher une macro à une propriété d'état ou de section, vous devez sélectionner l'état ou la section correspondante puis ouvrir la fenêtre de propriétés. Pour sélectionner une section, cliquez sur la barre de titre de la section ; pour sélectionner l'état, cliquez sur le rectangle blanc placé en dessous du bouton du menu Système. Dans la ligne de la propriété souhaitée, c'est-à-dire **Sur impression** ou **Au formatage**, ouvrez la liste déroulante pour sélectionner une macro. Si vous souhaitez insérer une macro qui fait partie d'un groupe de macros, vous devez indiquer le nom du groupe suivi d'un point puis du nom de la macro.

La fenêtre des propriétés d'un état

Si vous créez une nouvelle macro, c'est plus simple et plus facile si vous ouvrez d'abord la fenêtre des propriétés de l'état ou de la section et appelez ensuite le Générateur de macro pour créer la macro exactement là où vous en avez besoin.

A la place d'une macro, vous pouvez également utiliser une fonction Access Basic. Pour cela, tapez dans la ligne située à côté de la propriété souhaitée une expression chargée d'appeler la fonction : =Fonction.

Pour afficher ou masquer des contrôles suivant certaines conditions, indiquez dans la macro une condition suivie de l'action *DéfinirValeur*. Par exemple, la condition pourra définir que l'action *DéfinirValeur* sera exécutée lorsque la valeur d'un contrôle correspondra à une valeur précise. Dans l'argument *Elément* de l'action *DéfinirValeur*, tapez le nom du contrôle : *[Nom du contrôle].Visible* puis, dans l'argument *Expression*, sélectionnez l'option Oui. Placez maintenant la macro sur la propriété *Au formatage* de la section concernée ; en effet, l'affichage ou le masquage de contrôles peut éventuellement provoquer des modifications dans la mise en page.

Utiliser l'action DéfinirValeur dans des états

Dans les états, vous pouvez également utiliser l'action *DéfinirValeur* pour définir les valeurs de contrôles ou les propriétés de contrôle. Toutefois, cette action ne vous permet de paramétrer que les valeurs de propriétés de contrôle ou de contrôles indépendants ; dans le cas de contrôles dépendants ou calculés, les valeurs ne peuvent pas être modifiées par cette action.

Pour afficher ou masquer des sections, placez la propriété *Au Formatage* de la section sur la valeur *Visible*. Vous utilisez ici également une macro avec l'action *DéfinirValeur* qui sera attachée à la propriété *Au formatage* de la section.

Voici un exemple de motivation de votre personnel commercial :

Vous souhaitez imprimer un état qui contient la ventilation des chiffres de vente pour une période donnée par représentant. Vous souhaitez en outre que, lorsqu'un montant précis est dépassé, ceci soit mis en évidence.

❶ Dans l'état, insérez dans l'en-tête de groupe Représentant une étiquette intitulée A dépassé l'objectif ! (nom de contrôle Objectif dépassé). Soulignez le champ Représentant avec un trait (nom de contrôle Ligne Représentant). Ces deux éléments n'apparaîtront que si le total des ventes dépasse les 25 000 F.

❷ Ecrivez ensuite une macro avec les propriétés suivantes:

Condition	Action	Commentaire
		Liée à la propriété Au/Formatage de l'en-tête de gr
[Total de représentant]>25000	DéfinirValeur	Si le représentant vend plus de 25000, affiche l'ét
...	DéfinirValeur	...et souligne le nom du représentant dans l'en-têt
Pas [Total de représentant]>25000	DéfinirValeur	Si le représentant n'a pas vendu plus de 25000, n
...	DéfinirValeur	...et ne souligne pas le nom du représentant dans

Arguments de l'action

Elément	[Objectif dépassé].Visible
Expression	Oui

Définit la valeur d'un contrôle, d'un champ ou d'une propriété figurant dans un formulaire, un formulaire en mode Feuille de données ou un état. Pour obtenir de l'aide, appuyez sur F1.

Une macro pour afficher ou masquer certains éléments

A présent, si vous attachez cette macro à la propriété *Au formatage* de l'en-tête de groupe, le nom du représentant qui a obtenu d'excellents résultats sera mis en valeur par le trait de soulignement. En outre, la mise en évidence de la performance sera précisée par l'étiquette.

Une macro de ce type vous permet également d'indiquer les conditions qui, si elles sont satisfaites, généreront un saut de page dans l'état ou l'inverse. Par exemple, vous pouvez à l'aide d'un contrôle de type Compteur non affiché dans l'état savoir quand un nombre précis d'enregistrements est atteint. A l'aide de l'action *DéfinirValeur* et d'une condition (par exemple : [Compteur]=10), vous pouvez indiquer à quelle valeur de compteur un saut de page doit être effectué. Vous pouvez trier les enregistrements en fonction de critères pour, par exemple, imprimer sur une page les dix meilleurs représentants. Attachez la macro à la propriété *Au formatage* de la section de Détail.

Afin de ne pas être dépendant de la numérotation de page traditionnelle dans un état, vous pouvez, à l'aide d'une macro, définir vos propres numéros de pages. A partir d'un état volumineux et regroupé, vous pouvez obtenir des états plus petits en plaçant le numéro de page sur 1 pour chaque nouveau groupe. Mais vous pouvez également faire afficher le numéro de page avec une valeur de champ qui vous permet de retrouver rapidement certains événements. Les deux solutions peuvent naturellement aussi être combinées.

❶ Insérez en pied de page une zone de texte indépendante. Dans la propriété Source contrôle, ou bien directement dans la zone de texte, tapez l'expression : =[Pays]&"-"&Page. Le champ Pays peut bien sûr être remplacé par n'importe quel autre champ en fonction duquel le regroupement est effectué.

❷ Ecrivez ensuite la macro avec l'action *DéfinirValeur* qui placera la valeur du champ Page sur 1. Placez l'argument élément sur Page et tapez pour l'argument Expression 1.

❸ Dans le pied de groupe du groupe Pays, placez la propriété *Saut de page* sur *Après section*. Puis, dans l'en-tête de groupe du groupe Pays, attachez la macro que vous venez de créer à la propriété *Au formatage*.

Lors de l'impression de l'état, chaque nouveau groupe commencera sur une nouvelle page. En plus du numéro de page, le nom du groupe sera indiqué, c'est-à-dire le pays d'où proviennent les données.

Si vous souhaitez faire afficher dans des états des totaux pour chaque page en pied de page, vous devez utiliser une macro. Les en-têtes et pieds de page ne supportent pas de fonction. Sachant toutefois que les sommes sont calculées à l'aide de la fonction Somme, vous devez insérer dans le pied de page un contrôle indépendant dont vous définirez la valeur en fonction de la valeur d'un champ calculé d'une autre section de l'état. S'il n'existe pas de champ calculé pour la somme souhaitée, vous devez insérer dans l'état un contrôle masqué. La macro avec laquelle vous définissez la valeur devrait être attachée à la propriété *Sur impression* de l'état qui contient le contrôle calculé.

Voici comment créer un état qui rassemble les chiffres de vente par page :

❶ Insérez dans le pied de page un contrôle indépendant avec le nom "Total par page".

❷ Créez ensuite un groupe avec deux macros.

❸ Pour l'action *DéfinirValeur* de la première macro, placez l'argument Elément sur [Total par page] puis l'argument Expression sur [Total par page]+[Somme totale]. Insérez cette macro dans la propriété *Sur impression* de la section Détail.

❹ Dans la seconde macro, placez les arguments de l'action *DéfinirValeur* comme suit : Elément : [Total par page] et Expression : [Total par page]=0. Insérez cette macro dans la propriété Sur impression de l'en-tête de page afin que le numéro de chaque page commence à zéro.

Lors de l'impression de l'état, la valeur du total par page et de la somme totale de l'enregistrement s'incrémente pour chaque enregistrement. Lorsqu'un enregistrement est déplacé sur une nouvelle page, le calcul de la somme par page reprend. De cette manière, vous avez la somme correcte sur chaque page.

Pour filtrer des enregistrements, vous pouvez insérer les macros dans la propriété Sur ouverture d'un état. Lorsque vous ouvrez un état, seuls les enregistrements souhaités apparaissent. Vous pouvez également faire afficher un formulaire indépendant afin de pouvoir définir des critères différents lors de chaque ouverture. Pour plus d'informations sur la création d'un formulaire indépendant, consultez la section intitulée Développer des applications à l'aide de macros, dans ce même chapitre.

9.4. Imprimer automatiquement avec une macro

Les situations dans lesquelles on est amené à imprimer des données sous forme d'états sont nombreuses et variées. C'est le cas, par exemple, lorsqu'on traite une commande qui va être livrée. On imprime alors un bon de livraison et la facture correspondante. Avec une macro, il est possible d'automatiser ces tâches de manière à n'avoir plus que la commande à saisir, les autres documents étant édités en temps utile et dans les règles de l'art.

De telles applications concernent en général plutôt les états mais vous pouvez aussi utiliser une macro pour imprimer des données depuis des formulaires.

Imprimer des formulaires avec des macros

Si vous êtes régulièrement amené à modifier dans la boîte de dialogue Imprimer les mêmes paramètres lors de l'impression d'un formulaire, vous pouvez alors recourir à une macro. Sélectionnez dans cette macro l'action *Imprimer* qui propose sous forme d'arguments quasiment toutes les options qui existent dans la boîte de dialogue du même nom. Toutefois, vous ne pouvez pas utiliser cette action pour imprimer un formulaire dans un fichier.

La liste d'arguments de l'action Imprimer

❶ Indiquez des valeurs souhaitées pour les arguments Imprimer, De la page, A la page, Qualité impression, Copies, Copies triées.

❷ Pour n'imprimer que l'enregistrement courant du formulaire, placez l'argument Imprimer sur Sélection. Dans ce cas, insérez avant l'action *Imprimer* l'action *ExécuterElémentMenu*.

❸ Sélectionnez l'option *Formulaire* pour l'argument Barre menus.

❹ Pour l'argument Nom menu, sélectionnez *Edition*.

515

⑤ Dans la ligne Commande, activez l'option Sélectionner l'enregistrement, le nom de la commande de menu devant être exécutée. Cette commande entraîne la sélection de l'enregistrement courant.

Sachant que le formulaire doit être ouvert et activé lors de l'exécution de la macro, insérez dans le formulaire un bouton permettant d'appeler la macro. Une alternative consiste à indiquer comme première action de la macro *Sélectionner Objet*.

Imprimer des états à l'aide de macros

Vous pouvez lancer l'impression d'un état en cliquant sur un bouton qui se trouve dans un formulaire, en sélectionnant une commande dans un menu que vous avez créé ou en activant une combinaison de touches. Bien évidemment, ces possibilités ne sont à votre disposition que si vous utilisez des macros.

Pour ce type d'opérations, on utilise les actions *OuvrirEtat*, *Sélectionner Objet* et *Imprimer*.

Les arguments de l'action *OuvrirEtat* vous permettent de sélectionner l'état, de définir l'affichage et de déterminer les enregistrements devant être imprimés. Si vous imprimez avec cette action, les paramètres par défaut de la boîte de dialogue Imprimer sont utilisés. Pour imprimer un état avec l'action *OuvrirEtat*, placez l'argument Affichage sur Impression directe.

Les arguments de l'action *Imprimer* vous permettent de modifier les paramètres de la boîte de dialogue Imprimer. A l'exception de l'option Impression vers un fichier, vous disposez avec cette action de toutes les possibilités de paramétrage.

Sachant que l'action *Imprimer* lance toujours l'impression de l'objet actif de la base de données, insérez dans la macro correspondante tout d'abord l'action *SélectionnerObjet* afin que l'état souhaité soit sélectionné. Ensuite seulement, sélectionnez l'action *Imprimer*.

Vous pouvez utiliser ces différentes actions dans diverses combinaisons. Pour pouvoir limiter les enregistrements devant être imprimés et modifier les paramètres de la boîte de dialogue Imprimer, écrivez une macro avec les actions ***OuvrirEtat*** et ***Imprimer***. Mais vous pouvez également utiliser deux macros différentes :

- Avec la première vous définissez l'état à imprimer avec l'action ***SélectionnerObjet*** puis vous déterminez avec l'action ***Imprimer*** les options d'impression. Insérez la seconde macro dans la propriété ***Sur ouverture*** de l'état. Dans cette macro, utilisez l'action ***AppliquerFiltre*** afin de limiter la sélection à certains enregistrements. Lorsque l'état est ouvert à l'aide de la première macro, la seconde macro est automatiquement exécutée.

Si vous attachez une macro de ce type pour l'impression d'un état à la propriété ***Sur clic*** d'un bouton de commande d'un formulaire, vous pouvez lancer l'impression du formulaire par un simple clic. Il vous suffit simplement de faire glisser une macro déjà créée de la fenêtre Base de données dans un formulaire.

Si vous souhaitez afficher des possibilités de sélection avant l'impression d'un état, utilisez un formulaire indépendant.

Un formulaire indépendant permet de faciliter la sélection des états destinés à être fréquemment imprimés ; en outre, ce type de formulaire permet également d'indiquer des critères qui définissent les enregistrements devant être imprimés. Vous pouvez affecter un formulaire indépendant à un groupe d'options qui contiendra des états ou des zones de liste ou listes modifiables qui afficheront la liste des états concernés. Vous pouvez également utiliser toute une série de boutons de commande pour envoyer chaque état sur l'imprimante.

Vu que vous savez déjà comment insérer une macro dans un bouton de commande, nous allons vous proposer dans cet exemple d'autres possibilités.

Il s'agit des états Ventes par date, Ventes par catégorie et Etiquettes de publipostage. Ces états se trouvent dans la base de données COMPTOIR. En outre, la base de données COMPTOIR contient également le formulaire Menu général avec le bouton de commande Impression des états.

Le formulaire indépendant Impression des états de Comptoir

Ce formulaire est un objet popup, ce qui signifie que tant qu'il est ouvert vous ne pouvez accéder à aucun autre objet de la base de données. Vous trouvez dans le formulaire un groupe d'options permettant de sélectionner l'un des trois états ainsi que les boutons Aperçu et Imprimer. Ces deux boutons sont reliés à une macro qui affiche l'état sélectionné en mode aperçu avant impression ou impression directe.

Sachant que, comme nous l'avons déjà dit, l'accès aux autres objets n'est pas possible tant que le formulaire popup est ouvert, chaque macro contient d'autres actions.

- La première action masque le formulaire sans le refermer afin que la macro puisse accéder aux informations du formulaire.

- La seconde action imprime l'état ou l'affiche en mode aperçu avant impression.

- La troisième action referme le formulaire indépendant afin de vous permettre de continuer votre travail sans attendre.

Les actions ci-après sont utilisées dans le formulaire indépendant de la base de données Comptoir. Vous pouvez naturellement utiliser ces mêmes actions pour créer vos propres formulaires.

❶ L'action *DéfinirValeur* masque le formulaire indépendant. Placez l'argument Elément de l'action *DéfinirValeur* sur *Visible* et l'argument Expression sur Non. Ce faisant, vous désactivez la propriété *Visible* du formulaire.

La propriété *Visible* est une propriété qui n'a d'effet que pendant la période d'exécution et qui n'apparaît pas dans la fenêtre de propriétés du formulaire.

❷ Insérez *OuvrirEtat* comme seconde action dans chaque macro, placez une première fois l'argument Affichage sur Impression directe, une autre fois sur Aperçu avant impression. Afin que le programme tienne compte de la sélection dans le groupe d'options, vous devez insérer l'action trois fois dans chaque macro avec les conditions suivantes :

La macro Imprimer les états de la base de données Comptoir

Après que vous avez cliqué dans le groupe d'options sur l'une des cases d'options, c'est-à-dire 1, 2 ou 3, l'une des conditions est satisfaite et l'état correspondant est imprimé ou affiché selon le bouton sur lequel vous avez cliqué.

③ La dernière action *Fermer* veille à ce que le formulaire indépendant soit automatiquement refermé. Tapez le nom du formulaire dans la liste des arguments.

Les trois états du formulaire Dialogue Impression des états déterminent les enregistrements devant être imprimés selon des procédures différentes :

- L'état Ventes par date est basé sur une requête paramétrée. Lorsque l'état est ouvert, que ce soit manuellement ou par une macro, une boîte de dialogue apparaît invitant l'utilisateur à indiquer la période souhaitée. Avec ce type de sélection, vous êtes relativement dépendant car vous devez nécessairement saisir des valeurs afin que l'état soit imprimé.

- Si vous avez sélectionné l'état Ventes par catégorie, le formulaire indépendant affiche une zone de liste avec les noms de catégories vous permettant de choisir la catégorie destinée à être imprimée.

- Dans l'état Etiquettes de publipostage il existe une macro Filtre sur pays dépendant de la propriété *Sur ouverture*. Cette macro ouvre un formulaire indépendant qui vous invite à sélectionner le pays souhaité. Cette macro utilise l'action *AppliquerFiltre* pour imprimer ou afficher les enregistrements souhaités.

Pour le choix de la variante, vous devez tenir compte du degré de flexibilité dont vous souhaitez disposer pour une impression d'un état. Dans les exemples proposés, on ne dispose que d'un seul critère de sélection. Mais vous pouvez bien sûr combiner ensemble d'autres possibilités de manière à pouvoir indiquer comme critère soit un pays, soit une période, ou tout autre critère vous convenant.

L'impression de la zone de liste du formulaire popup Dialogue Impression des états permet également de ne sélectionner aucune catégorie. Dans ce cas, la totalité de l'état sera imprimée. Pour créer une zone de liste de ce type, les étapes suivantes sont nécessaires :

❶ Il faut préalablement disposer d'un formulaire indépendant approprié dans lequel vous inclurez une zone de liste indépendante. Pour des raisons de simplicité, faites comme si vous souhaitiez inclure la zone de liste dans le formulaire Dialogue Impression des états. Cette zone de liste s'appellera Sélection catégorie. Dans la propriété Contenu, indiquez la requête Liste des catégories qui contient tous les noms de catégorie rangés par ordre alphabétique.

❷ Ouvrez ensuite le groupe de macros Imprimer les états. Ce groupe contient trois macros : Imprimer, Aperçu et Afficher liste.

Le groupe de macros Imprimer les états

❸ L'action ***OuvrirEtat*** qui ouvre l'état Ventes par catégorie existe dans la macro Imprimer et Aperçu. Pour ces deux actions, placez l'argument Condition Where sur une expression avec une fonction ***VraiFaux***.

La syntaxe de la fonction sera la suivante :

```
=VraiFaux(Expression;Partie Vraie;Partie Fausse)
```

Si l'expression dans cette fonction se vérifie, c'est-à-dire si elle est vraie, la partie Vraie de la fonction est exécutée ou affichée. Si l'expression n'est pas réalisée, la partie Fausse est exécutée ou affichée. L'expression que vous

521

devez taper dans l'argument Condition Where des deux actions *OuvrirEtat* se présentera comme suit :

Expression :	=VraiFaux(Formulaires![Dialogue Impression des états]![Sélection catégorie] Est Null;
Partie Vraie :	"";
Partie Fausse :	"[Nom de catégorie] = Formulaires![Dialogue Impression des états]![Sélection catégorie]")

Si aucune valeur n'a été sélectionnée dans le champ Sélection catégorie, le champ Condition Where sera placé sur "vide" ; cela signifie que tous les enregistrements seront imprimés. Si une valeur a été sélectionnée, c'est la partie Fausse qui intervient : tous les enregistrements comportant cette valeur seront imprimées.

9.5. Les macros de démarrage

Sous Access, vous pouvez utiliser une macro qui s'appelle AUTOEXEC pour lancer automatiquement lors de l'ouverture d'une base de données une application conçue par vous. Cette macro a une fonction similaire à celle du fichier AUTOEXEC.BAT que vous connaissez certainement si vous êtes un familier du système d'exploitation MS-DOS. Si cette macro existe dans une base de données, elle sera exécutée lors de l'ouverture de cette dernière.

Il vous suffit donc de créer une macro dans laquelle vous indiquerez toutes les actions qui doivent être exécutées lors de l'ouverture d'une base de données. Par exemple, vous pouvez créer un formulaire semblable à celui de la base de données COMPTOIR et le faire afficher après le chargement de votre base de données. Une macro AUTOEXEC peut se présenter de manière semblable à l'illustration suivante :

La macro AUTOEXEC (exemple)

Créer des macros avec des formulaires popup

Dans la section "Imprimer des états avec des macros", vous avez fait connaissance avec les formulaires popup. Vous allez maintenant découvrir comment créer un tel formulaire.

De manière générale, les formulaires popup sont utilisés pour les tâches suivantes :

- Vous pouvez rassembler dans un formulaire de ce type des informations nécessaires à d'autres actions. Par exemple, en indiquant des critères permettant de sélectionner les enregistrements d'un état destiné à être imprimé.

- Mais vous pouvez également saisir des données qui génèrent l'ouverture automatique d'un formulaire permettant de définir d'autres options. Par exemple, si vous tapez le nom d'un nouveau client dans le formulaire popup, vous pouvez faire en sorte que le formulaire Clients s'ouvre sur un enregistrement vide permettant de saisir les autres données.

- Vous pouvez faire afficher des données et des messages lorsque certaines conditions sont satisfaites. Un message pourrait par exemple être rédigé comme suit : "Nom inconnu. S'agit-il d'un nouveau client ?". Vous pourriez proposer un bouton intitulé Oui qui exécute une macro destinée à ouvrir le formulaire Clients ou un bouton Non chargé d'interrompre la saisie des données.

Au niveau du principe, les formulaires de ce type sont connus sous la forme des boîtes de dialogue Access qui proposent en permanence toutes sortes d'options. Les éléments constitutifs essentiels des formulaires popup sont les boutons de commande ou les groupes d'options avec les cases d'options, les cases à cocher et les boutons Bascule ainsi que les zones de liste et les listes modifiables, bref, tous les contrôles qui offrent des possibilités de sélection.

Sachant que le formulaire popup apparaît toujours au premier plan, il est souvent nécessaire de définir dans les macros qu'il contient l'action Définir-Valeur afin que le formulaire puisse certes rester ouvert lors de l'exécution mais qu'il ne masque pas l'affichage d'objets ou de messages. Insérez l'action **DéfinirValeur** comme première action dans chaque macro qui sera appelée à partir de ce formulaire popup. Placez les arguments Elément et Expression respectivement sur Visible et Non.

Vous pouvez transformer n'importe quel formulaire en formulaire popup en paramétrant la propriété **Fen indépendante** sur Oui. En outre, placez la propriété **Barre défilement** sur Aucune.

Utiliser un formulaire popup relié

Conseil

Etant donné qu'un formulaire popup relié n'autorise pas la modification d'autres objets tant qu'il est ouvert, vous devez non seulement créer un bouton pour l'exécution de la macro mais également un bouton Annuler. La macro associée à ce bouton ne possède qu'une seule action à savoir l'action Fermer. L'utilisation d'un formulaire popup s'en trouve améliorée notamment si vous avez cliqué par inadvertance sur un bouton du formulaire de départ.

Pour créer un formulaire semblable au formulaire Menu général de la base de données COMPTOIR, suivez les consignes ci-dessous :

❶ Créez tout d'abord un formulaire qui vous permettra d'accéder aux formulaires et états principaux de votre base de données. Définissez ce formulaire comme formulaire indépendant puis enregistrez-le sous le nom Menu général.

Si vous souhaitez pouvoir ouvrir d'autres formulaires à partir des boutons de commande de ce formulaire, créez dès à présent ces formulaires. S'il s'agit d'un formulaire indépendant, paramétrez de manière appropriée les propriétés *Fen indépendante* et *Barre défilement* du formulaire.

❷ Créez ensuite les macros nécessaires à l'ouverture des différents formulaires. Si le nombre de macros n'est pas trop important, vous pouvez les rassembler dans un groupe.

❸ Insérez les macros pour l'ouverture du formulaire de sélection dans le formulaire de démarrage. Si aucun bouton n'a été créé, faites tout simplement glisser les macros l'une après à l'autre à partir de la fenêtre Base de données dans le formulaire de démarrage.

❹ Associez ensuite les macros pour l'impression ou l'affichage des états ou pour la saisie des données dans des formulaires de travail, à des boutons ou des groupes d'options, listes modifiables ou zones de liste du formulaire indépendant.

Vous pouvez renommer la macro par laquelle le formulaire de démarrage est ouvert en AUTOEXEC. De cette manière, elle sera exécutée dès l'ouverture de la base de donnée.

Dans la base de données COMPTOIR, vous trouvez un exemple de formulaire indépendant qui affiche les commandes du jour après la saisie de la date.

Le formulaire Dialogue Date de commande de la base de données Comptoir

Les boutons Commandes et Annuler sont respectivement associés à une macro. Un clic sur Commandes ouvre le formulaire Commandes journalières. Pour permettre l'affichage des commandes correspondant à la date indiquée, on définit pour l'argument Condition de l'action *OuvrirFormulaire* l'expression :

```
[Date commande]=Formulaires![Dialogue Date de
commande]![Date commande]
```

9.6. Des macros spécialisées pour des tâches particulières

Quelques actions, dont certaines sont nouvelles, permettent de résoudre des tâches spéciales qui seraient difficiles à réaliser autrement, voire impossibles. Nous allons traiter des possibilités suivantes :

- Le transfert de données vers d'autres bases de données et/ou formats
- Le développement d'applications
- La création de barres de menus personnalisées
- La modification des affectations de touches.

Transfert de données à l'aide de macros

S'il vous arrive fréquemment d'importer des données en provenance d'autres bases de données ou d'exporter des données d'Access vers d'autres bases de données, vous pouvez à cet effet mettre en place des macros. Access met à votre disposition quatre actions de macro spécifiquement conçues pour cette opération. En réalité, ces actions sont au nombre de cinq si l'on compte aussi l'envoi de données par messagerie électronique.

- L'action **TransférerBase** permet d'importer des données en provenance d'une autre base dans la base de données Access courante ou d'exporter des données à partir de la base courante vers une autre base de données. Vous pouvez également insérer des tables entières provenant d'une autre base. Lorsque vous transférez des données Access vers une autre base de données, vous pouvez à l'aide de cette action transférer n'importe quel objet c'est-à-dire des tables, des requêtes, des formulaires, des macros et des modules.

- En outre, vous disposez pour l'utilisation des tableurs de l'action **TransférerFeuilleCalcul**. Cette action permet d'exporter des donnée d'Access vers un tableur ou d'importer des données provenant d'un tableur dans une base Access.

- Si vous êtes fréquemment amené à exporter ou importer du texte, utilisez à cet effet l'action **TransférerTexte**. Vous pouvez ainsi exporter des données provenant de la base de données Access courante vers un traitement de texte ou importer des fichiers texte dans la base de données courante.

- L'action **CopierVers** permet de copier les données d'une feuille de données Access, d'un formulaire, d'un état ou d'un module vers un fichier au format Microsoft Excel, RTF ou Texte MS-DOS.

- Si vous travaillez en réseau, vous pouvez utiliser l'action **EnvoyerObjet** pour envoyer un objet Access à un autre utilisateur par le biais de Mail.

Exporter des données avec des macros

Pour l'analyse de vos chiffres de vente, peut-être utilisez-vous le tableur Microsoft Excel. Afin que les données d'Excel soient régulièrement mises à jour, vous exportez une fois par semaine les résultats de la requête Liste des ventes dans une feuille de calcul Excel. Vous utilisez une requête de création de table pour enregistrer les résultats de la requête Liste des ventes dans une table qui est exportée puis supprimée dans Access.

Pour automatiser cette procédure, créez une macro avec plusieurs actions.

* L'action *ExécuterSQL* vous permet de créer la table à partir des résultats de la requête.

* L'action suivante est *TransférerFeuilleCalcul* pour exporter la table.

* Insérez ensuite l'action *SélectionnerObjet* afin que la table soit sélectionnée dans Access après l'exportation.

* Avec l'action *EnvoiTouches*, vous supprimez la table.

Si vous êtes certain ne n'avoir commis aucune erreur lors de la rédaction de la macro, vous pouvez insérer au début de la macro l'action *Avertissements* en paramétrant l'argument Avertissements actifs sur Non. Au cours de l'exécution de la macro, tous les messages et avertissements seront désactivés afin de garantir une exécution sans interférence. Vous trouverez une macro Données ventes export avec ces actions dans la base de données COMP-TOIR.

❶ Pour que la table d'exportation soit créée, vous devez écrire dans l'argument de l'action *ExécuterSQL* une expression contenant l'instruction SQL SELECT...INTO :

```
SELECT Commandes.[Date envoi], Commandes.[N
commande], Commandes.[Montant] INTO [Table tempo-
raire]
```

Sélection avec des instructions SELECT

Les instructions SELECT de l'action ExécuterSQL sont limitées à 256 caractères. Si cela ne vous suffit pas, créez une requête Action qui sera exécutée par une macro.

L'expression indiquée a été utilisée dans la base de données COMP-TOIR. Dans l'exemple, les champs Date envoi, N commande et Montant de la requête Commandes sont copiés dans la table Table temporaire.

Vous trouverez des informations concernant les instructions SQL dans l'aide intégrée sous la rubrique SQL. Vous obtiendrez également d'autres informations en recherchant les noms des actions, par exemple, sous ExécuterSQL.

② Paramétrez les arguments de l'action *TransférerFeuilleCalcul* conformément à l'illustration suivante :

Type transfert	Exportation
Type de feuille	Microsoft Excel 2.0-4.0
Nom table	Résumé des ventes
Nom fichier	C:\XL\SALES\VENTEXP.XLS
Contient noms champs	Oui
Etendue	

Les arguments de l'action Transférer Feuille Calcul

Pour l'argument Type de feuille, nous avons sélectionné le format Microsoft Excel 5.0. Vous pouvez bien entendu opter pour un autre format. Dans la ligne Nom table, indiquez le nom de la table qui doit être exportée, dans notre exemple "Résumé des ventes". Cette table étant créée dans la base de données actuelle, il n'est pas nécessaire d'indiquer le nom de base de données. Sur la ligne Nom fichier, indiquez le chemin d'accès complet et le nom du fichier dans lequel les données au format Excel doivent être enregistrées. En outre, vous devez indiquer si les valeurs de la première ligne de le table doivent être exportées comme nom de champ ou comme données. Sélectionnez pour l'argument

Contient noms champs le paramètre Oui afin que cette ligne soit identifiée comme en-tête.

③ Pour que l'action *SélectionnerObjet* s'exécute correctement, tapez dans la liste des arguments le type d'objet Table et le nom de la table qui doit être sélectionnée dans la fenêtre Base de données.

④ Avec l'action *SupprimerObjet*, la table temporaire est ensuite supprimée immédiatement. Indiquez comme arguments le type d'objet Table et le nom de la table.

Après avoir enregistré la macro, vous pouvez la tester. La requête Commandes étant une requête paramétrée, vous pouvez limiter les données à exporter. Si vous ne spécifiez aucun paramètre, seuls les noms de champs de la table Table temporaire sont exportés.

Importer des données avec des macros

La procédure inverse, c'est-à-dire l'importation des données provenant d'autres applications peut également être automatisée à l'aide de macros. Vous pouvez importer des tables provenant d'autres bases de données telles, par exemple, dBASE III ou IV, FoxPro ou Paradox. Mais vous pouvez également importer des fichiers texte qui remplissent certaines conditions afin qu'ils puissent être répartis sous la forme appropriée dans les champs de la table.

Pour importer des données provenant de Microsoft Excel, vous utilisez la même action que dans le cas d'exportation ; de même, les arguments seront paramétrés de la manière appropriée.

Pour importer des données provenant d'une autre base de données, sélectionnez l'action *TransférerBase*. Les arguments de cette action se présentent comme suit :

Type transfert	Importation
Type base	Microsoft Access
Nom base	
Type objet	Table
Source	
Destination	
Structure seulement	Non

La liste d'arguments de l'action Transférer Base

Dans l'argument **Type transfert**, vous pouvez choisir entre les options Importation, Exportation et Attache. Les données d'une table attachée peuvent être modifiées sous Access ; toutefois, la table elle-même ne devient pas un composant de la base de données Access. Si vous souhaitez importer, sélectionnez bien évidemment l'option **Importation**.

L'argument **Type base** doit être paramétré en fonction de la base de données souhaitée. Vous disposez des options dBase III et IV, FoxPro 2.0, Paradox 3.x, Base de données SQL, Btrieve et bien évidemment Access. Sous Access 2.0, vous disposez en outre du format Foxpro 2.5.

A la ligne de l'argument Nom base, indiquez le chemin d'accès complet ainsi que le nom de la base de données où Access ira chercher la table destinée à être importée. S'il s'agit d'un type de base de données qui enregistre les tables comme fichiers distincts tels, par exemple, dBase, indiquez alors le répertoire où est stockée la table.

Le type d'objet c'est-à-dire Table, Requête, Formulaire, Etat, Macro ou Module ne doit être indiqué que si vous souhaitez importer un objet à partir d'une base de données Access. A partir d'autres applications, vous ne pouvez de toute façon importer que des tables.

Vous devez nécessairement indiquer la source c'est-à-dire le nom de la table qui doit être importée.

Ceci vaut également pour la destination afin d'indiquer à Access dans quelle table Access les données doivent être enregistrées. La table que vous indiquez ici sera automatiquement créée au cours de la procédure d'importation.

Le dernier argument, Structure seulement, est ignoré lors de l'importation à partir de base de données étrangères.

Vous pouvez lancer la macro achevée soit à partir de la fenêtre Base de données, ou alors l'associer à un bouton de commande dans un formulaire.

Plus facile encore avec l'action CopierVers

La nouvelle action *CopierVers* permet, en un tour de main, d'exporter des données sous forme de texte MS-DOS, en format RTF (Rich Text Format) ou encore sous forme de feuille Excel 3.0.

❶ Créez une nouvelle macro avec l'action *CopierVers*.

❷ Dans le volet des arguments de l'action, spécifiez tout d'abord le type d'objet, par exemple Table, et son nom, par exemple Fournisseurs.

❸ Dans l'argument Format de sortie, vous pouvez sélectionner Texte MS-DOS. Vous avez alors la possibilité de visionner les données exportées à l'aide de Write.

❹ Il vous faut bien entendu indiquer un nom pour le fichier à créer. Inutile de spécifier un chemin d'accès si ce fichier doit être enregistré dans le répertoire de travail d'Access.

❺ Si vous sélectionnez l'option Oui dans la ligne Lancement auto., l'application appropriée sera automatiquement lancée après l'exécution de la macro afin de vous permettre de consulter les données exportées. Dans l'exemple, nous avons choisi Non.

Type d'objet	Table
Nom d'objet	
Format de sortie	
Fichier de copie	
Lancement auto.	Non

Les arguments de l'action CopierVers

Si vous créez cette macro sous cette forme et si vous l'exécutez ensuite, vous obtenez une liste des fournisseurs que vous pouvez consulter et modifier avec Write ou tout autre traitement de texte.

Envoyer un objet par Mail

Si vous travaillez en réseau et utilisez Mail, soit dans le cadre de Windows pour Workgroups, soit parce que vous avez acquis le programme séparément, vous pouvez envoyer des objets à une autre station de travail par le biais du réseau. Grâce à la nouvelle action *EnvoyerObjet*, ce processus peut même se dérouler automatiquement, par exemple depuis un formulaire.

Comme argument, vous pouvez définir, entre autres, le format de sortie : vous disposez des mêmes options que pour l'action *CopierVers*.

Un message Mail peut être envoyé sous forme de copie à plusieurs destinataires en même temps. Si vous ne renseignez pas la ligne A, un message vous demande quel est le destinataire au moment de l'envoi. L'argument Modifier le message permet de déterminer si le message (défini dans l'argument Texte du message) peut encore être modifié dans Mail avant d'être envoyé.

Développer des applications avec des macros

Pour permettre à votre base de données de réaliser les tâches que vous avez fixées, vous utilisez différents objets qui fonctionnent de manière intégrée. Ces objets constituent un groupe qui, en quelque sorte, constituent une application à part entière à l'intérieur de la base de données Access. Vous pouvez donc regrouper ces objets sous forme de paquets disponibles pendant votre travail.

Le formulaire Menu général de la base de données COMPTOIR avec lequel vous avez fait connaissance au cours du dernier chapitre est une application de ce type.

Le formulaire Menu général de la base de données Comptoir

Un tel formulaire vous permet, à vous ou à d'autres utilisateurs, d'accéder rapidement à des objets fréquemment utilisés.

Vous utilisez des macros pour configurer votre environnement de travail de manière personnalisée. Des barres de menus créées par vous-même, des formulaires popup pour certaines tâches ou la mise à disposition de combinaisons de touches pour réaliser certaines opérations constituent quelques-unes des possibilités proposées par Access pour créer un espace de travail personnalisé. Certaines opérations telles que l'impression quotidienne d'un état ou la réalisation de sauvegardes de votre base de données peuvent être automatisées à l'aide de macros.

Barre de menus personnalisée pour les formulaires

Les macros peuvent non seulement être associées à des boutons de commande ou à d'autres contrôles dans les formulaires mais également à des commandes dans une barre de menus personnalisée.

Lorsque vous créez votre propre barre de menus, la barre de menus d'Access est alors remplacée. Les éléments principaux des menus Access sont la barre de menus, les différents menus déroulants et les commandes de chaque menu déroulant.

Le menu Fichier dans le mode Formulaire

Pour créer votre propre menu, vous devez effectuer trois opérations :

❶ Vous devez tout d'abord créer un groupe de macros pour chaque menu de votre barre des menus. Chaque groupe de macros se compose de macros que vous appellerez ultérieurement sous la forme de commandes de menu.

❷ L'étape suivante consiste à réaliser une macro pour la création de la barre des menus. Pour ce faire, utilisez l'action AjouterMenu. Les arguments de cette action permettent de définir le nom du menu et le groupe de macros pour ce menu.

❸ Attachez ensuite la macro de définition de la barre des menus à la propriété Menu du formulaire. Cette macro sera exécutée lorsque vous ouvrez le formulaire en mode formulaire ou en création de formulaire.

Lors de la création des groupes de macros pour les menus, tenez compte du fait que le menu d'origine n'est plus disponible dès que vous utilisez un menu personnalisé. Toutes les commandes de menus ne sont pas disponibles comme action de macro ; mais vous pouvez néanmoins les utiliser pour votre propre barre de menus à l'aide de l'action *ExécuterElémentMenu*. Les éléments suivants d'un groupe de macros influent sur la présentation du menu :

- Le nom de la macro apparaît comme commande dans le menu et doit donc être formulé en conséquence.

- Le commentaire de chaque macro apparaît dans la barre d'état lors de la sélection de la commande.

- Vous pouvez sélectionner les initiales de la commande et définir ainsi un raccourci clavier permettant de l'appeler. Pour ce faire, tapez dans la colonne Nom de macro un *&* avant la commande, par exemple, *&Fermer*. Le F apparaîtra en souligné dans le menu, la commande pourra être activée à l'aide de la combinaison de touches «Alt»+«F».

- Vous pouvez insérer une ligne de séparation entre deux commandes de menu en insérant une ligne entre les macros d'un groupe de macros puis en tapant un tiret dans la colonne Nom de macro de cette ligne vierge.

Un groupe de macros pour la création d'un menu

Après avoir créé les groupes de macros pour les menus, vous devez écrire la macro chargée de créer la barre des menus. Access met à votre disposition l'action *AjouterMenu*. Pour chaque menu dans la barre des menus, sélectionnez cette action puis indiquez pour l'argument ***Nom macro*** menu l'un des groupes de macros que vous avez créés. Dans l'argument Nom menu, vous pouvez indiquer un nom de menu qui ne doit pas nécessairement être identique au nom du groupe de macros. Vous avez en plus la possibilité de taper un texte qui apparaîtra dans la barre d'état dès que ce menu sera sélectionné.

Une macro pour la création d'une barre de menus

Pour finir, insérez la macro de création des menus dans le formulaire voulu. Ouvrez la fenêtre des propriétés du formulaire en mode création puis sélectionnez dans la ligne Barre de menu le nom de la macro. Basculez ensuite en mode formulaire pour pouvoir travailler avec votre menu.

Le menu personnalisé s'affiche dans le mode Formulaire

Ce travail est simplifié par le ***Générateur de menu*** que vous pouvez appeler
à l'aide du bouton Générateur que vous connaissez bien maintenant et qui
apparaît lorsque vous cliquez dans la ligne Barre de menu des propriétés d'un
formulaire. Le Générateur de menu permet de composer une nouvelle barre
de menus à l'aide de macros, de codes ou de commandes de menu existants.

Le Générateur de menu

Le Générateur de menu affiche tous les menus existants à partir desquels vous pouvez composer votre menu. Il existe en outre une option <Barre de menu vide> avec laquelle vous pouvez en créer une toute nouvelle.

❶ Activez le Générateur de menu en cliquant sur le bouton aux trois points dans la ligne Barre de menu dans la fenêtre des propriétés d'un formulaire.

❷ La boîte de dialogue Générateur de menu s'affiche à l'écran. Sélectionnez l'option <Barre de menu vide> puis cliquez sur OK.

Le Générateur de menu pour une nouvelle barre de menus

❸ Entrez un nom de commande de menu dans la zone de texte Légende, par exemple Ouvrir.

❹ Cliquez sur le bouton représentant une flèche vers la gauche afin d'inscrire le nom en question dans la zone inférieure.

Ces boutons fléchés servent à déterminer la position d'une commande à l'intérieur du menu. La flèche à gauche agence la commande en tant que nom de commande dans le premier niveau, la flèche à droite l'affecte au niveau suivant. Avec les flèches vers le haut et vers le bas, vous modifiez l'ordre des commandes.

❺ Pour ajouter d'autres commandes de menu, cliquez d'abord sur Suivant puis entrez un autre nom de commande dans la zone de texte Etiquette puis cliquez sur la flèche à droite. Le nouveau nom est subordonné au

539

premier et vous pouvez à présent renseigner les lignes Action et Arguments.

⑥ Dans la zone de liste déroulante Action, vous pouvez choisir parmi des actions que vous connaissez déjà : ExécuterElémentMenu, ExécuterCode et ExécuterMacro.

⑦ Si vous sélectionnez ExécuterMacro ou ExécuterCode, vous devez indiquer le nom de la macro ou du code dans la ligne Arguments.

⑧ Si vous sélectionnez ExécuterElémentMenu, un texte s'affiche dans la ligne Arguments et le bouton à trois points apparaît à sa droite. Un clic sur ce bouton ouvre la boîte de dialogue Arguments ExécuterElémentMenu.

La boîte de dialogue Arguments Exécuter ElémentMenu

Dans cette boîte de dialogue, vous pouvez accéder à des commandes des barres de menus existantes et les associer avec le nom que vous avez indiqué. La sélection correspondante est effectuée lorsque vous cliquez sur OK.

⑨ Lorsque tous les menus et toutes les commandes sont définis, cliquez sur OK afin de revenir au formulaire. Vous êtes alors invité à donner un nom à la barre de menus.

Le nom de la nouvelle barre de menus s'inscrit dans la ligne de la propriété *Barre de menu*. Le nouveau menu s'affiche lorsque vous passez en mode formulaire.

Notez que vous pouvez aussi activer le Générateur de menu indépendamment d'un formulaire en choisissant Fichier/Compléments/Générateur de menu.

Modifier l'affectation des touches

Si vous exécutez fréquemment certaines commandes, vous pouvez associer une macro à une combinaison de touches. En principe, aucune restriction ne vous est imposée en ce qui concerne le nombre des raccourcis clavier ou les combinaisons de touches possibles.

Si vous choisissez une combinaison de touches déjà utilisée par Access, par exemple «Ctrl»+«V», cette combinaison de touches sera alors associée dans toutes les fenêtres aux actions que vous lui aurez attribuées.

Vous pouvez également affecter vos propres actions à certaines touches, par exemple les touches de fonction, mais il est plus sûr d'utiliser des combinaisons de touches que vous ne risquez pas d'activer par inadvertance.

Indiquez la combinaison de touches souhaitée lors de la rédaction d'une macro dans la colonne Nom de macro. Vous devez alors indiquer les touches de la manière suivante :

^	pour «Ctrl»
+	pour «Maj»
{F1}à {F12}	pour les touches de fonction «F1» à «F12»
{INSERTION}	pour «Inser»
{SUPPRESSION}	pour «Suppr»

Les lettres et les chiffres doivent être tapés normalement, c'est-à-dire sans parenthèse ou autre.

Vous trouverez dans l'aide intégrée une description complète des commandes de clavier dans la rubrique *EnvoiTouches*.

Pour pouvoir utiliser les affectations de touches, vous devez modifier un paramètre dans la boîte de dialogue Options. Choisissez *Affichage/Options*.

Dans la zone de liste déroulante Catégories, sélectionnez l'option Clavier. La ligne Macro d'affectation des raccourcis contient par défaut la macro AutoKeys. Vous pouvez indiquer ici une macro contenant vos commandes de clavier.

Si vous disposez déjà de plusieurs macros que vous souhaitez exécuter avec des combinaisons de touches, inutile de réécrire toutes ces macros dans un groupe de macros ; au lieu de cela, insérez l'action *ExécuterMacro* dans votre macro d'affectation des touches.

10. Fonctionnement d'Access avec d'autres applications

Dans le chapitre consacré aux tables, vous avez fait connaissance avec les procédures d'importation et d'exportation de données entre différents objets de base de données sous Access. Dans le présent chapitre, nous allons vous faire connaître les principales techniques d'échange de données entre Access et d'autres applications.

	Importation et exportation de données	**Chapitre 9**

Un système de gestion de base de données est bien sûr d'autant plus efficace qu'il peut être mis en oeuvre de manière flexible. Vous avez déjà pu vous rendre compte à quel point Access était un programme souple de par les innombrables possibilités qu'il offre à tous les niveaux. Cette qualité se confirme aussi lorsqu'on a besoin de faire collaborer Access avec d'autres applications.

Vous pouvez exporter les données d'Access vers d'autres applications, importer des données provenant d'autres applications et utiliser la technologie OLE pour l'échange de données entre les applications Windows. Access propose une particularité que vous saurez bientôt utiliser à juste valeur : la nouvelle architecture Microsoft ODBC (Open DataBase Connectivity) ; elle permet l'échange de données entre différents systèmes de base de données.

De cette manière Access intègre le langage SQL de manière particulièrement conviviale. Avec Access vous pouvez donc, par exemple, accéder aux données d'un serveur SQL en réseau ou à une base de données à laquelle vous pouvez vous connecter.

10.1. Exporter des données vers une autre application

Les informations contenues dans une base de données peuvent non seulement être affichées dans des formulaires et des états mais elles peuvent également être exportées vers d'autres applications pour y être traitées et exploitées.

Access est capable d'exporter des tables vers les applications suivantes :

- Bases de données Microsoft Access, pour l'insertion de tables dans d'autres bases de données Access
- Texte délimité, par exemple pour publipostage
- Texte à taille fixe, chaque champ a alors une longueur précise
- Fichier de données pour des lettres-type avec Word pour Windows
- Microsoft Excel 2.x, 3.0, 4.0, 5.0
- Lotus 1-2-3 et Lotus 1-2-3 pour Windows (Fichiers WKS et WK1)
- Paradox 3.x et 4.x (Fichiers .DB)
- dBASE III et dBASE IV (Fichiers .DBF)
- Btrieve (Fichier-dictionnaire Xtrieve)
- Serveurs SQL gérant les gestionnaires ODBC
- Microsoft FoxPro 2.0 et 2.5
- Oracle

L'exportation est le plus souvent nécessaire tout simplement pour réaliser des publipostages. On exporte dans ce cas des adresses contenues dans une base de données vers un traitement de texte. Cette possibilité est intéressante lorsqu'un nombre important de destinataires doit recevoir un courrier dont la structure est toujours la même, seules les données concernant chaque destinataire changeant d'une lettre à l'autre.

Si vous travaillez par ailleurs avec Word 6 pour Windows, vous disposez d'un Assistant Fusion et publipostage qui vous permet de créer facilement des lettres types avec Access et Word 6 pour Windows. L'utilisation de cet Assistant est expliquée dans la section intitulée "Créer des lettres types avec l'Assistant".

Si vous travaillez avec un traitement de texte autre que Word pour Windows, suivez les consignes données dans la section suivante intitulée "Créer une lettre type".

Créer une lettre type

Vous devez tout d'abord indiquer comment se procurer le fichier destiné à être utilisé par votre logiciel de traitement de texte comme fichier de données pour la création de la lettre type. Dans le cas du logiciel de traitement de texte Word 5.0 il s'agit, par exemple, d'un fichier texte contenant les en-têtes du fichier de données ainsi que les éléments de texte qui apparaîtront ensuite en lieu et place des variables de la lettre.

Un fichier de données de ce type destiné à Word 5.0 contient une liste d'enregistrements à l'image d'une table dans une base de données. Le premier enregistrement contient les noms de champs qui seront indiqués dans la lettre type sous forme de variables. Les autres enregistrements contiennent les informations proprement dites destinées à être insérées. Sous Word 5.0, le premier enregistrement contenant les noms de champs est appelé en-tête.

L'en-tête et les différents enregistrements sont délimités par des caractères de fin de paragraphe. A l'intérieur de l'en-tête, les différents champs sont eux aussi délimités par des séparateurs. Sous Word 5.0, vous pouvez utiliser à cet effet des points-virgules ou des tabulations. Un fichier d'adresses de Word 5.0 pourrait, par exemple, se présenter comme suit :

```
Code·client;Société;Contact;Fonction;Adresse;Ville;Région;Code·postal;Pays;T
ALFKI;Alfreds·Futterkiste;Maria·Anders;Représentant(e);Obere·Str.·57;Berlin;
ANATR;Ana·Trujillo·Emparedados·y·helados;Ana·Trujillo;Propriétaire;Avda.·de·
ANTON;Antonio·Moreno·Taqueria;Antonio·Moreno;Propriétaire;Mataderos··2312;Mé
AROUT;Around·the·Horn;Thomas·Hardy;Représentant(e);120·Hanover·Sq.;London;;W
BERGS;Berglunds·snabbköp;Christina·Berglund;Acheteur;Berguvsvägen··8;Luleå;;
BLAUS;Blauer·See·Delikatessen;Hanna·Moos;Représentant(e);Forsterstr.·57;Mann
BLONP;Blondel·père·et·fils;Frédérique·Citeaux;Directeur·du·marketing;24,·pla
BOLID;Bólido·Comidas·preparadas;Martín·Sommer;Propriétaire;C/·Araquil,·67;Ma
BONAP;Bon·app';Laurence·Lebihan;Propriétaire;12,·rue·des·Bouchers;Marseille;
BOTTM;Bottom-Dollar·Markets;Elizabeth·Lincoln;Chef·comptable;23·Tsawassen·Bl
BSBEV;B's·Beverages;Victoria·Ashworth;Représentant(e);Fauntleroy·Circus;Lond
CACTU;Cactus·Comidas·para·llevar;Patricio·Simpson;Assistant(e)·des·ventes;Ce
CENTC;Centro·comercial·Moctezuma;Francisco·Chang;Directeur·du·marketing;Sier
CHOPS;Chop-suey·Chinese;Yang·Wang;Propriétaire;Hauptstr.·29;Bern;;3012;Suiss
COMMI;Comércio·Mineiro;Pedro·Afonso;Assistant(e)·des·ventes;Av.·dos·Lusíadas
CONSH;Consolidated·Holdings;Elizabeth·Brown;Représentant(e);Berkeley·Gardens
12··Brewery·;London;;WX1·6LT;Royaume-Uni;(71)·555-2282;(71)·555-91991
DRACD;Drachenblut·Delikatessen;Sven·Ottlieb;Acheteur;Walserweg·21;Aachen;;52
                                                             ─CLIENTS.TXT─
```

Modifiez le document ou appuyez sur Echappement pour utiliser le menu

Un fichier de données pour une lettre type dans Word 5.0

Le texte proprement dit de la lettre se trouve dans un autre fichier texte. Aux endroits où doivent apparaître les contenus de champs provenant d'une base de données Access se trouvent des variables. Pour permettre à Word de distinguer ces variables du texte normal, celles-ci sont placées entre guillemets (français). Exemple : «Rue». Le caractère « correspond au code ASCII 174. Pour le produire, maintenez enfoncée la touche «Alt» puis tapez 174 sur le pavé numérique. Le caractère » correspond au code ASCII 175.

Pour pouvoir créer et exporter un fichier de données avec Access, vous devez disposer d'une table ou d'une feuille de résultats d'une requête qui contiendra les données souhaitées. Vous pouvez par exemple réunir ces informations à l'aide d'une requête à partir des données dont vous disposez dans vos différentes tables existantes.

Une table d'adresses prête à l'exportation

Pour exporter la table, vous devez ouvrir la fenêtre Base de données de la base concernée. Que vous vous trouviez en mode table ou dans un autre mode ne joue aucun rôle pour l'exportation d'une table. Procédez comme suit :

❶ Choisissez la commande *Fichier/Exporter*. La boîte de dialogue *Exporter* s'ouvre alors.

❷ Dans la liste proposée, sélectionnez le format de fichier, dans notre cas : *Texte (délimité)*.

La boîte de dialogue pour la sélection du format de fichier

❸ Après avoir validé votre choix avec OK, la boîte de dialogue **Sélectionner l'objet Microsoft Access** apparaît à l'écran.

❹ Sélectionnez la table ou la requête qui contient les données souhaitées puis validez avec OK.

❺ Dans la boîte de dialogue **Exporter vers le fichier** qui s'ouvre alors, indiquez le répertoire ainsi que le nom sous lequel le nouveau fichier exporté doit être enregistré. Pour des raisons de confort et de simplicité, on choisira ici le répertoire qui contient le fichier du texte du publipostage.

Après avoir validé avec OK, la boîte de dialogue **Options d'exportation du fichier texte** apparaît à l'écran. Celle-ci vous permet de définir les propriétés du fichier texte dont vous avez besoin pour la fonction publipostage de Word.

Cochez l'option **Noms des champs sur la première ligne**. Access insérera alors les noms de champs en en-tête, c'est-à-dire sur la première ligne des enregistrements. Si les noms de champs sont conformes aux conventions de Word, l'en-tête du fichier de données sera automatiquement créé. Sous Word 5.0, les noms de champs ne doivent, par exemple, contenir aucun espace. Mais même si les noms de champs de la table ne sont pas complètement conformes aux exigences de Word 5.0, ceci vous épargnera un travail considérable. En effet, il ne vous restera plus ensuite qu'à modifier les noms de champs du fichier de données à l'aide du traitement de texte sans avoir à les saisir une nouvelle fois.

Le bouton **Options** permet d'agrandir la boîte de dialogue vous permettant ainsi de définir d'autres paramètres pour le fichier destiné à être exporté.

Options d'exportation du fichier texte - CLIENTS.TXT		
		OK
⊠ Noms des champs sur la première ligne		Annuler
		Options >>
Nom de format:	Type de format: Windows (ANSI)	
Délimiteur de texte: "	Séparateur de champs: ;	Enregistrer sous...
Dates, heures et nombres		
Format de date: JMA ☐ Zéros non significatifs	Délimiteur d'heure: :	
Délimiteur de date: / ☐ Années sur quatre chiffres	Séparateur de décimales: .	

Définir les paramètres pour l'exportation

Si vous pensez être souvent amené à créer des lettres type avec Word, vous pouvez enregistrer l'ensemble de ces paramètres sous un nom de format que vous pourrez alors réutiliser. Dans la liste déroulante **Nom de format**, vous trouverez peut-être des fichiers de paramétrage créés par d'autres utilisateurs de votre système Access. En revanche, s'il s'agit de la première exportation de données avec votre système Access, cette liste ne contiendra aucun nom de format susceptible d'être utilisé. Vous pouvez donc passer directement à la liste intitulée **Type de format**.

Cette liste déroulante vous permet d'indiquer le type d'application pour lequel vous souhaitez utiliser le fichier concerné : DOS et OS/2 ou Windows. Ceci revêt une importance particulière pour l'utilisation des jeux de caractères appropriés. Afin de pouvoir disposer des caractères accentués dans Word 5.0 qui est une application DOS, sélectionnez ici l'option **DOS ou OS/2 (PC8)**.

Dans la liste **Délimiteur de texte**, choisissez l'option *{aucun}* car le fichier de données ne nécessite aucun caractère de séparation de texte pour la fonction publipostage.

Comme séparateur de champ, on peut utiliser sous Word 5.0 le point virgule ou la tabulation. Vous pouvez donc conserver le paramètre par défaut qui est le point virgule.

Les paramètres de la section ***Dates, heures, et nombres*** permettent de définir le format dans lequel ces informations apparaîtront dans le fichier destinataire. Dans notre exemple, de telles informations n'existent pas, il est donc inutile d'effectuer un quelconque paramétrage dans cette fenêtre.

Si vous souhaitez pouvoir utiliser à nouveau ces paramètres, procédez à présent à leur enregistrement. A cet effet, cliquez sur le bouton ***Enregistrer sous***. La boîte de dialogue ***Enregistrer le format sous*** apparaît alors à l'écran vous permettant d'indiquer un nom, par exemple "Fichier Publipostage Word 5.0".

A l'avenir, vous pourrez réutiliser les paramétrages que vous venez de définir en sélectionnant dans la boîte de dialogue ***Options d'exportation du fichier texte*** le fichier intitulé "Fichier publipostage Word 5.0" qui apparaîtra dans la liste déroulante. Vous devrez toutefois, lors de chaque utilisation de ce fichier, cocher l'option ***Noms des champs sur la première ligne***.

Utiliser un format d'exportation enregistré

Pour finir, cliquez sur OK et Access procède alors à l'exportation des données souhaitées vers le fichier texte. Si tous les paramètres sont correctement définis et que les noms de champs sont conformes aux conventions Word, vous pouvez alors utiliser ce fichier directement sous Word 5.0 comme fichier de données pour la réalisation de votre lettre type.

Création d'une lettre type pour Word 6 pour Windows

Si vous travaillez avec Access 2.0 et que vous souhaitez créer une lettre type à partir de Word 6 pour Windows, vous pouvez utiliser pour cela l'Assistant Fusion d'Access 2.0. Cet Assistant vous permet de réaliser facilement la fusion souhaitée mais l'avantage de cette méthode réside aussi dans le fait que les données des adresses sont liées par une liaison DDE. Cela signifie que lorsque vous ouvrirez par la suite le fichier lettre type dans Word 6 pour Windows ou supérieur, vous disposerez toujours des données actuelles. Pour cela, vous devez bien sûr avoir installé Word 6 pour Windows sur votre ordinateur.

Un simple petit essai suffira pour vous convaincre de la simplicité et de la facilité avec laquelle on peut créer des lettres type de cette manière :

Ouvrez la base de données Comptoir et cliquez sur le bouton *Fusionner dans MS Word*. La boîte de dialogue *Assistant Fusion Microsoft Word* s'ouvre. Vous êtes invité à indiquer ce que l'Assistant doit faire. Décidez donc si vous souhaitez créer la lettre type à partir d'un document existant ou si vous préférez créer un nouveau document. Vous pouvez également cocher l'option relative à l'aide de Microsoft Word et disposer ainsi d'un soutien supplémentaire. Cliquez sur OK pour démarrer le processus.

Si vous avez opté pour la création d'un nouveau texte, Word 6 pour Windows est lancé par le biais de DDE. Si vous avez opté pour la fusion avec un document existant, vous devez sélectionner le fichier correspondant dans la boîte de dialogue suivante.

Sélection du fichier à fusionner

Enregistrer les objets de la base de données dans un autre format

Le contenu entier ou partiel d'une table, d'un état, d'un formulaire ou d'un module peut être copié dans un fichier dans l'un des formats suivants :

- Microsoft Excel
- Rich Text Format (RTF)
- Texte MS DOS

Par rapport à une exportation normale de données à partir d'Access, ce procédé présente l'avantage de conserver d'éventuelles mises en forme, par exemple les polices de caractères. En cas de copie d'états ou de formulaires vers Excel, des informations complémentaires sont en outre enregistrées avec les données afin de faciliter la distribution des valeurs dans le tableur. Si vous optez pour le format RTF (Rich Text Format) et utilisez le fichier ainsi obtenu avec un traitement de texte gérant ce format, les données sont reprises dans un tableau formaté.

Voici la marche à suivre pour copier un objet de base de données ou une partie d'un objet dans un de ces formats de fichier :

❶ Si vous souhaitez copier le contenu complet de l'objet, vous pouvez sélectionner l'objet dans la fenêtre Base de données et l'ouvrir. Si vous voulez seulement copier une partie du contenu de l'objet, ouvrez-le et sélectionnez la partie qui vous intéresse.

❷ Choisissez *Fichier/Copier vers*. La boîte de dialogue suivante s'affiche.

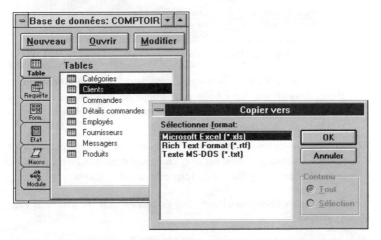

La boîte de dialogue Copier vers

❸ Sélectionnez le format souhaité dans la liste.

❹ Si l'objet de base de données est ouvert et si une partie de son contenu est sélectionné, vous pouvez indiquer, dans le groupe *Contenu*, si vous voulez copier Tout ou uniquement la Sélection.

553

⑤ Fermez la boîte de dialogue avec *OK*. La boîte de dialogue suivante s'ouvre. Vous devez y indiquer à quel endroit et sous quel nom le nouveau fichier doit être enregistré.

Indication d'un nom et d'un chemin pour la copie

⑥ Cette boîte de dialogue contient la case à cocher *AutoLancer* qui ne figure dans aucune autre boîte de dialogue de sélection de fichier. Si vous activez cette option, le fichier sera lancé avec l'application correspondante dès que la copie sera achevée.

⑦ Lorsque toutes les options sont définies selon vos souhaits, cliquez sur OK. Le contenu de l'objet est alors enregistré dans le fichier spécifié et, le cas échéant, l'application correspondante est démarrée.

Envoyer des objets de base de données par le biais d'une messagerie

Si un programme de messagerie compatible avec Access est installé sur votre système, vous pouvez envoyer de la même façon que celle qui a été décrite ci-dessus des objets de base de données par le biais de cette messagerie. Sélectionnez également l'objet en question dans la fenêtre Base de données ou ouvrez-le puis choisissez *Fichier/Envoyer comme message*.

Si la commande *Envoyer comme message* n'est pas accessible dans le menu *Fichier* bien qu'il existe un programme de messagerie compatible avec

Access sur votre ordinateur, essayez de réinstaller ce programme après l'installation d'Access. Cela peut éventuellement résoudre le problème.

10.2. L'inverse aussi est possible - Importer des données

Access est capable d'importer des données provenant des mêmes applications que celles vers lesquelles il exporte. Bien que les possibilités ne soient nullement limitées aux fichiers de base de données, cette procédure intéressera probablement de nombreux utilisateurs qui disposent déjà d'un corpus de données important dans un autre système de gestion de base de données et qui souhaitent maintenant passer à Access.

Access peut importer les formats de fichiers les plus répandus dans le monde des bases de données. Par exemple, si vous travailliez jusqu'à présent avec Paradox ou dBASE, vous pouvez tout simplement importer les tables créées à partir de ce logiciel dans votre nouvelle base de données Access. En nous appuyant sur l'exemple de l'importation d'une table provenant du système de gestion de base de données dBASE IV, vous allez à présent découvrir dans les pages suivantes les procédures permettant de réaliser cette opération.

❶ Vous devez tout d'abord ouvrir la base de données Access dans laquelle vous souhaitez importer la table puis activer la fenêtre Base de données.

❷ Sélectionnez la commande *Fichier/Importer*. La boîte de dialogue *Importer* apparaît alors à l'écran.

❸ Dans cette boîte de dialogue, sélectionnez l'application source à partir de laquelle a été créé le fichier que vous souhaitez importer. Dans le cadre de notre exemple, sélectionnez l'application dBASE IV. Validez avec *OK*.

La boîte de dialogue pour la sélection de l'application source

④ S'ouvre alors la boîte de dialogue *Sélectionner un fichier*. Indiquez ici le fichier qui doit être importé. Vu que nous avons précédemment sélectionné le système de gestion de base de données dBASE IV comme application source, les fichiers ayant l'extension .DBF correspondant aux fichiers dBASE IV sont proposés par défaut.

⑤ Sélectionnez l'unité et le répertoire puis cliquez sur *OK*. Le fichier est alors importé dans votre base de données Access. Un message vous avertit du succès de la procédure d'importation.

Le message indiquant que l'opération a réussi

Après avoir refermé la fenêtre de message avec OK, vous vous retrouvez dans la boîte de dialogue *Sélectionner un fichier*. Vous pouvez à présent procéder à l'importation d'autres fichiers dBASE IV ou refermer la fenêtre en cliquant sur le bouton *Fermer*.

Les tables importées sont à présent des éléments du fichier Access MDB. Le nom d'origine du fichier est conservé comme nom de l'objet Table d'Access. Seule l'extension DBF est supprimée. A présent, vous pouvez utiliser cette table comme n'importe quelle autre table Access.

10.3. Attacher au lieu d'importer

Après avoir importé une table provenant d'un autre système de gestion de base de données, vous disposez in fine de deux tables : la table originale et l'objet Access issu de cette table. Lorsque vous travaillez ensuite avec l'objet importé sous Access et que vous le modifiez, ces modifications ne seront bien évidemment pas répercutées dans la table d'origine. Si vous souhaitez donc pouvoir utiliser une table provenant d'un autre système de gestion de base de données aussi bien avec l'application d'origine qu'avec Access, la procédure d'importation ne représente pas la solution adaptée. Dans ce cas, vous devrez attacher des tables provenant d'autres systèmes de gestion de base de données dans votre base de données Access. L'objet d'origine est conservé et sera utilisé par Access quasiment comme une table interne.

Vous pouvez également attacher des tables provenant d'autres bases de données Access. Le cas échéant, vous pourrez les utiliser sans avoir à ouvrir la base de données correspondante.

Les tables attachées sont affichées dans la fenêtre Base de données comme les autres tables mais elles sont toutefois identifiées par un symbole qui leur est propre.

Bien évidemment, cette procédure ne présente pas que des avantages par rapport à la procédure d'importation de table. Une table importée dans votre système Access pourra être traitée sans restriction. Dans le cas de tables attachées, en revanche, la structure de la table ne pourra pas être modifiée.

Les tables Paradox qui contiennent déjà une clé primaire ne peuvent être attachées sous Access que si vous avez accès au fichier PX dans lequel la clé primaire est enregistrée sous Paradox. Les tables Paradox qui n'ont pas de clé primaire peuvent être visionnées sous Access mais pas modifiées. Pour pouvoir attacher des tables SQL, le gestionnaire ODBC d'Access doit être installé.

Une table attachée dans la fenêtre Base de données

Vous pouvez attacher dans Access les tables des systèmes de gestion de base de données suivant : Access, FoxPro 2.0, 2.5, 2.6, Paradox 3.x et 4.x, dBASE III et IV (Fichiers DBF), Btrieve avec fichiers dictionnaire Xtrieve , tables de serveurs SQL fonctionnant avec les gestionnaires ODBC.

Les tables Paradox, Btrieve et SQL peuvent être protégées par un mot de passe défini dans l'application d'origine. Ce mot de passe vous sera nécessaire pour modifier la table sous Access.

Pour attacher une table à une base de données Access, la fenêtre Base de données de la base de données destinée à recevoir la table doit être ouverte. Ensuite, procédez comme suit :

❶ Choisissez *Fichier/Attacher une table*. La boîte de dialogue *Attacher* s'ouvre.

La boîte de dialogue Attacher

❷ Sélectionnez l'application source à partir de laquelle la table a été créée puis validez avec *OK*.

❸ La fenêtre de sélection de fichiers apparaît alors à l'écran. Le filtre d'affichage des fichiers est paramétré de telle manière que seuls apparaissent les fichiers correspondant au format de fichier de l'application sélectionnée.

Sélection d'une table Access qui doit être attachée

Selon le type de table que vous souhaitez attacher, la procédure présentera quelques petites différences. Dans les pages suivantes, vous trouverez la description des particularités propres à chaque type de fichier.

Attacher une table provenant de Paradox

Si un mot de passe a été défini sous Paradox pour la table Paradox sélectionnée, vous devez l'indiquer après la sélection du fichier DB pour pouvoir accéder à cette table.

Les tables Paradox attachées peuvent être modifiées sous Access tandis qu'elles sont simultanément utilisées sous Paradox. Toutefois, si cette table est destinée à être utilisée exclusivement par vous-même, activez l'option Exclusif dans la boîte de dialogue de sélection de fichier. Le traitement de la table sous Access s'en trouvera accéléré.

Les types de données d'une table Paradox seront convertis dans les types de données suivants :

Alphanumérique	Texte
Numérique	Numérique, avec la taille de champ Réel double
Numérique spécial	Numérique, avec la taille de champ Entier
Unité monétaire	Numérique, avec la taille de champ Réel double
Date	Date/Heure

Attacher une table provenant de dBASE

Les tables dBASE attachées peuvent être utilisées sous Access tout en étant simultanément utilisées sous dBASE. Si elles sont destinées à être utilisées exclusivement par vous sous Access, cochez l'option Exclusif dans la boîte de dialogue *Sélectionner un fichier*. Ceci permettra à Access de traiter plus rapidement la table.

Access peut utiliser un ou plusieurs fichiers d'index pour les bases de données dBASE afin d'accélérer le traitement des tables. Les fichiers d'index de dBASE ont l'extension NDX ou MDX. Les informations contenues dans les fichiers d'index sont enregistrées par Access dans un fichier auquel il donne une extension INF. Si vous utilisez des fichiers d'index sous Access, vous ne devez ni les supprimer, ni les déplacer. Le cas échéant, Access ne pourra plus ouvrir la table concernée. Lors de la modification des tables sous Access, ces modifications sont répercutées dans les fichiers d'index d'origine de telle manière que les modifications effectuées seront disponibles également sous dBASE.

Les types de données d'une table dBASE seront convertis sous Access dans les types de données suivants :

Caractère	Texte
Numérique, flottant	Numérique, taille de champ Réel double
Date	Date/Heure
Logique	Oui/Non
Mémo	Mémo

Attacher une table Btrieve

Si un mot de passe a été défini sous Btrieve pour la table sélectionnée, vous devez indiquer ce mot de passe après la sélection de la table concernée afin de pouvoir y accéder.

Les types de données d'une table Btrieve sont convertis sous Access dans les types de champ suivants :

String, 1string, zstring	Texte
Integer (1, 2, 4 byte)	Numérique, avec taille de champ Octet, Entier ou Entier long
Money	Monétaire
Logical	Oui/non
Date, Time	Date/Heure
Float ou bfloat (4-Byte)	Numérique, avec taille de champ Réel simple
Float ou bfloat (8-Byte), decimal, numeric	Numérique, avec taille de champ Réel double
Note	Mémo
Lvar	Liaison OLE

Attacher une table SQL

L'architecture ODBC d'Access permet d'accéder à une table de base de données d'un serveur SQL. ODBC signifie Open DataBase Connectivity, en français Accès Ouvert aux Bases de données. Pour pouvoir exploiter les possibilités de l'architecture ODBC, le gestionnaire ODBC doit être installé sur votre système. Access ne peut accéder qu'aux tables SQL qui disposent d'un index.

Si, pour accéder à une table SQL, vous devez indiquer un nom ou un mot de passe, vous pouvez enregistrer ces deux éléments dans la base de données Access. Cela vous évitera d'avoir à les ressaisir chaque fois qu'Access doit accéder à la table SQL. Le mot de passe ainsi que le nom seront enregistrés sous Access à condition de cocher l'option qui permet l'enregistrement local du nom et du mot de passe.

Attacher une table Access

Vous pouvez attacher des tables Access dans votre base de données pour avoir accès aux données provenant d'une autre base. En effet, Access ne peut ouvrir qu'une seule base de données à la fois. De ce fait, la procédure consistant à attacher une table Access constitue la seule possibilité de traiter ou de visionner des données contenues dans plusieurs bases de données Access. Dans le cas de bases de données attachées, vous disposez des mêmes possibilités que lorsque vous travaillez avec les tables de la base de données concernée qui est ouverte.

Supprimer des tables attachées d'une base de données

Si vous n'avez plus besoin d'une table attachée à votre base de données, vous pouvez supprimer la liaison existante. Pour ce faire, vous devez sélectionner dans la fenêtre Base de données le symbole identifiant la base de données attachée. Choisissez ensuite *Edition/Supprimer*.

Sachant que la table attachée n'est reliée qu'avec la base de données et qu'elle n'est pas enregistrée dans celle-ci, une base de données attachée ne sera pas véritablement supprimée lorsqu'on active la commande Supprimer. Seul le lien existant entre cette table et la base de données est supprimé.

11. Organiser son travail avec Access

Ce chapitre est consacré à certains sujets qui sont ou peuvent devenir importants pour quasiment chaque utilisateur d'Access. En effet, vous pourrez, par exemple, rationaliser le lancement du programme pour les bases de données fréquemment utilisées par le biais d'icônes depuis l'interface Windows. Mais le sujet principal abordé au cours de ce chapitre est la sécurité des données. D'autres sujets seront rassemblés sous la notion d'administration d'une base de données. Il s'agira alors au-delà des questions de maîtrise du programme, des problèmes d'organisation sous Access et des solutions susceptibles de vous permettre d'exploiter au mieux ce programme et de limiter au maximum le risque de perte de données.

11.1. Options de lancement du programme

Si vous souhaitez travailler avec certaines bases de données directement après le lancement du programme, il peut être judicieux de définir avant le lancement quelle base de données doit être immédiatement ouverte. Vous avez la possibilité de créer différentes icônes de lancement d'Access permettant de charger votre système de gestion de base de données de différentes manières.

Admettons par exemple que, après le lancement du programme, vous soyez fréquemment amené à travailler avec une base de données appelée CLIENT.MDB. Créez à cet effet une icône dans le Gestionnaire de programmes de Windows destiné à lancer Access et à ouvrir la base de données concernée. Pour cela, il vous suffira de quelques manipulations aisées qui, à l'avenir, vous simplifieront la vie. Vous pouvez également rassembler plusieurs icônes de ce type et les insérer dans un nouveau groupe d'applications. Cela vous concerne tout particulièrement si vous devez installer une application Access à l'attention d'utilisateurs peu expérimentés dans le maniement du PC.

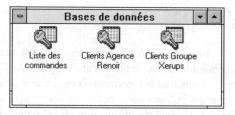

Un groupe de programmes pour l'accès direct à des fichiers de base de données

Intégrer la base de données dans le Gestionnaire de programmes

Pour créer une icône, vous devez tout d'abord vous placer dans le Gestionnaire de programmes de Windows. Ouvrez la fenêtre du groupe d'applications Microsoft Access puis cliquez une fois sur l'icône Access. Lorsque cette icône est sélectionnée, son titre est mis en évidence. Choisissez ensuite la commande *Fichier/Copier*.

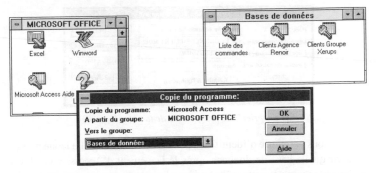

Créer une nouvelle icône dans un groupe de programmes

La boîte de dialogue *Copie du programme* apparaît à l'écran. Dans la liste déroulante de cette boîte de dialogue, vous pouvez indiquer le groupe de programmes auquel la nouvelle icône doit être affectée. La sélection effectuée, validez avec *OK* ou appuyez sur «Entrée» et la nouvelle icône est alors intégrée au groupe choisi. Ceci étant fait, vous n'avez rien fait d'autre que créer une seconde icône pour le lancement normal d'Access. Pour qu'une base de données soit automatiquement ouverte après le lancement d'Access à l'aide de cette icône, vous devez encore modifier ses propriétés.

Choisissez *Fichier/Propriétés* pour ouvrir la boîte de dialogue *Propriétés de programme*. Dans la zone de texte *Ligne de commande*, vous trouvez le fichier de lancement du programme MSACCESS.EXE. Avec la souris, cliquez à la fin du champ puis tapez un espace suivi du chemin d'accès et du nom du fichier de base de données souhaité. Dans le cas d'une base de données Clients se trouvant dans le répertoire C:\DONNEES, la ligne de commande complète pourrait, par exemple, être la suivante :

```
C:\ACCESS\MSACCESS.EXE C:\DONNEES\CLIENT.MDB.
```

La base de données indiquée sera donc directement ouverte après le lancement du programme.

Les propriétés de programme de la nouvelle icône

Afin de vous permettre d'identifier à partir de Windows quelle icône permet d'ouvrir quelle base de données après le lancement d'Access, vous devez également renommer cette icône ; pour ce faire, tapez par exemple "Données clients" dans la zone de texte Nom,. Vous pouvez également, en cliquant sur le bouton Changer d'icône, choisir une autre icône pour ce bouton de lancement. Dans la boîte de dialogue *Changer d'icône* qui s'ouvre alors, vous trouvez dans un premier temps les icônes livrées avec Access. Si vous tapez un autre nom de fichier dans la zone de texte Nom ou si vous cliquez sur le bouton Parcourir, vous avez la possibilité de sélectionner une autre icône provenant d'une application Windows ou d'une bibliothèque d'icônes. Dans le répertoire Windows, vous trouverez par exemple le fichier MORI-CONS.DLL qui est une bibliothèque d'icônes livrée avec Windows.

Choisir une autre icône

A présent, si vous refermez la boîte de dialogue Changer d'icône puis la fenêtre de propriétés de programme, vous retrouvez la nouvelle icône avec les propriétés sélectionnées dans le groupe d'applications précédemment déterminé. Vous pouvez utiliser cette procédure pour créer une icône spécifique pour chacune de vos bases de données.

Si vous souhaitez créer un groupe d'applications spécifique dans lequel vous regrouperez les nouvelles icônes, vous devez choisir la commande ***Fichier/Nouveau***. Dans la boîte de dialogue Nouveau qui s'ouvre, sélectionnez l'option ***Groupe de programmes*** pour créer un nouveau groupe d'applications. Validez avec ***OK*** ou "Entrée" puis tapez ensuite un nom significatif qui sera celui du groupe. Il vous suffit ensuite de placer les icônes souhaitées dans le nouveau groupe d'applications. Vous pouvez à cet effet soit les faire glisser à l'aide de la souris, soit utiliser la commande ***Fichier/Déplacer***.

Intégrer une base de données dans le Gestionnaire de programmes avec la méthode Glisser & Déplacer

Les bases de données peuvent être intégrées plus facilement encore dans un groupe du Gestionnaire de programmes si vous utilisez la méthode Glisser & Déplacer. Vous pouvez ainsi faire glisser tout simplement une base de données depuis le Gestionnaire de fichiers vers la fenêtre de groupe de votre choix dans le Gestionnaire de programmes. La base de données reçoit automatiquement l'icône Access mais vous pouvez modifier celle-ci, de même que son étiquette qui se limite par défaut aux huit caractères du nom de fichier.

Le processus du Glisser & Déplacer est en réalité fort simple :

❶ Ouvrez la fenêtre de groupe du Gestionnaire de programmes dans laquelle la base de données doit être intégrée.

❷ Lancez le Gestionnaire de fichiers et disposez sa fenêtre, si nécessaire en la réduisant un peu, de manière à ce que le groupe de programmes soit visible dans le Gestionnaire de programmes.

❸ Dans le Gestionnaire de fichiers, sélectionnez le lecteur, le répertoire et finalement le nom de fichier de votre base de données.

④ Amenez le pointeur de la souris sur le fichier sélectionné, cliquez et maintenez le bouton gauche de la souris enfoncé.

⑤ Faites glisser le nom de fichier dans la fenêtre du groupe de programmes. A partir de ce moment, la base de données pourra être ouverte directement par le biais de cette icône : un double-clic lance Access et ouvre automatiquement la base de données.

11.2. Compacter une base de données

Que signifie compacter une base de données ? La notion de compactage est utilisée dans le monde de la micro-informatique pour désigner différentes procédures. Le compactage d'une base de données sous Access ne correspond pas au compactage de fichiers tel qu'on l'entend, c'est-à-dire la réduction du volume du fichier. Le compactage d'une base de données Access ressemble davantage à la défragmentation d'un disque dur.

En quoi cela peut-il être utile de compacter une base de données ? Qu'il s'agisse de compacter une base de données ou un disque dur, on retrouve les mêmes arguments : lorsque les données d'une base de données sont sujettes à de fréquentes modifications, les fichiers ont tendance à se fragmenter au fil du temps. Par fragmentation on entend l'éparpillement des données sur le support magnétique. Ce phénomène présente des inconvénients pour l'utilisateur :

• La capacité de stockage disponible n'est pas exploitée de manière optimale, de nombreux clusters n'étant souvent que partiellement utilisés.

• Les accès en lecture et en écriture sont ralentis sensiblement en raison du fait que des données qui devraient normalement former un tout ne se trouvent pas placées de manière contiguë sur le support magnétique.

Lors du compactage d'une base de données sous Access, le phénomène de fragmentation est éliminé : les données sont lues puis réécrites de manière optimale sur le support magnétique. En règle générale, ceci a pour conséquence de réduire l'espace de stockage utilisé par le fichier, mais dans des proportions somme toute modestes, sans rapport avec le gain de place que l'on peut obtenir par une compression de fichiers. L'avantage le plus perceptible concerne la vitesse d'accès en écriture et en lecture. Un gain en matière de rapidité d'exécution constitue un facteur important, notamment lors de l'utilisation d'une application telle qu'Access qui travaille avec des volumes de données importants sous Windows.

Pour le compactage d'une base de données, certaines conditions doivent être satisfaites :

- Le fichier de base de données ne doit pas être ouvert. Veillez donc à ce que la base de données concernée, notamment si elle est utilisée en réseau, ne soit pas en cours de traitement.

- Votre disque dur doit disposer d'un espace de stockage disponible correspondant à la taille du fichier de base de données. Ceci est indispensable, même si vous souhaitez que le fichier d'origine soit écrasé par la version compactée. En effet, au cours du compactage, Access crée sur le disque dur un fichier temporaire afin de conserver le fichier d'origine dans l'hypothèse où le compactage serait interrompu.

Voici comment procéder pour compacter une base de données Access :

❶ Lancez Access ou fermez la base de données si vous travaillez avec.

❷ Dans la fenêtre Access, choisissez la commande *Compacter une base de données*.

❸ Une boîte de dialogue, dans laquelle vous devez sélectionner le fichier de base de données à compacter, s'ouvre à l'écran. Validez avec *OK* ou «Entrée».

Compacter une base de données

④ La fenêtre ***Compacter la base de données sous*** apparaît ensuite à l'écran. Vous devez indiquer ici le nom de fichier qui sera attribué à la base de données compactée. Si vous indiquez un nouveau nom, le fichier d'origine non compacté sera conservé. Si vous choisissez le nom de l'ancien fichier, l'ancienne base de données sera écrasée par la version compactée.

Nommer la base de données compactée

Si un problème devait surgir au cours du compactage, Access interrompt automatiquement la procédure. Afin d'éviter des pertes de données, le nouveau fichier sera alors supprimé et la version non compactée conservée. Ce sera également le cas si vous avez décidé d'écraser l'ancien fichier par le nouveau. Pour ce faire, Access utilise au cours de la procédure de compactage un fichier temporaire et ne procède à la suppression du fichier original que lorsque la procédure de compactage se solde par un succès.

11.3. Conversion entre les différents formats Access

Avec la version 2.0 d'Access est apparu un nouveau format de fichier. Ceci ne représente cependant qu'une gêne très limitée pour l'utilisateur dans la mesure où Access 2.0 est parfaitement en mesure de traiter directement les bases de données des précédentes versions ou de les convertir dans son propre format. Dans le cas d'un traitement direct, notez cependant qu'il n'est pas possible de modifier les définitions d'objets. Si vous ouvrez une telle base de données, un message vous informe d'ailleurs que les modifications apportées aux définitions d'objets ne pourront pas être enregistrées.

Il convient donc de réfléchir si l'on compte à l'avenir traiter la base de données exclusivement avec Access 2.0 ou non. Si oui, il serait judicieux de convertir la base de données Access 1.0 ou 1.1 au format Access 2.0.

A l'occasion d'une conversion de format, Access effectue toujours un compactage de la base de données. Procédez donc de la manière suivante pour la conversion :

❶ Fermez la base de données et vérifiez qu'aucun autre utilisateur n'est en train de travailler avec elle.

❷ Choisissez *Fichier/Convertir une base de données*. La boîte de dialogue *Convertir une base de données* s'ouvre. Il s'agit d'une boîte de dialogue de sélection de fichier.

Sélection de la boîte de dialogue à convertir

❸ Sélectionnez le fichier souhaité puis cliquez sur **OK**. La boîte de dialogue **Convertir la base de données sous** s'ouvre.

❹ Indiquez un nouveau chemin d'accès et un nom de fichier pour le fichier au format Access 2.0.

❺ Cliquez sur **OK**. La base de données est alors convertie au format Access 2.0 et compactée par la même occasion.

11.4. Un sujet important : la sécurité des données

L'aspect sécurité des données est un thème trop souvent négligé par les utilisateurs de PC. Il convient toutefois de prendre conscience d'une chose : combien d'heures ou de jours avez-vous passés pour développer une base de données avec toutes ses composantes et combien d'informations essentielles, voire impossibles à reconstituer avez-vous amassées au fil du temps ? A vous donc d'imaginer quels seront vos sentiments si un beau jour, en raison par exemple d'une défectuosité de disque dur, cette base de données était détruite et que vous vous retrouviez alors sans copie de sécurité. Avec un peu d'autodiscipline et à l'aide des informations contenues dans ce chapitre, vous pouvez limiter les risques afin de pouvoir dormir sur vos deux oreilles.

Hormis le danger que représente la perte de données, il existe un autre risque : celui que des tiers puissent accéder à des informations confidentielles contenues dans votre base de données. Access vous propose ici une solution que nous allons à notre tour vous expliquer.

Vue d'ensemble des mécanismes de sécurité proposés par Access

Access enregistre tous les objets et les informations d'une base de données dans un seul fichier. Vous pouvez donc sans problème réaliser des copies de sécurité, par exemple avec les fonctions de Windows ou du DOS. Ceci vaut également pour les informations relatives à la configuration de votre système de base de données. Celles-ci sont enregistrées dans le fichier SYS-TEM.MDA.

Pour interdire l'accès à vos données confidentielles, Access vous permet de coder vos bases de données de manière à ce qu'elles ne soient accessibles qu'avec Access, excluant ainsi toute lecture à l'aide d'éditeurs ou autres programmes. Pour la récupération de bases de données endommagées, Access met à votre disposition des fonctions souvent capables de réparer la base de données ou le système de gestion de base de données.

Sauvegarde des données sous Access

La fréquence des sauvegardes de votre base de données dépend de la fréquence et de l'importance des modifications que vous y apportez. Lorsqu'une base de données endommagée ne peut être restaurée et que vous devez faire appel à la dernière sauvegarde effectuée, les dommages seront proportionnels au volume de modifications apportées à cette base depuis la dernière sauvegarde. C'est donc à vous et à vous seul qu'il revient d'évaluer la fréquence des sauvegardes. Par exemple, si votre base de données ne reçoit quotidiennement qu'une seule adresse, il est sans doute exagéré d'effectuer une sauvegarde quotidienne. Il en va bien sûr différemment lorsqu'une base de données est utilisée quotidiennement et de manière intensive par plusieurs utilisateurs.

Par ailleurs, il convient de décider du nombre de sauvegardes dont vous souhaitez disposer. Ici également, c'est à vous d'évaluer l'effort que vous êtes prêt à fournir pour la sauvegarde de vos données. En effet, on ne peut exclure que, en cas d'accident, les dommages affectent et la base de données originale sur le disque dur, et la copie de sauvegarde.

Vos données sont organisées de la manière suivante : après avoir créé une nouvelle base de données, enregistrez-la sous un nom de fichier de votre choix. L'extension de fichier est toujours MDB et est automatiquement attribuée par Access. Les informations relatives à la configuration du système de base de données, c'est-à-dire les droits d'utilisateur, les mots de passe et autres se trouvent dans le fichier SYSTEM.MDA. Lors de la sauvegarde des données essentielles d'une base de données, il convient donc de sauvegarder ces deux fichiers.

Lorsque le volume de vos données est encore relativement restreint, c'est-à-dire lorsque les fichiers destinés à être sauvegardés peuvent être stockés sur une seule disquette, le plus simple consiste à utiliser la fonction de copie du Gestionnaire de fichiers de Windows ou encore la commande COPY du DOS. En revanche, si le volume de données concernées excède la capacité d'une disquette, vous devez alors utiliser un programme de sauvegarde spécifique, par exemple le programme MSBACKUP.EXE de MS-DOS.

Accordez une attention particulière à l'endroit où vous stockerez vos copies de sauvegarde. Si vous conservez les originaux ainsi que les copies dans une même pièce, vous risquez, en cas d'incendie par exemple, ne n'avoir que faire d'une copie de sauvegarde inutilisable.

Utilisation du mécanisme de codage d'Access

Le codage d'une base de données sous Access permet de la rendre indéchiffrable par un utilitaire ou un programme de traitement de texte quelconque. Ce mécanisme est fortement recommandé par Microsoft, notamment pour éviter l'accès aux données par des tiers non autorisés.

Utilisation du mécanisme de codage dans un environnement utilisateur

L'utilisation de la fonction de codage nous paraît en outre s'imposer dans un autre contexte : lorsque plusieurs utilisateurs travaillent avec un système de base de données Access mais que chacun de ces utilisateurs ne dispose pas des mêmes droits d'accès. Dans ce cas, il s'agit de définir des droits d'accès individuels ainsi que des mots de passe. Mais toutes ces dispositions ne servent pas à grand chose si les utilisateurs ne peuvent certes pas accéder aux données concernées par l'intermédiaire d'Access mais si, en revanche, l'usage d'un éditeur ou d'un logiciel de traitement de texte leur permet de lire et de modifier le fichier de base de données concerné. Par contre, lorsqu'une base de données Access est codée, on ne peut y accéder que sous Access et à condition de jouir des droits d'accès correspondants.

Notez toutefois qu'une base de données codée présente certains inconvénients. Il n'est certes pas nécessaire de procéder régulièrement au codage/décodage des bases de données concernées car Access identifie automatiquement une base de données codée et la traite tout à fait normalement ; en revanche, les accès en lecture et en écriture sont plus longs que dans le cas d'une base de données non codée.

Dans les sections suivantes, vous allez découvrir comment traiter une base de données avec la fonction de codage et de décodage d'Access.

Coder et décoder une base de données

Le codage d'une base de données Access s'effectue au cours de la procédure de compactage que nous avons étudiée au début de ce chapitre. Rien d'étonnant donc à ce que l'on doive procéder pour le codage de la même manière que pour le compactage.

❶ Veillez à ce que l'espace de stockage disponible de votre disque dur soit suffisant pour accueillir la base de données codée. Même si vous avez l'intention de remplacer le fichier d'origine par le fichier de base de

577

données codée, l'espace de stockage est nécessaire pour la création du fichier temporaire qu'Access utilise pour des questions de sécurité.

❷ Lancez Access ou refermez la base de données en cours de traitement.

❸ Assurez-vous que la base de données concernée n'est utilisée par aucun autre utilisateur.

❹ Choisissez la commande ***Fichier/Coder/Décoder une base de données***.

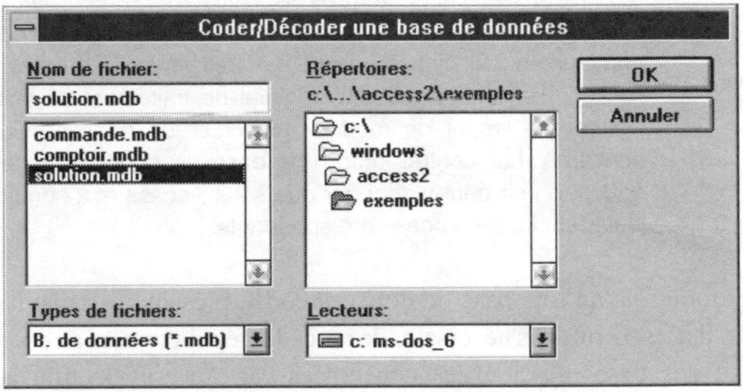

Coder une base de données

❺ Une boîte de dialogue apparaît dans laquelle vous devez sélectionner le fichier de base de données destiné à être codé. Validez avec ***OK*** ou «Entrée».

❻ La boîte de dialogue ***Coder la base de données sous*** apparaît ensuite à l'écran. Indiquez ici le nom du fichier qui sera attribué à la base de données codée. Si vous indiquez un nouveau nom, le fichier d'origine non codé sera conservé. En revanche, si vous indiquez le nom du fichier d'origine, celui-ci sera écrasé par le nouveau fichier de base de données codée.

Donner un nom à la base de données codée

Si un problème devait surgir au cours de la procédure de codage, Access interrompt automatiquement l'opération. Afin d'éviter des pertes de données, le nouveau fichier est alors supprimé et l'ancienne version non codée conservée. Ce sera également le cas si vous avez décidé d'écraser l'ancien fichier par le nouveau. En effet, au cours de la procédure de codage, Access utilise un fichier temporaire et ne procède à la suppression du fichier original que lorsque le codage se solde par un succès.

Si vous souhaitez coder une base de données, vous devez impérativement vérifier que cette base de données n'est pas déjà codée. Sachant en effet que l'opération de codage et décodage s'effectue par la même commande de menu, vous procéderiez le cas échéant au décodage de la base de données déjà codée. La seule différence perceptible au cours de la procédure de codage et celle de décodage se rapporte au titre de la seconde boîte de dialogue. En effet, dans le cas du codage, cette boîte de dialogue porte le titre *Coder la base de données* alors que, dans le cas du décodage, elle s'appelle *Décoder la base de données*. Il est clair que cette infime différence peut passer inaperçue.

Le décodage d'une base de données codée fonctionne de la même manière que le codage. Le fait que le choix de la commande *Coder/décoder une base*

579

de données déclenche un codage ou un décodage dépend de ce que le fichier concerné est déjà codé ou non.

Réparer des bases de données endommagées

Les bases de données peuvent être endommagées, au même titre que d'autres fichiers, par exemple lors d'un plantage du programme ou d'une erreur de disque dur. Pour éviter que le fichier Access endommagé ne soit définitivement irrécupérable suite à un dysfonctionnement du programme, vous pouvez recourir à la fonction de réparation d'Access. Nous allons donc à présent étudier les fonctions de réparation disponibles ainsi que leur mise en oeuvre.

Réparation d'une base de données suite à un dysfonctionnement du disque dur

Lorsque des fichiers Access sont endommagés suite à un dysfonctionnement du disque dur, il ne vous reste plus qu'à espérer pouvoir les récupérer à l'aide d'un utilitaire spécialisé dans ce genre de problème. En cas d'échec, la question qui se pose alors est de savoir si les fichiers de programme d'Access, le fichier de configuration SYSTEM.MDA et les fichiers de base de données ont été endommagés.

Si les fichiers programme ont été touchés, vous ne pourrez plus lancer Access. Dans ce cas, vous devez procéder à la réinstallation du programme à l'aide des disquettes programme. Au cours de la nouvelle installation, le fichier SYSTEM.MDA sera à nouveau créé. Ce fichier contient les paramètres de configuration de votre système de base de données. Par exemple, si vous avez défini des droits d'accès spécifiques pour tous les utilisateurs de votre système Access, il vous suffira alors de recopier le fichier SYSTEM.MDA contenu dans votre disquette de sauvegarde afin de réactiver ces paramètres.

Sauvegarde du fichier SYSTEM.MDA avant une nouvelle installation

Si vous ne disposez pas de sauvegarde du fichier SYSTEM.MDA, il vous reste encore un espoir de sauver les paramétrages individuels. En effet, peut-être que ce fichier n'a pas été endommagé par le plantage du disque dur. Essayez donc de copier le fichier SYSTEM.MDA dans un autre répertoire avant de procéder à la nouvelle installation d'Access. Si le fichier n'a pas été endommagé et que la copie peut être réalisée, il vous suffit alors, après la réinstallation d'Access, de recopier ce fichier dans le répertoire Access pour pouvoir disposer des paramétrages précédents. Dans le cas contraire, vous serez contraint de redéfinir manuellement tous les paramètres du fichier SYSTEM.MDA.

Si le fichier SYSTEM.MDA a lui-même été touché par le dysfonctionnement du disque dur, Access vous en informe lors de son lancement. Il ne vous reste alors pas d'autre solution que de recourir à la copie de sauvegarde la plus récente.

Il en va de même pour les fichiers de base de données ; s'ils ont été endommagés suite au dysfonctionnement du disque dur et qu'il est impossible de les restaurer, vous devrez alors recourir à la dernière sauvegarde effectuée de ces fichiers. Copiez-les dans le répertoire d'Access où sont habituellement stockées toutes vos bases de données.

Récupérer des bases de données endommagées suite à un plantage du programme

S'il arrive qu'Access soit refermé non pas selon la procédure normale mais en raison d'un plantage imprévisible du programme, cela peut entraîner certains problèmes. Il peut notamment se produire que, suite à un plantage de ce type, une base de données ouverte ne soit alors plus cohérente.

En règle générale, lors d'une tentative d'ouverture d'une base de données incohérente, Access constate l'erreur et vous informe que cette base de données doit être réparée. Cliquez sur *OK* et Access procède alors à la réparation puis à l'ouverture de la base de données concernée. Toutefois, Access n'identifie pas systématiquement les bases de données endommagées. Vous constaterez vous-même que la base de données n'est plus intacte à sa façon de réagir, imprévisible et donc incohérente. Dans ce cas aussi, la fonction de réparation d'Access peut vous permettre de réparer une base de données.

Pour ce faire, choisissez la commande *Fichier/Réparer une base de données*. La boîte de dialogue *Réparer une base de données* apparaît alors à l'écran ; vous devez y indiquer la base de données que vous souhaitez réparer.

Si le plantage d'Access s'est produit tandis que vous étiez occupé à saisir des données dans une base de données, il est fort probable que ces données soient définitivement perdues. Ce pourra également être le cas même si elles ont été enregistrées. Après un plantage de programme survenu au cours de la saisie de données, vérifiez toujours ensuite que votre base de données est complète.

Le message signalant que la réparation a pu être effectuée avec succès

11.5. Maîtriser le chaos - Déterminer la structure d'une base de données

Au fil du temps, votre base de données va croître jusqu'au jour où vous perdrez de vue l'ensemble des tables qu'elle contient ainsi que les relations que ces tables entretiennent les unes avec les autres. De même, il deviendra pour vous de plus en plus difficile de connaître les propriétés de chacun des objets de la base de données. Cela pourrait être d'un intérêt certain si, par exemple, vous souhaitez établir des liaisons impossibles à réaliser bien que vous soyez convaincu de la cohérence des données, de la taille des champs et de leur contenu. En outre, il est bon de vérifier de temps à autre que l'utilisation de mauvais types de données ou de tailles de champ ne gaspille pas inutilement de l'espace de stockage.

Qu'il s'agisse de la vue d'ensemble des structures de la table ou de l'analyse des objets de base de données, Access met à votre disposition des outils efficaces. Vous pouvez créer une requête destinée à mettre en évidence les tables contenues dans la base de données ainsi que leurs relations. Quant à l'analyse des propriétés des objets de base de données, vous pouvez utiliser un fichier de base de données installé automatiquement par Access et que vous n'avez peut-être pas remarqué jusqu'à présent car son extension, MDA, ne correspond pas à l'extension typique MDB. Nous allons donc voir à présent comment utiliser ces deux procédures.

Analyser les objets d'une base de données

Vous avez déjà vu, dans le chapitre traitant des tables, comment on met en évidence la structure des tables et les relations qui existent entre elles à l'intérieur d'une base de données. Vous serez cependant un jour confronté à l'impossibilité d'établir une jointure entre deux objets de base de données, et ce en dépit de votre intime conviction de disposer des types de données, des tailles de champs et des contenus appropriés. A des fins de contrôle, vous pouvez alors créer une table contenant toutes les propriétés souhaitées des objets de base de données concernés. Ceci vous permettra de détecter plus facilement l'erreur qu'en procédant à la vérification de chaque objet de base de données en mode Création.

En outre, cette table pourra vous être très utile pour vérifier la bonne utilisation de certains types de données et la bonne définition de champ de vos objets de base de données.

Dans les précédentes versions d'Access, la documentation d'une base de données et de ses objets était encore un peu fastidieuse à réaliser. Cela s'est considérablement simplifié avec Access 2.0. Il y a deux possibilités :

- A l'aide du complément Analyseur, vous pouvez documenter plusieurs objets ou tous les objets d'une base de données.

- Par ailleurs, dans le menu Fichier se trouve la commande Imprimer la définition qui permet d'afficher ou d'imprimer les informations relatives à un objet de base de données.

Documenter un objet unique

Si vous souhaitez documenter un objet unique d'une base de données, vous devez d'abord sélectionner cet objet ou l'ouvrir. Choisissez ensuite *Fichier/Imprimer la définition*. Ne vous laissez pas induire en erreur par l'intitulé de cette commande car vous n'êtes pas forcé d'imprimer la définition, vous pouvez aussi l'afficher à l'écran. Vous obtenez d'abord la boîte de dialogue dans laquelle vous pouvez indiquer quelles sont les propriétés de l'objet sélectionné que vous voulez voir documentées.

Indiquez les propriétés qui doivent être documentées

Le contenu précis de cette boîte de dialogue dépend chaque fois de l'objet qui a été préalablement sélectionné. Après avoir sélectionné les options souhaitées, cliquez sur *OK* et laissez l'analyseur examiner l'objet concerné. Selon la complexité de l'objet et le degré de performance de votre système, cela peut prendre un temps plus ou moins long. Lorsque l'objet a été entièrement analysé, le résultat est affiché en mode Aperçu avant impression. Vous pouvez le traiter comme tout autre objet de base de données dans ce mode d'affichage.

Documenter plusieurs objets

Pour documenter plusieurs objets, il suffit que la base de données soit ouverte. Cela n'a aucune importance qu'un ou plusieurs objets de cette base de données soient ouverts. Le procédé ressemble à celui de la documentation d'un objet unique.

La base de données étant ouverte, choisissez *Fichier/Compléments/Analyseur*. Vous obtenez alors une boîte de dialogue dans laquelle vous pouvez sélectionner les objets qui doivent être analysés.

La boîte de dialogue Analyseur

Dans la zone de liste déroulante *Type d'objet*, sélectionnez le premier type d'objet qui doit être documenté. Si vous souhaitez que tous les objets de ce type soient analysés, choisissez le bouton *Sélectionner tout*. Vous voyez alors une croix s'inscrire devant tous les noms d'objets pour indiquer qu'ils sont sélectionnés. Pour ne sélectionner qu'un seul objet, cliquez d'abord sur son nom dans la liste puis sur le bouton *Sélectionner*.

Si des objets de tous les types doivent être analysés, sélectionnez l'option *Tous types d'objet* à la fin de la liste déroulante. Si, en plus de cela, vous choisissez le bouton *Sélectionner tout*, cela signifie que tous les objets de la base de données ouverte seront sélectionnés pour être analysés.

Un clic sur le bouton *Options* ouvre la boîte de dialogue permettant de spécifier les informations que l'on souhaite obtenir. C'est cette même boîte de dialogue que vous avez déjà rencontrée précédemment, pour la documentation d'un objet de base de données unique.

Une fois que vous avez bien défini la manière dont vous voulez analyser les objets de la base de données, vous pouvez lancer l'analyseur par un clic sur *OK*.

Lorsque l'analyse des objets sélectionnés est terminée, le résultat est affiché en mode Aperçu avant impression. Vous pouvez alors consulter les informations à l'écran ou les imprimer sur papier.

La documentation de tous les objets de base de données dans l'Aperçu

Index

A

B

C

D

E

F

G

I

L

M

N

O

P

Q

R

S

T

V

W

Z

Imprimerie Hérissey à Évreux
N° d'impression : 72424